FiNALE online.de

Wissen, was drankommt

FiNALE online.de ist die digitale Ergänzung zu deinem FiNALE-Abiturband. Hier findest du eine Vielzahl an Angeboten, die dich zusätzlich bei deiner Prüfungsvorbereitung in Biologie unterstützen!

W0356956

Original-Prüfungsaufgaben mit Lösungen

Schalte dir mit dem Code auf Seite 4 die aktuellen Original-Prüfungsaufgaben frei.

Tipps zur Prüfungsvorbereitung

Ein erfolgreiches Abitur erfordert eine gezielte Vorbereitung ohne unnötigen Lernstress. Wie du das hinbekommst, erfährst du auf finaleonline.de!

Abi-Checklisten

Mit den Abi-Checklisten ist die Vorbereitung auf die Biologie-Abiturprüfung noch einfacher. Einfach als PDF oder in beschreibbarem WORD-Format herunterladen und den eigenen idealen Zeitplan erstellen. Hake in der Checkliste ab, was du kannst und noch nicht kannst, um deinen Wissensstand zu überprüfen.

Die **Abi-Checklisten** helfen dir, den Überblick über den Prüfungsstoff zu behalten.

www.finaleonline.de

westermann

FiNALE
Prüfungstraining

2025
Nordrhein-Westfalen

Zentralabitur
Biologie

Anna Lena Peckrun
Tessa Rautenberg
Ulrich Stauch

sowie
Thomas Bremer
Dieter Feldermann
Dr. Rüdiger Lutz Klein
Elena Rey Martinez
Dr. Karl Pollmann
Dr. Anne Schwedt
Dr. Ursula Wollring

Liebe Schülerin, lieber Schüler,

sobald die Original-Prüfungsaufgaben zur Veröffentlichung freigegeben sind, können sie unter **www.finaleonline.de** zusammen mit ausführlichen Lösungen kostenlos heruntergeladen werden. Gib dazu einfach diesen Code ein:

BI6T8U3

Einfach mal reinschauen: www.finaleonline.de

Druck A[1]/Jahr 2024
Alle Drucke der Serie A sind im Unterricht parallel verwendbar.

Redaktion: Sabine Klonk
Kontakt: finale@westermanngruppe.de
Layout: LIO Design GmbH, Braunschweig
Umschlaggestaltung: Janssen Kahlert Design & Kommunikation GmbH, Hannover
Umschlagfoto: iStockphoto.com, Calgary, Grace Maina; iStockphoto.com, Calgary, Damir Khabirov
Illustrationen: Wolfgang Herzig, Karin Mall, Tom Menzel, newVISION! GmbH, Bernhard A. Peter, Brigitte Karnath
Druck und Bindung: Westermann Druck GmbH, Georg-Westermann-Allee 66, 38104 Braunschweig

ISBN 978-3-07-**172519**-5

1 Arbeiten mit FiNALE

2 Unterrichtsvoraussetzungen

3 Basiskompetenzen

4 Übungsaufgaben

5 Lösungen der Original-Prüfungsaufgaben

Grundkurs

Leistungskurs

1 Arbeiten mit FiNALE

Liebe Abiturientin, lieber Abiturient,

für Ihren Abiturdurchgang gilt erstmalig der neue Kernlehrplan. Daraus ergeben sich einige inhaltliche Neuerungen zu den vorherigen Abiturvorgaben.

Auf auf Grundlage der Erfahrungen aus den vorherigen Jahren und unter strikter Berücksichtigung der aktuellen Anforderungen für das Abitur 2025 in Biologie, wurde FiNALE sorgfältig für Ihre Prüfungsvorbereitung angepasst.

FiNALE bietet Ihnen für eine zielgerichtete Vorbereitung auf das Zentralabitur:

- Präzise und klar strukturierte Informationen zu den Anforderungen für das Abitur 2025 im Fach Biologie, einschließlich des Aufbaus, der Gestaltung und der Bewertungskriterien der schriftlichen Abiturprüfungsaufgaben;
- Eine Vielzahl an Aufgabenbeispielen mit diversen und unterschiedlich aufgebauten Materialien und Aufgabenstellungen, die ausschließlich die in den einheitlichen Prüfungsanforderungen für das Abitur festgelegten und vorgeschriebenen Operatoren beinhalten, sowie dazu passende, ausformulierte Musterlösungen;
- Anleitungen für einen strukturierten Ansatz zur Bearbeitung der Abituraufgaben, insbesondere im Umgang mit den Materialien, um Ihre Handlungssicherheit beim Lösen der Aufgaben zu stärken;
- Deutliche Markierungen für Inhalte und Methoden, die aufgrund der Vorgaben für Ihre Biologie-Abiturprüfung 2025 besonders relevant sind (Grund- und/oder Leistungskurse);
- Ausgearbeitete Lösungen der Original-Prüfungsaufgaben aus dem Jahr 2024 für Grund- und Leistungskurse sowie Lösungstipps auf **www.finaleonline.de** (Zugangscode siehe Hinweis S. 4);
- Eine Checkliste auf **www.finaleonline.de** zur Selbstüberprüfung und Sicherung Ihres Wissensstandes.

Für Ihren Abiturdurchgang ändert sich außerdem das Format der Abiturklausuren. Wir stellen Ihnen hier die wesentlichen Unterschiede kurz vor:

- In der **Abiturklausur** gibt es eine entscheidende Neuerung. Sie als Prüfling erhalten vier Aufgabenvorschläge, aus denen Sie selbst drei zur Bearbeitung auswählen. Die vier Aufgaben, aus denen Sie wählen, sind so konzipiert, dass in jeder Aufgabenkombination mindestens zwei der im KLP ausgewiesenen Inhaltsfelder (s. S. 10 ff) behandelt werden. Jede Aufgabe besteht aus mehreren Teilaufgaben, die in der Regel ein bis zwei Operatoren umfassen und eine Progression der Anforderungsbereiche aufweisen.
- Die **Aufgabenstellungen** werden gemäß der einheitlichen Prüfungsvorschriften mit definierten Arbeitsvorschriften, den sogenannten Operatoren (s. S. 13) formuliert. Die Operatoren können grundsätzlich jeden Anforderungsbereich einschließen.

- Die **Bearbeitungszeit** beträgt im Grundkurs 255 Minuten und im Leistungskurs 300 Minuten. Als Orientierung sollten Sie für die Bearbeitung einer einzelnen Aufgabe im Grundkurs etwa 75 und im Leistungskurs etwa 90 Minuten benötigen.
- Für die Bearbeitung der einzelnen Aufgaben können Sie die jeweils angegebene Menge an **Bewertungseinheiten** erlangen. Für den GK gibt es für jede drei Aufgaben insgesamt 30 Bewertungseinheiten, sprich 90 insgesamt. Für den LK umfasst eine Aufgabe 40 Bewertungseinheiten, sodass es insgesamt 120 Bewertungseinheiten zu erlangen gibt.

Auf www.finaleonline.de finden Sie unter dem Zugangscode von S. 4 die ausformulierten Lösungen der **Originalabiturprüfungen** aus dem Jahr 2024 Lösungen. Diese unterscheiden sich insofern von Ihren zukünftigen Prüfungen, als dass im Grund- und Leistungskurs jeweils zwei Aufgaben bearbeitet werden, die aus mehr Teilaufgaben bestehen, die wiederum meist mehr als zwei Operatoren umfassen. Die Bewertung erfolgt in Form von Punkten. Besonders ist, dass hier auch Punkte für die Darstellungsleistung vergeben werden und für jede Teilaufgabe eine Vergabe von Punkten möglich ist, wenn die Lösung des Prüflings ein weiteres aufgabenbezogenes Kriterium erfüllt. Diese Punkte können ab dem Abitur 2025 nicht mehr vergeben werden.

Warum lohnt es sich trotzdem mit den alten Abituraufgaben zu lernen? Auch wenn sich das Format, der Umfang und die Art der Bepunktung ändern, bleiben die Inhalte doch im Wesentlichen dieselben oder zumindest ähnlich. Sie üben sich im Umgang mit den Operatoren und trainieren das Bearbeiten materialgestützter Aufgaben. Mithilfe der ausformulierten Lösungen können Sie Ihre Antworten anschließend überprüfen.
Auch die **Übungsaufgaben** im hinteren Teil des Buches sind so angelegt, dass Sie den Umgang mit den Operatoren und materialgestützten Aufgaben einüben können.
Eine weitere Neuerung gegenüber den vorherigen Abiturvorgaben ist die Fokussierung auf die **Basiskonzepte**. Der Kernlehrplan sieht vor, dass Aspekte der einzelnen Inhaltsfelder auf die Basiskonzepte Struktur und Funktion, Steuerung und Regelung, Information und Kommunikation, Individuelle und evolutive Entwicklung und Stoff- und Energieumwandlung bezogen werden. In Finale finden Sie am Ende eines jeden Inhaltsfeldes eine tabellarische Übersicht der im KLP gelisteten Basiskonzepte mit konkretisiertem Inhalt. Hier bietet sich für Sie eine gute Möglichkeit zu prüfen, ob Sie alle Aspekte des Inhaltsfeldes kennen und auf die Basiskonzepte anwenden können.

FiNALE ermöglicht eine individuelle Prüfungsvorbereitung, die sich nach Ihren persönlichen Stärken und Schwächen in den verschiedenen Lern- und Kompetenzbereichen, wie z. B. Neurobiologie, Planen und Auswerten von Experimenten oder der Arbeit mit Grafiken und Stammbäumen, richtet. Einzelne Kapitel können nach Bedarf nachgeschlagen und gezielt bearbeitet werden. Inhalts- und Stichwortverzeichnisse sowie zahlreiche Verweise erleichtern die Navigation. Die systematische Struktur und die kompakte Darstellung unterstützen ein zeitökonomisches und effektives Lernen, auch ergänzend zum Fachunterricht.

Tipps zum Umgang mit FiNALE 2025

Für eine effiziente Vorbereitung auf das Abitur in Biologie sollten Sie einen strukturierten Ansatz verfolgen, der sich eng an den inhaltlichen Vorgaben und Operatoren des Zentralabiturs orientiert, wie sie in den Dokumenten für das Abitur 2025 beschrieben sind. Es ist ratsam, zunächst die inhaltlichen Schwerpunkte, die im Kernlehrplan Biologie NRW festgelegt sind, zu verstehen und diese mit den Basiskompetenzen, die Sie in Kapitel 3 entwickeln sollen, zu vergleichen. Auf diese Weise können Sie Bereiche identifizieren, in denen Sie ihr Wissen vertiefen möchten.

Anschließend wählen Sie eine Übungsaufgabe, die zu diesem Lernbereich passt, und bearbeiten diese. Falls Sie den in der Aufgabe hervorgehobenen Operator (im Aufgabentext fett gedruckt) nicht verstanden haben, sollten Sie die Definition des entsprechenden Operators im Kapitel „Operatoren" nachschlagen und sich einprägen. Wenn Sie Schwierigkeiten im methodischen oder inhaltlichen Bereich feststellen, finden Sie Hinweise und Verweise zu den relevanten Abschnitten in Kapitel 3 „Basiskompetenzen".

Beschreibung der verschiedenen Kapitel

1 **Arbeiten mit FiNALE:**
Hier erhalten Sie Tipps, wie Sie basierend auf Ihren persönlichen Stärken und Schwächen möglichst effizient mit dem Material arbeiten können.

2 **Unterrichtsvoraussetzungen und inhaltliche Vorgaben:**
Hier finden Sie eine strukturierte Übersicht der Schwerpunkte, an der Sie sich beim Wiederholen der Basiskompetenzen orientieren können. Die Bedeutung der Operatoren, wie sie für das Abitur 2025 relevant sind, wird Ihnen hier nochmals anhand einer Übersichtstabelle erlautert.

3 **Basiskompetenzen:**
Dieses Kapitel bietet Ihnen eine Zusammenfassung der Inhalte, die für das Abitur in Biologie vermittelt werden, inklusive der Definitionen wichtiger Fachbegriffe. Dies Inhalte sind miteinander vernetzt und durch dieses System leichter zu lernen. Zudem werden sie mit Methoden wie dem Lesen und Erstellen von Diagrammen oder dem Planen und Auswerten von Experimenten unterstützt. Sie erhalten außerdem Tipps, wie Sie schnell die Aussagen der Materialien erfassen und zu einer Lösung kommen.

4 **Übungsaufgaben:**
Die Übungsaufgaben mit den zugehörigen Musterlösungen ermöglichen Ihnen, Ihre Stärken und Schwächen zu bewerten und gezielt an den für Sie relevanten Aufgaben und Kapitelabschnitten zu arbeiten. So lernen Sie individuell und zielorientiert.

2 Unterrichtsvoraussetzungen

2.1 Inhaltliche Vorgaben

Warum sollten Sie sich mit den „Inhaltlichen Vorgaben" beschäftigen? – Schwerpunkte, Unterschied Grundkurs/Leitungskurs

Die Grundlage für die schriftlichen Aufgaben der zentralen Abiturprüfung in Biologie bilden die verbindlichen Kernlehrpläne für die gymnasiale Oberstufe in Nordrhein-Westfalen. Für das Abitur 2025 werden sämtliche Kompetenzerwartungen vorausgesetzt, die der Lehrplan für das Ende der Qualifikationsphase der gymnasialen Oberstufe festlegt. Darüber hinaus werden für das Zentralabitur 2025 in Biologie spezifische Schwerpunkte gesetzt. Diese vorgegebenen Schwerpunkte sind daher eine besonders gute Orientierungsgrundlage für die Wiederholung der fachlichen Inhalte vor der Prüfung. Diese Schwerpunkte sind in Finale mit einem grünen Randbalken markiert. Die Themen, die nur für den Leistungskurs benötigt werden sind hier und im Kapitel Basiskompetenzen mit „**(nur LK)**" gekennzeichnet.

In den Vorgaben ist an einigen Stellen vermerkt, dass Zusammenhänge an selbst gewählten Beispielen im Unterricht erarbeitet werden. Hier gibt es demnach keine einheitlichen Inhalte, die reproduktiv abgefragt werden können. Sie sollten jedoch den Aspekt als solches wiedergeben können (z.B. Einfluss des Menschen auf Ökosysteme, Nachhaltigkeit, Biodiversität), das heißt, Sie wissen beispielsweise, dass und wie der Mensch Ökosysteme beeinflusst. Es ist in jedem Fall empfehlenswert bei der Prüfungsvorbereitung das im Unterricht behandelte Beispiel als Gedankenstütze hinsichtlich der genannten Punkte zu wiederholen, sodass Sie es auf ein weiteres Beispiel, das im Material der Abiturprüfung thematisiert ist, anwenden können.

Inhaltliche Schwerpunkte des Lehrplans

Inhaltsfeld Neurobiologie

Grundlagen der Informationsverarbeitung

- Bau und Funktionen von Nervenzellen: Ruhepotenzial, Aktionspotenzial, Erregungsleitung
- Synapse: Funktion der erregenden chemischen Synapse, Stoffeinwirkung an Synapsen, neuromuskuläre Synapse
- Hormone: Hormonwirkung, Verschränkung hormoneller und neuronaler Steuerung **(nur LK)**
- Die Verschränkung hormoneller und neuronaler Steuerung wird am Beispiel der Stressreaktion erarbeitet **(nur LK)**

Neuronale Plastizität **(nur LK)**

- Verrechnung: Funktion einer hemmenden Synapse, räumliche und zeitliche Summation

- Zelluläre Prozesse des Lernens
- Störungen des neuronalen Systems werden im Unterricht an selbst gewählten Beispielen erarbeitet (**nur LK**).

Fachliche Verfahren

- Potenzialmessung
- Ableitung von Membranpotenzialen
- Neurophysiologische Verfahren (**nur LK**)
- Neurophysiologische Verfahren werden im Unterricht an selbstgewählten Beispielen erarbeitet (**nur LK**)

Inhaltsfeld Stoffwechselphysiologie

Grundlegende Zusammenhänge bei Stoffwechselwegen

- Zusammenhang von aufbauendem und abbauendem Stoffwechsel, Stoff-wechsel-regulation auf Enzymebene
- Stofftransport zwischen Kompartimenten
- Chemiosmotische ATP-Bildung
- Redoxreaktionen, Energieumwand-lung, Energieentwertung, ATP-ADP-System

Aufbauender Stoffwechsel

- Funktionale Angepasstheiten: Blattaufbau, Feinbau Chloroplast, Absorptionsspektrum von Chlorophyll, Wirkungsspektrum, Lichtsammelkomplex
- Energetisches Modell der Lichtreaktionen (**nur LK**)
- Abhängigkeit der Fotosyntheserate von abiotischen Faktoren
- Calvin-Zyklus: Fixierung, Reduktion, Regeneration
- Zusammenhang von Primär- und Sekundärreaktionen
- C4-Pflanzen (**nur LK**)

Abbauender Stoffwechsel

- Feinbau Mitochondrium
- Stoff- und Energiebilanz von Glykolyse, oxidative Decarboxylierung, Tricarbonsäurezyklus und Atmungskette
- Energetisches Modell der Atmungskette (**nur LK**)
- Alkoholische Gärung und Milchsäuregärung (**nur LK**)

Fachliche Verfahren

- Chromatografie
- Dünnschichtchromatografie von Blattfarbstoffen
- Tracer-Methode (**nur LK**)

Inhaltsfeld Ökologie

Strukturen und Zusammenhänge in Ökosystemen

- Biotop und Biozönose: biotische und abiotische Faktoren
- Einfluss ökologischer Faktoren auf Organismen: Toleranzkurven, ökologische Potenz
- Stoffkreislauf und Energiefluss in einem Ökosystem: Kohlenstoffkreislauf, Nahrungsnetz
- Intra- und interspezifische Beziehungen: Konkurrenz, Parasitismus, Symbiose, Räuber-Beute-Beziehungen

- Ökologische Nische
- Fortpflanzungsstrategien: r- und K-Strategien **(nur LK)**
- Idealisierte Populationsentwicklung: exponentielles und logistisches Wachstum **(nur LK)**

Einfluss des Menschen auf Ökosysteme, Nachhaltigkeit, Biodiversität

- Alle unter „Einfluss des Menschen auf Ökosysteme, Nachhaltigkeit, Biodiversität" genannten Inhalte werden im Unterricht an selbst gewählten Beispielen erarbeitet.
- Folgen des anthropogen bedingten Treibhauseffekts
- Ökosystemmanagement: Ursache Wirkungszusammenhänge, Erhaltungs- und Renaturierungsmaßnahmen, nachhaltige Nutzung, Bedeutung und Erhalt der Biodiversität
- Hormonartig wirkende Substanzen in der Umwelt **(nur LK)**
- Ökologischer Fußabdruck **(nur Lk)**

Fachliche Verfahren

- Erfassung ökologischer Faktoren und qualitative Erfassung von Arten in einem Areal
- Anwendung eines dichotomen Bestimmungsschlüssels

Inhaltsfeld Genetik und Evolution

Molekulargenetische Grundlagen des Lebens

- Speicherung und Realisierung genetischer Information: Bau der DNA, semikonservative Replikation, Transkription, Translation
- Regulation der Genaktivität bei Eukaryoten: Transkriptionsfaktoren, Modifikationen des Epigenoms durch DNA-Methylierung
- Histonmodifikation (nur LK), RNA-Interferenz **(nur LK)**
- Zusammenhänge zwischen genetischem Material, Genprodukten und Merkmal: Genmutationen
- Genetik menschlicher Erkrankungen: Familienstammbäume, Gentest und Beratung, Gentherapie
- Krebs: Krebszellen, Onkogene und Anti-Onkogene, personalisierte Medizin **(nur LK)**

Entstehung und Entwicklung des Lebens

- Synthetische Evolutionstheorie: Mutation, Rekombination, Selektion, Variation, Gendrift, adaptiver Wert von Verhalten, Kosten-Nutzen-Analyse, reproduktive Fitness, Koevolution, Abgrenzung von nicht-naturwissenschaftlichen Vorstellungen
- Stammbäume und Verwandtschaft: Artbildung, Biodiversität, populationsgenetischer Artbegriff, Isolation, molekularbiologische Homologien, ursprüngliche und abgeleitete Merkmale
- Sozialverhalten bei Primaten: exogene und endogene Ursachen, Fortpflanzungsverhalten **(nur LK)**
- Alle unter „Sozialverhalten bei Primaten" genannten Inhalte werden im Unterricht an selbst gewählten Beispielen erarbeitet. **(nur LK).**
- Evolution des Menschen und kulturelle Evolution: Ursprung, Fossilgeschichte, Stammbäume und Verbreitung des heutigen Menschen, Werkzeuggebrauch, Sprachentwicklung (nur LK)

Fachliche Verfahren (**nur LK**)
- PCR
- Gelelektrophorese
- Agarose-Gelelektrophorese
- Gentechnik: Veränderung und Einbau von DNA, Gentherapeutische Verfahren
- Gentherapeutische Verfahren werden im Unterricht an selbst gewählten Beispielen erarbeitet (**nur LK**).

2.2 Operatoren

In den Klausuren der Oberstufe werden gemäß der einheitlichen Prüfungsvorschriften für das Abitur definierte Arbeitsvorschriften verwendet. Dadurch werden Sie schon in der Qualifikationsphase mit den Operatoren vertraut und somit auf das Abitur vorbereitet. Da sie schon im Unterricht in ihrer Bedeutung an verschiedenen Beispielen geübt werden, können Fehldeutungen von Aufgabenstellungen im Zentralabitur vermieden werden. So erfolgen Bewertung und Beurteilung objektiv, gerecht und landesweit vergleichbar. Bei der Formulierung der Arbeitsanweisungen von Prüfungsaufgaben werden in der Regel nur die folgenden festgelegten Operatoren benutzt, die Ihnen damit in Erinnerung gerufen werden.
Die Operatoren schließen zwar nicht den Anforderungsbereich mit ein, je nach Schwierigkeitsgrad der Aufgabe kann ein Operator auch einen anderen Anforderungsbereich betreffen. Die folgende Tabelle listet die wichtigsten Operatoren auf und gibt Fundstellen in den Übungs- und Abituraufgaben dieses Buches an.

Operator	**Erläuterung**
ableiten	auf der Grundlage von Erkenntnissen oder Daten sachgerechte Schlüsse ziehen
abschätzen	durch begründete Überlegungen Größenwerte angeben
analysieren	wichtige Bestandteile, Eigenschaften oder Zusammenhänge auf eine bestimmte Fragestellung hin herausarbeiten
aufstellen, formulieren	chemische Formeln, Gleichungen, Reaktionsgleichungen (Wort- oder Formelgleichungen) oder Reaktionsmechanismen entwickeln
Hypothesen aufstellen	eine Vermutung über einen unbekannten Sachverhalt formulieren, die fachlich fundiert begründet wird
angeben, nennen	Formeln, Regeln, Sachverhalte, Begriffe oder Daten ohne Erläuterung aufzählen bzw. wiedergeben
auswerten	Beobachtungen, Daten, Einzelergebnisse oder Informationen in einen Zusammenhang stellen und daraus Schlussfolgerungen ziehen
begründen	Gründe oder Argumente für eine Vorgehensweise oder einen Sachverhalt nachvollziehbar darstellen
berechnen	Die Berechnung ist ausgehend von einem Ansatz darzustellen.
beschreiben	Beobachtungen, Strukturen, Sachverhalte, Methoden, Verfahren oder Zusammenhänge strukturiert und unter Verwendung der Fachsprache formulieren
beurteilen	Das zu fällende Sachurteil ist mithilfe fachlicher Kriterien zu begründen.

bewerten	Das zu fällende Werturteil ist unter Berücksichtigung gesellschaftlicher Werte und Normen zu begründen.
darstellen	Strukturen, Sachverhalte oder Zusammenhänge strukturiert und unter Verwendung der Fachsprache formulieren, auch mithilfe von Zeichnungen und Tabellen
diskutieren	Argumente zu einer Aussage oder These einander gegenüberstellen und abwägen
entwickeln	zu einem Sachverhalt oder einer Problemstellung eine Fragestellung, ein Modell oder ein Experiment entwerfen oder modifizieren
erklären	einen Sachverhalt nachvollziehbar und verständlich machen, indem man ihn auf Regeln und Gesetzmäßigkeiten zurückführt
erläutern	einen Sachverhalt veranschaulichend darstellen und durch zusätzliche Informationen verständlich machen
ermitteln	ein Ergebnis oder einen Zusammenhang rechnerisch, grafisch oder experimentell bestimmen
herleiten	mithilfe bekannter Gesetzmäßigkeiten einen Zusammenhang zwischen chemischen bzw. physikalischen Größen herstellen
interpretieren, deuten	naturwissenschaftliche Ergebnisse, Beschreibungen und Annahmen vor dem Hintergrund einer Fragestellung oder Hypothese in einen nachvollziehbaren Zusammenhang bringen
ordnen	Begriffe oder Gegenstände auf der Grundlage bestimmter Merkmale systematisch einteilen
planen	zu einem vorgegebenen Problem (auch experimentelle) Lösungswege entwickeln und dokumentieren
prüfen, überprüfen	Sachverhalte oder Aussagen an Fakten und Gesetzmäßigkeiten messen und eventuelle Widersprüche aufdecken
skizzieren	Sachverhalte, Prozesse, Strukturen oder Ergebnisse übersichtlich grafisch darstellen
Stellung nehmen	zu einem Sachverhalt, der an sich nicht eindeutig ist, nach kritischer Prüfung und sorgfältiger Abwägung ein begründetes Urteil abgeben
untersuchen	Sachverhalte oder Phänomene mithilfe fachspezifischer Arbeitsweisen erschließen
vergleichen	Gemeinsamkeiten und Unterschiede kriteriengeleitet herausarbeiten
zeichnen	Objekte grafisch exakt darstellen
zusammenfassen	Sachverhalte, Strukturen oder Ergebnisse auf das Wesentliche reduziert sprachlich darstellen

3 Basiskompetenzen

Einleitung

Das Kapitel über Basiskompetenzen bietet einen umfassenden Überblick über Inhalte, die sowohl für das mündliche Abitur als auch für Klausuren von Bedeutung sind, sowie spezifische Methodenkenntnisse im Fachbereich. Der Fokus liegt auf dem grundlegenden Fachwissen, das an prüfungsrelevanten Stellen vertieft und um inhaltsbezogene Aspekte erweitert wird. Dazu gehören der Umgang mit Hypothesen, die Planung und Auswertung von Experimenten, die Analyse von Texten, das Erstellen von Stammbäumen sowie die Arbeit mit Grafiken und Diagrammen. Die geforderten Fertigkeiten für Prüfungen können durch die Bearbeitung von Übungsaufgaben im vierten Kapitel sowie von Originalabituraufgaben auf www.finaleonline.de praktisch angewendet werden. Die dort verfügbaren Lösungsbeispiele ermöglichen eine Überprüfung der eigenen Kompetenzen. Durch das Verständnis der behandelten Themen können Sie sicher sein, die wesentlichen Inhalte zu beherrschen. Gleichzeitig bieten sie die Möglichkeit, eventuelle Wissens- und Methodenlücken zu identifizieren, die dann mit Hilfe eines Schulbuches (wie z. B. Linder Biologie oder Biologie heute) geschlossen werden können. Es ist jedoch zu beachten, dass die Zusammenfassung des biologischen Fachwissens auf etwa 100 Seiten, wie sie im folgenden Kapitel angestrebt wird, nicht denselben Umfang und Detailgrad erreichen kann wie ein umfangreicheres Schulbuch für die Oberstufe.

Neurobiologie

Aufbau und Funktion eines Neurons (ÜA 1, 2, 3)

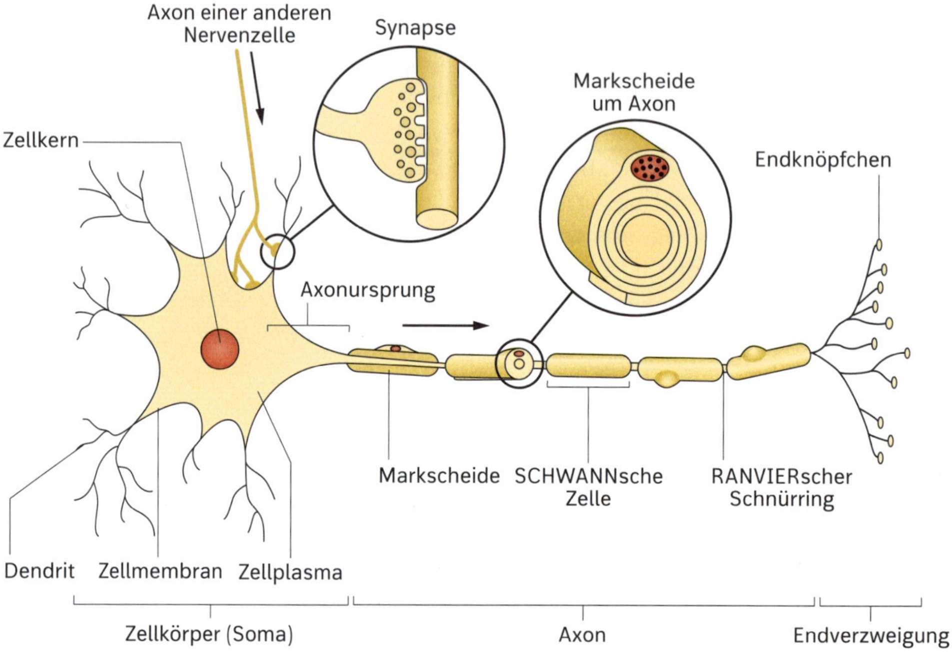

Bau eines Neurons

Bauelemente eines Neurons mit ihren Definitionen

Ein Neuron besteht aus **Dendriten**, Zellkörper (**Soma**) und **Axon** (auch als Neurit bezeichnet). Dendriten und Soma leiten die eingehenden Erregungen zum **Axonhügel** (Axonursprung).

Am Axonhügel entstehen Aktionspotenziale, welche die Erregung über das Axon bis in sein verbreitertes Ende, die Endknöpfchen, leiten. Viele Axone von Wirbeltieren enthalten eine **Mark-** bzw. **Myelinscheide**, d. h. eine schützende Hülle aus der Zellmembran von **Gliazellen** (auch **SCHWANNsche Zellen** genannt), die auch Stütz- und Versorgungsfunktionen übernehmen. Diese Hülle wird von den **RANVIERschen Schnürringen** unterbrochen. Nur an diesen Stellen markhaltiger Axone können Aktionspotenziale auftreten.

Die Endknöpfchen enthalten synaptische Vesikel, die mit Neurotransmitter gefüllt sind, mit dem die Erregung auf nachfolgende Zellen übertragen wird. Die Endknöpfchen bilden den vorderen Teil der **Synapse**, einer neuronalen Kontaktstelle. Man unterscheidet Kontaktstellen zwischen zwei Nervenzellen (neuroneuronale Synapse) bzw. zwischen einer Nervenzelle und einer Muskelzelle (neuromuskuläre Synpase) oder zwischen einer Nervenzelle und einer Drüsenzelle (neuroglanduläre Synapse). Zwischen dem Endknöpfchen und der postsynaptischen Zelle befindet sich der sogenannte synaptische Spalt.

Neuronale Informationsverarbeitung und Grundlagen der Wahrnehmung

a. Erregungsentstehung

Die zentrale Aufgabe der Neuronen besteht in der Aufnahme, Weiterleitung und Verarbeitung von Informationen in Form von elektrischen Impulsen. Sie erfolgt durch Veränderungen des **Membranpotenzials**, also der elektrischen Spannung über der Zellmembran.

Eine zentrale Bedeutung bei der Entstehung und Veränderung des Membranpotenzials kommt der unterschiedlichen Konzentration der beteiligten Ionen im Zytoplasma des Neurons (vorwiegend K^+-Ionen und organische Anionen, wenig Na^+-Ionen) und in der extrazellulären Flüssigkeit außerhalb des Neurons (vorwiegend Na^+-, Cl^-- und Ca^{2+}-Ionen, wenig K^+-Ionen) zu.

Diese ungleiche Ionenverteilung wird durch die **Natrium-Kalium-Pumpe** aufrechterhalten. Hierbei handelt es sich um ein aktives Transportsystem, das unter ATP-Verbrauch Ionen gegen das Konzentrationsgefälle durch die Neuronmembran schleust.

Hinzu kommt die selektive Permeabilität der Membran, also ihrer Eigenschaft, nur bestimmte Ionen durchzulassen. Diese beruht auf verschiedenen Typen von Ionenkanälen. Bei einem Ionenkanal handelt es sich um ein integriertes Protein in der Zellmembran, das nur bestimmte Ionen passieren lässt. Das Öffnen eines Ionenkanals kann durch eine Spannungsänderung über der Membran (spannungsgesteuerte Ionenkanäle, z. B. Natriumionen-Kanäle), durch Bindung bestimmter Moleküle (ligandengesteuerte Ionenkanäle) oder durch mechanische Einflüsse (mechanisch gesteuerte Ionenkanäle) ausgelöst werden.

Im Ruhezustand beträgt die Spannungsdifferenz zwischen innerer und äußerer Flüssigkeit bei den meistens Nervenzellen circa –70 mV, wobei das Zellinnere aufgrund der nach außen diffundierende K^+-Ionen negativ geladen ist. Dieser stabile unerregte Zustand eines Neurons wird als **Ruhepotenzial** (RP) bezeichnet.

b. Aktionspotenzial

Durch die Erregung eines voraufgehenden Neurons oder durch Einwirkung eines Reizes verändert sich das Ruhepotenzial, das Neuron wird erregt. Überschreitet die Erregung einen bestimmten Schwellenwert, entsteht am Axonhügel ein **Aktionspotenzial** (AP), eine kurzzeitige, starr ablaufende Abfolge von Spannungsänderungen. Beim Aktionspotenzial öffnen sich mit Überschreiten des Schwellenwertes spannungsgesteuerte Na^+- und K^+-Ionenkanäle in der Axonmembran. Da sich die Na^+-Ionenkanäle sehr schnell öffnen, strömen Natrium-

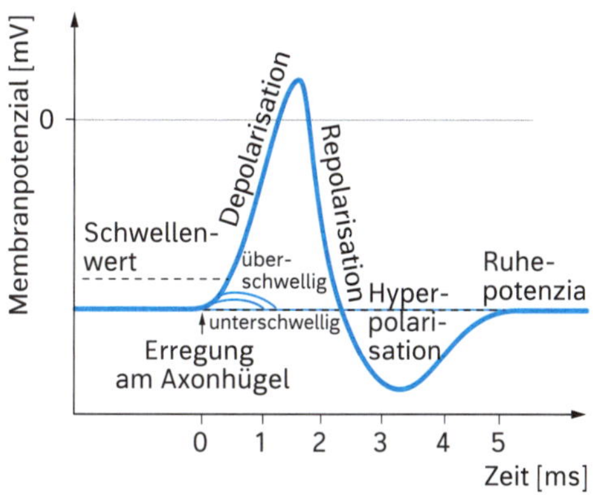

Phasen des Aktionspotenzials

ionen aus dem Außenmedium ins Zellinnere. Dabei entsteht sogar ein Überschuss an positiver Ladung im Zellinneren. Dieser Vorgang wird als Depolarisation (Veränderung des Membranpotenzials zu Werten, die positiver als das Ruhepotenzial sind) bezeichnet. Die Na^+-Ionenkanäle werden nach 1–2 ms inaktiviert. Nun kommt es durch die langsam öffnenden K^+-Ionenkanäle zu einem erhöhten Ausstrom von K^+-Ionen aus der Zelle zur **Repolarisation**, womit das veränderte Membranpotenzial zum Ruhepotenzial zurückkehrt.
Da die spannungsgesteuerten K^+-Ionenkanäle auch nur langsam schließen, fällt das Membranpotenzial kurzzeitig unter den Wert des Ruhepotenzials. Dieser Vorgang wird als **Hyperpolarisation** bezeichnet.
Innerhalb der **absoluten Refraktärzeit** in den ersten 2 ms nach Ende eines Aktionspotenzials kann kein neues Aktionspotenzial ausgelöst werden, da die Na^+-Ionenkanäle noch inaktiviert sind. Während weiterer 3 ms, in der **relativen Refraktärzeit**, kann nur ein abgeschwächtes Aktionspotenzial ausgelöst werden, da die Natrium-Kalium-Pumpe die ursprüngliche Ionenverteilung noch nicht wiederhergestellt hat.

In Kürze:
Depolarisation: Veränderung des Membranpotenzials zu Werten, die positiver als das Ruhepotenzial der Zelle sind
Hyperpolarisation: Veränderung des Membranpotenzials zu Werten, die negativer als das Ruhepotenzial der Zelle sind
Ionenkanal: Protein in der Zellmembran, das Ionen passieren lässt. Das Öffnen eines Ionenkanals kann durch eine Spannungsänderung über der Membran (spannungsgesteuerte Ionenkanäle, z. B. Natriumkanäle), durch Bindung bestimmter Moleküle (Liganden gesteuerte Ionenkanäle) oder durch mechanische Einflüsse (mechanisch gesteuerte Ionenkanäle) ausgelöst werden.
Ionenpumpe: aktives Transportsystem, das unter ATP-Verbrauch Ionen gegen das Konzentrationsgefälle durch Biomembranen schleust
Membranpotenzial: elektrische Spannung über der Zellmembran. Sie kommt durch die unterschiedlichen Ladungen beiderseits der Membran zustande. Die Ladungsdifferenz beruht auf der unterschiedlichen Verteilung der Ionen zwischen dem Cytoplasma (u. a. viel K^+, wenig Na^+) und dem Außenmedium (u. a. wenig K^+, viel Na^+).
Ruhepotenzial: Membranpotenzial von erregbaren Zellen im unerregten Zustand.

c. Ableitung von Membranpotenzialen: Patch-Clamp-Technik

Um die Ionenströme über einen eng begrenzten Membranbereich bzw. im Idealfall in einem einzigen Ionenkanal darstellen zu können, bedient sich die Neurobiologie der Patch-Clamp-Technik.
Hierbei wird eine extrem feine Pipette bis auf die Membran vorgeschoben, ohne dass diese durchstochen wird. Nun können die Ionenströme in dem von der Pipettenöffnung umschlossenen Membranbereich mittels zweier Elektroden (innerhalb der Zelle und innerhalb der Pipette) gemessen werden.

d. Kontinuierliche und saltatorische Erregungsleitung

Die Depolarisation durch einströmende Na^+-Ionen breitet sich während eines Aktionspotenzials unter Abschwächung (Dekrement) auch in benachbarte Membranregionen aus, in denen der Schwellenwert somit überschritten wird. Durch die absolute Refraktärzeit wird gewährleistet, dass das Aktionspotenzial nur in Richtung der Synapsen weitergeleitet werden kann.
In Nervenfasern ohne Myelinscheide erfolgt diese Weiterleitung als kontinuierliche Erregungsleitung, in myelinisierten Nervenfasern als saltatorische Erregungsleitung, wobei Aktionspotenzialen nur an den RANVIERschen Schnürringen gebildet werden.

e. Sinneszellen

Sinneszellen, auch als Rezeptoren bekannt, spielen eine entscheidende Rolle in der Reizwahrnehmung. Sie wandeln verschiedene Arten von Reizen, wie Licht, Schall oder chemische Substanzen, in elektrische Signale um, die unser Gehirn interpretieren kann.
Es gibt zwei Hauptarten von Sinneszellen:
Primäre Sinneszellen: Sie sind direkt mit der Fähigkeit ausgestattet, Reize aufzunehmen und, wenn diese stark genug sind, ein Aktionspotential zu erzeugen. Dieses elektrische Signal wird dann entlang der Nervenbahnen weitergeleitet. Beispiele für solche Zellen finden wir in unserer Haut, wo sie Berührung wahrnehmen, aber auch in unseren Muskeln und Gelenken sowie in der Nase, wo sie Gerüche detektieren.
Sekundäre Sinneszellen: Sie verfügen nicht über ein eigenes Axon, um Signale in Form eines Aktionspotentials weiterzuleiten. Stattdessen erzeugen sie bei Reizung ein lokales Signal, das die Freisetzung von Chemikalien (Neurotransmittern) bewirkt. Diese Chemikalien regen dann benachbarte Nervenzellen dazu an, ein Aktionspotential zu generieren. Ein typisches Beispiel für sekundäre Sinneszellen sind die Zellen in unserer Netzhaut, die Licht wahrnehmen, oder die Zellen im Innenohr, die auf Schallwellen reagieren.
Durch die komplexe Wechselwirkung dieser Zelltypen mit unserem Nervensystem können wir unsere Umwelt in all ihren Facetten wahrnehmen und darauf reagieren.

f. Synapsenvorgänge (ÜA 1, 2)

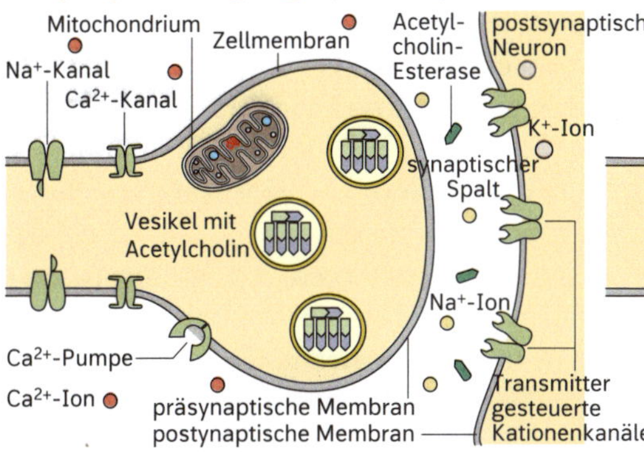

Bau einer Synapse

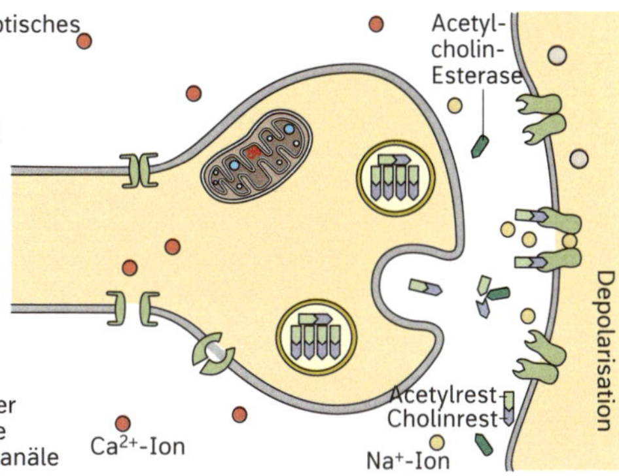

Ankommende APs bewirken das Verschmelzen der Vesikel mit der Membran

Erreicht ein Aktionspotenzial (AP) das Endknöpfchen, öffnen sich kurzzeitig spannungsabhängige Calciumionen-Kanäle und Calciumionen strömen in das Endknöpfchen.
Das Endknöpfchen enthält **synaptische Vesikel**, kleine, mit Neurotransmitter gefüllte Bläschen, die in den Endknöpfchen von Axonen gebildet werden.
Synaptotagmine registrieren den Calciumeinstrom und SNARE-Proteine steuern die Verschmelzung der synaptischen Vesikel mit der **präsynaptischen Membran**. Die **Neurotransmittermoleküle**, im abgebildeten Fall Acetylcholin, diffundieren durch den **synaptischen Spalt** und besetzen nach dem Schlüssel-Schloss-Prinzip die Rezeptoren ligandengesteuerter Ionenkanäle in der postsynaptischen Membran, woraufhin sich diese Ionenkanäle öffnen.
Öffnen sich wie im abgebildeten Fall Na^+-Ionenkanäle, entsteht ein erregendes postsynaptisches Potenzial (EPSP). Die einströmenden Natriumionen führen zur Depolarisation der postsynaptischen Membran, womit die Wahrscheinlichkeit für die Ausbildung eines Aktionspotenzials in der **postsynaptische Zelle** erhöht wird. Öffnen sich hingegen K^+- oder Cl^--Ionenkanäle, entsteht ein **hemmendes postsynaptisches Potenzial** (IPSP). Die einströmenden Chlorid- bzw. die ausströmenden Kaliumionen führen zur Hyperpolarisation der postsynaptischen Membran, womit die Wahrscheinlichkeit für die Ausbildung eines Aktionspotenzials in der postsynaptische Zeile erschwert wird.
Die Neurotransmittermoleküle besetzen die Rezeptoren jeweils nur für einen kurzen Zeitraum. Lösen sie sich vom Rezeptor, schließen die Ionenkanäle wieder. Die Neurotransmittermoleküle werden im abgebildeten Fall im synaptischen Spalt vom Enzym Acetylcholinesterase in Acetat und Cholin gespalten. Anschließend werden sie aktiv in die Endknöpfchen aufgenommen und recycelt.

f. Synaptische Verschaltung und Verrechnung

Die allermeisten Neurone werden nicht von einer, sondern von einer Vielzahl von Synapsen erregt oder gehemmt. Dabei kommt es am Axonhügel zur Verrechnung aller eingehenden Signale und zum Ausbleiben oder zur Bildung von einem oder – je nach Erregungsstärke – mehreren Aktionspotenzialen.
Jede einzelne mit dem Neuron verbundene Synapse beeinflusst die Bildung von Aktionspotenzialen, wobei für ihren Einfluss entscheidend ist ...

... ob es sich um eine erregende oder hemmende Synapse handelt,
... wie weit die jeweilige Synapse vom Axonhügel entfernt ist (Leitungsverluste),
... ob naheliegende Synapsen nahezu gleichzeitig ein PSP auslösen (**räumliche Summation**),
... ob die jeweilige Synapse mehrere PSPs kurz nacheinander auslöst (**zeitliche Summation**).

Postsynaptische Potentiale können also in vielerlei Abstufungen, d. h. graduiert, vorkommen. Sie stellen neben den Aktionspotenzialen die zweite Form der Erregung im Nervensystem dar und spielen eine zentrale Funktion bei Lernvorgängen und Informationsspeicherung.

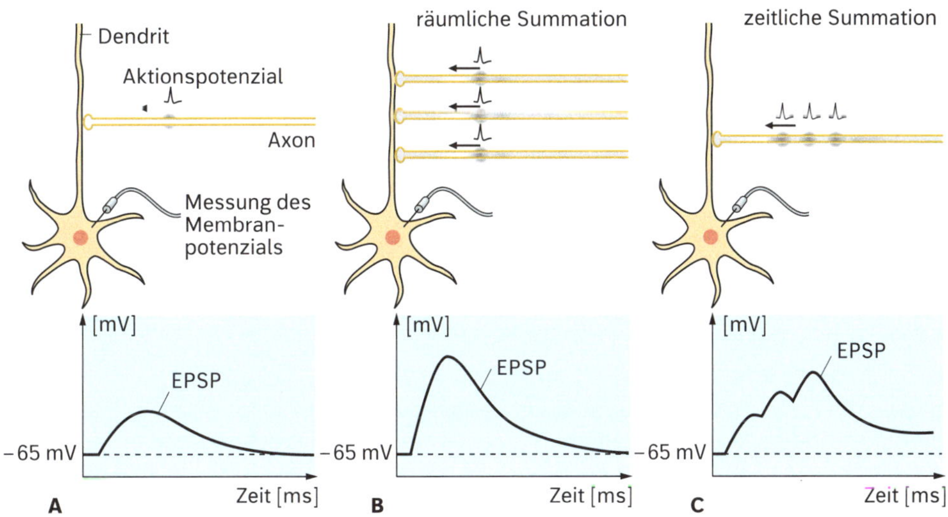

Summation

Ein einzelnes Aktionspotenzial löst ein geringeres EPSP aus (A). Wenn einzelne Aktionspotenziale an verschiedenen Synapsen gleichzeitig eintreffen (B) oder viele Aktionspotenziale rasch nacheinander an derselben Synapse (C), tritt Summation auf. **Anmerkung:** Nicht die Aktionspotenziale werden summiert, sondern deren Wirkungen, d. h. hervorgerufene PSPs.

g. Stoffeinwirkung an Synapsen

Die Stoffeinwirkung an Synapsen lässt sich exemplarisch am Beispiel eines Neurotoxins verdeutlichen, das die synaptische Übertragung beeinflusst. Ein bekanntes Beispiel hierfür ist Botulinumtoxin, ein Gift, das von Bakterien der Art *Clostridium botulinum* produziert wird. Dieses Toxin verhindert die Freisetzung von Acetylcholin, einem Neurotransmitter, an den motorischen Endplatten der Muskeln. Acetylcholin ist essentiell für die Übertragung von Nervenimpulsen vom Nervensystem auf die Muskulatur. Seine Freisetzung bewirkt normalerweise eine Kontraktion des Muskels.
Botulinumtoxin bindet an die präsynaptischen Nervenendigungen und blockiert die Exozytose der Acetylcholin-haltigen Vesikel. Dies geschieht, indem das Toxin spezifische Proteine abbaut, die für den korrekten Ablauf der Vesikelfusion mit der präsynaptischen Membran und der anschließenden Freisetzung von Acetylcholin in den synaptischen Spalt benötigt werden. Als Ergebnis dieser Blockade kommt es zur Lähmung der betroffenen Muskulatur, was in schweren Fällen zu Atemlähmung und Tod führen kann.
Die Nutzung von Botulinumtoxin in der Medizin (z. B. Botox) basiert auf der gezielten und dosierten Anwendung dieses Wirkmechanismus, um bestimmte Muskelpartien vorübergehend zu entspannen. Dies findet Anwendung in der Behandlung von übermäßiger Muskelanspannung, von bestimmten Bewegungsstörungen sowie zu kosmetisch en Zwecken, zum Beispiel zur Glättung von Falten.

Diese Erläuterung zeigt, wie ein extern zugeführter Stoff die Funktion einer Synapse beeinflussen kann, indem er in die Prozesse der Neurotransmitter-Freisetzung eingreift. Es verdeutlicht die Präzision der synaptischen Übertragung sowie die potenzielle Anfälligkeit dieses Systems für toxische Substanzen.

Substanz	Wirkort	Wirkung
Botulinumtoxin	Präsynaptische Membran motorischer Neuronen	Blockiert die Freisetzung von Acetylcholin, führt zu Muskellähmung
Acetylcholin	Cholinerge Rezeptoren	Agonist an cholinergen Rezeptoren, fördert Muskelkontraktion
Nikotin	Nikotinische Acetylcholinrezeptoren	Stimuliert nikotinische Acetylcholinrezeptoren, erhöht Muskelaktivität und Nervenstimulation
Curare	Nikotinische Acetylcholinrezeptoren (motorische Endplatte)	Blockiert nikotinische Acetylcholinrezeptoren, verhindert Muskelkontraktion, führt zu Lähmung
Cocain	Dopamin-Wiederaufnahmepumpen	Blockiert die Wiederaufnahme von Dopamin, verstärkt und verlängert dessen Wirkung

Das Hormonsystem (LK)

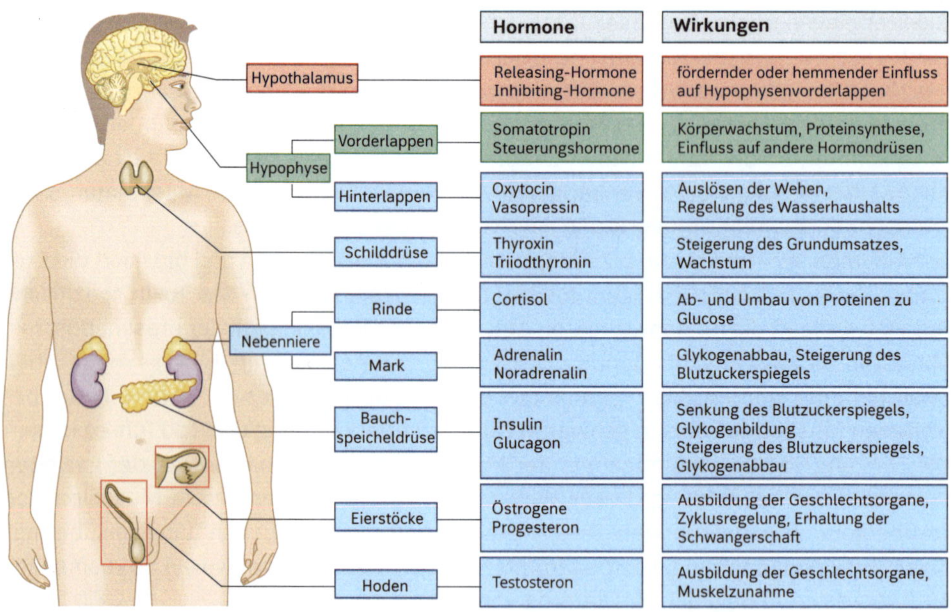

Hormonsystem

a. Bau und Funktion

Die Regulation und Steuerung des menschlichen Körpers sowie dessen Stoffwechselaktivitäten werden sowohl durch das Nerven- als auch durch das Hormonsystem gewährleistet. Während das Nervensystem Informationen mittels elektrischer Signale entlang von Nervenfasern überträgt, basiert die Kommunikation im Hormonsystem auf der Ausschüttung chemischer Botenstoffe, den Hormonen. Diese werden von den endokrinen Drüsen in den Blutstrom freigesetzt und gelangen so zu verschiedenen Teilen des Körpers. Zusätzlich können Hormone von Zellen wie Immunzellen in ihre unmittelbare Umgebung ausgeschüttet werden, wo sie direkt auf benachbarte Zellen wirken. Ein Hormon beeinflusst nur spezifische Zellen, die über die passenden Rezeptoren verfügen. Die Bindung eines Hormons an seinen zugehörigen Rezeptor auf der Zielzelle löst dort ein Signal aus. Im Vergleich zum Nervensystem erfolgt die Signalübermittlung im Hormonsystem langsamer, jedoch kann die daraus resultierende Wirkung von wenigen Minuten bis zu mehreren Monaten anhalten. Eine anhaltende Wirkung von Hormonen zeigt sich exemplarisch im Zustand des Verliebtseins, an dem diverse Hormone beteiligt sind. Das Hormon Adrenalin induziert dabei Herzrasen und einen Anstieg des Blutdrucks, während Dopamin ein Gefühl des Rausches hervorruft. Mit der Zeit, wenn die Konzentrationen dieser Hormone abnehmen, kann es zu einem Anstieg der Oxytocin-Konzentration kommen, welches Vertrauen verstärkt und die Bindung fördert.

b. Hierarchie des Hormomsystems

Der Hypothalamus, ein im Zwischenhirn gelegener Teil des Gehirns, ist entscheidend für die Verbindung des endokrinen Systems mit dem Nervensystem, indem er neuronale in endokrine Signale umwandelt. Über ein Blutgefäßnetz ist er mit der Hypophyse verbunden, die aus einem vorderen und einem hinteren Lappen besteht und verschiedene Hormone produziert. Während der Vorderlappen regulierende Hormone für andere Drüsen erzeugt, speichert der Hinterlappen Hormone aus dem Hypothalamus wie Oxytocin, welches soziale Bindungen oder aber auch Wehen fördert, sowie Adiuretin, das z. B. die Wasserausscheidung der Nieren regelt.

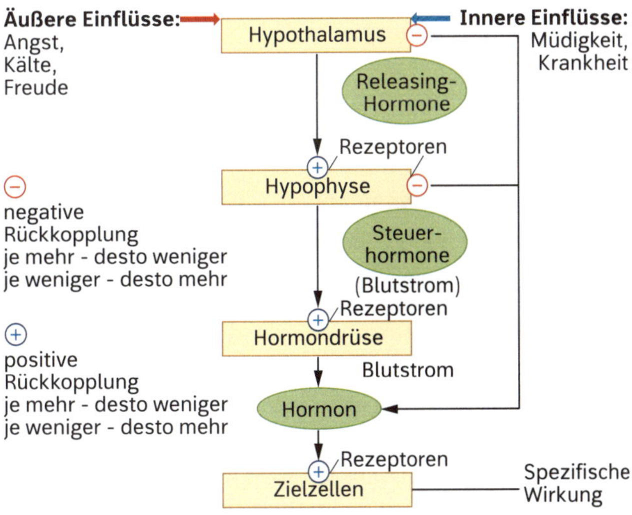

Hierarchie ds Hormonsystems

Menschliche Hormone können in drei Hauptklassen eingeteilt werden:

- Steroidhormone umfassen Sexualhormone wie Östrogen und Testosteron.

- Peptidhormone, die aus umfangreichen Ketten von Aminosäuren bestehen, beinhalten Bauchspeicheldrüsenhormone wie Insulin und Glucagon.
- Aminhormone, darunter die Nebennierenhormone Adrenalin und Noradrenalin, sind wie Peptidhormone wasserlöslich.

c. Hormonwirkung

Die Wirkungsweise der Hormone auf ihre Zielzellen unterscheidet sich je nach ihrer Lipophilie oder Hydrophilie. Lipophile Hormone passieren die Zellmembran der Zielzellen und binden an intrazelluläre Rezeptoren. Die entstehenden Hormon-Rezeptor-Komplexe wirken als Transkriptionsfaktoren und modifizieren die Genexpression. Wasserlösliche Hormone hingegen docken an spezifische Rezeptoren auf der Zelloberfläche an, die als Transmembranproteine fungieren. Ihre Bindung löst eine Veränderung in der Proteinstruktur und eine Signaltransduktion innerhalb der Zelle aus, oftmals initiiert durch das Enzym Adenylatcyclase, welches ATP in das cyclische Adenosinmonophosphat (cAMP) umwandelt. cAMP, ein sekundärer Botenstoff, führt die extrazellulären Signale weiter und aktiviert das cAMP-abhängige Protein, Proteinkinase A, welches wiederum verschiedene Enzymaktivitäten durch Phosphorylierung moduliert, einschließlich der Stimulierung von Enzymen, die am Glykogen- und Lipidabbau in Leberzellen beteiligt sind. Ein einzelnes Hormonmolekül kann die Freisetzung zahlreicher cAMP-Moleküle bewirken. Jedes dieser cAMP-Moleküle ist in der Lage, mehrfach Proteinkinase-A-Moleküle zu aktivieren. Diese Proteinkinase-A-Moleküle führen dann zur Aktivierung einer Vielzahl anderer Enzymmoleküle. Aufgrund der mehrstufigen Weiterleitung und möglichen Verstärkung des Signals von einem Schritt zum nächsten, spricht man von einer Signalkaskade.

d. Hormonsteuerung

Die Kombination aus Hypothalamus und Hypophysenvorderlappen ist zentral für die Regulation zahlreicher metabolischer Prozesse im Organismus durch verschiedene Hormone und neuronale Signale. Informationen aus anderen Bereichen des Gehirns erreichen den Hypothalamus durch Nervenzellen. Er kann die Sekretion von Hypophysenhormonen entweder durch anregende Releasing-Hormone oder durch inhibierende Inhibiting-Hormone beeinflussen. Diese Hormone werden in den Blutstrom abgegeben und modulieren dort die Funktion nachgeordneter endokriner Drüsen wie der Nebennieren, der Schilddrüse, der Ovarien und der Testes, die ihrerseits Effektorhormone freisetzen, die zielgerichtet auf Zellen wirken. Es ist jedoch anzumerken, dass nicht alle endokrinen Drüsen durch den Hypothalamus und die Hypophyse kontrolliert werden. Die Blutkonzentrationen von Effektorhormonen werden kontinuierlich überwacht und dienen als Rückmeldesignal an die Hypophyse und den Hypothalamus. Bei hohen Hormonspiegeln wird die Produktion im Hypothalamus und in der Hypophyse gedrosselt, was zu einer Verringerung der Hormonausschüttung führt. Dies stellt einen Mechanismus der negativen Feedback-Regulation dar. Auf der anderen Seite, wenn ein Hormon, wie zum Beispiel ein Releasing-Hormon, die Aktivität der Hypophyse stimuliert, spricht man von einer positiven Feedback-Regulation. Solche Feedback-Mechanismen passen die Hormonkonzentrationen im Blut an die jeweiligen Bedürfnisse und Gegebenheiten an, um eine konstante innere Umgebung zu gewährleisten. Prozesse, die kontinuierliche Messungen von Variablen durchführen, diese mit einem Zielwert vergleichen und über negative Rückkopplung Anpassungen vornehmen, fallen unter den Begriff der Regelung.

Stress – Wie wirken das Nervensystem und das Hormonsystem zusammen?

a. Stressreaktionen

Sowohl bedrohliche Situationen als auch alltägliche Herausforderungen, wie wichtige Prüfungen, können verschiedene Stresssymptome auslösen, einschließlich Unruhe, erhöhtem Herzschlag, Zittern, Schwitzen oder sogar Panikattacken. In solchen Momenten arbeiten das endokrine und das nervöse System eng zusammen. Stress resultiert oft aus Angstgefühlen. Physische, emotionale und soziale Herausforderungen können den Körper dazu veranlassen, sich anzupassen, um die Situation zu bewältigen. Die körperlichen Anzeichen dieser Anpassungsprozesse sind als Stresssymptome bekannt, während die Auslöser dieser Reaktionen, ob extern oder intern, als Stressoren bezeichnet werden. Zu den Stressoren gehören beispielsweise die Konfrontation mit einer Bedrohung, extreme Temperaturen, Lärm, Verletzungen und Schmerz. Die Reaktion auf Stress erfolgt unabhängig von der Art des Stressors auf eine ähnliche Weise. Die Information über die stressige Situation wird zunächst durch die Sinnesorgane aufgenommen und an das Gehirn weitergeleitet, wo die Situation bewusst wahrgenommen und bewertet wird. Die daraus entstehenden Signale werden dann als Nervenimpulse zur Amygdala, einer Gehirnregion in der Nähe des Hypothalamus, geleitet. Wenn die Wahrnehmung einen bestimmten Schwellenwert überschreitet, entsteht ein Angstgefühl, und die Amygdala leitet die Stressreaktion ein, die sowohl über das schnell agierende Nervensystem als auch über den langsameren hormonellen Weg stattfindet. Neuronaler Stressweg: Über die Nervenbahnen des Sympathikus im Rückenmark werden Nervenimpulse an das Nebennierenmark gesendet. Dort wird unter dem Einfluss des Neurotransmitters Acetylcholin die Freisetzung der Hormone Adrenalin und Noradrenalin angeregt. Diese Hormone verursachen innerhalb von Sekunden verschiedene Reaktionen. Sie bewirken zum Beispiel die Freisetzung von Glukose durch den Abbau von Glykogen, erweitern die Atemwege und erhöhen dadurch das Atemvolumen und steigern durch die Aktivierung des Herz-Kreislauf-Systems den Blutdruck und die Herzrate. Die Freisetzung von Energiereserven und eine verbesserte Sauerstoffversorgung ermöglichen es dem Körper, schnell maximale Leistungen zu erbringen. Die biologische Erklärung für diese Reaktionen ist in der evolutionären Vergangenheit des Menschen verankert. Stress bedeutete oft die Notwendigkeit, vor Raubtieren zu fliehen oder sich zu verteidigen. Die Hormone bereiten den Körper innerhalb von Sekunden auf Kampf oder Flucht vor, bekannt als die Kampf-oder-Flucht-Reaktion . Neben der neuralen Stressantwort über den Sympathikus wird auch der Hypothalamus durch den Mandelkern aktiviert. Dies führt zur Ausschüttung von Corticotropin-Releasing-Hormon (CRH), welches über das Blut den Hypothalamus erreicht und die Ausschüttung von adrenocorticotropem Hormon (ACTH) stimuliert. ACTH gelangt in die Nebennierenrinde und löst dort die Produktion von Glucocorticoiden aus, mit Cortisol als bedeutendstem Vertreter. Cortisol wirkt ähnlich wie Adrenalin, indem es die körperliche Leistungsfähigkeit steigert, allerdings mit längerer

Wirkdauer. Zudem drosselt Cortisol vorübergehend Körperfunktionen, die in Stresssituationen weniger wichtig sind, beispielsweise die Immunabwehr, um so mehr Energie für die Stressbewältigung bereitzustellen. Im Gehirn fördert Cortisol die Aufmerksamkeit, während es gleichzeitig Gehirnprozesse, die für die Bewältigung von Kampf- oder Fluchtsituationen nicht benötigt werden, wie komplexes Denken, reduziert. Dies erklärt, warum Prüfungsangst, die zu einer erhöhten Cortisolausschüttung führt, die Denkfähigkeit bis hin zum totalen Ausfall blockieren kann. Cortisol reguliert durch einen negativen Feedback-Mechanismus die Ausschüttung der Hormone CRH und ACTH, was zu einer Reduktion der Cortisolkonzentration im Blut führt. Parallel dazu stimuliert der Hypothalamus das parasympathische Nervensystem, das für eine Verringerung der Herzfrequenz und des Blutdrucks sowie eine Zunahme der Verdauungstätigkeit verantwortlich ist, wodurch der Körper in einen Ruhezustand übergeht.

b. Die Verschränkung hormoneller und neuronaler Steuerung

Das Beispiel der Regulation der Stressreaktion zeigt die Komplexität und Effizienz der biologischen Regelmechanismen in lebenden Organismen, insbesondere im menschlichen Körper. Diese beiden Systeme arbeiten eng zusammen, um das innere Gleichgewicht des Körpers (Homöostase) aufrechtzuerhalten und auf Veränderungen in der Umwelt oder innere Herausforderungen zu reagieren.

Die neuronale Steuerung, vermittelt durch das Nervensystem, ermöglicht eine schnelle Reaktion auf Stressoren durch die Übertragung elektrischer Signale. Das hormonelle System, gesteuert durch das endokrine System, ermöglicht eine längere und breit gefächerte Reaktion durch die Freisetzung von Hormonen in den Blutkreislauf. Beide Systeme interagieren auf verschiedenen Ebenen und verstärken oder dämpfen gegenseitig ihre Aktivitäten. Bei einer Stressreaktion spielt das Zentralnervensystem (ZNS) eine zentrale Rolle, indem es die Wahrnehmung eines Stressors an das Gehirn, speziell an die Amygdala und den Hypothalamus, weiterleitet. Der Hypothalamus ist ein wichtiges Bindeglied zwischen dem Nervensystem und dem endokrinen System und initiiert die Stressantwort durch die Freisetzung des Corticotropin-Releasing-Hormons (CRH).

CRH stimuliert die Hypophyse zur Ausschüttung des adrenocorticotropen Hormons (ACTH), welches wiederum die Nebennierenrinde zur Produktion von Glukokortikoiden, wie Cortisol, anregt. Cortisol hat vielfältige Wirkungen, darunter die Mobilisierung von Energie durch Glukoneogenese, die Unterdrückung des Immunsystems und die Beeinflussung des Gedächtnisses und der Stimmung. Diese hormonellen Veränderungen bereiten den Körper auf eine „Kampf-oder-Flucht“-Reaktion vor und beeinflussen zugleich das Nervensystem, um die Aufmerksamkeit und Reaktionsfähigkeit zu erhöhen. Ein weiterer wichtiger Aspekt der Stressreaktion ist das autonome Nervensystem (ANS), speziell der Sympathikus, der für die unmittelbare Reaktion auf Stress verantwortlich ist, indem er beispielsweise die Herzrate und den Blutdruck erhöht. Das ANS und das endokrine System sind durch die Nebennieren eng miteinander verbunden, wo Adrenalin und Noradrenalin ausgeschüttet werden, was die körperlichen Reaktionen auf Stress weiter verstärkt.

Die Verschränkung dieser Systeme ermöglicht eine effiziente und koordinierte Reaktion auf Stress, wobei das Nervensystem schnelle Reaktionen initiiert und das endokrine System eine länger anhaltende Anpassung des Körpers bewirkt. Langfristiger oder chronischer Stress kann jedoch zu Dysregulationen dieser Systeme führen, was negative Auswirkungen auf die Gesundheit haben kann, einschließlich der Entwicklung von Krankheiten wie Depressionen, Angstzuständen und Herz-Kreislauf-Erkrankungen. Insgesamt zeigt die Verschränkung hormoneller und neuronaler Steuerung bei der Stressreaktion die Komplexität biologischer Systeme und deren Fähigkeit, auf Herausforderungen durch eine fein abgestimmte Regulation zu reagieren. Diese Erkenntnisse sind nicht nur für das Verständnis grundlegender biologischer Prozesse wichtig, sondern auch für die Entwicklung von Strategien zur Bewältigung von Stress und zur Verbesserung der psychischen und physischen Gesundheit.

Plastizität und Lernen (LK)

Unter Lernen versteht die Neurobiologie die Speicherung selektiv und individuell erworbener Informationen aus unserer Umwelt in abrufbarer Form.

a. Lernen

Beim Lernen übertragen die Synapsen nicht nur die Erregungen, sie fungieren auch als Informationsspeicher des Gehirns. Die elektrischen Signale werden aufgrund der Vielzahl an Möglichkeiten synaptischer Verschaltung mit unterschiedlicher Intensität von einem Neuron zum nächsten geleitet. Sie können somit also verstärkt oder abgeschwächt werden. In diesen Prozessen baut das Gehirn häufig genutzte Verbindungen zwischen Neuronen aus und reduziert die Zahl der weniger häufig genutzten. Diese synaptische Plastizität (**synaptische Langzeitpotenzierung** = LTP) bildet die Grundlage für die vielfältigen Lern- und Gedächtnisprozesse, zu denen unser Gehirn in der Lage ist.

b. Langzeitpotenzierung

Unter Langzeitpotenzierung (LTP = Long Term Potentation) fasst man die über Stunden oder Tage andauernden Reaktionen an einer Synapse auf eine vermehrte Bildung von Aktionspotenzialen zusammen.
Langzeitpotenzierung findet häufig an erregenden Synapsen mit dem Neurotransmitter Glutamat statt. In der postsynaptischen Membran finden sich dort AMPA-Rezeptoren, ligandengesteuerte Glutamatrezeptoren, die über einen Natriumionen-Einstrom in die postsynaptische Zelle ein EPSP auslösen. Bei den darüber hinaus vorhandenen NMDA-Rezeptoren handelt es sich ebenfalls um ligandengesteuerte Glutamat-Rezeptoren, die aber durch eingelagerte Magnesiumionen blockiert sind.
Erst die durch eine zeitliche oder räumliche Summation eingehender EPSPs ausgelöste stärkere Depolarisation der postsynaptischen Zelle führt zur Entfernung der Magnesium-Ionen, zur Öffnung der NMDA-Rezeptoren und dem nachfolgenden Einstrom von Calciumionen in die postsynaptische Zelle. Dieser Calciumionen-Einstrom führt z. T. über eine Aktivierung von Enzymen als Auslöser zu den folgend aufgeführten Prozessen der Langzeitpotenzierung, die letztendlich eine Verstärkung der synaptischen Übertragung bewirken:

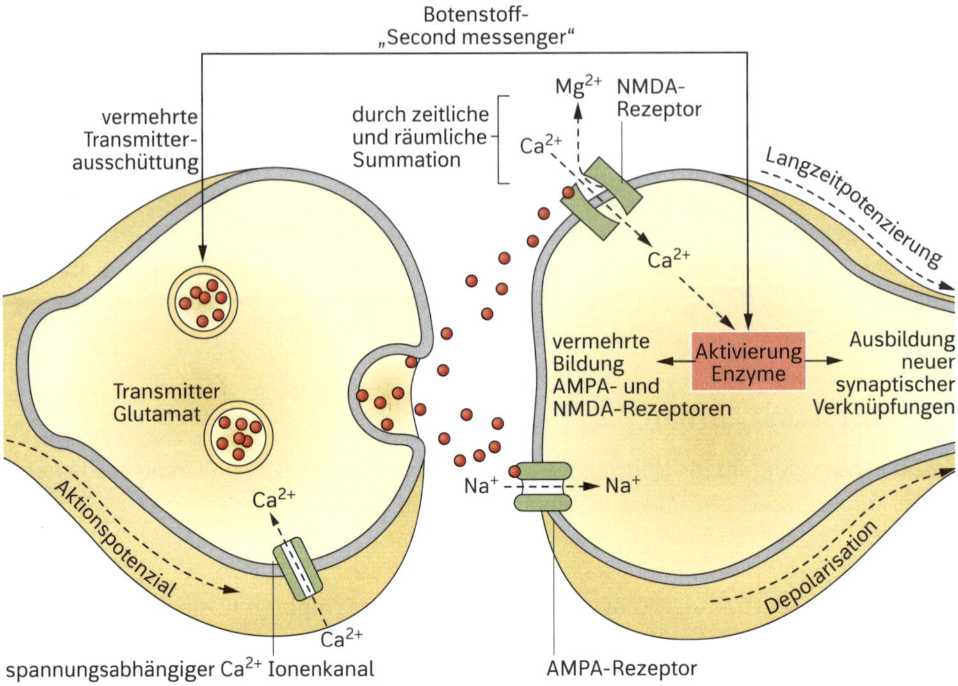

Langzeitpotenzierung an einer erregenden Synapse im Hippocampus (Schema)

- Eine Verstärkung auf postsynaptischer Ebene kann durch eine Leitfähigkeitserhöhung der AMPA-Rezeptoren, die Erhöhung der Empfindlichkeit der NMDA-Rezeptoren und über eine erhöhte Produktion von AMPA- und NMDA-Rezeptoren erreicht werden.
- Eine Verstärkung auf präsynaptischer Ebene ist durch die vermehrte Transmitterausschüttung über „second messenger“ wie Stickstoff- und Kohlenstoffmonoxid, Arachidonsäure und PAF möglich.
- Schließlich können über die Aktivierung von Genen zusätzliche synaptische Verbindungen ausgebildet werden.

Analog zu diesen Prozessen werden nicht oder wenig genutzte Verbindungen im Rahmen der Langzeitdepression zurückgebildet und Gelerntes vergessen.

c. Das vegetative Nervensystem

Das vegetative Nervensystem wird vom Hypothalamus gesteuert und versorgt Drüsen, die glatten Muskeln der inneren Organe und das Herz mit Informationen. Es ist der bewussten Beeinflussung weitgehend entzogen und wird daher oftmals auch als autonomes Nervensystem bezeichnet. Das vegetative Nervensystem besteht aus drei Teilstrukturen, den Gegenspielern *Sympathikus* und *Parasympathikus* (siehe Abbildung) sowie dem *enterischen Nervensystem*.

Parasympathikus Acetycholin	Transmitter	**Sympathikus** Adrenalin und Noradrenalin
Pupillen verengen sich	Auge	Pupillen weiten sich
weiten sich	Blutgefäße	verengen sich
sinkt	Blutdruck	steigt
Frequenz sinkt	Herz	Frequenz steigt
Bronchien verengen sich	Lunge	Bronchien weiten sich
Verdauung wird gefördert	Magen/Darm	Verdauung wird gehemmt
Harnproduktion	Niere	verminderte Harnproduktion
Harnentleerung	Harnblase	Zurückhalten des Harns
Entspannung und Regeneration		**Flucht- bzw. Verteidigungsbereitschaft**

Das enterische Nervensystem (ENS) bildet mit seinen über 100 Millionen Nervenzellen im Magen-Darm-Trakt, vor allem zwischen den Muskelschichten der Darmwand, die größte Ansammlung von Neuronen außerhalb des zentralen Nervensystems (ZNS). Es besteht aus einem komplexen System von erregenden und hemmenden motorischen Neuronen, die mit sensiblen Neuronen und Interneuronen verknüpft sind.
Das enterische Nervensystem reguliert die Umsetzung der Nahrung, steuert die Darmbewegungen und sorgt dafür, dass sich der Darm spätestens alle 72 Stunden regelmäßig leert. Das ENS verleiht dem Verdauungstrakt zwar eine weitgehende funktionelle Selbstständigkeit, untersteht aber dem Einfluss des vegetativen Nervensystems (siehe Abbildung). Erkrankungen im Magen-Darm-Trakt sind häufig mit Stress und Alltagsproblemen assoziiert und äußern sich in Durchfall oder Verstopfung, Bauchschmerzen oder Blähungen.

Störungen des neuronalen Systems

Bei degenerativen Hirnerkrankungen kommt es zum langsam fortschreitenden Untergang der Neuronen im Hirngewebe. Annähernd 70 % aller Fälle von degenerativen Hirnerkrankungen liegt Morbus Alzheimer zugrunde.
Bei dieser Demenzerkrankung bilden sich **Ablagerungen von Proteinen** vorwiegend in Regionen des Gehirns, die für Gedächtnis und Lernen zentral sind.

(1) Anhäufungen des Tau-Proteins bilden **Neurofibrillen-Bündel**, welche die Neuronen verstopfen und für einen Zusammenbruch des Transportsystems innerhalb des Neurons sorgen.
(2) Die **senilen Plaques** setzen sich aus kurzen Amyloid-ß-Proteinen zusammen und wirken ebenfalls neurotoxisch. Die Bildung dieser Plaques geht mit einer **Störung der Mitochondrien** (Blockade der Atmungskette) in den Neuronen einher.

Im Krankheitsverlauf nimmt daher die Hirnmasse zunehmend ab (Hirnatrophie) und es kommt zu einer **verminderten Produktion des Neurotransmitters Acetylcholin**, was ebenfalls zu einer verminderten Leistungsfähigkeit in den betroffenen Hirnregionen führt. Die Alzheimer-Erkrankung kann derzeit weder gestoppt noch geheilt werden. Nach der Diagnose beträgt die Lebenserwartung der Betroffenen durchschnittlich acht bis zehn Jahre. Zu den vermuteten Risikofaktoren gehören Alter, genetische Disposition, Schädel-Hirn-Trauma, Alkoholkonsum und Ernährung.

Neurophysiologische Verfahren (nur LK)

Es gibt zahlreiche neurophysiologische Verfahren wie Computertomografie (CT), Magnet-Resonanz-Tomografie (MRT), Elektroenzephalografie (EEG), Dopplersonografie, Elektroneurografie (ENG) und Elektromygrafie. Zwei werden hier exemplarisch vorgestellt:

a. Funktionelle Magnetresonanztomografie (fMRT)

Um Gehirnbereichen z. B. bei der Informationsspeicherung Funktionen zuordnen zu können, setzt die Hirnforschung in den letzten Jahren verstärkt die **fMRT** ein. Die **funktionelle Magnetresonanztomografie** misst mittels des „BOLD-Effektes" den Sauerstoffgehalt im Gewebe.

Sind Neuronen im Gehirn aktiv, benötigen sie mehr Sauerstoff als die nicht aktiven Neuronen im Nachbargewebe. In diesem Fall weiten sich die Blutgefäße, sodass verstärkt sauerstoffreiches Blut in die aktive Region fließen kann. Dieser Unterschied im Sauerstoffgehalt zu den Nachbarregionen ist mittels fMRT messbar. Das Niveau der Aktivierung wird auf den entstehenden Bildern in einer abgestuften Farbskala dargestellt. Untersuchen oder überprüfen Forscher ein Hirnareal auf seine Funktion, reizen sie es gezielt durch motorische, optische, akustische oder elektrische Reize von außen und messen gleichzeitig im fMRT den Aktivierungsgrad der betroffenen Region.

b. Positronen-Emissions-Tomografie (PET)

Eine weitere Methode, um die Aktivität von Geweben bildgebend darzustellen, ist die **Positronen-Emissions-Tomografie** (PET). Zu Beginn der Untersuchung wird dem Patienten ein radioaktiver Stoff injiziert, der im Aufbau z. B. der Glucose ähnelt. Da besonders aktive Gewebe einen erhöhten Bedarf an Glucose aufweisen, sammeln sich dort die radioaktiven Abbauprodukte vermehrt an. Die Darstellung der radioaktiven Zerfallsprozesse liefert dann ein Bild der Aktivität der verschiedenen Gewebe in den untersuchten Regionen.

Die Positronen-Emissions-Tomografie wird daher zur Diagnose von Krebserkrankungen (Tumorzellen haben einen besonders hohen Stoffwechsel) und Demenzerkrankungen genutzt, bei denen Gehirngewebe sich durch eine unterdurchschnittliche Stoffwechselrate auszeichnen.

Basiskonzepte zum Inhaltsfeld Neurobiologie (Grund- und Leistungskurs)
Struktur und Funktion – Schlüssel-Schloss-Prinzip bei Transmitter und Rezeptorprotein
Stoff- und Energieumwandlung – Energiebedarf des neuronalen Systems
Information und Kommunikation – Codierung und Decodierung von Information an Synapsen
Steuerung und Regelung – Positive Rückkopplung bei der Entstehung von Aktionspotenzialen
Individuelle und evolutive Entwicklung – Zelldifferenzierung am Beispiel der Myelinisierung von Axonen bei Wirbeltieren

Stoffwechselphysiologie

Grundlegende Zusammenhänge des Stoffwechsels

a. Stofftransport zwischen Kompartimenten

Alle Zellen und der Großteil der Zellorganellen sind von Biomembranen mit ganz klassischen Eigenschaften umschlossen. Die Lipiddoppelschicht wird aus Molekülen polarer Lipide gebildet. Die hydrophoben Anteile sind nach innen gerichtet, die hydrophilen nach außen, bzw. zum Cytosol oder zur Zwischenzellflüssigkeit. Durch Biomembranen werden Kompartimente gebildet, in denen verschiedene Reaktionen in unterschiedlichen Milieus zur gleichen Zeit ablaufen können, ohne durch ungeregelten Stofftransport durcheinander gebracht zu werden. Mithilfe von Proteinen in der Lipiddoppelschicht kann der Stofftransport genau geregelt und gesteuert werden.
Transport von Stoffen durch die Membran (Abb. s. S. 32) kann passiv entlang eines Konzentrationsgradienten geschehen oder aktiv unter Aufwendung von ATP, entgegen des Gradienten.

b. Passive Transportprozesse

Diffusion: Der Netto-Stofffluss von Teilchen vom Ort hoher zum Ort niedrigerer Konzentration.
Osmose: Die Verschiebung des Lösungsmittels zum Konzentrationsausgleich, wenn die Stoffe verschiedener Konzentration durch eine für das Lösungsmittel durchlässige Membran (selektiv permeabel) getrennt ist.
Tunnelproteine und Carrier: In der Membran eingelagerte integrale Proteine können die Funktion des Transports bestimmter Stoffe übernehmen. Sie ermöglichen die erleichterte Diffusion. Wassermoleküle diffundieren durch spezifische Tunnelproteine, den Aquaporinen, durch die Biomembran.

c. Aktive Transportprozesse

Moleküle müssen auch gegen das Konzentrationsgefälle durch die Biomembran transportiert werden. Das erfordert Energie in Form von ATP.
Beteiligt an diesen aktiven Transportprozessen, um anorganische Ionen in der Zelle anzureichern, sind Pumpen und Carrier. Sie befördern Ionen oder auch organische Moleküle wie Aminosäuren oder Zucker. Manche Membranproteine sind spezifisch für nur eine einzige Art von Molekülen, zum Beispiel Glucosemoleküle. Unterschieden wird zwischen dem primär aktiven Transport und dem sekundär aktiven Transport (siehe S. 17).
Primär aktiver Transport: Ein Beispiel ist die Natrium-Kalium Pumpe, ein Pumpenprotein, welches K^+-Ionen im Zellinneren anreichert und im Gegenzug Na^+-Ionen nach außen befördert. Dabei ist Energie in Form von ATP nötig. Durch den Transport von zwei Kaliumionen im Austausch mit drei Natriumionen, ist die Konzentration der Na^+-Ionen in der Zwischenzellflüssigkeit ca. 10- bis 30-mal höher als im Cytosol, was einen Ionengradienten zur Folge hat. Bei Rückdiffusion der Stoffe werden andere Moleküle gegen deren eigenen Konzentrationsgradienten mittransportiert. Man spricht von sekundär aktivem Transport.

Sekundär aktiver Transport: Das durch primär aktive Transportprozesse entstandene Konzentrationsgefälle kann also von anorganischen Ionen für die Anreicherung von organischen Molekülen in der Zelle genutzt werden. Ein Beispiel ist die Aufnahme von Glucose aus dem Nahrungsbrei des Darms. In den Darmepithelzellen kann die Konzentration von Glucose über die Konzentration im Nahrungsbrei ansteigen. ATP ist hier nicht direkt beteiligt, sondern der Gradient aus dem primär aktiven Transport wird als Energiequelle genutzt. Glucose wird zusammen mit einem Na^{+}-Ion bei dessen Rückstrom in die Darmepithelzelle transportiert. Dabei ist ein Carrier wirksam.
Transport in Vesikeln: Bei der **Endozytose** werden feste Partikel oder Flüssigkeiten unter Vesikelbildung in die Zelle aufgenommen und transportiert. Durch **Exocytose** werden diese Stoffe über Vesikelabschnürung aus der Zelle ausgeschleust.

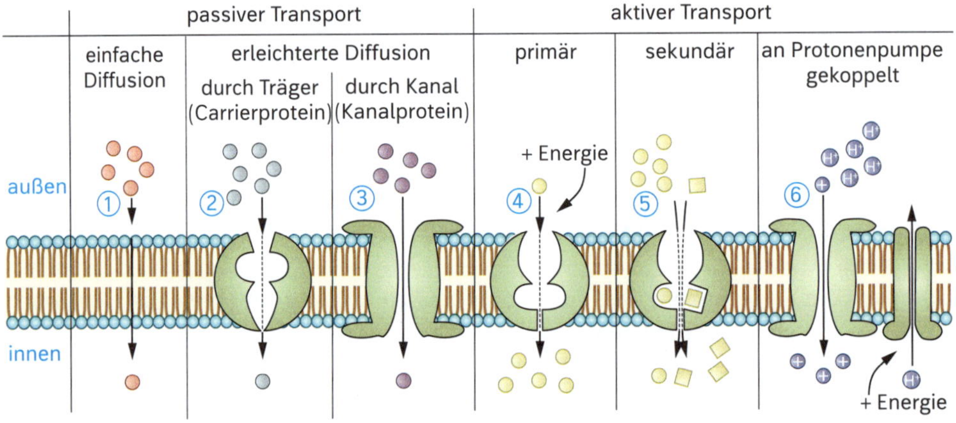

Die Anzahl der abgebildeten Moleküle stellt die Konzentration dar (viele Moleküle = höhere Konzentration).
Die eckig dargestellten Moleküle in ⑤ werden gegen den Konzentrationsgradienten mittransportiert.

Transport durch Membranen

d. Stoffwechselregulation auf Enzymebene – Basiskonzept Steuerung und Regelung

Enzyme setzen die Aktivierungsenergie von Stoffwechselreaktionen herab. Sie sind Biokatalysatoren. Ohne Enzyme könnten viele Reaktionen bei den herrschenden Temperaturen in den Zellen nicht ablaufen.
Eigenschaften:

- Enzyme sind meist Proteine.
- Enzyme gehen immer unverändert aus der Reaktion hervor.
- Enzyme sind substratspezifisch, also binden sie nur eine bestimmte Molekülsorte oder strukturell sehr ähnliche Moleküle.
- Es liegt Wirkungsspezifität vor, dad heißt sie katalysieren nur eine Reaktion eines Substrats.

Ein Maß für die Enzymaktivität ist die Durchsatzgeschwindigkeit, also wie viele Substrate pro Zeiteinheit umgesetzt werden können. Dabei wirken verschiedene Faktoren auf die Enzymaktivität, wie Temperatur, pH-Wert und Substratkonzentration. Ist die maximale Enzymaktivität erreicht, ergibt eine Erhöhung der Substratkonzentration keine Reaktionsgeschwindigkeitssteigerung mehr. Temperatur und pH-Wert verändern die Proteinstruktur, sodass die Bindung des Substrats im aktiven Zentrum des Enzyms sowohl negativ als auch positiv beeinflusst werden kann.

Stoffwechsel muss, um die Homöostase zu stabilisieren, fortlaufend stattfinden. Dazu wird die Enzymaktivität durch körpereigene Effektoren reguliert. Diese Moleküle binden außerhalb des aktiven Zentrums an das **allosterische Zentrum**, was bei Bindung eine Änderung der Konformität des Enzyms zur Folge hat. Effektoren können nicht nur hemmend, sondern auch aktivierend wirken.

Formen der Regulation

Stoffe wie Arzneimittel oder Gifte vermindern die Reaktionsgeschwindigkeit und wirken also als Inhibitoren. Bindet ein Effektor dauerhaft an ein Enzym, wie z. B. Schwermetallionen, spricht man von **irreversibler Hemmung**. Binden die Effektoren nur vorübergehend, ist die Hemmung **reversibel**. Reversible Hemmungen können auch durch Substrat ähnliche Moleküle ausgelöst werden, wenn die zwei Stoffe um das aktive Zentrum konkurrieren. Man spricht von der sogenannten kompetitiven Hemmung.
Alle nichtkompetitiven Inhibitoren binden außerhalb des aktiven Zentrums, also besteht keine Konkurrenz mit den Substratmolekülen. Die Enzyme werden allosterisch gehemmt.

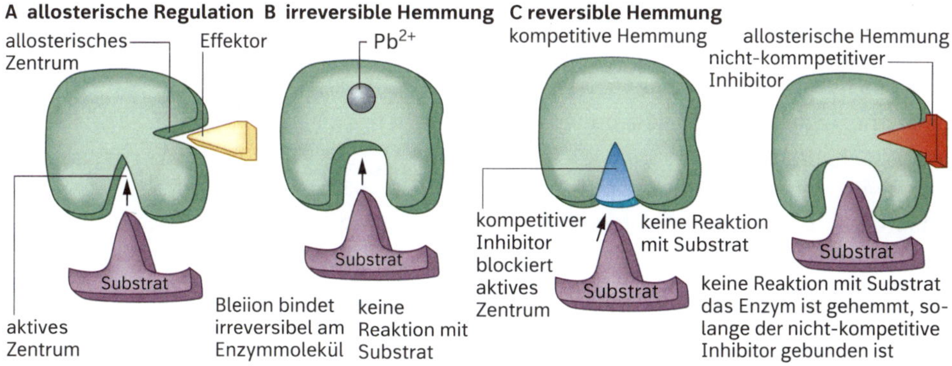

Regulation der Enzymaktivität

Glykolyse kann gehemmt werden

Aufbauender Stoffwechsel: Fotosynthese

a. Fotoreaktionen und Synthesereaktionen in Chloroplasten

In der Fotosynthese werden aus den anorganischen Stoffen CO_2 und H_2O mithilfe von Lichtenergie Kohlenhydrate, also organische Stoffe aufgebaut. Die organischen Stoffe liefern Energie für andere Lebensvorgänge. Sie dienen auch dem Aufbau von Biomasse, von der andere Organismen wie Konsumenten erster oder höherer Ordnung sowie Destruenten leben.

Fotosynthesegleichung: $6\ CO_2 + 12\ H_2O \xrightarrow{\text{Licht}} C_6H_{12}O_6 + 6\ H_2O + 6\ O_2$

Die Fotosynthese erfolgt bei den höheren Pflanzen vor allem in den Blättern. Maßgebliche Voraussetzung für die Fotosynthese sind die Chloroplasten, die den grünen Blattfarbstoff enthalten, das Chlorophyll. Durch ihre spezifische Struktur (Thylakoidinnenraum, Stroma und Intermembranraum) ist der komplexe Stoffwechselvorgang der Fotosynthese erst möglich (*Basiskonzept Struktur und Funktion*). Aufgrund dessen trifft hier ebenso das Basiskonzept Kompartimentierung zu. Es entstehen durch diese bestimmten Eigenschaften der Chloroplasten verschiedene Reaktionsräume, in denen unterschiedliche Bedingungen herrschen und nahezu gegenläufige Reaktionen ablaufen können.

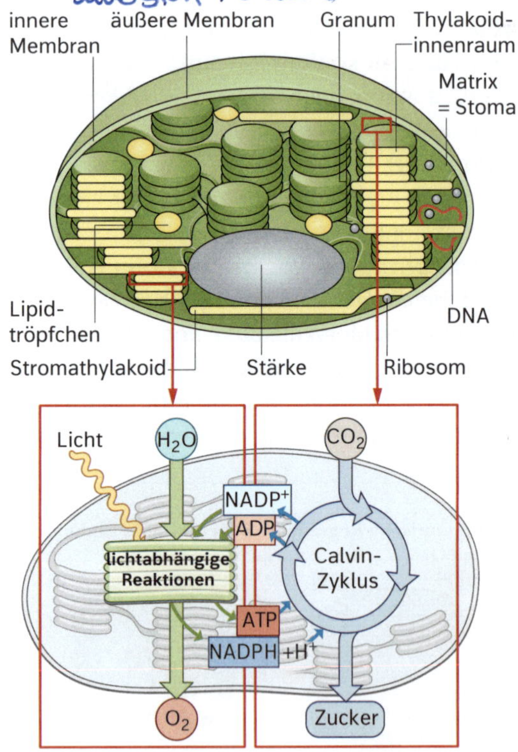

Übersichtsschema zu Stoffwechselleistungen des Chloroplasten

Licht wird von Chlorophyll a und b absorbiert, und zwar vor allem im roten und blauen Bereich des Spektralbereichs. Auch Carotinoide absorbieren Licht, dessen aufgenommene Energie auf Chlorophyll übertragen werden kann. Alle diese Farbstoffe befinden sich in den Thylakoidmembranen des Chloroplasten. Die Absorptionsspektren der Blattfarbstoffe stimmen mit dem Wirkungsspektrum der Fotosynthese weitgehend überein.

Man unterscheidet Primär- und Sekundärvorgänge der Fotosynthese. In den Fotoreaktionen (**lichtabhängige** Primärvorgänge) wird Lichtenergie in chemische Energie umgewandelt. Dabei wird Wasser oxidiert und $NADP^+$ zum energiereicheren NADPH + H^+ reduziert sowie ATP als chemischer Energiespeicherstoff gebildet. Bei den Synthesereaktionen (**lichtunabhängige** Sekundärvorgänge) wird CO_2 mithilfe von NADPH + H^+

und ATP reduziert und zu Zuckerphosphaten verarbeitet. Durch gleichzeitige Oxidation des an $NADP^+$ gebundenen Wasserstoffs wird das auf der rechten Seite der Reaktionsgleichung stehende H_2O gebildet.

Primärreaktion der Fotosynthese (fotochemische Reaktion): In den **lichtabhängigen** Reaktionen der Fotosynthese werden an der Membran im Innenraum der Thylakoide mithilfe der Lichtenergie Wassermoleküle gespalten (Fotolyse des Wassers).
Es entstehen Protonen, Elektronen und Sauerstoff. Dabei wird zunächst das Fotosystem II (P680) durch Licht angeregt. Fotosysteme bestehen aus pigmenthaltigen Proteinen der Thylakoidmembran, die zu Lichtsammelkomplexen vereinigt sind. Im Mittelpunkt befindet sich jeweils ein Reaktionszentrum, welches das Chlorophyll a enthält.
Wird das Fotosystem II angeregt, werden Elektronen über Redoxsysteme an das Fotosystem I (P700) weitergeleitet. Schließlich gelangen die Elektronen, die bei der Fotolyse des Wassers freigesetzt wurden, an die Thylakoidaußenmembran und reduzieren dort $NADP^+$ zu $NADP^-$, das sogleich Protonen aus dem Matrixraum anlagert und zum $NADPH + H^+$ wird. Parallel dazu sorgen die Protonen im Thylakoidinnenraum für einen Protonenüberschuss und damit auch zu Ladungsunterschieden auf beiden Seiten der Thylakoidmembran. Durch den Protonentransport über ein Membranprotein wird so viel Energie frei, dass mithilfe eines ATP-Synthesesystems durch die Anlagerung einer Phosphatgruppe an ADP das energiereiche ATP gebildet werden kann (Fotophosphorylierung).

Lichtreaktion lädt auf

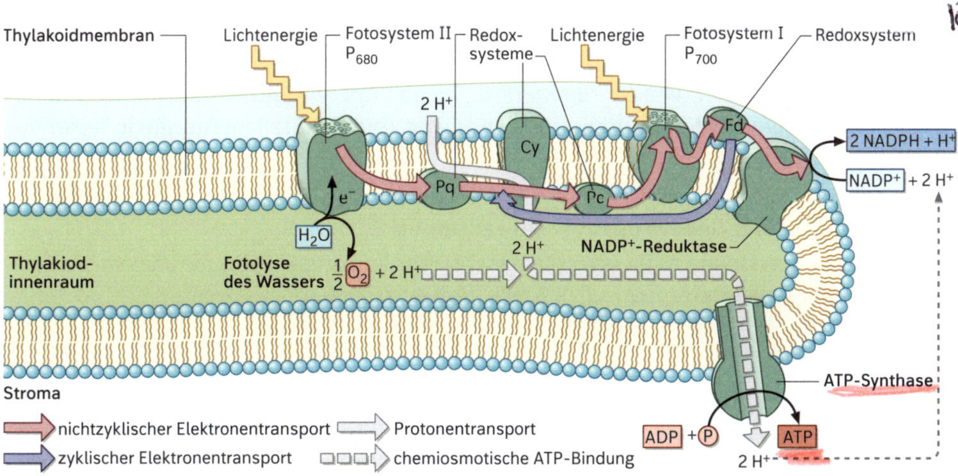

Primärvorgänge der Fotosynthese an der Thylakoidmembran im Chloroplasten

Das Energieniveau der Elektronen nimmt über den Transport der Membranproteine (Komplex I, III und IV) stetig ab. (LK)

Sekundärreation der Fotosynthese (Synthesereaktion): Die **lichtunabhängigen** Reaktionen laufen im Stroma (Matrix) der Chloroplasten ab. Diese werden auch nach seinem Entdecker als CALVIN-Zyklus bezeichnet. Im CALVIN-Zyklus werden die Produkte der lichtabhängigen Reaktion, $NADPH + H^+$ und ATP, benötigt, um Zucker aus CO_2 herzustellen. Der CALVIN-Zyklus gliedert sich in die folgenden drei Schritte:

Ladung entleert

1: CO_2-Fixierung:
Der CALVIN-Zyklus bindet über das Enzym Rubisco ein CO_2-Molekül an das Ribulose-1,5-bisphosphat. Es entsteht ein Molekül mit 6 Kohlenstoffatomen, das jedoch sofort zu zwei Molekülen 3-Phosphoglycerinsäure zerfällt.

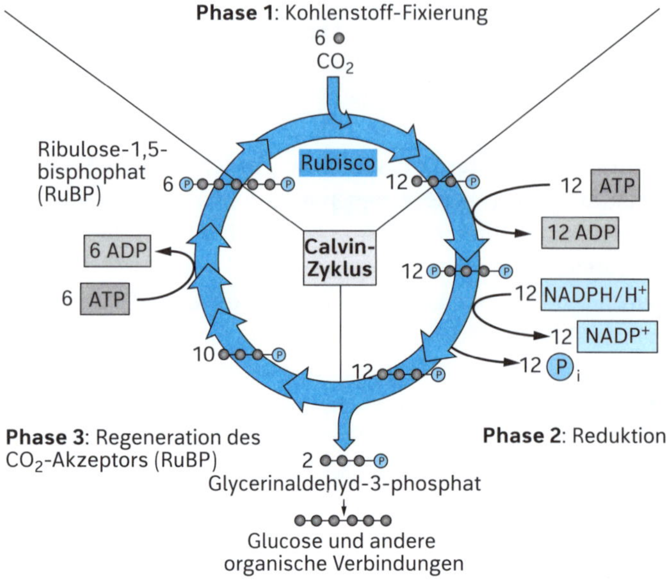

Der CALVIN-Zyklus

2: Reduktion:
In der Reduktionsphase des Calvin-Zyklus werden die Produkte aus der Lichtreaktion (NADPH + H^+ und ATP) benötigt, um die 3-Phosphoglycerinsäuren zu 3-Phosphoglycerinaldhyd zu reduzieren. Aus zwei dieser 3-Phosphoglycerinaldehyd-Molekülen entsteht dann Glucose.

3: Regeneration: Der CO_2-Akzeptor Ribulose-1,5-bisphosphat wird unter Energieverbrauch in Form von ATP wieder regeneriert. Insgesamt wird aus 6 CO_2-Molekülen ein C_6-Zucker gebildet. Dafür werden 12 NADPH + H^+ und zusätzlich Energie in Form von 18 ATP benötigt.

Zusammenfassung der Fotosynthesereaktionen

Nachfolgende Darstellung gibt über die beschriebenen Fotosynthese-Prozesse nicht nur einen Überblick, sondern stellt auch Stoff- und Energiefluss innerhalb der Reaktionen dar.

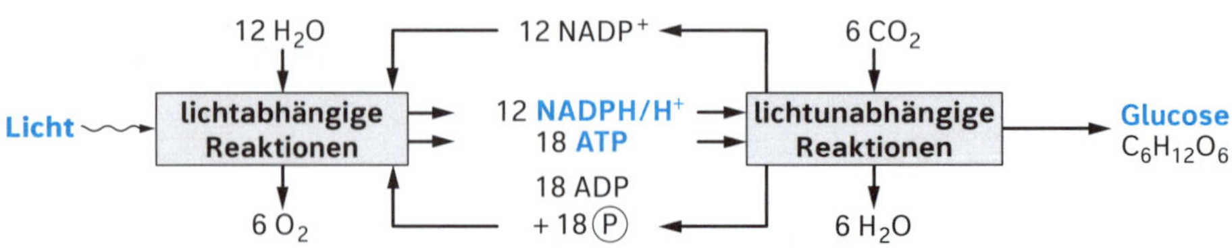

Ziel Glucose, auch wenn Energie ATP verloren geht → für Zellatmung wo mehr ATP entsteht

b. Erkenntnisse über die Abhängigkeit der Fotosynthese von abiotischen Faktoren

Einfluss des Lichtes. Die verschiedene Blattfarbstoffe, die unabdingbar für die Fotosynthese sind, heißen z. B. Chlorophyll a und b, Carotinoide oder Xanthophylle in grünen Laubblättern. Alle weisen verschiedene Absorptionsspektren auf. Werden isolierte Chloroplasten in Lösung zwischen einen Lichtstrahl und ein Prisma gehalten (Spektralometer) fehlen im Spektrum die Farben Blau und Orangerot. Diese Lichtbereiche wurden absorbiert, alle anderen reflektiert.

Die Ansprüche an das Licht sind nicht bei allen Pflanzen gleich. **Sonnenpflanzen** zeichnen sich durch einen hohen Lichtbedarf aus und sterben bei starker Beschattung allmählich ab. **Schattenpflanzen** dagegen gedeihen im Streulicht am besten, längerzeitige volle Bestrahlung ist für sie tödlich.

Bei Sonnenpflanzen findet man häufig kleinere, aber dicke und derbe Blätter mit mehrschichtigem Palisadengewebe. Oft haben sie noch Überzüge von Wachs oder toten Haaren, die die Strahlung stärker reflektieren und die Verdunstung abschwächen. Schattenpflanzen besitzen meist dünne und zarte Blätter, die flach ausgebreitet sind und somit recht viel von dem spärlichen Licht auffangen. Beide Blattformen können an ein und derselben Pflanze vorkommen.

Bei einer bestimmten Lichtintensität verbraucht eine Pflanze durch Fotosynthese genauso viel Kohlenstoffdioxid, wie sie bei der Atmung bildet. Die Lichtintensität, bei der diese Bedingung erfüllt ist, heißt Lichtkompensationspunkt der Fotosynthese. Er liegt bei den Sonnenpflanzen höher als bei den Schattenpflanzen. Schattenpflanzen weisen daher bereits bei geringerer Lichtintensität eine höhere Nettoproduktion auf als die Sonnenpflanzen.

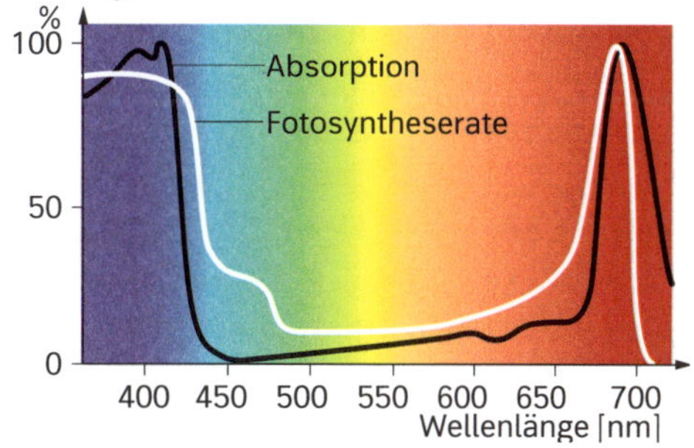

Absorptions- und Wirkungsspektrum von Chlorophyll a der Fotosynthese

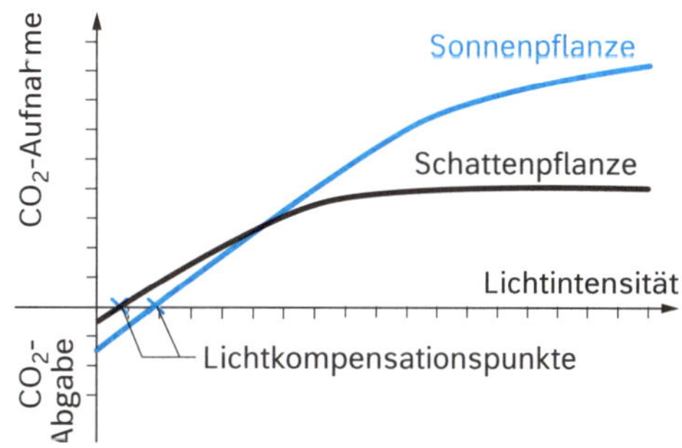

Abhängigkeit der Fotosynthese von der Lichtintensität

Blätter der Rotbuche A Schattenblatt; B Sonnenblatt

Einfluss des Kohlenstoffdioxids. Die Fotosyntheseleistung wird bei hinreichender Lichtintensität durch eine Erhöhung des CO_2-Gehaltes der Luft verbessert. Düngung mit Stallmist und Kompost reichert die bodennahe Luftschicht mit CO_2 an, weil die organischen Stoffe dieser Dünger durch Mikroorganismen (Destruenten) zersetzt werden.

Einfluss der Temperatur. Die Sekundärvorgänge der Fotosynthese sind temperaturabhängig. Sie setzen bei einer Mindesttemperatur ein (bei frostharten Pflanzen etwa bei −1 °C), nehmen mit steigender Temperatur an Geschwindigkeit zu und nach Erreichen eines Optimums wieder ab. Bei einer maximalen Temperatur hört die Fotosynthese ganz auf. Die Minimum-, Optimum- und Maximum-Temperaturen der Fotosynthese sind von Art zu Art verschieden. Unterhalb dieser Temperaturgrenzen können frostharte Pflanzen ohne Fotosynthese gemäß ihrer Temperaturtoleranz vorübergehend existieren. Kultiviert man eine Nutzpflanze in Gewächshäusern, kann ihr Temperatur-Optimum (physiologisches Optimum) eingestellt werden.

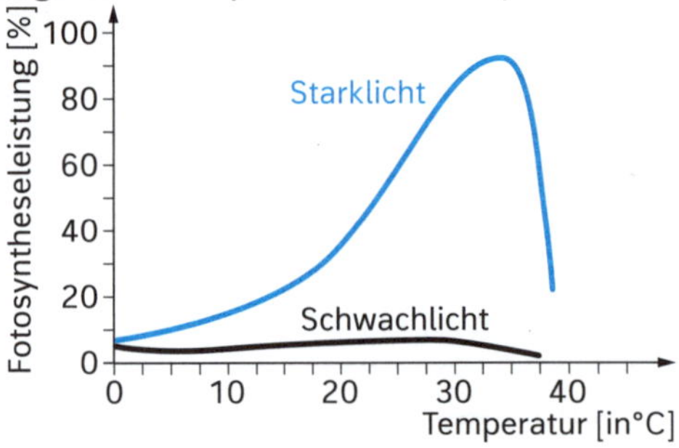

Abhängigkeit der Fotosynthese von der Temperatur bei verschiedenen Lichtintensitäten

Einfluss des Wassers. Die Spaltöffnungen schließen sich bei Trockenheit zeitweilig; dadurch sinkt die Aufnahme von CO_2 und somit die Fotosyntheseleistung. Bei andauernder Trockenheit bleiben die Spaltöffnungen geschlossen, sodass keine Fotosynthese mehr stattfindet, aber der Wasserverlust gering wird. Die Pflanze befindet sich nun im Pessimum-Bereich. Bei künstlicher Bewässerung ist kein Spaltenschluss erforderlich, die Pflanze ist hinsichtlich der Wasserversorgung im Vorzugsbereich und kann eine hohe Stoffproduktion aufweisen.

In der Natur sind die erwähnten Faktoren stets gemeinsam wirksam. Fehlt ein Faktor oder wird er im Übermaß angeboten, so kann z. B. bei zu hoher Temperatur keine Fotosynthese stattfinden, auch wenn alle anderen Faktoren im Vorzugsbereich liegen. Die Stoffproduktion einer Pflanze hängt immer vom ungünstigsten Faktor ab, also von dem, der im Minimum vorliegt.

Erkenntnisgewinn in den Naturwissenschaften

Erkenntnisse über die Fotosynthese gingen von Naturbeobachtungen aus. Forscher stellten Vermutungen über ursächliche Einflussfaktoren auf, die begründet und als Hypothesen formuliert wurden. Diese schlossen auch die Vorhersage des aufgrund der Hypothese zu erwartenden Beobachtungsergebnisses ein. Zur Überprüfung einer Hypothese wird in der Forschung ein Experiment entwickelt, das diese Hypothese bestätigen oder auch widerlegen kann. Im Protokoll des Experiments werden neben der Frage und der Hypothese dann die verwendeten Materialien angegeben, die Durchführung wird beschrieben und die Beobachtungsergebnisse werden festgehalten. Die tatsächlich gemachten Beobachtungen werden dann gedeutet. Falls die Hypothese bestätigt werden kann, ist die Ausgangsfrage beantwortet. Kann sie nicht bestätigt werden, wird eine neue Hypothese aufgestellt.

Methodischer Hinweis: Umgang mit experimentell erhobenen Daten anhand einer materialgebundenen Übungsaufgabe

AUFGABE Untersuchung verschiedener Algenarten

1) Formulieren Sie die den Ergebnissen zugrunde liegende Forschungsfrage sowie die dazugehörigen Hypothesen.
2) Skizzieren Sie das zu erwartende Wirkungsspektrum der Rotalgen und vergleichen Sie es mit der Fadenalge im Engelmann-Versuch.
3) Deuten Sie die Versuchsergebnisse (A und B) und ordnen Sie das Vorkommen der Braun-, Rot- und Grünalgen einer Meerestiefe begründet zu.

Material:

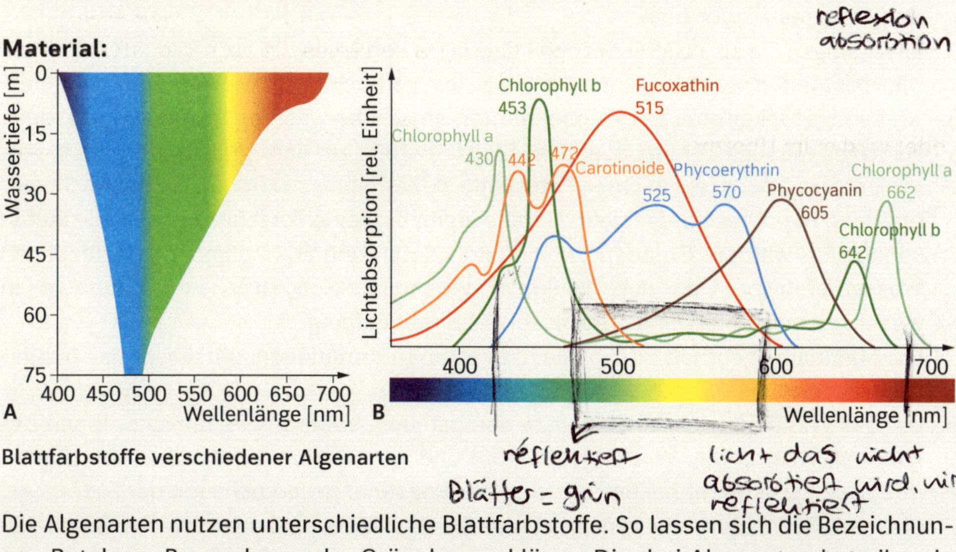

Blattfarbstoffe verschiedener Algenarten

Die Algenarten nutzen unterschiedliche Blattfarbstoffe. So lassen sich die Bezeichnungen Rotalgen, Braunalgen oder Grünalgen erklären. Die drei Algenarten betreiben in verschiedenen Tiefen des Meeres Fotosynthese. Rotalgen und Braunalgen können in Wasserschichten unterhalb der von Grünalgen und anderen Pflanzen existieren.

In Gewässern erfolgt die Lichtabsorption neben den Algen auch durch andere gelöste Stoffe, etwa Wassermoleküle sowie kleinste Partikel, sodass auf dem Grund des Gewässers je nach Tiefe wenig bis kein Licht mehr ankommt.

	Chlorophyll a	Chlorophyll b	Carotinoide	Fucoxanthin	Phycocyanin	Phycoerythrin
Grünalgen	x	x	x			
Rotalgen	x		x		x	x
Braunalgen	x		x	x		

Engelmann-Versuch: Wirkunsspekturm einer Fadenalge (Vertreter der Grünalgen)

- **Lösungserarbeitung:** Es ist eine materialgebundene Aufgabe gezeigt, die Ergebnisse eines Experiments liefert. Sie müssen die zugrundeliegende Fragestellung, die Hypothese (oder in anderen Übungsaufgaben das Ergebnis) vorhersagen sowie anhand der Daten Unbekanntes zuzuordnen.

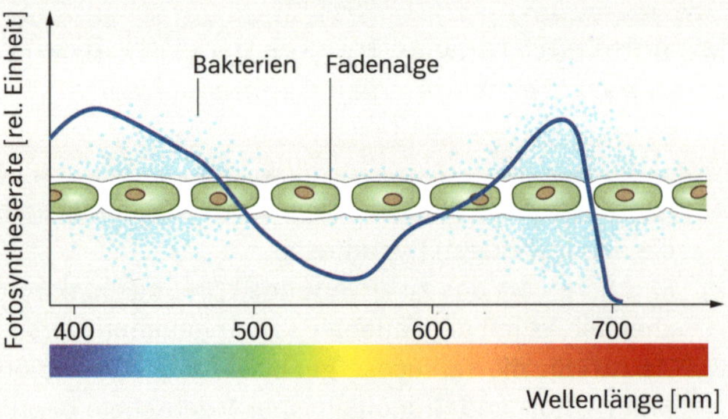

- Beschäftigen Sie sich zuerst mit den Materialien und lesen Sie auch Bildunterschriften. Diese enthalten meistens, auch wenn sie klein gedruckt sind, wichtige Informationen.
- Stellen Sie Bekanntes dem Unbekannten gegenüber. Es liegt auf der Hand, dass verschiedene Algen unterschiedliche Blattfarbstoffe zur Verfügung haben, um in verschiedenen Gewässerschichten Fotosynthese betreiben zu können. So haben Sie bereits eine Hypothese aufgestellt. Daraus ergibt sich eine Forschungsfrage, die lauten könnte: Aus welchen Gründen kommen Rot-, Grün- und Braunalgen in verschiedenen Wassertiefen vor? Oder noch konkreter: Was macht Rot-, Grün- und Braunalgen in verschiedenen Tiefen eines Gewässers überlebensfähig?
- Der Materialtext enthält für Sie alle relevanten Informationen, um diese Forschungsfrage zu formulieren.
- Um das Wirkungsspektrum der Alge darzustellen, erklären Sie zunächst Ihnen Bekanntes. Was ist das Wirkungsspektum und was wissen Sie darüber von grünen Pflanzen. Das stimmt bei Betrachtung des Engelmann-Versuchs mit der Fadenalge, also den Grünalgen, überein. Zeichnen Sie das Wirkungsspektrum der Fadenalge ebenso anhand der vorliegenden Blattpigmente. Es zeigt sich ein sehr breites Wirkungsspektrum, was Sie bereits in Richtung Lösung der nächsten Aufgabe stößt.

- Die Namensgebung der Algenarten verrät ihre Absorptionsspektren. Grünalgen absorbieren blaues und orangerotes Licht, das ist Ihnen bekannt. Also können Sie anhand der Abbildung A und mit Hilfe der Tabelle ablesen, dass sie bis in Wassertiefen von ca. 15 m anzutreffen sein können. Braunalgen nutzen neben Chlorophyll a und Carotinoiden zusätzlich das Fucoxanthin für die Absorption. Sie können also in viel tieferen Gewässerschichten leben (bis ca. 60m), da Fucoxanthin das Absorptionsmaximum bei 515 nm besitzt. Die Rotalgen reflektieren hingegen die höheren Wellenlängenbereiche ab 600 nm, weshalb sie rot erscheinen. Ihre Blattfarbstoffe sind Chlorophyll a, Carotinoide sowie Phycoerythrin und Phycocyanin. Die Absorptionskurven dieser Farbstoffe zeigen im Vergleich mit der Lichtabsorption in verschiedenen Wassertiefen, dass die Rotalge die größte Toleranz im Hinblick auf die Wassertiefe besitzt und ab 15 m bis ca. 60 m vorkommen kann, also genau zwischen den Bereichen der Grün- und Braunalgen.
- Gehen Sie abschließend darauf ein, ob die Forschungsfrage durch die Ergebnisse wirklich beantwortet werden konnte bzw. ob die Hypothesen veri- bzw. falsifiziert werden konnten, auch wenn dies nicht explizit in der Aufgabe gefordert ist.
- Die Erkenntnisgewinnung in der Biologie läuft immer nach dem gleichen Prinzip ab. Haben Sie dieses Schema im Kopf, können Sie Ihre Lösungen bei Aufgaben mit experimentellen Daten strukturierter formulieren.

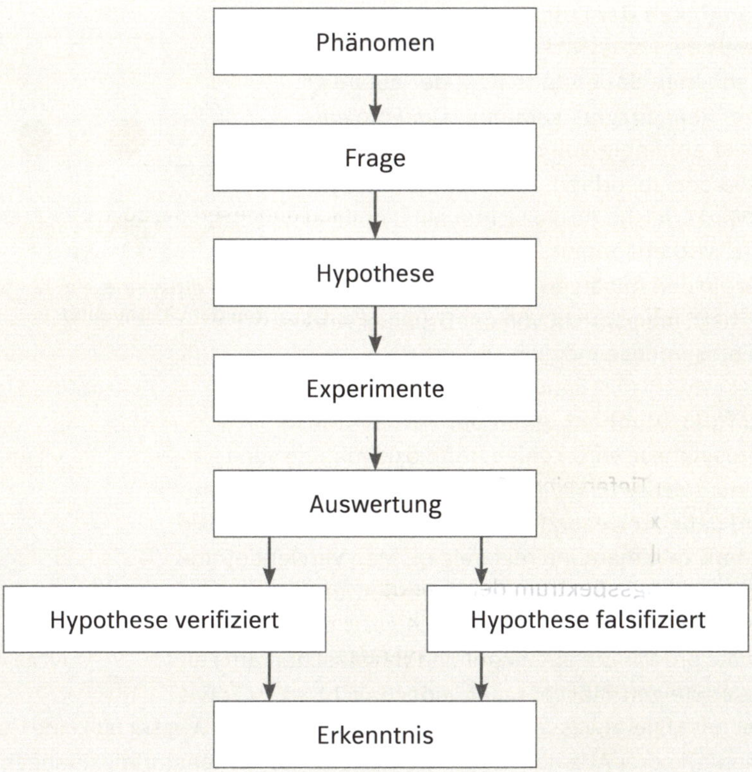

papier (Träger) kommt vor
wasser (laufmittel)

Überblick: Experimentelle Untersuchungen zum Nachweis der Fotosynthese

Nachweis der Blattfarbstoffe mittels Dünnschichtchromatografie

Die Chromatografie ist eine Methode zur Trennung von gelösten Stoffgemischen. Es wird ein Stoffgemisch auf eine stationäre Phase aufgetragen. Das kann Papier, getrocknete Kreide oder eine mit Kieselgel beschichtete Kunststofffolie sein. Anschließend lässt man das Laufmittel, die mobile Phase, durch das Trägermaterial fließen. Das Lösungsmittelgemisch hat überwiegend unpolare Eigenschaften. Kapillarkräfte lassen es über die stationäre Phase laufen. Durch Wechselwirkung der verschiedenen Farbstoffe des Blattextrakts mit der mobilen und der stationären Phase laufen die Farbstoffe abhängig von ihrer Polarität unterschiedlich weit. Aufgrund der geringeren Wechselwirkung wandern polare Farbstoffe bei unpolaren Laufmitteln nicht so weit wie unpolare Blattfarbstoffe.

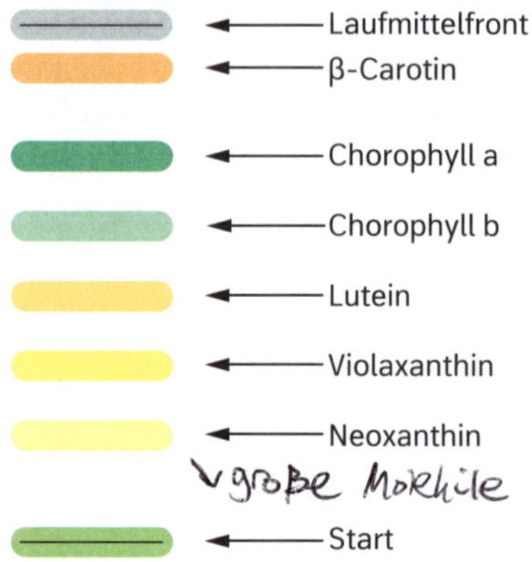

Dünnschichtchromatografie von Blattfarbstoffen

Lichtabhängigkeit der Fotosynthese

Der Nachweis der Fotosyntheserate erfolgt anhand des entstandenen Sauerstoffs (O_2), der aufsteigt und sich im Reagenzglas sammelt. Die Fotosyntheserate ist abhängig von der Lichtqualität. Rot und blau werden absorbiert. Die höchste Fotosyntheserate wird erreicht, da die Lichtqualität optimal ist. Orange wird absorbiert, aber die Wirkung ist geringer als in den Ansätzen 2 und 4. Grünes Licht wird reflektiert, man spricht von der Grünlücke. Es ist kaum Fotosynthese möglich.

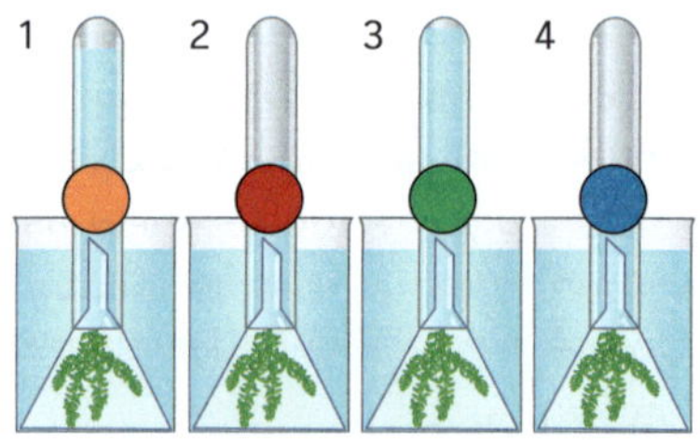

Abb. Fotosynthese in Abhängigkeit von der Lichtqualität

Kohlenstoffdioxidabhängigkeit der Fotosynthese

Bei der Fotosynthese wird Kohlenstoffdioxid mithilfe von Lichtenergie und Wasser zu Kohlenwasserstoffen reduziert. Sauerstoff wird dabei freigesetzt. Der Bedarf an Kohlenstoffdioxid lässt sich im Experiment indirekt zeigen. Man verwendet drei Gefäße, die gleich stark beleuchtet werden und mit unterschiedlichem Wasser gefüllt sind. Nach ca. 3 min Wartezeit zählt man die pro Minute aufsteigenden Gasbläschen. Im Leitungswasser steigen Bläschen auf, jedoch nicht so viele wie im Zylinder mit Mineralwasser. Im Gefäß mit abgekochtem Wasser ist keine Gasbildung zu erkennen. Die drei Ansätze unterscheiden sich im Kohlenstoffdioxidangebot für die Pflanzen. Ohne Kohlenstoffdioxid kann auch bei ausreichender Beleuchtung keine Fo-

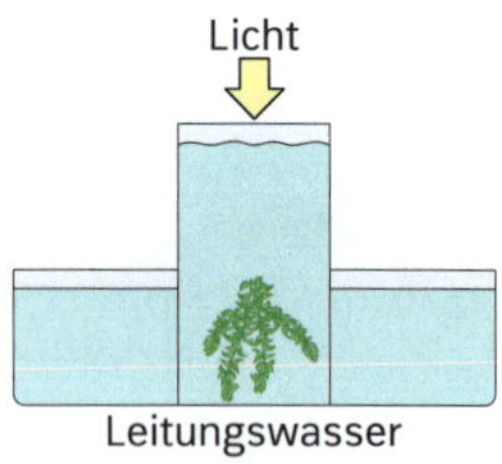

tosynthese stattfinden, also auch kein Sauerstoff aufsteigen (Nachweis von Sauerstoff über die Glimmspanprobe).
Ein ähnlicher Versuchsaufbau mit verschiedenen Wassertemperaturen eignet sich zum Nachweis der **Temperaturabhängigkeit** der Fotosynthese.

Nachweis von Stärke
Schablonenversuch: Man verdunkelt ein Blatt einer Pflanze, welche längere Zeit im Dunklen stand, mit einer Schablone. Anschließend wird das Blatt einige Stunden mit Licht bestrahlt. Danach entfernt man das Blatt von der Pflanze und löst die Blattfarbstoffe heraus (durch Einlegen des Blattes in Aceton). Das so vorbehandelte Blatt wird in eine Jod-Jodkalium-Lösung (Indikator) getaucht. Nach einer Weile färben sich die zuvor belichteten Blattabschnitte schwarzblau. Die Indikatorlösung zeigt Stärke an.

c. Besondere Fotosyntheseformen (LK)

Manche Pflanzen, wie beispielsweise der Mais, zeigen Besonderheiten im Ablauf der Sekundärvorgänge der Fotosynthese. Da sie an besonders sonnig-heiße und zeitweilig trockene Standorte angepasst wurden, erlangen sie Selektionsvorteile durch eine spezialisierte Fotosyntheseform. Durch ihren Standort bedingt, muss die Pflanze aufgrund der Trockenheit, Transpiration reduzieren. Sie schließt die Stomata, um nicht auszutrocknen. Dabei können nur sehr geringe Mengen an CO_2 aufgenommen werden, was die Fotosyntheseleistung negativ beeinflusst. Aus diesem Grund entwickelte sich eine besondere Angepasstheit an diese herausfordernden Standorte. Durch die C_4-Fotosynthese ist es Pflanzen möglich, trotz geschlossener Spaltöffnungen CO_2 zu fixieren.
Die Zellenanordnung in einem C_4-Blatt ist charakteristisch. Die Bün-

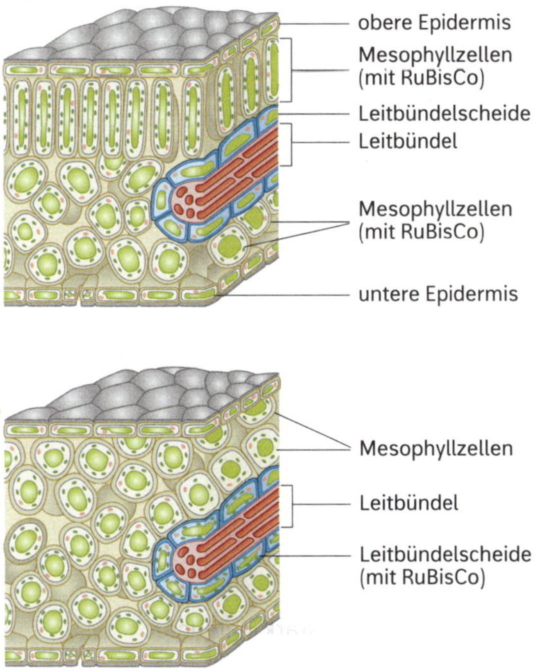

Blattanatomie von C_3- und C_4-Pflanzen. Oben: Anordnung der Zellen in einem C_3- Blatt. Unten: charakteristische kranzförmige Anordnung der Bündelscheidenzellen im C_4- Blatt.

delscheidenzellen sind kranzförmig um das Leitgewebe (Phloem und Xylem) angeordnet und enthalten große stärkereiche Chloroplasten (siehe Abb. S. 43)).

Im Unterschied zur bereits auf den vorhergehenden Seiten besprochenen Fotosynthese, geschieht bei den **C_4-Pflanzen** die Kohlenstofffixierung nicht im CALVIN-Zyklus durch das Enzym RuBisCo. Es wird zunächst in den Mesophyllzellen mit Hilfe des Akzeptorenzyms Phosphoenolpyruvat (PEP) gebunden. Daraus entsteht Oxalacetat, welches ein C_4-Körper ist und der Fotosyntheseform ihren Namen verleiht. Durch die Reduktion von Oxalacetat mittels NADPH + H^+ entsteht Malat, das Salz der Apfelsäure. Malat wird in die Zellen der Leitbündelscheide transportiert, die bei den C_4-Pflanzen, im Gegensatz zu den C_3-Pflanzen, RuBisCo enthalten. Malat wird gespalten und dadurch werden relativ hohe Mengen an CO_2 freigesetzt. So kann es zum zweiten Mal von RuBisCo fixiert werden und in den CALVIN-Zyklus eingeschleust werden. Pyruvat bleibt als Produkt übrig und wird zurück in die Mesophyllzellen transportiert. Durch die Energie aus der Hydrolyse von ATP wird Phosphoenolpyruvat regeneriert.

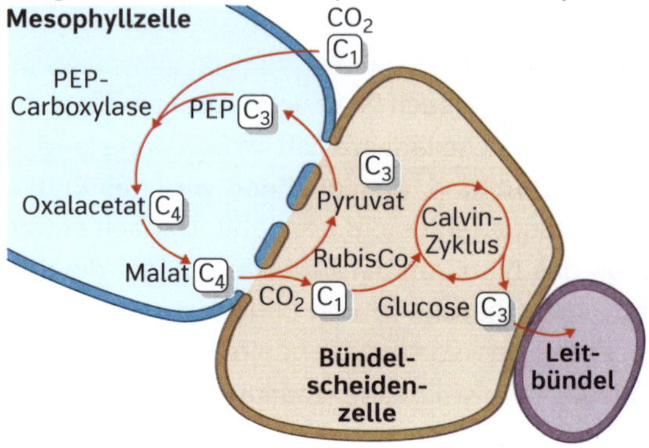

Fotosynthese bei C_4-Pflanzen

Der Mechanismus der doppelten Kohlenstofffixierung durch räumliche Trennung, ermöglicht bei guten Verhältnissen von Wasser- und Lichtangebot ein rasches Wachstum aufgrund der hohen Fotosyntheseleistung. Allerdings ist diese Form der Fotosynthese energieaufwändiger als die der C_3-Pflanzen.

Übersicht der Fotosynthesewege von C_3- und C_4-Pflanzen

	C_3-Pflanzen	C_4-Pflanzen
CALVIN-Zyklus	ja	ja
primärer CO_2-Akzeptor	RuBP	PEP
CO_2-fixierendes Enzym	Rubisco	PEP-Carboxylase
erstes Produkt der CO_2-Fixierung	3PG (C_3)	Oxalacetat (C_4)
Affinität der Carboxylase für CO_2	mäßig	hoch
fotosynthetisch aktive Zellen im Blatt	Mesophyllzellen	Mesophyll- und Bündelscheidenzellen
Fotorespiration	stark	minimal

Abbauender Stoffwechsel: Zellatmung (ÜA 4), Gärung (nur LK)

↓ = Katabolær Stoffwechsel

a. Energiegewinn bei heterotrophen Prokaryoten

ohne Sauerstoff = notfall keine Luft

Alkoholische Gärung und Milchsäuregärung (nur LK)

Obligat gärende Prokaryoten können mit der Energie, die im Wasserstoff enthalten ist (vgl. Knallgasreaktion) nichts anfangen. Deswegen wird bei der alkoholischen Gärung der Wasserstoff vom reduzierten Reduktionsäquivalent NADH + H^+ auf Acetaldehyd, bei der Milchsäuregärung auf Pyruvat übertragen und somit das Wasserstofftransportsystem NAD „entlastet", sodass weitere Glucosemoleküle oxidiert werden können. Insgesamt ist der Energiegewinn mit 2 Mol ATP/Mol Glukose sehr gering.

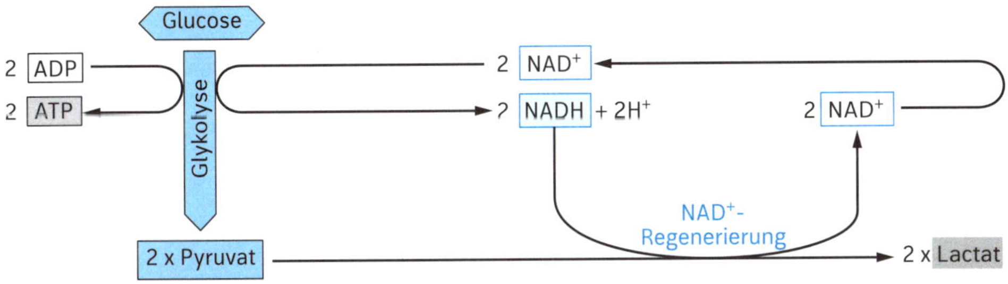

Energiegewinn und Regeneration des Wasserstofftransportsystems bei der Milchsäuregärung

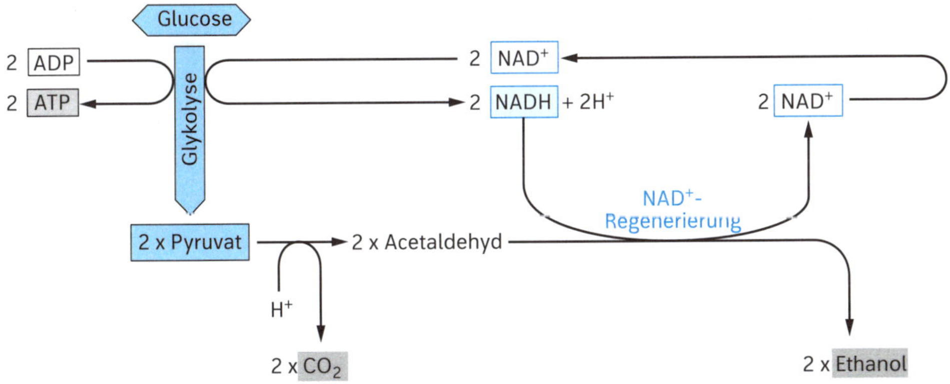

Energiegewinn und Regeneration des Wasserstofftransportsystems bei der alkoholischen Gärung

Glycolyse erster Schritt der Zellatmung

Die **Glykolyse** besteht in der Oxidation eines energiereichen Substrats ohne Beteiligung von Sauerstoff. Im Cytoplasma des Organismus wird zunächst durch Phosphorylierung Aktivierungsnergie auf die energiereiche Substanz übertragen. Durch die Anregungsenergie kommt es zu einer Destabilisierung des gesamten Moleküls, das dann mithilfe von Enzymen gespalten und oxidiert werden kann. Dem Substrat werden dabei Wasserstoffatome entzogen und diese auf einen Wasserstoffakzeptor, das Redoxsystem NAD^+, übertragen. Die bei der Oxidation frei werdende Energie kann durch Phosphorylierung von ADP auf ATP übertragen und für verschiedenste Lebensvorgänge verwendet werden.

viel ATP → Glykolyse verlangsamt
wenig ATP → Glykolyse beschläunigt

Im Cytoplasma der Körperzellen findet der erste Schritt des Abbaus der Glucose statt. In der ersten Phase der Glykolyse wird zunächst Energie benötigt, um Glucose zu phosphorylieren und schließlich enzymatisch in zwei C_3-Körper zu spalten.
Produkt der Energieinvestitionsphase ist Pyruvat, welches unter Bildung der Reduktionsäquivalente NADH + H^+ und zwei Molekülen ATP aus Glycerinaldehydphosphat umgebildet wird.
Nachdem in der ersten Glykolysephase zwei Moleküle ATP investiert werden mussten, entstehen in der Bereitstellungsphase vier Moleküle ATP pro Molekül Glucose.
Bei höherem oder niedrigerem Energiebedarf des Körpers, muss die Glykolyse entsprechend angepasst werden. Das geschieht über allosterisch geregelte Enzyme (siehe Abschnitt Stoffwechselregulation auf Enzymebene), die je nach Bedarf den Umsatz ihrer Substrate erhöhen oder verringern. Bei hoher ATP-Konzentration nimmt z. B. die Aktivität des Enzyms ab, welches Phosphoenolpyruvat in Pyruvat umsetzt. Die ATP-Bildung wird verringert.
Die in der bisherigen Reaktion frei gewordenen Wasserstoffionen sowie Elektronen werden auf den Cofaktor NAD übertragen, welches zu NADH + H^+ reduziert wird und gelangen so in die Mitochondrien. Hier findet der vollständige Abbau des entstandenen Produkts der Glykolyse (Pyruvat) zu CO_2 statt. Im sich anschließenden Citratzyklus wird abermals ATP gebildet und Elektronen mit Wasserstoff auf NAD übertragen. Zuerst wird Pyruvat durch das Coenzym A reaktionsfähig gemacht. In dem zyklisch verlaufenden Stoffwechselprozess wird über verschiedene Zwischenschritte zunächst das Citrat, ein C_6-Körper aufgebaut, der schließlich vollständig oxidiert, und durch das Acetyl-CoA immer wieder recyclet werden kann. Oxalacetat fungiert dabei als Akzeptormolekül. Gesamtbilanz der Oxidation von Glucose:

$C_6H_{12}O_6 + 6\ O_2 \rightarrow 6\ CO_2 + 6\ H_2O$ + Energie

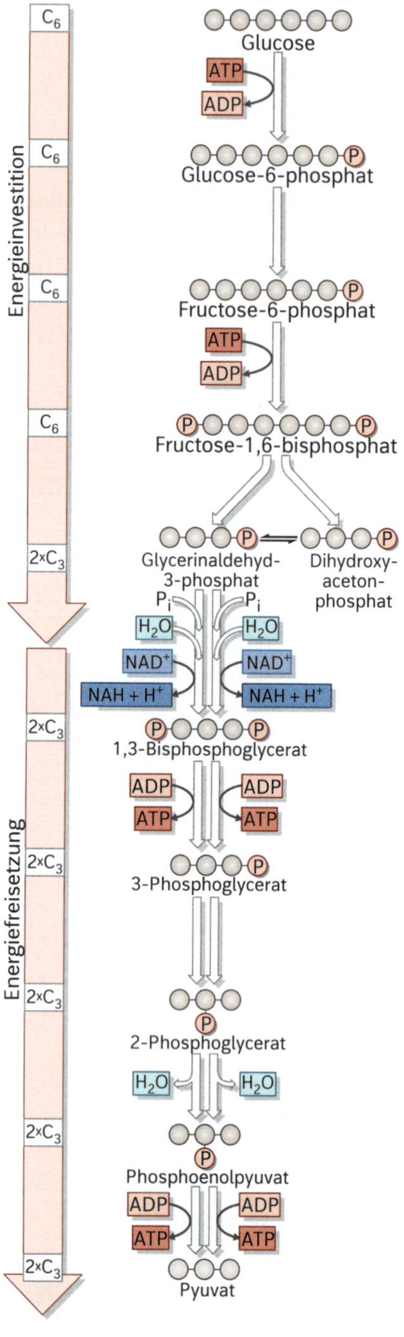

Glykolyse

b. Energieumwandlung nach erfolgter Endosymbiose zwischen gärenden und „atmenden“ Prokaryoten: Citratzyklus und Atmungskette

Bestimmten „erfinderischen“ Prokaryoten gelang es im Verlauf der Evolution, Wasserstoff nicht als „Abfall“ zu behandeln und auszuscheiden, sondern diesen energetisch zu nutzen. Diese Organismen nahmen Ethanol oder Essigsäurereste auf und zerlegten sie enzymatisch so, dass sie im Plasma den C_2-Körper Acetat decarboxylierten, also CO_2 entfernten, und den verbleibenden Wasserstoff der energetischen Nutzung unterwarfen. Der damit verbundene Vorteil des zusätzlichen Energiegewinns war nur möglich durch die „Erfindung“ zweier Systeme: Wasserstofftransportsysteme (Redoxsysteme) und eine membrangebundene ATPase, die die Energie des Protonengradienten zur ATP-Bildung nutzen konnten. Als parallel dazu Cyanobakterien mit ähnlichem Membranaufbau einschließlich ATPase und Redoxsystemen Farbstoffe in ihre Membran einbauten, die sich mit Licht anregen ließen und die Anregungsenergie auf Enzyme der Wasserspaltung übertragen konnten, konnten die Elektronen und Protonen, die sich an der Membran bildeten, auf Sauerstoff übertragen werden. Damit wurde der Energiegewinnungsprozess viel effektiver.

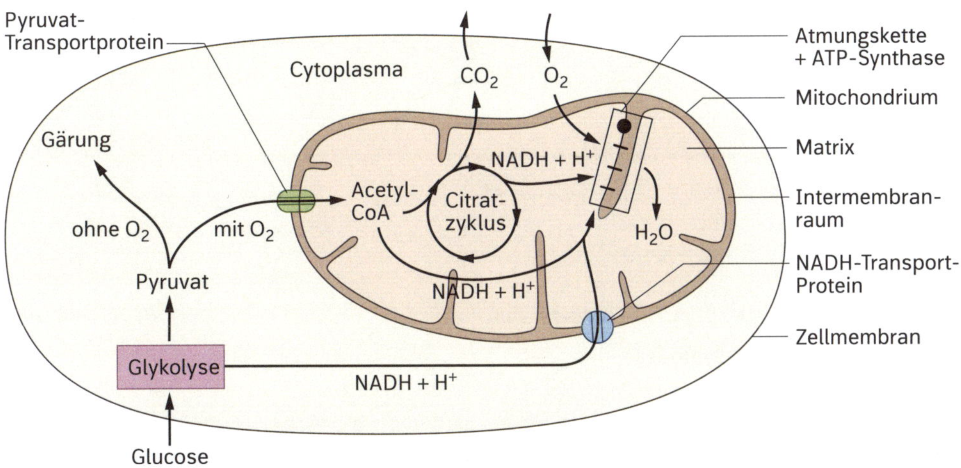

Reaktionsorte der Zellatmung in der eukaryotischen Zelle

Die aerobe Energiebereitstellung unter Verwendung von Sauerstoff läuft überwiegend in den Mitochondrien ab und führt zum Abbau der organischen Verbindungen:

1. Pyruvatimport: Pyruvat (C_3-Körper) wird über Transportproteine in das Mitochondrium transportiert, dort an CoA gebunden, durch Wasserstoffentzug oxidiert und zum C_2-Körper Acetat decarboxyliert. Pro Mol Glucose entstehen 2 Mol CO_2 und 2 Mol NADH + H^+.

2. NADH + H^+-Import: Über Transportsysteme (shuttle-System) werden zusätzlich Reduktionsäquivalente durch die innere Mitochondrienmembran transportiert.

3. Citratzyklus im Mitochondrienplasma: Die Acetylgruppe des Acetyl-CoA wird mit dem C_4-Körper Oxalacetat enzymatisch verbunden. Es entsteht ein Ion der Zitronensäure ($C_6H_8O_7$) Citrat, das viermal oxidiert und zweimal decarboxyliert wird. Dabei werden pro Mol Acetat vier Mol reduzierte Reduktionsäqivalente für die Atmungskette und 1 Mol ATP gebildet. Auf den verbliebenen C_4-Körper Oxalacetat kann ein weiterer Acetylrest aus dem Pyruvatabbau übertragen werden. Pro Mol Glucose werden also bei der Oxidation des C_2-Körpers 8 Mol Reduktionsäquivalente gewonnen; dazu kommen zwei Mol aus dem Pyruvatabbau und zwei aus der Glykolyse.

4. Atmungskette an der inneren Mitochondrienmembran: Die Redoxsysteme der inneren Mitochondrienmembran erzeugen aufgrund ihrer Redoxpotentiale und der Energie, die in den Elektronen des Wasserstoffs enthalten ist, einen Protonengradienten zwischen Mitochondrienplasma und Intermembranraum. Dieser treibt die ATPase an. Die wieder ins Mitochondrienplasma gelangten Protonen werden zusammen mit den energiearmen Elektronen unter Wasserbildung auf Sauerstoff übertragen.
Aus 1 Mol Glucose werden insgesamt maximal 38 Mol ATP gewonnen.

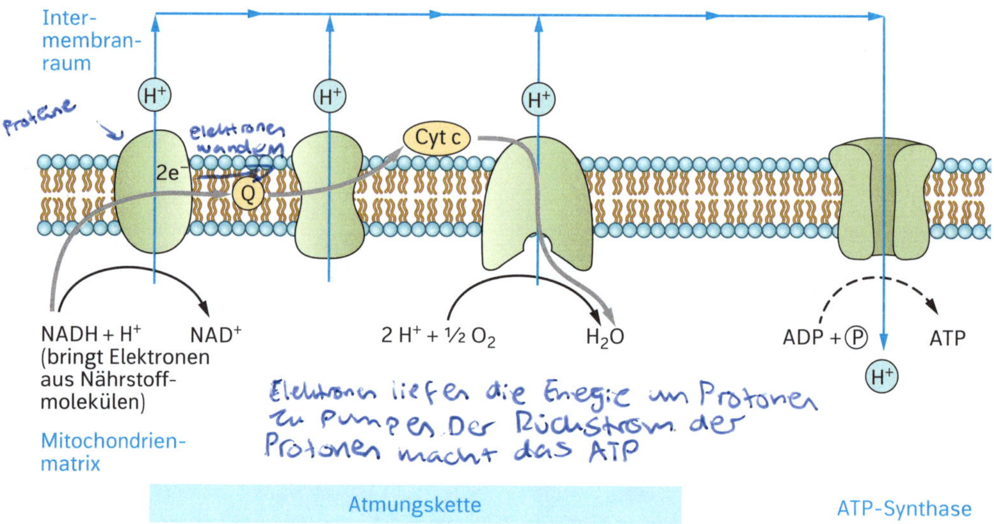

Atmungskette und ATP-Synthase

c. Regelung der Zellatmung

Wird viel Energie umgesetzt, beschleunigt sich die ATP-Produktion. Ist genügend ATP vorhanden, geht die Zellatmung zurück. Dadurch stehen energiereiche organische Verbindungen für andere Zwecke zur Verfügung. Die Regelung erfolgt durch eine negative Rückkopplung über die Aktivität von Enzymen, z. B. der Phosphofructokinase der Glykolyse. Das ist ein allosterisches Enzym, das durch ATP oder Citrat gehemmt und durch ADP stimuliert werden kann.

d. Glykolyse und Citratzyklus als Drehscheibe

Glykolyse und Citratzyklus sind mit vielen Stoffwechselprozessen im Körper verbunden. Aus Zwischenprodukten des Citratzyklus entstehen verschiedene Stoffe, etwa körpereigene Proteine, Fettsäuren oder Glucose (Gluconeogenese). Für diese anabolen (stoffaufbauend), Energie nutzenden Prozesse muss ATP aus der Zellatmung geliefert werden. Ebenso werden über Glykolyse und Citratzyklus Moleküle aus einer Stoffklasse in solche einer anderen Stoffklasse umgewandelt, etwa Glucose in Lipide.

e. Chemiosmotische ATP- Bildung

In den 1960er-Jahren wurde die chemiosmotische Verknüpfung des Elektronentransports der H^+-Ionenpumpen und der ATP-Synthase erforscht. Sie konnte die Frage nach der ATP-Synthese an Mitochondrien oder Chloroplasten beantworten. In beiden Organellen laufen vergleichbare membranbasierte Prozesse ab, die die Energie der Nahrung oder des Sonnenlichts zur Bildung von ATP nutzen. Der entstehende Protonengradient ist die Antriebskraft der ATP- Synthese. Alles beginnt mit der Verdauung der Nahrung.

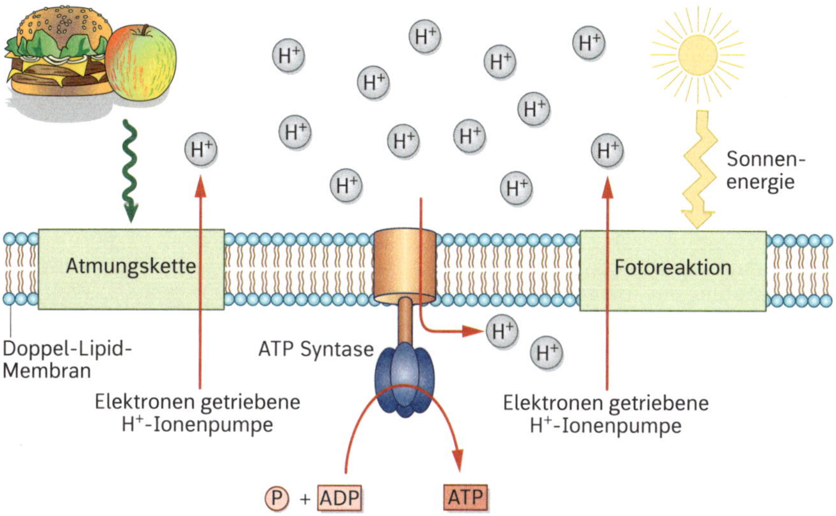

ATP-Bildung durch Membranprozesse

Neben Enzymen, die regulativ auf Stoffwechselvorgänge wirken, gibt es die **Cosubstrate** oder **Cofaktoren**, die nicht aus Proteinen bestehen und bei der Katalyse bestimmter Enzyme eine ebenso bedeutende Rolle im Stoffwechsel spielen.

ATP

Adenosin**tri**p**hosphat kann chemische Energie speichern und übertragen. Wie der Name es bereits verrät, besitzt ATP drei energiereich gebundene Phosphatgruppen. Bei Abspaltung einer Phosphatgruppe wird Energie frei und es entsteht Adenosindiphosphat, also ADP mit nur noch zwei gebundenen Phosphatgruppen. Die weitere Abspaltung einer Phosphatgruppe lässt AMP (Adenosinmonophosphat) entstehen sowie Energie. Durch energieliefernde Reaktionen kann wieder ATP entstehen (AMP → ADP → ATP). Ein anderer Energieüberträger mit gleicher Funktion ist das GTP (Guanosintriphosphat).

NAD

Der Wasserstoff- und Elektronentransport erfolgt durch das Cosubstrat NAD. **N**icotinamid-**A**denin-**D**inucleotid kann in reduzierter Form als NADH + H^+ vorliegen oder in oxidierter Form als NAD^+.
Die gleiche Funktion an anderer Stelle übernehmen $NADP^+$/NADPH + H^+ und FAD/$FADH_2$ (Calvin-/Citratzyklus, Atmungskette, lichtunabhängige Reaktion).

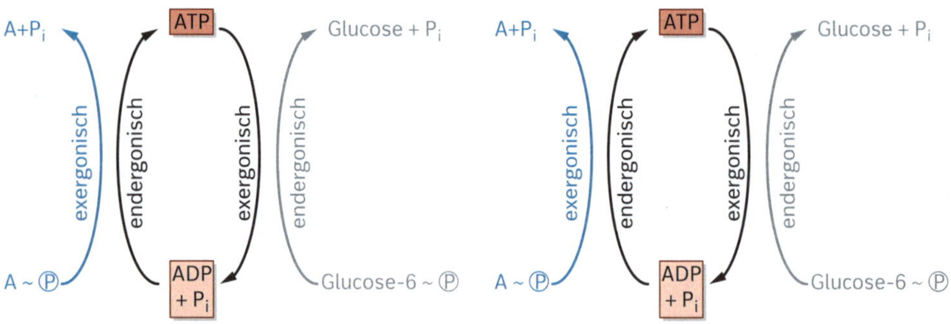

Energetisches Modell der Atmungskette (LK)

<table>
<tr><th colspan="2">Basiskonzepte zum Inhaltsfeld Stoffwechselphysiologie (Grund- und Leistungskurs)</th></tr>
<tr><td colspan="2">Struktur und Funktion
– Kompartimentierung ermöglicht gegenläufige Stoffwechselprozesse zeitgleich in einer Zelle</td></tr>
<tr><td colspan="2">Stoff- und Energieumwandlung
– Energetische Kopplung der Teilreaktionen von Stoffwechselprozessen</td></tr>
<tr><td colspan="2">Steuerung und Regelung
– Negative Rückkopplung in mehrstufigen Reaktionswegen des Stoffwechsels</td></tr>
<tr><td colspan="2">Individuelle und evolutive Entwicklung</td></tr>
<tr><td>– Zelldifferenzierung bei fotosynthetisch aktiven Zellen</td><td>– Zelldifferenzierung bei C_3- und C_4-Pflanzen</td></tr>
</table>

Ökologie

Strukturen und Zusammenhänge in Ökosystemen (ÜA 5)

a. Toleranzbereich und ökologische Potenz

Einen Lebensraum, der durch charakteristische Umweltfaktoren gekennzeichnet ist, bezeichnet man als Biotop, die in ihm vorkommende Lebensgemeinschaft von Organismen als Biozönose. Biotop und Biozönose bilden zusammen ein Ökosystem. Die Gesamtheit aller Ökosysteme auf der Erde ist die Biosphäre. Die Lebewesen eines Ökosystems sind abhängig von biotischen (belebten, z. B. Nahrung, Konkurrenten, Krankheitserreger usw.) und abiotischen Umweltfaktoren (unbelebten, z. B. Temperatur, Wasser, Licht, pH-Wert usw.).

Werden Umweltfaktoren variiert und die Lebensaktivität der Organismen gemessen, erhält man eine Toleranzkurve. Diese ist für ein bestimmtes Lebewesen hinsichtlich eines bestimmten Umweltfaktors charakteristisch.

Erträgt eine Art größere Schwankungen eines Umweltfaktors, ist sie hinsichtlich dieses Faktors euryök. Erträgt sie nur geringe Schwankungen, ist sie stenök. Innerhalb des Toleranzbereichs nennt man den Bereich, in dem ein Organismus gedeiht, also auch Nachkommen hat, ökologische Potenz. Den Bereich, den ein Lebewesen ohne den Einfluss von Konkurrenten auswählt, nennt man Vorzugsbereich oder Präferendum. Hier liegt das physiologische Optimum der Art. Im Pessimum kann ein Lebewesen nur überdauern. Hat man die ökologische Potenz und das Präferendum einer Pflanze unter Laborbedingungen bestimmt, trifft man sie in der Natur häufig nicht dort an, wo man sie aufgrund ihres Vorzugsbereichs vermutet. An ihrem natürlichen Standort steht sie mit anderen Pflanzen in Konkurrenz. So findet man die Kiefer häufig an trockenen oder auch nassen Stellen, d. h. an ihrem ökologischen Optimum, obwohl sie mittelfeuchten Untergrund bevorzugen würde. Den machen ihr aber andere Bäume streitig. Lebewesen sind nicht nur von einem Umweltfaktor abhängig, sondern von vielen, die sich in ihrer Wirkung sogar noch gegenseitig beeinflussen können. Die Gesamtheit der Ansprüche einer Art an ihre Umwelt wird ökologische Nische genannt.

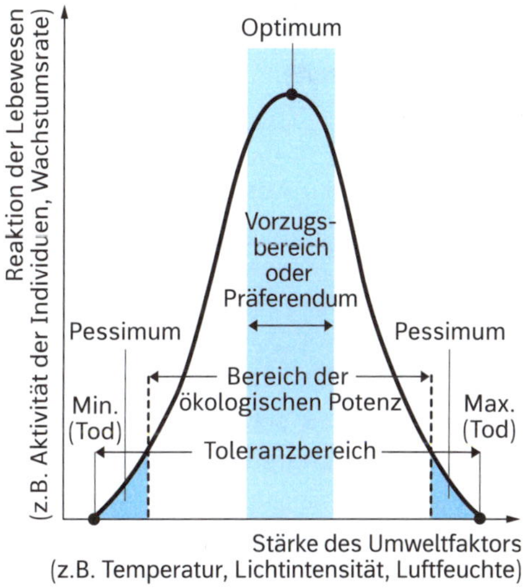

Reaktionen der Lebewesen auf einen Umweltfaktor: Toleranzbereich mit ökologischer Potenz und Vorzugsbereich.

b. Angepasstheit an Temperatur und Feuchtigkeit bei Tieren

Hinsichtlich der **Temperatur** unterscheiden sich die Toleranzkurven wechselwarmer (poikilothermer) Tiere, d. h. alle außer den Vögeln und Säugern, von denen gleichwarmer (homoiothermer) Tiere, also Vögeln und Säugern.

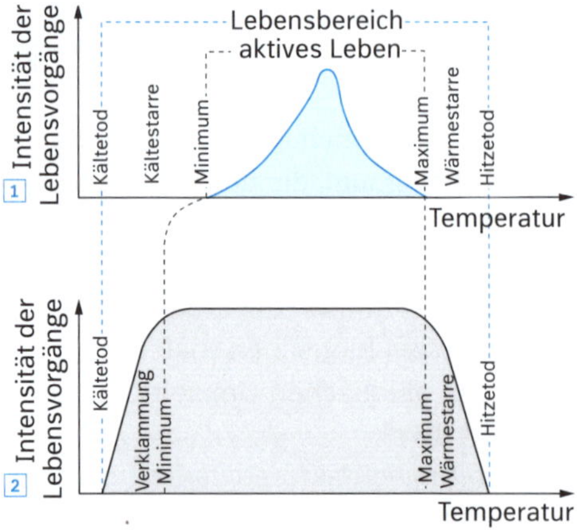

Temperatur-Toleranzkurven von poikilothermen und homoiothermen Tieren

((*Zusatzinformation*: Für die homoiothermen Tiere gilt die Bergmannsche Regel: Individuen einer Art oder nahe verwandter Arten sind in kalten Gebieten größer als in warmen. Große kompakte Tiere mit einer im Verhältnis zu ihrem Volumen kleinen Wärme abgebenden Oberfläche verlieren relativ weniger Wärme als kleine Tiere. Physikalischer Hintergrund: Die Oberfläche nimmt mit zunehmender Körpergröße in der zweiten (a^2), das Volumen in der dritten Potenz (a^3) zu.

Es gibt aber auch Ausnahmen von der BERGMANNschen Regel, wenn z. B. verwandte Fledermausarten im gleichen Habitat vorkommen und sich aufgrund der Größe ihrer Nahrung in ihrer Körpergröße unterscheiden (Kontrastbetonung). Wichtig dabei ist auch die Unterscheidung zwischen gleichwarm und wechselwarm (poikilotherm). Die größeren wechselwarmen Tiere findet man eher in warmen als in kalten Regionen.

Eine zweite ökologische Regel, die auch nur für gleichwarme Tiere gilt, ist die ALLENsche Regel: Bei verwandten Arten sind Körperanhänge (z. B. Ohren oder Schwänze) in kalten Gebieten kleiner als in warmen. Die Wärme abgebende Oberfläche von Körperanhängen ist recht groß. Die Elefanten nutzen diesen Umstand, wenn sie in der Hitze mit ihren Ohren wedeln und sich so Kühlung verschaffen.))

Auf jahreszeitlich absinkende Temperaturen reagieren viele Säuger mit der periodischen Ausbildung von Fettschichten oder einem Winterfell. Darüber hinaus halten einige Winterschlaf (starke Absenkung der Körpertemperatur weit unter die Norm) oder auch Winterruhe (leichte Absenkung der Körpertemperatur, viele Aufwachphasen begleitet von Nahrungsaufnahme).
An die extreme Trockenheit in Wüstenregionen sind z. B. bestimmte Käferarten, aber auch einige Säugetiere dadurch angepasst, dass über 90 % ihres Wasserbedarfs über die Zellatmung gedeckt wird. Auch ist ihr Harn hochkonzentriert und der Kot sehr trocken (z. B. Kängururatte und Oryxantilope). Zudem geben diese Tiere kaum Schweiß ab.

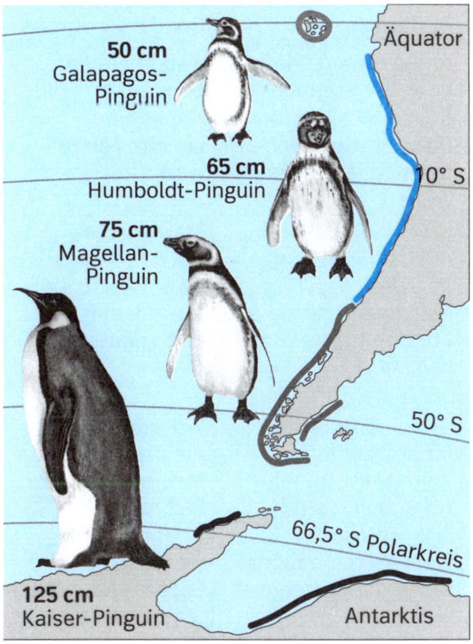

Körpergröße von verwandten Pinguinarten unterschiedlicher geografischer Breiten (BERGMANNsche Regel)

Größe der Ohren bei nahe verwandten Füchsen in unterschiedlichen Klimazonen (ALLENsche Regel)

c. Angepasstheit an Feuchtigkeit und Temperatur bei Pflanzen (ÜA 5)

Pflanzen zeigen deutliche Angepasstheiten an die Wasserführung des Standortes. Ziel dieser Angepasstheiten ist bei den Xerophyten, die an trockenen Standorten wachsen, die Herabsetzung der Transpiration über die Oberfläche (cuticulär) und über die Spaltöffnungen (stomatär). Für Hygrophyten an sehr feuchten Standorten ist es vorteilhaft, die Transpiration heraufzusetzen, sodass mithilfe des Transpirationssogs Nährsalze aus dem Boden aufgenommen werden können. Mesophyten mittelfeuchter Standorte zeigen dagegen keine besonderen Anpassungserscheinungen. Im Wasser untergetaucht lebende Hydrophyten können nicht transpirieren. Sie nehmen die Nährsalze mit dem Wasser direkt über die Blätter auf.

Pflanzen sind an die Klimazonen der Erde in ganz unterschiedlicher Weise angepasst. Temperaturen unter 0 °C werden von frostresistenten Arten häufig dadurch überdauert, dass die Zellsaftkonzentration erhöht und somit der Gefrierpunkt erniedrigt wird. Auf jahreszeitlich bedingte Temperaturabsenkungen reagieren Pflanzen z. B. mit Blattabwurf, Bildung frostresistenter Knospen und von Überwinterungsorganen im oder am Boden (z. B. Erdsprosse, Knollen, Zwiebeln). Einjährige Pflanzen überwintern als trockene Samen.

Pflanzentyp	Epidermis	Spaltöffnung	Blattdicke	Sondermerkmale
Hygrophyten z. B. *Ruellia*	dünnwandige, einschichtige Epidermis mit dünner Cuticula	emporgehoben	große, dünne Blätter; gewellte Blattoberfläche mit lebenden Haaren; einschichtiges Palisadengewebe	welkt bei Wassermangel; große Atemhöhle; kleines Wurzelwerk
Xerophyten z. B. Oleander, Krähenbeere	dicke Cuticula; mehrschichtige Epidermis, mit einem Haarfilz bedeckt	je mm² zahlreicher als bei Hygrophyten, oft eingesenkt und mit toten Haaren bedeckt	dicke kleine Blätter; reich an Festigungsgewebe; Palisadengewebe und Epidermis mehrschichtig	stark ausgeprägtes Wurzelwerk; kleine Blätter, z. T. eingerollt und gefaltet
Sukkulenten als Sonderform der Xerophyten	kleine, mehrschichtige Zellen	nach innen gewölbt	dick und fleischig, mehrschichtige Epidermis, transpirierende Oberfläche reduziert (z. B. wenige/keine Blätter); Wasserspeichergewebe	Wasseraufnahme in großen Mengen in kurzer Zeit möglich, Stammsukkulenten (Kakteen, Euphorbien) und Blattsukkulenten (Agaven, Aloe, Mauerpfeffer)
Tropophyten Sonderform der Mesophyten	relativ dicke Cuticula, großzellige Epidermis, meist einschichtig	weder nach innen noch nach außen gestülpt	einschichtiges Palisadengewebe, lockeres Schwammgewebe	periodischer Blattabwurf, Überdauern der Frosttrocknis mit Zwiebeln, Knollen, Wurzelsprossen
Hydrophyten	fast keine Cuticula, dünne Zellwand	keine Spaltöffnungen	weder Palisaden- noch Schwammgewebe	mit Luft gefüllte Hohlräume geben den Blättern Auftrieb

Dynamik von Populationen

a. Lotka-Volterra-Regeln

Zwischen Räuber und Beute (z. B. Luchse und Schneeschuhhasen in Nordamerika) oder zwischen Pflanzen und Pflanzenfressern (z. B. Tundravegetation und Lemminge) bestehen wechselseitige Beziehungen.

Für diese Beziehungen entwickelten Lotka und Volterrra in den zwanziger Jahren ein mathematisches Modell, das sich heute in den drei Lotka-Volterra-Regeln wiederfindet:

1. Die Individuenzahlen von Räuber und Beute schwanken periodisch. Die Maxima für die Räuber folgen phasenverschoben denen für die Beute.
2. Langfristig bleiben die Mittelwerte beider Populationen konstant.
3. Eine Ursache, die Räuber und Beute gleichermaßen dezimiert, vergrößert die Beutepopulation und vermindert die des Räubers.

Abweichungen: In der Natur folgen die tatsächlich erhobenen Daten in einer Räuber-Beute-Beziehungen nicht immer exakt diesen Regeln. Oft liegt es daran, dass Räuber und Beute in ein komplexes Nahrungsnetz eingebunden sind. Zudem geht die Regulation in der Räuber-Beute-Beziehung oft gar nicht vom Räuber (Top-down-Kontrolle), sondern von der Beute aus (Bottom-up-Kontrolle). Die Abweichungen von den modellhaften Beschreibungen können daher vielfältig sein. In den Abiturklausuren sind daher Aufgaben zu erwarten, in denen es um die Überprüfung der Anwendbarkeit der Regeln auf Basis konkreter Untersuchungsdaten geht.

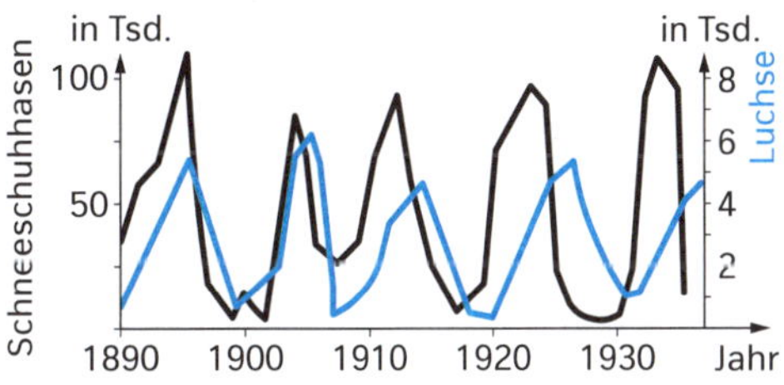

Fellverkäufe an die Hudson Bay Company in Nordamerika

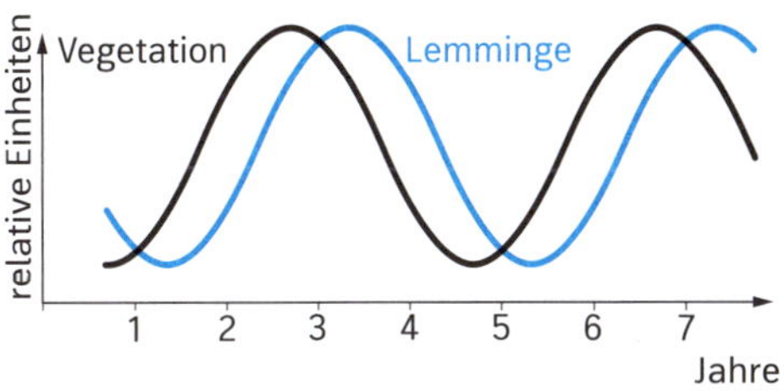

Dichteschwankungen von Lemmingpopulation und Vegetation

b. Fortpflanzungsstrategien (nur LK)

Die Unterscheidung zwischen r- und K-Strategen basiert auf dem Ansatz, die evolutionären Anpassungen von Organismen an ihre Umwelt in Bezug auf Fortpflanzung und Überlebensstrategien zu erklären.

Die r-Strategen sind typischerweise Arten, die eine Strategie verfolgen, bei der sie viele Nachkommen produzieren, von denen allerdings nur ein geringer Teil überlebt. Diese Strategie ist besonders vorteilhaft in instabilen oder unvorhersehbaren Umgebungen, wo die Wahrscheinlichkeit des Überlebens von Nachkommen gering ist. Die r-Strategen tendieren dazu, eine schnelle Entwicklung, eine kurze Lebensspanne, eine frühe Fortpflanzung und geringe elterliche Fürsorge zu zeigen. Beispiele für r-Strategen sind viele Insektenarten, wie die Hausfliege, oder Pflanzen wie das einjährige Kraut.

K-Strategen hingegen investieren mehr Ressourcen in weniger Nachkommen, wobei jeder Nachkomme eine höhere Überlebenschance hat. Diese Strategie ist in stabilen Umgebungen effektiver, wo Wettbewerb um Ressourcen intensiv ist und die Umweltkapazität (die maximale Populationsgröße, die eine Umgebung unterstützen kann) eine wichtige Rolle spielt. K-Strategen weisen Merkmale wie eine langsame Entwicklung, eine längere Lebensspanne, späte Fortpflanzung, wenige Nachkommen pro Geburt und intensive elterliche Fürsorge auf. Typische Beispiele für K-Strategen sind Elefanten, Menschen und viele große Bäume.

c. Parasitismus und Symbiose

Unter Parasitismus wird eine Wechselbeziehung zwischen zwei verschiedenen Organismen verstanden, in der ein Parasit auf Kosten des Wirts lebt (Ähnlichkeiten mit der Räuber-Beute-Beziehung).

In einer Symbiose bzw. dem Mutualismus geschieht die Beziehung zu wechselseitigem Nutzen. Hierbei wird der Partner in der Regel nicht beschädigt, oft herrscht aber auch nur ein Kampfgleichgewicht (z. B. bei Formen der Mykorrhiza).

Mögliche Aufgabenstellung: **Beschreiben** Sie aufgrund der Abbildung die Eigenschaften einer Schaflausfliege, die diese als Parasiten kennzeichnet.

Vorgegebener Text zur Abbildung: „Schaflausfliegen leben im Fell von Schafen. Diesen saugen sie Blut durch die Haut ab. Sie ähneln eher Läusen als Fliegen. Zur Ausbreitung der Tiere gibt der enge Kontakt der Schafe in der Herde reichlich Gelegenheit."

Lösung: Schaflausfliegen besitzen lange, mit Haken versehene Beine, mit denen sie sich gut im Fell der Wirte festhalten können. Vorne am Kopf besitzen sie ein Saugorgan. Ihre Flügel sind verkümmert und ihr Körper ist abgeflacht, sodass sie sich gut im Haarkleid der Schafe vorwärts bewegen können.

d. Konkurrenz und Koexistenz, ökologische Nische

Die Gesamtheit aller Umweltfaktoren, die ein Lebewesen für seine Existenz benötigt, wird als dessen ökologische Nische bezeichnet. Leben Organismen gemeinsam in einem Biotop, ist ihre Konkurrenz um Nahrung, Licht, Feuchtigkeit usw. umso stärker, je ähnlicher ihre ökologischen Nischen, d. h. ihre gemeinsamen Ansprüche an die Umwelt sind. Bei identischen Ansprüchen setzt sich immer eine Art gegenüber einer anderen durch, dauerhaft können zwei verschiedene Arten mit identischen ökologischen Nischen nicht koexistieren (Konkurrenzausschlussprinzip).

Unter Laborbedingungen lassen sich die Pantoffeltierchen *Paramecium aurelia* und *P. caudatum* in getrennten Gefäßen gut kultivieren. Beide Arten werden mit Bakterien gefüttert. Gibt man sie allerdings zusammen in eine Mischkultur, erweist sich *P. aurelia* als konkurrenzüberlegen und *P. caudatum* stirbt aus, weil es die Nahrung schlechter nutzen kann. *P. aurelia* und *P. bursaria* lassen sich dagegen gemeinsam in einer Mischkultur über lange Zeit halten, weil *aurelia* sich von den Bakterien an der Wasseroberfläche ernährt und *bursaria* die nach unten sinkenden Bakterien frisst. Zusätzlich verfügt *bursaria* noch über endosymbiontische Grünalgen. Beide Pantoffeltierchen koexistieren folglich aufgrund von Konkurrenzvermeidung, d. h. ihre ökologischen Nischen unterscheiden sich etwas voneinander. So können in der

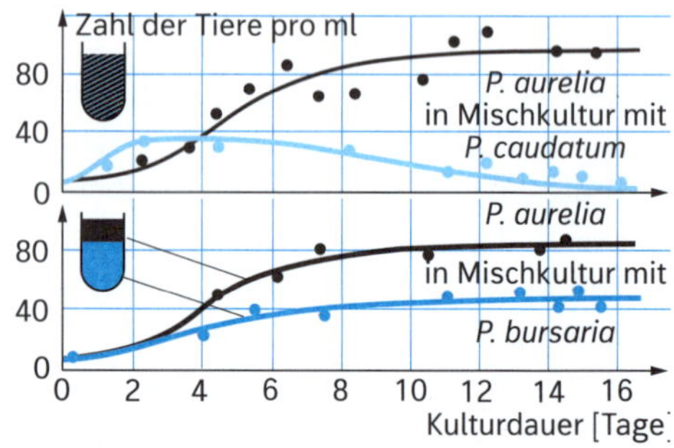

Pantoffeltierchen-Arten in Mischkultur

Natur z. B. Sturmmöwenarten dadurch koexistieren, dass sie dieselben Nistplätze zu unterschiedlichen Zeiten nutzen. Wald- und Sumpfohreule können nebeneinander Moore besiedeln, weil die Sumpfohreule am Tage und in der Abenddämmerung, die Waldohreule dagegen ausschließlich nachts Beute jagt. Konkurrenz vermeiden Weibchen und Männchen vieler Greifvögel dadurch, dass die Weibchen erheblich größer sind als ihre Männchen und daher im selben Revier die größere Beute jagen.

In den gleichen Biotopen wurden auf unterschiedlichen Kontinenten oder in abgegrenzten Gebieten wie Wüsten oder auf Inseln von unterschiedlichen Arten gleiche ökologische Nischen ausgebildet, z. B. erbeuten der Maulwurf in Europa, der Goldmull in Afrika, der Beutelmull in Australien und die Taschenratte in Nordamerika in unterirdischen Gängen u. a. Insektenlarven und Würmer. Grabehände, walzenförmiger Körper und verkümmerte Augen sind als Angepasstheiten an diese Lebensweise bei ihnen in gleicher Weise entwickelt, obwohl sie nicht näher miteinander verwandt sind. Die (konvergente) Entwicklung gleicher ökologischer Nischen bei nicht verwandten Arten bezeichnet man als Konvergenz. Beispiele dafür sind die Kolibris Südamerikas, die die gleiche ökologische Nische besetzen wie die Nektarvögel Afrikas und die Honigfresser Australiens. Die Kakteen Amerikas zeigen die gleiche Stammsukkulenz wie einige Wolfsmilchgewächse Afrikas.

e. Idealisierte Populationsentwicklung (nur LK)

Exponentielles Wachstum: Mögliche Aufgabenstellung: **Beschreiben** und **erklären** Sie die Art des Wachstums der Hefekultur.

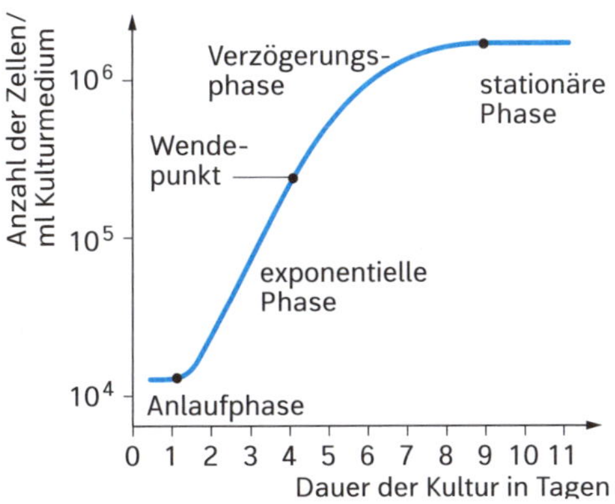

Wachstum einer Hefekultur in einer Nährlösung (Temperatur 22 °C)

Beschreibung: In einem Kurvendiagramm ist das Wachstum einer Hefekultur in einer Nährsalzlösung bei einer Temperatur von 22 °C über eine Dauer von elf Tagen dargestellt. Auf der Abszisse sind die Tage abgetragen, auf der Ordinate die Anzahl der Hefezellen pro ml Kulturmedium in einem logarithmischen Maßstab. Die Punkte auf der Kurve grenzen die Phasen des Wachstums voneinander ab. Am 1. Tag befinden sich in der Anlaufphase etwas über 10 000 Hefezellen in einem Milliliter des Kulturmediums. Diese vermehren sich in den nächsten drei Tagen exponentiell auf über 100 000 Zellen pro ml. Das geschieht in der exponentiellen Phase. Vom 4. Tag an verzögert sich das Wachstum der Kultur in der sogenannten Verzögerungsphase. Die Anzahl der Zellen bleibt vom 9. Tag an konstant bei über 106 Zellen pro ml Kulturmedium. Somit ist die stationäre Phase erreicht.

Erklärung: Hefezellen vermehren sich durch Teilung **exponentiell**. Aus einer Zelle werden so 2, daraus 4, dann 8, 16, 32 und so fort. Dies geschieht, solange die Umweltfaktoren nahezu optimal sind, also im Vorzugsbereich (Präferendum) der Art liegen. Das ist hier gegeben. Die Temperatur als abiotischer Umweltfaktor liegt konstant bei 22 °C und das Kulturmedium enthält genügend Nährstoffe, von denen sich die Hefezellen ernähren können. Allerdings verzögert sich das Wachstum nach dem 4. Tag. Das bedeutet, dass in der Kultur nicht mehr nur neue Zellen entstehen, es sterben auch einige ab. Die Kapazität des Lebensraums ist offensichtlich begrenzt, d. h. für die Gesamtheit aller Zellen steht nun nicht mehr unbegrenzt Raum und Nahrung, evtl. auch Sauerstoff zur Verfügung. Stoffwechselendprodukte grenzen das Wachstum ein. Das Wachstum stagniert in der stationären Phase: Es sterben ebenso viele Hefezellen wie neue entstehen. Hier endet die in der Grafik festgehaltene Beobachtung. Es handelt sich also um ein begrenztes Wachstum einer Hefekultur in einem Nährmedium. Allerdings ist zu vermuten, dass nach weiteren Tagen mehr Zellen absterben als neue gebildet werden, wenn keine weiteren Nährstoffe der Hefekultur zugefügt werden. Damit folgt auf die stationäre Phase die Absterbephase.

Das **logistische Wachstum** beschreibt das Wachstum einer Population unter Berücksichtigung der begrenzenden Umweltfaktoren, wie begrenzte Nahrungsressourcen, Lebensraum oder Konkurrenz, die das unbegrenzte Wachstum einer Population einschränken. Es stellt ein realistischeres Modell für das Populationswachstum in natürlichen Umgebungen dar als das exponentielle Wachstum. Dies ist besonders relevant für das Management von Wildtierpopulationen, den Naturschutz und die Landwirtschaft, indem es hilft, Eingriffe wie Jagdquoten oder Erhaltungsstrategien zu planen und zu optimieren. Im Gegensatz zum exponentiellen Wachstum, bei dem die Populationsgröße theoretisch ins Unendliche wachsen könnte, nähert sich beim logistischen Wachstum die Populationsgröße asymptotisch einer maximalen Populationsgröße an, der sogenannten Tragfähigkeit (Kapazitätsgrenze) des Lebensraums.

Methodische Hinweise:

Umgang mit Abbildungen (Aufgabe S. 56)

Zu den typischen Materialien in biologischen Aufgabenstellungen gehören Abbildungen. Sie bieten die Möglichkeit, Einzelmerkmale zu benennen, zu beschreiben oder zu analysieren.
Sieht der Arbeitsauftrag vor, Bilder zur Lösung einer Aufgabe hinzuzuziehen, erwähnen Sie zunächst **formale Aspekte**, die Sie der Quellenangabe oder der Legende entnehmen können:

- Wie ist die Abbildung entstanden? Handelt es sich z. B. um eine Grafik oder ein normales Foto, das mit einer Kamera gemacht wurde, um eine Infrarot- bzw. Röntgenfotografie, Ultraschallfotografie, Kurzzeit- oder Langzeitfotografie, um eine Satellitenaufnahme oder eine licht- oder elektronenmikroskopische Aufnahme? Abbildungen können ebenfalls Ergebnis einer Magnetresonanztomografie oder einer Positronen-Emissions-Tomografie sein. Es gibt noch weitere Möglichkeiten.
- Benennen Sie die Bilderzeugungstechnik. Diese ist häufig für die Interpretation der Abbildung wichtig. Handelt es sich z. B. um eine schwarz-weiße oder eine farbige Fotografie?

Machen Sie dann **allgemeine Aussagen zu den Inhalten der Abbildung**:

- Handelt es sich zum Beispiel um eine mikroskopische Struktur in einer Zelle, um eine Vergrößerung eines Insektenorgans oder ein Satellitenbild bei Nacht?
- Benennen Sie den Ausschnitt und die Größenverhältnisse der Ihnen vorliegenden fotografischen Abbildung.

Jetzt erst ermitteln Sie die **zentrale(n) Aussage(n)** der Abbildung. Interpretieren Sie diese in Beziehung zur Aufgabenstellung und vor dem Hintergrund Ihrer Fachkenntnisse und Fachbegriffe. Ordnen Sie die Aussage der fotografischen Abbildung in den Kontext aller weiteren Materialien ein und bewerten Sie die Aussagekraft der fotografischen Abbildung hinsichtlich ihres Lösungsbeitrags.

Umgang mit Diagrammen

Diagramme halten in komprimierter und übersichtlicher Form Daten aus Untersuchungen, Experimenten, Naturbeobachtungen usw. fest.

TIPP

Hilfreich ist es zunächst, den Bezug des Diagramms zur Aufgabe zu erfassen. Ist die Legende nicht aussagekräftig genug, findet man häufig im Aufgabentext einen Abbildungshinweis, der am Ende eines Satzes oder Abschnitts steht und Aufschluss gibt über den Zusammenhang der Grafik mit der Aufgabe.

Erfassen der Inhalte

- Mit welchen Größen sind die x-Achse und die y-Achse bezeichnet?
- Was sagt ein Punkt, ein Linienabschnitt oder ein Balken in dem Diagramm aus?
- Welche Besonderheiten, die Sie evtl. zunächst nicht erklären können, fallen Ihnen auf?
- Sind zusätzliche Interpretationshilfen wie z. B. Pfeile, Hervorhebungen, Beschriftungen enthalten?

Beschreiben eines Diagramms

In der Regel wird in der Aufgabenstellung die Beschreibung (s. Kap. 2, Operator beschreiben) gefordert. Aber auch wenn nur eine Erklärung gefordert wird, empfiehlt es sich, zunächst das Diagramm in der Reihenfolge zu beschreiben, wie man es erfasst hat.

- In einem einleitenden Satz geben Sie Auskunft über die Grundaussage der grafischen Darstellung, und falls angegeben, auch über Quelle und Entstehungsdatum/-zeitraum.
- Nennen Sie den Diagrammtyp (z. B. Säulendiagramm, Balkendiagramm, Kreisdiagramm, Kurvendiagramm).
- Geben Sie die Größenbezeichnungen auf den Achsen mit Skalierung (evtl. logarithmisch?) an.

TIPP

Verwenden Sie nicht nur die Begriffe Maßeinheit, x-Achse und y-Achse, sondern variieren Sie mit Abszisse (x-Achse), Ordinate (y-Achse) und Parameter.

- Geben Sie die Inhalte des Diagramms wieder, auch dann, wenn diese Informationen an anderer Stelle (z. B. in der Aufgabenstellung) schon erwähnt sind. Beschreiben Sie bei einem Liniendiagramm den Verlauf der Kurve mit Angaben zu Beginn, Ende, Steigung, Extremwerten (Maxima, Minima, Nullstellen) sowie Regelmäßigkeiten (periodische Schwankungen). Wenn Sie sich auf spezielle Punkte oder Bereiche einer Kurve beziehen, geben Sie bei Ihrer Beschreibung die Koordinaten an.

TIPP

Schreiben Sie nicht „Von 2004 bis 2008 steigt die Kurve von 1000 auf 1500 und hat 2009 ein Maximum von 1700" sondern „In den Jahren 2004 bis 2008 nimmt die Population der Mäuse um 500 Individuen zu. Ihre maximale Größe hat sie im Jahre 2009 mit 1700 Individuen erreicht."

- Wenn möglich, geben Sie Kurven oder Kurvenabschnitten einen Namen (z. B. Wachstumskurve, Häufigkeitsverteilungskurve, Sättigungskurve, Optimumskurve, linearer Bereich, exponentieller Anstieg, Maximum). Einige Kurven kann man in spezielle Phasen einteilen, wie beispielsweise Wachstumskurven: Anlaufphase, exponentielle Wachstumsphase, Verzögerungsphase, stationäre Phase, evtl. Absterbephase.

Interpretation eines Diagramms

Nachdem Sie in der Beschreibung gezeigt haben, dass Sie Aussagen des Diagramms erfasst haben, stellen Sie nun eine Beziehung zum Kontext der Aufgabe her. Erklären Sie die von Ihnen beschriebenen Teilaspekte/Kurvenabschnitte möglichst vollständig.

- Lassen sich die Aussagen des Diagramms in Beziehung setzen zur Aufgabenstellung? Lassen sie sich für die Beantwortung von Teilaufgaben heranziehen?
- Lassen sich die Aussagen des Diagramms zur Bestätigung eines beschriebenen Phänomens oder einer aufgestellten Hypothese heranziehen oder widerlegen sie diese?
- Werden neue Fragen durch die Informationen des Diagramms aufgeworfen?
- Was sind mögliche Ursachen für die aus dem Verlauf der Kurve abgeleiteten Sachverhalte?

TIPP

Können Sie bestimmte Auffälligkeiten im Diagramm nicht erklären, erwähnen Sie diese trotzdem und stellen Sie dazu Vermutungen an, die Sie vielleicht sogar (mit weiteren Materialien oder Ihrem Vorwissen) begründen können. Oder stellen Sie sich dazu Fragen, z. B.: „Diesen Sachverhalt kann ich mir (z. B. mit dem Konkurrenzausschlussprinzip) nicht erklären. Dafür muss es eine andere Erklärung geben."
Nutzen Sie für die Erklärung des Diagramms und dessen Bedeutung für die Aufgabenstellung unbedingt Fachbegriffe, Modellvorstellungen etc. Wenden Sie dabei die Fachausdrücke an, indem Sie diese im Kontext definieren.

Vergleich von Diagrammen

Häufig müssen Sie mehrere Diagramme bzw. Kurvenverläufe in einem Diagramm miteinander in Beziehung setzen, also z. B. vergleichen oder zuordnen. Suchen Sie bei dem Vergleich von Diagrammen sowohl nach Gemeinsamkeiten als auch nach Unterschieden im Kurvenverlauf (Anfang, Ende, Steigung, Maxima, Minima, Nullstellen, Symmetrieverhältnisse, periodische Schwankungen).

Achten Sie darauf, ob die zu vergleichenden Diagramme/Kurven evtl. unterschiedliche Skalen oder Achsen haben. Berücksichtigen Sie diese Unterschiede bei Ihren Aussagen.

Erstellen eines Diagramms

Gelegentlich wird Ihre Methodenkompetenz dadurch überprüft, dass Sie die Ergebnisse eines Experiments oder die Daten aus einer Tabelle in einem Diagramm darstellen sollen. Dabei wird nicht nur die inhaltliche Korrektheit, sondern auch die Darstellungsweise bewertet. Stellen Sie dazu folgende Überlegungen an:

- Welcher Diagrammtyp ist am besten geeignet?
- Welche Messgrößen sollen miteinander in Beziehung gesetzt werden, wie beschrifte ich die waagerechte und die senkrechte Achse?
- Wie skaliere ich Ordinate und Abszisse?
- Wie formuliere ich die Legende?

TIPP

Benutzen Sie Lineal, Zentimetermaß, Bleistift (evtl. Buntstift) und Radiergummi. Geben Sie, falls erwähnt, Quelle, Zeitpunkt sowie Ort und Methode der Datenerfassung in der Legende an.

Anleitung zur Nutzung eines dichotomen Bestimmungsschlüssels

Ein dichotomer Bestimmungsschlüssel ist ein Werkzeug in der Biologie, das zur Identifizierung von Pflanzen, Tieren oder anderen Organismen dient. Er besteht aus einer Reihe von Entscheidungen, die jeweils zwei Alternativen bieten, woraus sich der Name ableitet (dichotom = zweigeteilt). Eine Schritt-für-Schritt-Anleitung, wie man ihn verwendet kann die Arbeit mit einem dichotomen Bestimmungsschlüssel vereinfachen.

Schritt 1: Vorbereitung

- Beobachten Sie das zu bestimmende Objekt genau. Nehmen Sie sich Zeit, das Objekt (z. B. eine Pflanze oder ein Tier) genau zu betrachten und notieren Sie auffällige Merkmale wie Größe, Farbe, Form der Blätter oder Blüten, bei Tieren die Art der Behaarung, Form der Flügel, etc.

Schritt 2: Wahl des richtigen Bestimmungsschlüssels

- Wählen Sie den passenden Bestimmungsschlüssel aus. Es gibt verschiedene Schlüssel für unterschiedliche Organismengruppen (z. B. Laubbäume, Insekten). Stellen Sie sicher, dass Sie den richtigen Schlüssel für Ihre Gruppe verwenden.

Schritt 3: Nutzung des Schlüssels

- Beginnen Sie am Anfang des Schlüssels. Dichotome Schlüssel beginnen mit einer allgemeinen Unterscheidung, die sich auf die beobachteten Merkmale bezieht.
- Treffen Sie eine Entscheidung an jedem Entscheidungspunkt. Lesen Sie beide Alternativen sorgfältig durch und entscheiden Sie sich für die, die am besten zu Ihrem Objekt passt. Dies führt Sie zum nächsten Paar von Alternativen.

- Folgen Sie dem Pfad der Entscheidungen. Jede Entscheidung wird Sie entweder zu einer weiteren Unterscheidung oder zur Identifizierung des Objekts führen.

Schritt 4: Identifikation
- Erreichen Sie eine Bestimmung. Wenn Sie den Anweisungen korrekt gefolgt sind, sollten Sie am Ende eine spezifische Identifizierung für Ihr Objekt erhalten.
- Überprüfen Sie das Ergebnis. Vergleichen Sie die Beschreibung des identifizierten Organismus mit Ihrem Objekt, um sicherzustellen, dass die Bestimmung korrekt ist.

Hinweise:
- Seien Sie genau. Achten Sie auf kleine Details, da diese oft entscheidend für die richtige Bestimmung sind.
- Nutzen Sie Hilfsmittel. Eine Lupe oder ein Mikroskop kann bei der Betrachtung kleiner Merkmale hilfreich sein.
- Üben Sie sich in Geduld. Die korrekte Identifizierung kann Zeit erfordern, besonders wenn Sie noch unerfahren in der Nutzung dichotomer Schlüssel sind.

TIPP

Die Nutzung eines dichotomen Bestimmungsschlüssels erfordert Aufmerksamkeit für Detail, Geduld und Übung. Es ist ein wertvolles Werkzeug in der Biologie, das hilft, die Vielfalt des Lebens zu erkunden und zu verstehen. Mit der Zeit und Erfahrung wird die Nutzung dieses Werkzeugs einfacher und intuitiver.

Stoffkreislauf und Energiefluss

a. Biomasseproduktion, Trophieebenen, Energiefluss

Lebewesen eines Ökosystems lassen sich unterschiedlichen Nahrungsstufen (Trophieebenen) zuordnen:

Produzenten → Primärkonsumenten → Sekundärkonsumenten → Tertiärkonsumenten

Sekundär- oder Tertiärkonsumenten sind oft schon Endkonsumenten.
Die Verflechtungen der unterschiedlichen Trophieebenen sind in einem Ökosystem nicht linear (Nahrungskette), sondern komplex (Nahrungsnetz). Trotzdem können aus den Verknüpfungen lineare Abhängigkeiten gesondert betrachtet werden. Zwischen diesen Ebenen variieren z. B. die Individuenzahl, die Biomasse und die Energieproduktion. Die Verhältnisse werden in einer Pyramide dargestellt. Sie unterscheiden sich je nach Ökosystem.

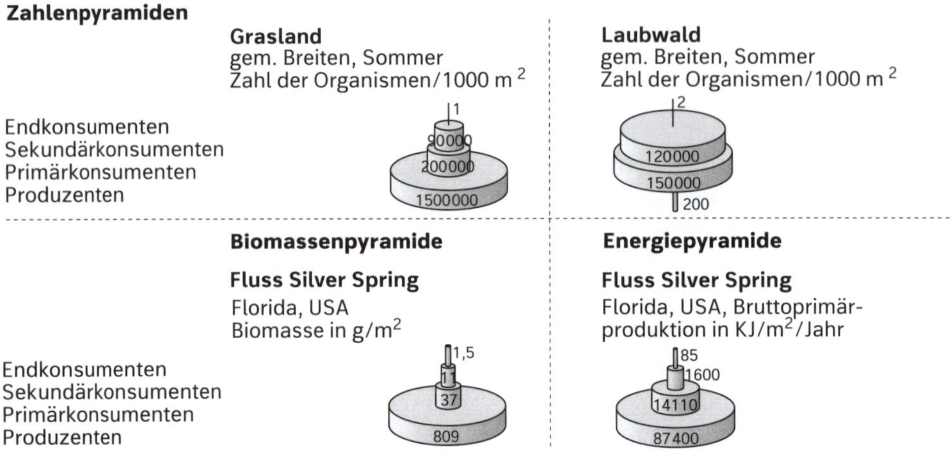

Ökologische Pyramiden

Die Nahrung, aus der ein Lebewesen körpereigene Substanz aufbaut, enthält wesentlich mehr Energie als die aufgebaute Substanz. Außerdem wird ein großer Teil in Form von Wärmeenergie nach außen abgegeben. Die Energieweitergabe von einer Nahrungsstufe zur nächsten wird Energiefluss genannt. Von einer Stufe auf die andere verringert sich die Energie ungefähr um den Faktor 10.

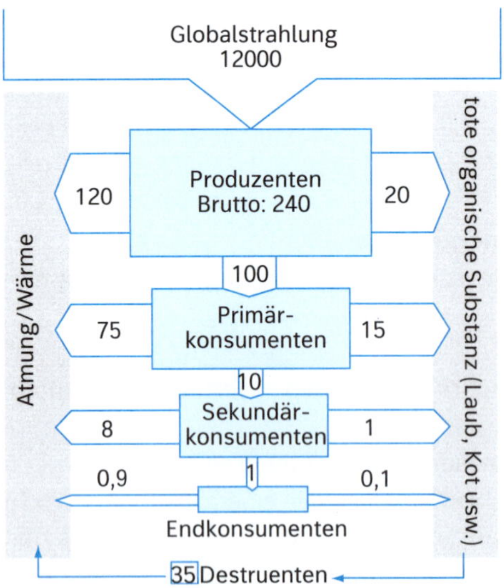

Energiefluss durch ein Musterökosystem (Angaben in kJ/m²/Tag)

b. Biogeochemischer Kreislauf am Beispiel des Stickstoffkreislaufs

Anorganische Stoffe werden von den Lebewesen aufgenommen und in verschiedenen Verbindungen innerhalb der Biozönose von Lebewesen zu Lebewesen weitergegeben. Bei Tod eines Organismus oder durch Ausscheidungen gelangen sie wieder in den abiotischen Teil des Ökosystems, von wo aus sie wieder von Organismen aufgenommen werden können. Solche Stoffkreisläufe existieren z. B. für Kohlenstoff, Kalium, Calcium oder Stickstoff. Kenntnisse des Kohlenstoff- und des Stickstoffkreislaufes werden in Abituraufgaben vorausgesetzt.

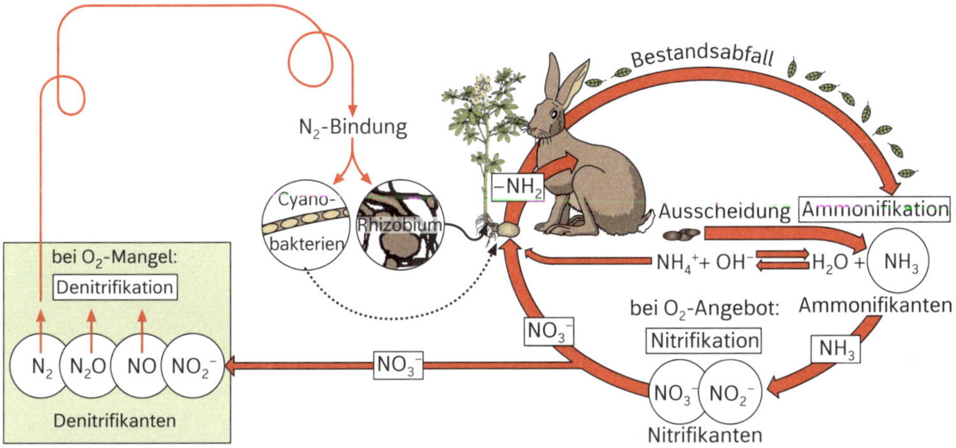

Stickstoffkreislauf

Alle Proteine und Nukleinsäuren enthalten Stickstoff. Obwohl Stickstoff mit 78 % größter Bestandteil der Luft ist, ist er oft Minimumfaktor, da er von vielen Organismen in dieser molekularen Form (N_2) nicht aufgenommen werden kann. In den Nahrungsstufen wird er durch die Nahrung hauptsächlich in Aminogruppen ($-NH_2$) weitergegeben. Die in abgestorbenen Tier- und Pflanzenresten sowie Ausscheidungen, z. B. Harnstoff, enthaltenen Aminogruppen werden von Destruenten im Prozess der Ammonifikation zu Ammonium-Ionen (NH_4^+) mineralisiert. Pflanzen können diese Ionen direkt aufnehmen. Von Mikroorganismen werden sie meist vorab noch über Nitrit- (NO_2^-) zu Nitrationen (NO_3^-) oxidiert. Aus diesem Vorgang gewinnen die nitrifizierenden Bakterien die Energie, die sie zur Chemosynthese benötigen (Einbindung des Kohlenstoffs in organische Substanz ohne Sonnenenergie im Gegensatz zur Fotosynthese). Das kann nur unter aeroben Bedingungen geschehen.

Unter anaeroben Bedingungen nutzen denitrifizierende Bakterien den Sauerstoff aus den Nitraten und Nitriten für ihren Stoffwechsel und bilden dabei gasförmigen Stickstoff (Denitrifikation). Der Luftstickstoff kann den Organismen wieder durch Stickstoff bindende nitrifizierende Bakterien zugeführt werden, z. B. durch die Knöllchenbakterien in den Wurzeln von Schmetterlingsblütlern (z. B. Bohne oder Klee, eine mutualistische Beziehung).

c. Stoffkreislauf am Beispiel des Kohlenstoffs

Pflanzen haben vielerlei Bedeutung für Ökosysteme. U. a. liefern sie durch Fotosynthese Energie, bilden mit ihrer Biomasse den wesentlichen Anteil des Kohlenstoffeintrags in ein Ökosystem und produzieren Sauerstoff. Während die Energie durch die Nahrungsketten wandert und umgewandelt wird, durchläuft der Kohlenstoff einen Kreislaufprozess. Im Kohlenstoffkreislauf wird Kohlenstoffdioxid über die Fotosynthese chemisch fixiert und im Zuckerstoffwechsel weiterverarbeitet. Der Kohlenstoff gelangt über die Konsumenten in die Nahrungsnetze. Durch Stoffwechselvorgänge, wie der Zellatmung der Lebewesen, wird dieser auch wieder freigesetzt. Destruenten zerlegen abgestorbenes organisches Material und lagern somit Kohlenstoff im Boden (Humus) ein. Der Kohlenstoff kann dabei auch über einen längeren Zeitraum dem biologischen Kreislauf entzogen werden, da er z. B. über Sedimentierung von abgestorbenen Kalkskeletten oder der Umsetzung von Torf zu Kohle aus dem Kreislauf ausscheidet.

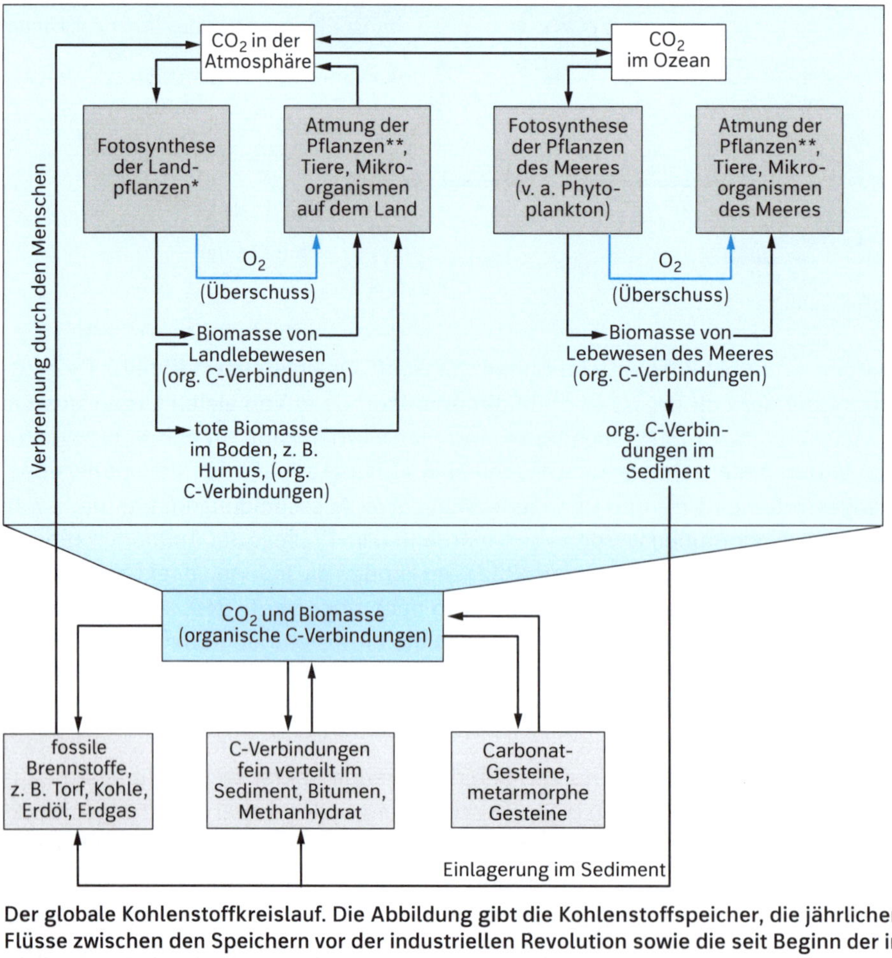

Der globale Kohlenstoffkreislauf. Die Abbildung gibt die Kohlenstoffspeicher, die jährlichen Flüsse zwischen den Speichern vor der industriellen Revolution sowie die seit Beginn der industriellen Revolution durch menschliche Aktivitäten und die heute vom Menschen verursachten zusätzlichen Kohlenstoffflüsse an.

Untersuchungen in einem aquatischen System

a. Zonierung

Die unterschiedlichen Lebensräume eines **Sees** sind durch abiotische und biotische Umweltfaktoren gekennzeichnet. Zunächst unterscheidet man die Freiwasserzone (Pelagial) vom Bodengrund (Benthal). Das Licht kennzeichnet die Nährschicht (trophogene Zone), in der mehr Nährstoffe durch Fotosynthese aufgebaut als durch Atmung abgebaut werden. Darunter befindet sich die Zehrschicht (tropholytische Zone), in der abbauende Vorgänge überwiegen. Aufgrund des Lichtangebots unterteilt man das Benthal in die lichtdurchflutete Uferzone (Litoral) und den lichtfreien Seegrund (Profundal). Jede Zone wird durch ihre eigene Lebensgemeinschaft charakterisiert.

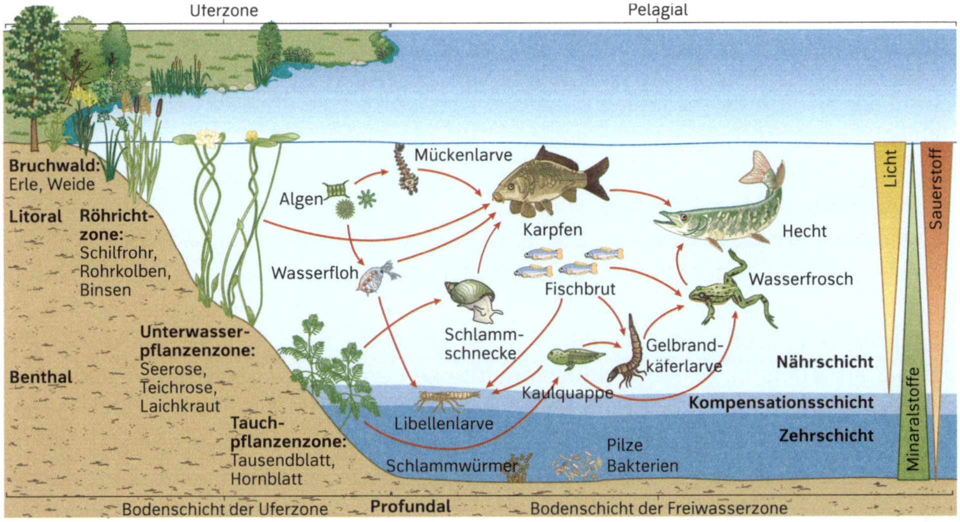

Gliederung und Nahrungsbeziehungen im Ökosystem See

Zustand eins Sees im Jahresverlauf	Temperaturzone	Temperatur ca. (°C)	Tiefe ca. (m)	O_2-Gehalt (mg/l)	Dichte H_2O (g/ml)
Sommerstagnation	Epilimnion*	18–20	0–8	12–13	0,998
	Metalimnion*	10–18	8–12	4–12	0,999
	Hypolimnion*	4–10	12–40	0,5–4	1,0
Herbstvoll-zirkulation	keine	4	0–40	11	1,0
Winterstagnation	Eisdecke	unter 0	0,1	über 12	0,918
	Wasser gesamt	4	0,1–40	6–12	1,0
Frühjahrsvoll-zirkulation	keine	4	0–40	10	1,0

Räumliche und zeitliche Gliederung des Ökosystems See aufgrund der Temperatur

* Epilimnion = Deckschicht; Metalimnion = Sprungschicht; Hypolimnion = Tiefenschicht

Während im Sommer nur die leichtere Deckschicht und Teile der Sprungschicht vom Wind umgewälzt werden können, schichten die Herbst- und Frühjahrsstürme den ganzen Wasserkörper inklusive der Ionen und Gase (z. B. Sauerstoff, Kohlenstoffdioxid) um, weil dieser eine einheitliche Dichte und damit keine stabile Schichtung besitzt.
Die in allen Bereichen des Sees nahezu einheitliche Verteilung aller Inhaltsstoffe verändert sich im Laufe der Sommerstagnation. In der trophogenen Zone (Nährschicht), die in etwa dem Epilimnion und dem Metalimnion entspricht, nimmt der Sauerstoffgehalt zu und der Gehalt an Ionen (z. B. Phosphate) sowie an CO_2 aufgrund der Fotosynthese des Phytoplanktons ab. Tote Organismen sinken ab und werden von Bakterien zunächst aerob abgebaut. Mit zunehmender Tiefe entstehen aus den organischen Stoffen immer mehr Mineralstoffe, z. B. Nitrat, Phosphat- und Sulfationen. Da wegen der stabilen Schichtung und der Lichtverhältnisse in der tropholytischen Zone (Zehrschicht) kein O_2 nachgeliefert und kein CO_2 verbraucht wird, nehmen hier der CO_2-Gehalt zu und der O_2-Gehalt ab. Detritus (Abfallprodukte und Reste abgestorbener Lebewesen) reichert sich am Bodengrund an. Bei O_2-Mangel finden anaerobe Abbauprozesse statt, in deren Verlauf z. B. Schwefelwasserstoff (H_2S) und Ammoniak (NH_3) sowie Methan (CH_4) entstehen können.

b. Eutrophie und Oligotrophie

Je weniger Nährstoffe in einem See enthalten sind, desto weniger Abbauprozesse können in ihm ablaufen. Wenn Fotosyntheseprozesse überwiegen, ist der O_2-Gehalt hoch und der Gehalt an CO_2 und Nährstoffen gering. Solche Seen bezeichnet man als oligotroph (nährstoffarm). Mit zunehmender Nährstoffzufuhr, beispielsweise über Abwässer aus Haushalten, Tourismuseinrichtungen und aus der Landwirtschaft, wenn z. B. gedüngte Äcker zu dicht am See liegen wird immer mehr Pflanzenmaterial bereitgestellt, von dem sich immer mehr Konsumenten ernähren können. Folglich nimmt auch die Zahl der Destruenten zu. Letztlich treten in der tropholytischen Zone die aeroben Abbauvorgänge gegenüber den anaeroben zurück. Diese Vorgänge werden als Eutrophierung bezeichnet. Die wichtigsten Merkmale eines eutrophen und eines oligotrophen Sees im Überblick:

eutropher See	**oligotropher See**
viele Nährstoffe (z. B. Phosphate)	wenige Nährstoffe
viele Pflanzen/viel Phytoplankton	wenige Pflanzen/wenig Phytoplankton
viel organisches Material am Seegrund	wenig organisches Material am Seegrund
Deckschicht von geringer Tiefe*	Deckschicht mächtig
Während der Sommerstagnation wird im Hypolimnion mehr als die Hälfte des O_2-Vorrats verbraucht.	Am Ende der Sommerstagnation ist im Hypolimnion noch mehr als die Hälfte des O_2-Vorrats vorhanden.
Ammonium im Tiefenwasser	Nitrate im Tiefenwasser, kein Ammonium
im Hypolimnion gelöste Fe^{2+}-Ionen	im Hypolimnion ungelöstes Fe(III)-Phosphat

Untersuchungen in einem terrestrischen System

a. Schichtung und Aufbau eines Waldes

Typisch für einen Wald ist der Stockwerkbau in Baum- (bis > 5 m), Strauch- (bis 5 m), Kraut- (bis 1 m) und Moosschicht (bis 0,2 m). Je nach Waldtyp sind diese Stockwerke unterschiedlich stark vertreten. So ist verglichen mit einem Nadelwald die Krautschicht in einem Laubwald gut entwickelt. Im Frühjahr dringt aufgrund der noch fehlenden Blätter an den Bäumen viel Licht auf den Waldboden, das von zahlreichen Frühblühern genutzt wird. Dagegen ist hier die Moosschicht nur stellenweise vorhanden, da das Moos die Bedeckung mit dem Herbstlaub nicht überdauert. Weil Pilze kein Licht benötigen, findet man sie gleichermaßen in Laub- und Nadelwäldern.

b. Einfluss von Standortfaktoren und Bewirtschaftung, Erstellen von Vegetationsaufnahmen (ÜA 9)

In Mitteleuropa gibt es fast keine natürlichen Wälder mehr, sondern Forste, die vom Menschen nach ihrer Wirtschaftlichkeit angepflanzt wurden. Auf nährsalzarmen trockensandigen Böden werden meist Kiefern gesetzt, auf kalkreichen Böden Eichen- und Buchenmischwälder und in feuchten Niederungen Erlen gepflanzt. Fichten werden aufgrund ihrer Schnellwüchsigkeit von Forstwirten geschätzt.
Für eine Vegetationsaufnahme wählt man eine Probefläche von etwa 25 m^2 und bestimmt zunächst die hier anzutreffenden Pflanzenarten. Sodann schätzt man den Deckungsgrad der einzelnen Arten in dieser Fläche nach Braun-Blanquet auf einer Skala von +/1 bis 5. Dabei kann die Summe der Deckungsgrade durchaus über 100 % liegen, da sich die Pflanzen gegenseitig überdecken können.

c. Charakterisierung von Waldgesellschaften

Pflanzen treten aufgrund der in der Pflanzendecke vorherrschenden Konkurrenz nur an den Standorten auf, an denen sie sich behaupten können. Viele sind deshalb nur an ganz bestimmten Standorten zu finden. Sie sind typisch für ihn und kennzeichnen ihn. Sie sind vergesellschaftet mit Pflanzen, die ähnliche Ansprüche zeigen. So findet man in einem Eichen-Hainbuchenwald auf lehmigen Böden das Labkraut, auf nährstoffreichen, aber kalkarmen Gleye-Böden dagegen die Sternmiere und die Vogelkirsche. Der jeweilige Standort bestimmt die Zusammensetzung der Pflanzen als Waldgesellschaft, solange Störfaktoren wie Umweltverschmutzung und Eingriffe des Menschen unterbleiben.

d. Standortbeurteilung mit Zeigerwerten (nur im Leistungskurs, ÜA 9)

ELLENBERG hat die in Europa vorkommenden Blütenpflanzen in Tabellen erfasst und ihren Umweltansprüchen Zeigerwerte von jeweils 1 bis 9 (bei der Feuchtezahl 1–12) zugeordnet. Folgende Standortfaktoren hat er für jede Pflanze ermittelt: Lichtangebot (L), Kontinentalität (K), Feuchte (F), Temperatur (T), Säuregehalt (R) und Stickstoffgehalt (N).

Bei einer Standortbeurteilung mithilfe von Zeigerwerten gehen Sie ähnlich wie bei der Bestimmung des Saprobienindex vor. Aufgrund der Daten, die Ihnen in der Prüfung vorgelegt, werden, bestimmen Sie dann z. B. den Stickstoffgehalt des Bodens:

Den Stickstoffgehalt des Standortes bestimmen Sie wie folgt:

Art	Deckungsgrad (+ = 1)	Stickstoffwert	Produkt
Heidekraut	+	1	1
Glockenheide	1	2	2
Heidelbeere	1	3	3
Rauschebeere	+	3	3
Scheiden-Wollgras	3	1	3
Summe	**7**		**12**

Der Quotient aus der Summe der Produkte und der Summe aller Deckungsgrade der berücksichtigten Pflanzen ist 12 : 7 = 1,6. Gemäß der Ellenbergschen Skalierung handelt es sich somit um einen sehr stickstoffarmen Standort.
Bei der Beurteilung der Feuchte findet man nur Zeigerwerte bei Glockenheide und Wollgras. Die übrigen Pflanzenarten werden nicht berücksichtigt, weil ihre Feuchtezahl mit x angegeben wird, d. h. sie wachsen sowohl an trockenen als auch an feuchten Standorten. Hinsichtlich der Feuchte sind sie also keine Zeigerpflanzen. Man rechnet also 32 : 4 (und nicht durch 7) = 8. Ergänzung: Eine Feuchtezahl von 8 deutet auf einen feuchten bis nassen Standort.

N = Stickstoffzahl (Ellenberg)	
1	stickstoffärmster Standort
2	zwischen 1 und 3
3	stickstoffarmer Standort
4	zwischen 3 und 5
5	mäßig stickstoffreich
6	zwischen 5 und 7
7	stickstoffreicher Standort
8	Stckstoffzeiger
9	übermäßig stickstoffreich

Pflanzenart	Deckungsgrad	Zeigerwerte			
		L	F	R	N
Heidekraut	+	8	x	1	1
Glockenheide	1	8	8	1	2
Heidelbeere	1	5	x	2	3
Rauschebeere	+	6	x	1	3
Scheiden-Wollgras	3	7	8	2	1

Einfluss des Menschen auf Ökosysteme, Nachhaltigkeit, Biodiversität

a. Menschliche Einflüsse auf Ökosysteme

Seit dem Beginn der industriellen Revolution vor rund 200 Jahren haben Menschen die globale Kohlenstoffbilanz, die zuvor nahezu ausgeglichen war, beeinflusst. Durch das Verbrennen von Kohle, Erdgas und Erdöl werden enorme Mengen an Kohlendioxid in die Atmosphäre freigesetzt. Neben der Stromerzeugung tragen auch der Verkehr und die Industrie zur Kohlendioxidemission bei. Die Abholzung von Wäldern führt zur Freisetzung von Kohlendioxid aus dem Boden. Landwirtschaft und der Bausektor sind weitere Quellen von Kohlendioxid, da bei der Herstellung von Zement Kohlendioxid freigesetzt wird. Infolgedessen hat sich die Kohlendioxidkonzentration in der Atmosphäre seit dem Beginn der industriellen Revolution von 0,028 Volumenprozent auf mehr als 0,041 Volumenprozent erhöht. Kohlendioxid trägt wesentlich zum Treibhauseffekt und damit zum Klimawandel bei. Daher wird nach Möglichkeiten gesucht, die globale Kohlendioxidemission zu begrenzen. Die Nutzung alternativer nachhaltiger Energiequellen, eine Umstellung des Verkehrs und eine verstärkte Nutzung von Holz im Bauwesen sind beispielsweise wirksame Maßnahmen dafür.

b. Treibhauseffekt

Der natürliche Treibhauseffekt:

Die Zusammensetzung der Erdatmosphäre besteht hauptsächlich aus Gasen wie Stickstoff, Sauerstoff und Argon, welche Licht und Wärme durchlassen. Zusätzlich enthält die Atmosphäre Gase wie Wasserdampf und Kohlendioxid, welche zwar Licht durchlassen, aber Wärme zurückhalten. Die Sonne sendet kurzwellige Strahlen zur Erde, von denen ein großer Anteil von Wolken und der Erdoberfläche reflektiert wird. Die auf der Erde verbleibende Sonnenenergie wird in Wärme umgewandelt und teils in den Weltraum zurückgestrahlt. Die nicht durchlässigen Gase in der Atmosphäre und Aerosole absorbieren einen Teil dieser Wärme und halten sie näher an der Erdoberfläche fest, was die Temperaturen auf der Erde erhöht und somit das Leben ermöglicht. Ohne diesen natürlichen Treibhauseffekt wäre die Erde viel kälter.

Anthropogener Treibhauseffekt:

Seit dem Beginn der großflächigen Industrialisierung in der Mitte des 19. Jahrhunderts führt die Verbrennung von fossilen Brennstoffen zu einem Anstieg des Kohlendioxidgehalts in der Atmosphäre, was den natürlichen Treibhauseffekt verstärkt. Hinzu kommen weitere Gase wie Methan, das vor allem bei Verdauungsprozessen von Wiederkäuern entsteht, und Lachgas, das durch den Abbau von Stickstoffverbindungen im Boden erzeugt wird. Diese Gase haben eine stärkere Treibhauswirkung als Kohlendioxid und tragen damit wesentlich zum menschenverursachten Treibhauseffekt bei. Um diesen Effekt zu begrenzen, ist es notwendig, die Freisetzung von Treibhausgasen deutlich zu reduzieren.

Anthropogener Treibhauseffekt

Über lange Zeitabschnitte hinweg erfuhren sowohl die Konzentration von Kohlendioxid in der Luft als auch die durchschnittliche globale Temperatur auch ohne menschliches Zutun Veränderungen. Allerdings zeigen zahlreiche Studien und Modelle, dass der von Menschen verursachte Treibhauseffekt zu einer schnelleren Zunahme dieser Werte führt und in Zukunft weiterhin führen wird. Diese beschleunigte Erwärmung bewirkt signifikante und dauerhafte Verschiebungen in Temperaturmustern und Wetterbedingungen, ein Phänomen, das als Klimawandel bekannt ist. Zu den Erklärungsansätzen gehören:

- Die Erhöhung der globalen Temperaturen führt zu verstärkter Verdunstung von Gewässern, was wiederum zu mehr Wolkenbildung, intensiveren Stürmen und einem Anstieg der Niederschläge beiträgt. Die in diesem Jahrhundert vermehrt beobachteten extremen Wetterereignisse lassen sich direkt auf die globale Erwärmung zurückführen.
- Eine Erwärmung der Erdoberfläche bewirkt die Ausdehnung subtropischer Hochdruckzonen in gemäßigte Klimaregionen, was dort zu langen Perioden von Hitze und Dürre während der Sommermonate führen kann.
- In den Wintermonaten können gesteigerte Regen- oder Schneefälle in verschiedenen Gegenden zu Überschwemmungen führen.

Die Folgen des menschengemachten Klimawandels sind vielfältig und betreffen sowohl Menschen als auch die Umwelt. Die Polkappen und Gebirgsgletscher schmelzen aufgrund höherer Temperaturen, was den Meeresspiegel weltweit ansteigen lässt. Dies wird insbesondere in flachen Küstenregionen zu verstärkten Überschwemmungen führen und einige Inseln könnten unbewohnbar werden. Die Freisetzung von Süßwasser in die Ozeane durch das Schmelzen von Eis kann wichtige Meeresströmungen wie den Golfstrom beeinflussen, mit derzeit noch unklaren Auswirkungen. Änderungen im globalen Wasserhaushalt stellen wohl die gravierendsten direkten Konsequenzen des Klimawandels dar. Überschwemmungen sowie Perioden extremer Hitze und Trockenheit resultieren in

Ernteausfällen, besonders in Regionen, die bereits jetzt mit Nahrungsmittelknappheit kämpfen. Viele Ökosysteme nähern sich sogenannten **Kipppunkten**; wird ein solcher Punkt überschritten, ist eine Rückkehr zum ursprünglichen Zustand auf absehbare Zeit nicht mehr möglich.

Die Klimaerwärmung führt außerdem dazu, dass Permafrostböden auftauen, in denen große Mengen an Kohlenstoff gespeichert sind. Der mikrobielle Abbau dieser organischen Stoffe unter Sauerstoffmangel führt zur Freisetzung von Methan, einem potenten Treibhausgas, in die Atmosphäre. Dies verstärkt die globale Erwärmung weiter, ein Prozess, der als positive Rückkopplung oder selbstverstärkender Effekt bezeichnet wird.

c. Neobiota (ÜA 6)

Unter dem Begriff Neobiota werden alle Arten zusammengefasst, die seit 1492 durch direkten oder indirekten Einfluss des Menschen in Regionen kommen, in denen sie nicht beheimatet waren, und dort neue Lebensräume für sich erschließen (Arten, die vor 1492 vom Menschen in neue Gebiete gebracht wurden, werden als Archaebiota bezeichnet). Ein Großteil dieser Arten kann ohne Hilfe des Menschen in einer artfremden Umgebung nicht überleben. Einigen Arten gelingt es jedoch, in ihren neuen Umgebungen dauerhaft Fuß zu fassen. Wenn Neobiota über drei Generationen oder mindestens 25 Jahre in einem Gebiet existieren, gelten sie als etabliert; andernfalls als unbeständig auftretend.

Als **Neophyten** werden Pflanzen bezeichnet, die in einen bisher artfremden Lebensraum gebracht wurden. Für die Pflanzenwelt Deutschlands geht man von 18 % Neophyten aus. Tierische Neubesiedler eines Ökosystems werden als Neozoen bezeichnet. Aktuelle Untersuchungen gehen von über 1.300 Neozoenarten in Deutschland aus, von denen über 250 als etabliert gelten. Bei den Neomyceten handelt es sich um Pilze, die einen neuen Lebensraum besiedeln.

Verdrängen Neobiota einheimische Arten im Wettbewerb um Nahrung oder Lebensraum, durch Prädation, Übertragung von Krankheiten oder Erregern oder durch Veränderung der Lebensraumbedingungen, werden sie als **invasive Arten** bezeichnet und mittlerweile auch grenzüberschreitend bekämpft. So gelten invasive Neobiota neben Klimawandel und geänderter Landnutzung als größte Gefährdung der ökologischen Vielfalt (Biodiversität). Besonders gravierend sind die Folgen der Einführung von Neobiota in inselartig isolierten Ökosystemen, die betroffenen Arten, die bisher nur einem schwachen Selektionsdruck unterlagen, keine Ausweichmöglichkeiten bieten.

Beispiele für invasive Neobiota

Neozoen: Im Jahr 2009 wanderte die Schwarzmundgrundel im Ballastwasser von Schiffen in die nördliche Donau ein und bildete dort rasch eine stabile Population. Jedes Jahr breitet sich die Population bis zu 15 km stromaufwärts aus und verdrängt angestammte Fischarten wie Barbe oder Aitel. Stellenweise machen die Grundeln in ihren bevorzugten Habitaten bereits über 70 % des gesamten Fischbestandes aus.

Neophyten: Der Riesenbärenklau wurde in den 60er-Jahren aus dem Kaukasus importiert und ist nicht mehr aufzuhalten. Er keimt schneller und effektiver als die meisten heimischen Pflanzen und sondert ein Gift ab, das andere Pflanzen schädigt. Durch eine weitere Substanz, die im Kontakt mit der Haut unter Einfluss von Sonne phototoxische Wirkungen entfaltet, führt schon die Berührung oft zu schweren Verbrennungen beim Menschen.

Neomyceten: Ein in ostasiatischen Ulmen lebender Schlauchpilz (Ophiostoma ulmi) wurde durch den Menschen seit 1918 in die Niederlande verschleppt und breitete sich von dort über ganz Europa und Nordamerika aus. Er hat die einheimische Berg- und Feldulme an den Rand des Aussterbens gebracht.

d. Schädlingsbekämpfung (ÜA 8)

Unter Schädlingsbekämpfung versteht man physikalische, chemische oder biologische Maßnahmen zur Bekämpfung von als Schädlingen wahrgenommenen Tieren oder Pflanzen. Meist spricht man von Schädlingen, wenn diese wirtschaftliche Güter des Menschen befallen.
Bei der chemischen Schädlingsbekämpfung kommen Pestizide wie z. B. Insektizide (gegen Insekten), Fungizide (gegen Pilze) und Herbizide (gegen Pflanzen) zum Einsatz. Kenntnisse aus der Ökologie werden bei der biologischen Schädlingsbekämpfung genutzt. So werden natürliche Feinde der Schädlinge ausgebracht oder vermehrt. Auch das Ausbringen von Krankheitserregern der Schädlinge zählt zur biologischen Schädlingsbekämpfung.

Einen Überblick der Schädlingsbekämpfungs-Methoden erhalten sie in der folgenden Tabelle:

Methode	Voraussetzungen	Kurzfristige Folgen / Vorteile	Langfristige Folgen / Nachteile
mechanisch Jagd, Fallen, Zaun, ...	relativ große, wenig flüchtige Schädlinge	geringe Wirksamkeit, aber keine ungünstigen Folgen	keine messbaren Folgen
chemisch chemische Stoffe (z. B. Gift: Pestizide, Fungizide, Herbizide, ...)	spezifische Wirkung auf den Ernteschädling	schnelle Wirksamkeit	Belastung von Boden und Nahrungskette; Resistenz bei den Schädlingen; Dezimierung natürlicher Feinde
biologisch Feind einführen, Krankheit einführen, ...	genaue Kenntnis der Nahrungszusammenhänge im Ökosystem	langsame Wirksamkeit	langfristige Wirkung ohne zusätzliches Eingreifen; ggf. unvorhersehbare Folgen

gentechnisch z. B. gentechnische Veränderung des geschädigten Organismus (i. d. R. bei Pflanzen)	spezifische Wirkung auf den Ernteschädling, Gene müssen bekannt sein, Übertragbarkeit auf die Erntepflanze	starke Wirksamkeit	evtl. Resistenz bei den Schädlingen, unsichere Folgen für die Nahrungsmittelqualität
ökologisch z. B. Förderung von Feinden des Schädlings (Fort-pflanzungsmöglichkeiten, Raum, ...)	z. B. Extensivierung der Landwirtschaft, Brachland	vorübergehende Ertragseinbußen	keine negativen Folgen, Wirksamkeit unterschiedlich
integriert		optimiert Kosten, Nutzen und Risiken aller genannten Verfahren	optimiert Kosten, Nutzen und Risiken aller genannten Verfahren

e. Erhaltung von Ökosystemen

Alle lebenden Systeme wie Zelle oder Ökosystem sind dynamisch und können innerhalb bestimmter Grenzen auf äußere Einflüsse reagieren, sodass das System stabil bleibt. Solch ein Ökosystem ist der Wald. Wegen seiner hohen ökologischen und wirtschaftlichen Bedeutung wird er seit Jahrhunderten nachhaltig bewirtschaftet, sodass er sich trotz Nutzung durch den Menschen stets regeneriert dauerhaft zur Verfügung steht.

Durch Entnahme von Ressourcen wie Bodenschätzen, Wasser, Nahrung und Abgabe von Müll, der häufig umweltbelastendes Material wie zum Beispiel Quecksilber und radioaktive Substanzen enthält sowie eines übermäßigen CO_2- und Methan-Ausstoßes kommt es zu Veränderungen in Ökosystemen, die oft nicht mehr ausgeglichen werden können. Aquatische Ökosysteme „kippen um", das Abholzen tropischer Regenwälder senkt die Artenvielfalt, die Temperatur steigt auf der gesamten Erde usw. Schon jetzt kann die globale CO_2-Produktion nicht mehr durch Fotosynthese oder durch das Lösen im Meerwasser ausgeglichen werden. Ziel menschlichen Wirtschaftens muss es sein, die Produktionskapazitäten lebenserhaltender ökologischer, aber auch sozialer Systeme (Bevölkerungen) dauerhaft und über Generationen hinweg zu erhalten. Das Nachhaltigkeitskonzept erfordert ein globales Zusammenwirken aller Staaten auf ökologischer, ökonomischer und sozialer Ebene. Nur so können Umweltkatastrophen langfristig abgewendet werden.

Die Wichtigkeit biologischer Diversität wurde auf der Umwelt- und Entwicklungs-Konferenz in Rio de Janeiro im Jahr 1992 mit der Verabschiedung der Konvention zur biologischen Vielfalt hervorgehoben. Diese Konvention zielt darauf ab, die Vielfalt des Lebens auf unserem Planeten zu bewahren, einschließlich der Vielfalt der Ökosysteme, Artenvielfalt innerhalb bestimmter Lebensräume und genetische Diversität innerhalb von Spezies.

Ökosysteme, die reich an Artenvielfalt sind und gut funktionieren, sind essenziell für die Bereitstellung von Ökosystemdienstleistungen, die für das menschliche Wohlergehen unerlässlich sind. Diese Ökosysteme tragen beispielsweise zur Speicherung von Treibhausgasen bei und helfen, die Auswirkungen extremer Wetterereignisse zu mildern, was wiederum zukünftigen Generationen den Zugang zu sauberem Wasser und frischer Luft sichert.

Der Mensch ist auf eine Vielzahl von Pflanzen- und Tierarten angewiesen, um Nahrungsmittel, Gewürze, Medikamente, Kosmetika sowie Materialien für Kleidung, Möbel und Papier zu gewinnen. Nutztiere liefern uns Nahrung wie Fleisch, Milchprodukte und Honig, während Materialien wie Wolle, Leder und Seide für Bekleidung verwendet werden. Mikroorganismen wie Hefen und Bakterien sind für die Produktion von Alkohol und Antibiotika von Bedeutung. Die Abhängigkeit des Menschen von der biologischen Vielfalt verleiht ihr somit eine erhebliche ökonomische Bedeutung.
Menschliche Aktivitäten bedrohen die biologische Vielfalt der Erde erheblich. Lebensraumzerstörung, Übernutzung von Ressourcen, Verschmutzung und die Einführung invasiver Arten führen zum Rückgang und Aussterben von Arten. Der durch menschliche Aktivitäten verursachte Treibhauseffekt und die resultierende globale Erwärmung haben weitreichende Folgen für die Biodiversität. Veränderungen im Klima beeinflussen die Verbreitung von Tier- und Pflanzenarten, wodurch einige Arten gezwungen sind, sich in neue Gebiete zurückzuziehen oder auszusterben. Krankheitserreger und Schädlinge können sich in neuen Gebiete ausbreiten, was bestehende Arten bedroht. Der Klimawandel verändert auch das Wachstum und die Blütezeiten von Pflanzen und beeinflusst die Beziehungen zwischen verschiedenen Organismen, was zu einer Umgestaltung von Ökosystemen und ihren Funktionen führen kann.

f. Ökosystemmanagement

Das Ökosystemmanagement ist eine relativ neue Strategie, die darauf abzielt, ein Gleichgewicht zwischen der Nutzung und dem Schutz unserer Umwelt zu finden. Diese Strategie umfasst das Erlernen und Anwenden von Methoden zur ressourcenschonenden Bewirtschaftung und zur Wiederherstellung beeinträchtigter Ökosysteme. Dabei steht nicht nur der direkte Nutzen für den Menschen im Vordergrund, sondern auch die Verantwortung, zukünftigen Generationen eine intakte Umwelt zu hinterlassen. Kern des Ökosystemmanagements sind der Schutz der biologischen Vielfalt und die Sicherstellung der Gesundheit von Ökosystemen. Die biologische Vielfalt, auch Biodiversität genannt, ist essentiell für das Überleben des Menschen, da sie eine Quelle für Nahrung, Medizin, Werkstoffe und technische Innovationen darstellt. Ein gesundes Ökosystem zeichnet sich durch seine Produktivität, Resilienz und Fähigkeit zur Selbstorganisation aus, was es widerstandsfähig gegenüber Störungen macht.

Um die Gesundheit der Ökosysteme zu erhalten oder wiederherzustellen, werden verschiedene Managementansätze verfolgt, darunter das **adaptive** Management, das sich auf die Anpassung an zukünftige Einflüsse konzentriert, und das Management natürlicher Ressourcen, welches die nachhaltige Nutzung spezifischer Ressourcen sicherstellen soll. Darüber hinaus gibt es den Ansatz des **strategischen** Managements, das politische, soziale und wirtschaftliche Ziele miteinbezieht, sowie den Landschaftsschutz, der den Schutz aller Lebewesen in einem Ökosystem anstrebt. Eine eher direkte Methode ist das **Kommando- und Kontrollmanagement**, das durch gesetzliche Vorgaben und Maßnahmen die Natur zu steuern versucht.

Für eine nachhaltige Entwicklung von Ökosystemen ist es notwendig, die Ökosysteme genau zu erforschen und das Zusammenspiel zwischen politischen, wirtschaftlichen und individuellen Akteuren zu fördern. Nur durch das gemeinsame Bemühen aller Beteiligten kann ein langfristiger Schutz der Ökosysteme und der Artenvielfalt erreicht werden. Nachhaltigkeit bedeutet in diesem Kontext, die natürlichen Ressourcen so zu nutzen, dass auch künftige Generationen in einer lebenswerten Welt existieren können.

g. Schadstoffbelastung der Umwelt am Beispiel hormonaktiver Substanzen (LK)

Seit Beginn der 1990er Jahre mehren sich die Belege dafür, dass bestimmte Umweltschadstoffe, darunter Bisphenol A, DDT und PCB, Einfluss auf den Hormonhaushalt von Menschen und Tieren nehmen können. Diese werden als **hormonaktive Substanzen** bezeichnet und stehen in Verdacht, an der Entstehung hormonabhängiger Krankheiten wie Prostata- und Brustkrebs oder Diabetes beteiligt zu sein. Sie können die Funktion körpereigener Sexualhormone imitieren oder blockieren, was möglicherweise zu einer früheren Pubertät und einer Abnahme der männlichen Fruchtbarkeit führt.
Hauptaufnahmeweg für den Menschen sind Lebensmittel. Einige dieser Substanzen können aus Verpackungsmaterialien, wie Phthalaten in Dichtungen und Frischhaltefolien oder Bisphenol A in Mehrwegflaschen und Konservendosen, direkt in die Nahrung übergehen. Andere, wie chlororganische Verbindungen, PFAS oder Medikamente, erreichen über Abwasser die Nahrungskette und werden von Fischen aufgenommen. Auch über Luft und Hautkontakt, beispielsweise durch Körperpflegemittel, kann eine Aufnahme erfolgen.
Hormonaktive Substanzen wirken teilweise indirekt, indem sie die Hormonbiosynthese oder -abbau beeinflussen, oder direkt, durch Bindung an Hormonrezeptoren. Ein Beispiel ist Ethinylestradiol, das an den Estradiol-Rezeptor bindet und als Transkriptionsfaktor die Produktion spezifischer Proteine initiiert.
Angesichts des Risikos, das von Plastikabfällen und hormonaktiven Substanzen ausgeht, wurden gesetzliche Maßnahmen ergriffen, wie das EU-weite Verbot von Einwegplastikprodukten seit 2021 und das Aus für leichte Kunststofftragetaschen seit 2022. Die Zulassung von Substanzen wie DDT und PCB ist stark eingeschränkt oder verboten. Es wird an der Entwicklung von Kriterien und Testmethoden gearbeitet, um hormonartige Substanzen besser identifizieren zu können. Verschiedene politische Initiativen und die Unterstützung durch WHO und EU zielen darauf ab, das Bewusstsein zu schärfen und den Umgang mit diesen Stoffen zu verbessern. Jeder kann durch bewusstes Konsumverhalten, wie die Auswahl mikroplastikfreier Produkte und die korrekte Entsorgung von Plastikmüll und Medikamenten, zu einer Verringerung der Belastung beitragen.

h. Ökologischer Fußabdruck und Biokapazität (LK)

Der **ökologische Fußabdruck** bezieht sich auf den Ressourcenverbrauch, der mit menschlichen Aktivitäten verbunden ist. Zum Beispiel erfordert die Produktion von Lebensmitteln durch Ackerbau und Viehzucht sowie die Gewinnung von Holz und die Nutzung von Wasserflächen für die Trinkwassergewinnung und Fischerei Land. Der Mensch nutzt auch Land für die Energie- und Materialgewinnung, was insgesamt den ökologischen Fußabdruck ausmacht. Dieser wird in globalen Hektar (gha) gemessen, wobei ein globaler Hektar einem Hektar mittlerer biologischer Produktivität entspricht. Neben der Produktion schließt der ökologische Fußabdruck auch Flächen für die Bereitstellung von Energie und für Müllentsorgung ein. Die Menge an produziertem Kohlenstoffdioxid ist ebenfalls einbezogen, was die Waldflächen berücksichtigt, die zur Absorption dieser Emissionen notwendig sind.

Biokapazität beschreibt die Fähigkeit von Ökosystemen, Ressourcen zu regenerieren. Sie beinhaltet Faktoren wie Wasserverfügbarkeit, Klima, Bodenfruchtbarkeit und Sonneneinstrahlung, die die Regenerationsfähigkeit der Ökosysteme begrenzen. Biokapazität umfasst auch das Recycling von Abfall und die Aufnahme von Emissionen. Die Erde hat eine begrenzte Biokapazität, die für die Regeneration von Ressourcen zur Verfügung steht.

Biokapazitätsdefizite treten auf, wenn der ökologische Fußabdruck eines Menschen die Biokapazität übersteigt. Im Jahr 2018 lag der globale Durchschnitt bei 2,77 gha pro Person. Das bedeutet, dass weltweit mehr Ressourcen verbraucht werden, als durch die Ökosysteme regeneriert werden können, was zu einem globalen Defizit führt. Wenn der ökologische Fußabdruck eines Landes seine eigene Biokapazität übertrifft, bedeutet das, dass Ressourcen aus anderen Ländern genutzt werden müssen, was zu einer ungleichen Verteilung der Ressourcen führt und auf lange Sicht nicht nachhaltig ist.

Basiskonzepte zum Inhaltsfeld Ökologie (Grund- und Leistungskurs)
Struktur und Funktion – Kompartimentierung in Ökosystemebenen
Stoff- und Energieumwandlung – Stoffkreisläufe in Ökosystemen
Steuerung und Regelung – Positive und negative Rückkopplung ermöglichen physiologische Toleranz
Individuelle und evolutive Entwicklung – Angepasstheit an abiotische und biotische Faktoren

Genetik und Evolution

Molekulargenetische Grundlagen des Lebens

Speicherung und Realisierung genetischer Information:

a. Bau der DNA

Die Desoxyribonukleinsäure (DNS, im Englischen desoxyribonucleic acid, DNA) ist das Makromolekül, in dem die genetische Information gespeichert ist. Es besteht aus einem Doppelstrang, der sich aus zwei Einzelsträngen zusammensetzt, die gegenläufig, wie eine Leiter angeordnet sind. Die Einzelstränge sind eine Kette von Nukleotidbausteinen, die sich aus dem Zucker **Desoxyribose**, einer **Phosphatgruppe** und einer Base zusammensetzen. Die Anordnung liegt im Aufbau der **Nukleotide** begründet. Der Zucker und die Phosphatgruppen bilden das Rückgrat des Einzelstrangs. Von diesem gehen die Basen ab. Der gegenüberliegende Einzelstrang verläuft gegenläufig und in der Mitte bilden die Basen über Wassersoffbrücken die Sprossen der zu einer Doppelhelix gewundenen Leiter. Es paaren sich immer dieselben Basen, d. h. Adenin und Thymin und Cytosin und Guanin. Aufgrund dieser Eigenschaft der **DNA-Doppelhelix** bezeichnet man die Einzelstränge als **komplementäre** Stränge, d. h. wenn man die Basensequenz eines Stranges kennt, kann man aufgrund der Basenpaarung die Sequenz des gegenüberliegenden DNA-Stranges benennen. Die DNA liegt im Zellkern der Zellen der eukaryotischen Zellen oder aber im Cytoplasma der Prokaryoten vor.

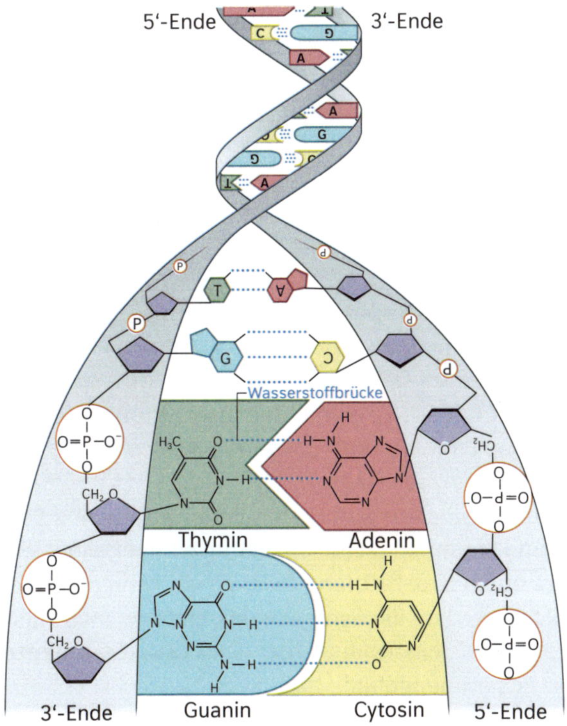

Bau der DNA

b. semikonservative Replikation

Bevor sich eine Zelle teilt, muss die Erbinformaton verdoppelt werden, sodass beide Tochterzellen dieselbe genetische Information wie die Mutterzelle enthalten. Aber wie kann die DNA kopiert werden?
Theoretisch sind drei Möglichkeiten denkbar:
1. Die DNA wird als Ganzes kopiert und es entsteht eine komplett neue DNA. Diese Vorstellung entspricht einer konservativen Verdopplung.
2. Die DNA-Einzelstränge werden kopiert und es entstehen zwei Doppelstränge, die aus einem Original-DNA-Einzelstrang und einem neuen DNA-Einzelstrang bestehen. Diese Vorstellung entspricht einer semikonservativen Verdopplung.
3. Einzelne Bereiche der DNA werden kopiert und neu zusammengesetzt, sodass die zwei entstandenen DNA-Doppelstränge jeweils originale und neue DNA-Abschnitte enthalten. Diese Vorstellung entspricht der dispersiven Verdopplung.

Die Biologien Meselson und Stahl untersuchten die DNA-Replikation 1958 genauer, indem sie folgendes Experiment mit Bakterien durchführten:
Sie züchteten Bakterienkolonien und gaben sie in ein Nährmedium. Die Nährstoffe in diesem Medium enthielten jedoch nicht das ansonsten übliche Stickstoffisotop ^{14}N sondern das schwerere Isotop ^{15}N. Die Bakterien nutzen dieses Isotop für die Synthese der Basen, die wiederum Bestandteil der DNA sind. Nach Ablauf mehrerer Zellteilungen isolierten die Wissenschaftler die DNA der Bakterien und führten eine Dichtezentrifugation durch. Mit diesem Verfahren ist es möglich, verschiedene Substanzen eines Gemisches nach unterschiedlicher Dichte zu trennen. Im Anschluss überführten sie die Bakterien in ein Nährmedium, das die leichten ^{14}N-Isotope enthielt, und zentrifugierten das Gemisch nach der Dauer einer Replikation erneut. Das Ergebnis einer Dichtegradientenzentrifugation sind Banden, die sich aufgrund der Dichte unterscheiden. Anhand ihrer Ergebnisse konnten Meselson und Stahl nachweisen, dass die DNA nach dem Prinzip der semikonservativen Verdopplung repliziert wird.

c. Replikation der DNA

Die Replikation der DNA erfolgt während der Interphase des Zellzyklus (siehe Seite 102). Der DNA-Doppelstrang wird mittels des Enzyms Helicase geöffnet. Vermittelt durch die Primase wird der Primer (ein kurzes zur DNA komplementäres RNA-Stück) an den Einzelstrang angelagert. Dieser dient der DNA-Polymerase als Startpunkt für die Synthese eines neuen Einzelstranges. Das Enzym knüpft passende Nukleotide gemäß der komplementären Basenpaarung an die Einzelstränge.
Somit enthält jeder Doppelstrang einen elterlichen Strang und einen Strang aus Einzelnukleotiden, die aus dem Cytoplasma stammen (semikonservative Replikation). Da die Synthese des neuen Einzelstrangs nur in 5'›3' Richtung möglich ist, kann nur einer der Einzelstränge kontinuierlich gebildet werden, die Synthese des anderen muss diskontinuierlich erfolgen. Die so entstehenden Teilstücke werden **Okazaki-Fragmente** genannt und durch das Enzym Ligase zusammengefügt.

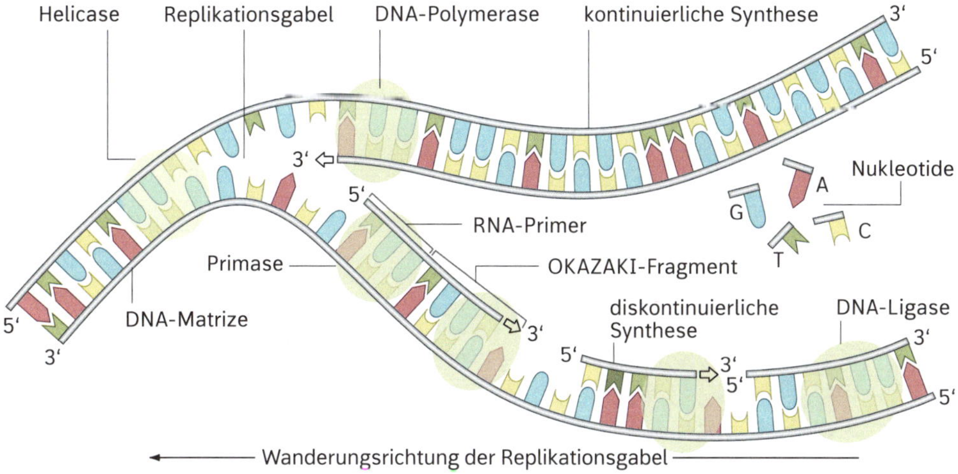

Schema der DNA-Replikation

d. Transkription

Die Umsetzung der Information der DNA in Lebensvorgänge steuernde Proteine (z. B. Enzyme, Carrier, Tunnelproteine, Myofibrillen usw.) wird Proteinbiosynthese genannt. In diesem Verfahren werden entsprechend der Basensequenz der DNA spezifische Aminosäuren zu einer Kette verknüpft. Dabei entspricht ein bestimmtes Basentriplett (eine Folge dreier Basen) einer bestimmten Aminosäure in der zu bildenden Kette. Dieser Zusammenhang wird genetischer Code genannt (s. Code-Sonne und Tabelle, S. 82). Er gilt für fast alle Lebewesen und ist somit universell. Da bei vier verschiedenen Basen und einer Informationseinheit aus insgesamt drei Basen insgesamt $4^3 = 64$ Kombinationsmöglichkeiten bei nur 20 existierenden Aminosäuren zur Verfügung stehen, codieren teilweise mehrere Tripletts für die gleiche Aminosäure: „Der Code ist degeneriert“.
Die Proteinbiosynthese läuft bei den Prokaryoten (Zellen ohne Zellkern, z. B. Bakterien) einfacher ab als bei den Eukaryoten (Zellen mit Zellkern). Bei den Prokaryoten geschieht die Umsetzung der Information der DNA in den Aufbau von Proteinen in zwei Schritten: der Transkription, also dem Überschreiben der Information von der DNA in die der mRNA und der Translation, d. h. der „Übersetzung“ der mRNA-Information in die entsprechende Aminosäuresequenz, die dann z. B. als Katalysator (Enzym) oder als Baustein für Zell- und Gewebestrukturen (z. B. Actin, Keratin) fungiert.

DNA → [Transkription] → m-RNA → [Translation] → Protein

Schematische Darstellung der Proteinbiosynthese bei Prokaryoten

Der genetische Code

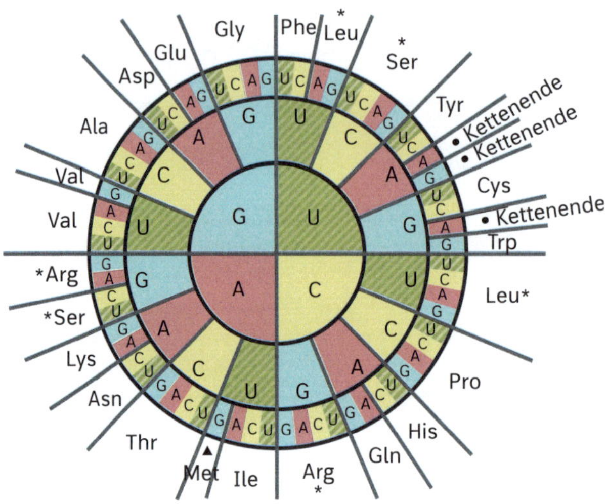

* zweimal auftretende Aminosäuren
• Stopp-Codon
▲ Start-Codon

Phe	Phenylalanin
Leu	Leucin
Ser	Serin
Tyr	Tyrosin
Cys	Cystein
Trp	Tryptophan
Pro	Prolin
His	Histidin
Gln	Glutamin
Arg	Arginin
Ile	Isoleucin
Met	Methionin
Thr	Threonin
Asn	Asparagin
Lys	Lysin
Val	Valin
Ala	Alanin
Asp	Asparaginsäure
Glu	Glutaminsäure
Gly	Glycin

Der genetische Code als Code-Sonne (Leserichtung von innen nach außen) mit der Liste der Aminosäuren und ihren Abkürzungen

Erste Base	Zweite Base				Dritte Base
5'	U	C	A	G	3'
U	Phe Phe Leu Leu	Ser Ser Ser Ser	Tyr Tyr Stopp Stopp	Cys Cys Stopp Trp	U C A G
C	Leu Leu Leu Leu	Pro Pro Pro Pro	His His Gln Gln	Arg Arg Arg Arg	U C A G
A	Ile Ile Ile Met (Start)	Thr Thr Thr Thr	Asn Asn Lys Lys	Ser Ser Arg Arg	U C A G
G	Val Val Val Val	Ala Ala Ala Ala	Asp Asp Glu Glu	Gly Gly Gly Gly	U C A G

Der genetische Code in Tabellenform

Die DNA öffnet sich nach Bindung der RNA-Polymerase an dem Promotor (Abschnitt mit einer spezifischen Nukleotidsequenz), die Doppelhelixstränge liegen jetzt getrennt vor. An einem der beiden Stränge (codogener Strang) werden die zu diesem Strang komplementären Nukleotide in 5'›3' Richtung angelagert. Danach löst sich der neugebildete Nukleotidstrang (mRNA) von der DNA und wandert zu den Ribosomen.

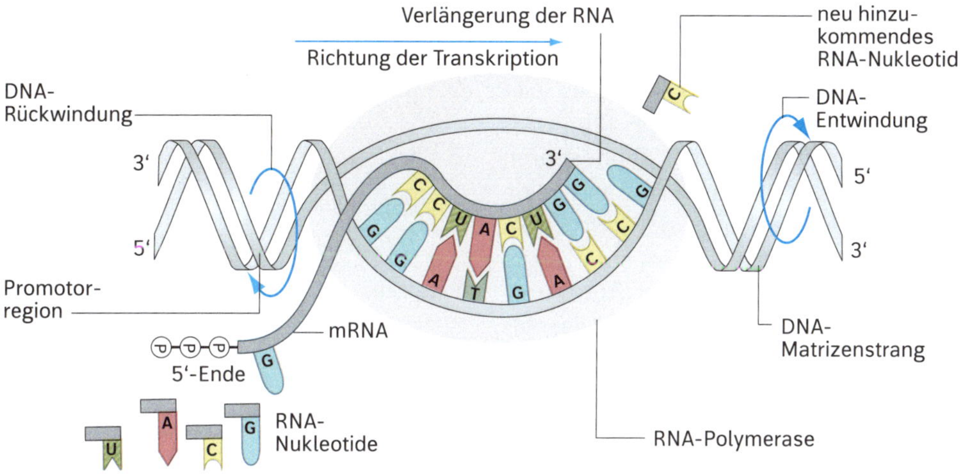

Transkription

e. Translation

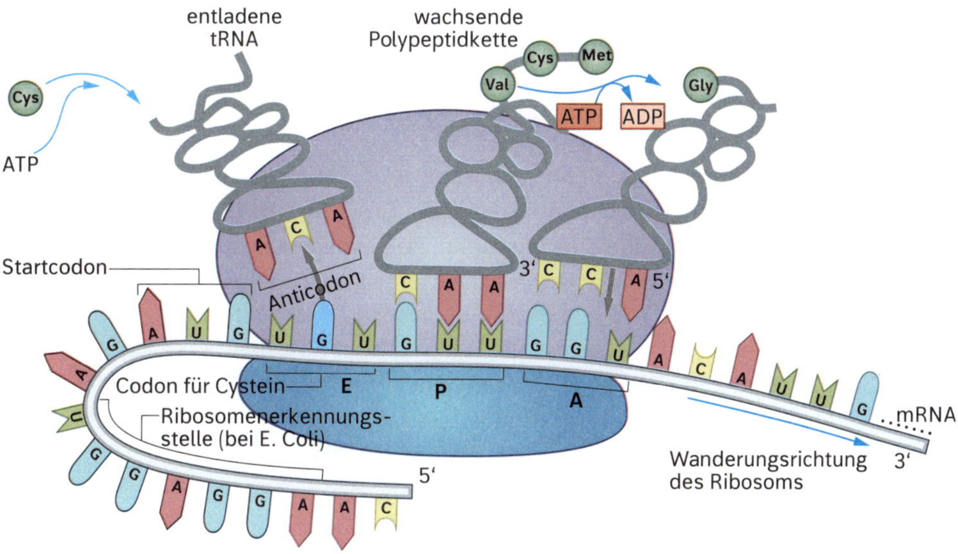

Translation

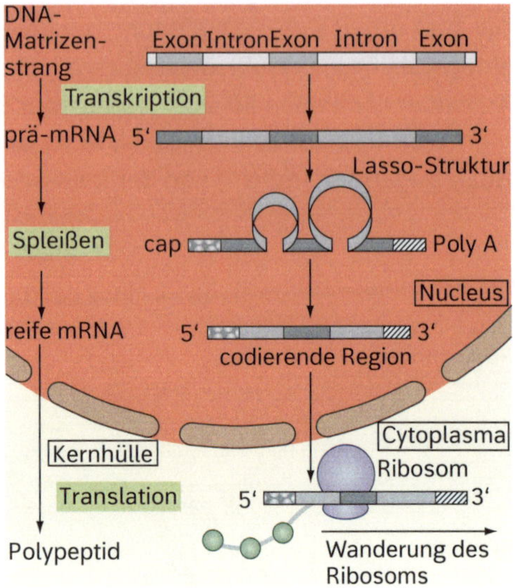

Proteinbiosynthese bei Eukaryoten

Die Translation findet an den aus einer kleineren und einer größeren Einheit bestehenden Ribosomen statt. Nachdem durch ein Erkennungstriplett die Anlagerung der mRNA gesichert wurde, wandert die kleinere Einheit des Ribosoms in Richtung 3'-Ende der mRNA. Am Startcodon (AUG) beginnt die Synthese des Proteins (stets mit der Aminosäure Methionin), hier kommt die größere Einheit des Ribosoms hinzu. Als Lieferanten der Aminosäuren und Übersetzer der Nukleotidkette in die Aminosäurekette dienen aktivierte tRNA-Moleküle. Diese besitzen an einer Stelle ein spezifisches Basentriplett (Anticodon) und auf der gegenüberliegenden Seite des Moleküls eine Bindestelle für eine spezifische Aminosäure. Spezifische Enzyme des Ribosoms bewirken die Bindung des Anticodons mit dem entsprechenden Triplett der mRNA (Codon) und die Ablösung der Aminosäure von der tRNA sowie die Verknüpfung der Aminosäure mit der vorherigen Aminosäure entsprechend der Codierung auf der DNA.

Unterscheidung bei Pro- und Eukaryoten

Die Proteinbiosynthese bei Eukaryoten unterscheidet sich von der bei Prokaryoten im Wesentlichen durch einen zusätzlichen Prozess, nämlich dem des Spleißens, der zwischen der Transkription (im Zellkern) und der Translation (im Cytoplasma) an der Zellkernmembran abläuft.

Die DNA der Eukaryoten enthält für die Codierung eines Enzyms eine wesentlich längere Nukleotidkette, als sie eigentlich notwendig wäre. Die prä-mRNA enthält nicht nur die Information für die Realisierung eines Proteinmoleküls, sondern zusätzlich eine Reihe von mRNA-Abschnitten, die z. B. für Regulierungsvorgänge verwendet werden. Dann folgt der Prozess des **Spleißens**, bei dem die für die Translation nicht benötigten Abschnitte (Introns) durch Bildung von Schleifen herausgeschnitten werden. Folglich verlassen nur die Exons als reife mRNA den Zellkern. Weil beim Spleißen nicht immer dieselben Abschnitte herausgeschnitten werden, können bei Eukaryoten unterschiedliche Proteine vom gleichen DNA-Abschnitt gebildet werden (alternatives Spleißen, siehe S. 85 ff.). Dies wirft Fragen mit dem veralteten Genbegriff (ein Gen – ein Polypeptid-Hypothese) auf und macht eine neue Definition des Genbegriffs notwendig. Daneben ergeben sich zusätzliche Möglichkeiten für die Bildung von RNA-Abschnitten, die für Regulationsprozesse verwendet werden können (s. u. epigenetische Mechanismen).

Genregulation

Die Regulation der Genexpression in eukaryotischen Zellen kann durch die räumliche und zeitliche Trennung der Abläufe der Proteinbiosynthese auf verschiedenen Ebenen reguliert werden. Zum einen bei der Transkription sowie beim Spleißen, zum anderen bei Vorgängen der Translation. Dadurch ist eine weitaus differenziertere Genregulation als bei Prokaryoten möglich.

Eukaryotische Regulation der Genexpression

a. Regulation mittels Transkriptionsfaktoren

Eukaryoten verfügen über drei verschiedene RNA-Polymerasen (I, II und III), aber nur die RNA-Polymerase II ist für die Transkription der Protein codierenden Gene zuständig. Die RNA-Polymerase II muss zunächst an die Initiator-Region anlagern, an den Teil des Promotors, an dem die Transkription des Gens beginnt. Das wird durch verschiedene Proteine, die Transkriptionsfaktoren (TF), vermittelt. Die TATA-Box wird von den **allgemeinen Transkriptionsfaktoren** in der Promotor-Region erkannt. Dort sind besonders viel Thymin und Adenin enthalten. Die TATA-Box erkennenden Proteine (TF) binden nach dem Schlüssel-Schloss-Prinzip an den Promotor und initiieren damit die Anlagerung und Aktivierung der RNA-Polymerase II. So kann die Transkription starten.

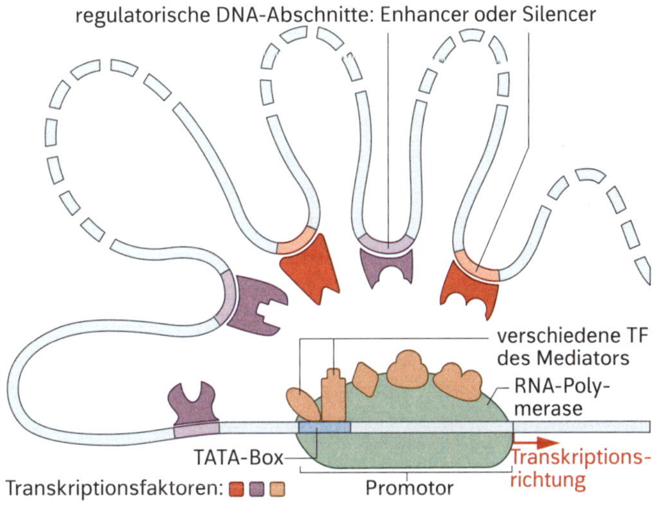

Transkriptionsfaktoren

Für eukaryotische Gene typisch sind weitere DNA-Sequenzen, einige tausend Basenpaare entfernt vom Transkriptionsstart, die an der Regulation der Transkription beteiligt sind. Sie sind spezielle Bindestellen für **spezifische Transkriptionsfaktoren**, die nur für bestimmte Gene typisch sind. Manche dieser spezifischen TF wirken verstärkend auf die Transkription und werden **Enhancer** genannt. Andere hingegen verlangsamen die Transkription und werden **Silencer** genannt. Erst durch Bindung dieser Proteine mit weiteren vermittelnden Proteinen der Promotorregion zum Enhancer-Mediator-RNA-Polymerase-Komplex wird die Transkriptionsrate des Gens stimuliert oder unterdrückt.

b. Regulation durch alternatives Spleißen

Ein im Zellkern transkribierter DNA-Abschnitt muss zunächst von der prä-mRNA zur reifen mRNA prozessiert werden, in dem die Introns herausgeschnitten werden. Erst dann entsteht eine übersetzbare mRNA. Aus einigen mRNAs können verschiedene DNA-Abschnitte als Introns entfernt werden und dann bausteinartig in unterschiedlicher Weise wieder zusammengeführt werden. Das ist der Vorgang des alternativen Spleißens. Aus ein und derselben prä-mRNA können also verschiedene mRNA-Moleküle zusammengestellt werden und zu unterschiedlichen Proteinen übersetzt werden. So ist die Vielfalt an Proteinen zu erklären, die um ein Vielfaches die Anzahl an Genen übersteigt.

c. Regulation mittels epigenetischer Mechanismen auf Ebene des Chromatins

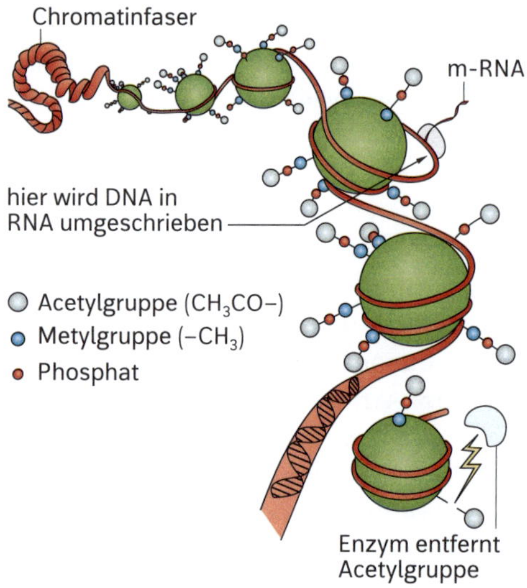

Die Bedeutung der Acetylierung von Histonen bei der DNA-Methylierung. Der Packungsgrad des DNA-Histon-Komplexes in den Chromosomen bestimmt die Transkriptionsrate vieler Gene. Ist die DNA sehr dicht gepackt, werden überhaupt keine Gene abgelesen, während an den Stellen, an denen sie recht locker verpackt ist, Transkription stattfinden kann, falls die Gene nicht gerade durch Repressormoleküle blockiert werden. Histone bilden den Proteinanteil eines Chromosoms, dessen kleinste Einheit Nukleosom genannt wird. Um diesen Proteinkomplex ist der DNA-Doppelstrang mit exakt 147 Nukleotidpaaren gewickelt. Weil die Histone aufgrund bestimmter Aminosäuren positiv und die DNA aufgrund der Phosphatreste negativ geladen sind, sorgt die gegensätzliche Ladung für eine enge Bindung und kompakte Wicklung der DNA innerhalb des Chromosoms. Wenn ein Abschnitt der DNA abgelesen, also transkribiert werden soll, verbindet ein Enzym (Histonacetyltransferase) bestimmte Aminosäuren der Histonseitenketten – häufig ist das Lysin – mit Actetylgruppen ($-CH_3-COOH$). Durch die Acetylierung verliert das Lysin seine positive Ladung, sodass die Bindung zwischen Nukleosom und DNA gelockert und das Ablesen bestimmter Gene begünstigt wird.

Auch Enzyme, die für die Methylierung oder auch Demethylierung der DNA zuständig sind, können nun am Acetylierungsmuster der Histone andocken und beginnen dann, die um die Histone gewickelte DNA an bestimmten Stellen zu methylieren oder umgekehrt Methylgruppen zu entfernen. Während durch Methylierung die Transkription behindert wird, wird durch das Entfernen von Methylgruppen die Histon-DNA-Struktur aufgelockert und somit die Transkription der entsprechenden Gene erleichtert bzw. aktiviert.

Methylierung. Bei den Eukaryoten z. B. hängen bestimmte Enzyme (Methyltransferasen) eine Methylgruppe ($-CH_3$) an Nukleinbasen der DNA an, in der Regel an Cytosin, das der Nukleinbase Guanin benachbart ist. Solche CpG-Stücke (p steht für die Phosphatgruppe des Guanins) befinden sich überhäufig in der Promotorregion eines Gens. Man spricht von CpG-Inseln. Hier werden besonders oft Cytosin-Moleküle methyliert oder bereits methylierte Cytosin-Basen demethyliert, also von ihrem Methylrest befreit. Während Methylierungen in der Regel die Transkription eines Gens verhindern, ermöglichen Demethylierungen das Ablesen des entsprechenden Gens durch die RNA-Polymerase.

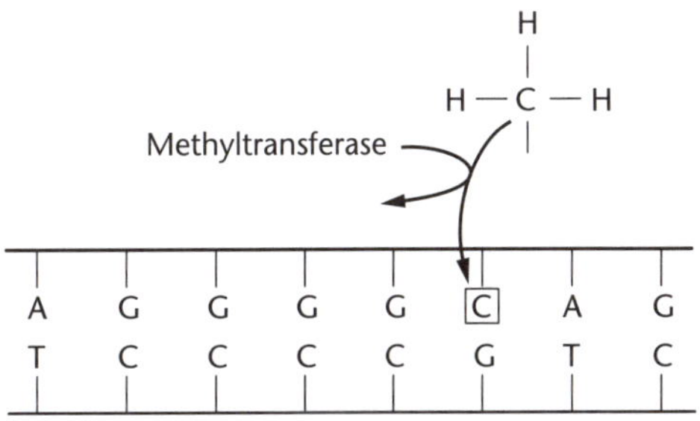

Grund dafür ist die Veränderung der Raumstruktur der DNA durch die Methylierung. Die Transkriptionsfaktoren können nicht binden und als Aktivatoren der RNA- Polymerase wirken. Das Gen istabgeschaltet.
Im Zellzyklus laufen diese Regulationsmechanismen an bestimmten Kontrollpunkten ab, z. B. dann, wenn nach der S-Phase die DNA doppelt vorliegt. Die neu synthetisierte DNA enthält im Gegensatz zum alten Strang dann noch keine Methylgruppen. Damit auch in den Tochterzellen die Gene inaktiv bleiben, die in der Mutterzelle durch Methylierung deaktiviert waren, müssen in den Promotorregionen Nukleinbasen methyliert werden, damit das Methylierungsmuster der alten DNA auf die Tochter-DNA übertragen wird. An diesen Kontrollpunkten des Zellzyklus kann es auch zu zusätzlichen Methylierungen kommen. Hinzu kommt, dass viele Umweltfaktoren wie Nahrungsmangel, Luftschadstoffe etc. das Methylierungsmuster eines Menschen verändern können. So werden bestimmte Gene blockiert, andere aktiviert.

d. Regulation mittels RNA-Interferenz auf Ebene der Translation

Forscher fanden heraus, dass Gene mithilfe kleiner doppelsträngiger RNA-Moleküle reguliert werden. Dieser Vorgang geschieht nach der Transkription im Zellplasma. Durch synthetische RNA (siRNA – small interfering) mit 20-29 Nukleotidpaaren, die der bereits transkribierten mRNA in einigen Teilabschnitten komplementär war, gelang es, Gene besonders effektiv auszuschalten.
Bei der weiteren Erforschung stießen die Wissenschaftler auf eine neue Art von RNA-Molekülen (micro-RNA; kurz miRNA), die im Zellkern gebildet werden und ähnliche Eigenschaften wie die siRNA besitzen. miRNA ist doppelsträngig und 20 – 29 Basenpaare kurz. Die Sequenz einer der beiden Stränge ist exakt komplementär zu einem Abschnitt der Genom mRNA. Gelangt die miRNA aus dem Zellkern in das Cytosol, wird sie von dem RISC- Proteinkomplex gebunden. Dieser trennt die doppelsträngige miRNA und präsentiert jeweils die Basensequenzen der Einzelstränge an seiner Oberfläche. Die mRNA befindet sich auch im Cytosol der Zelle und bindet durch die komplementäre Sequenz an die präsentierten Basensequenz der miRNA am RISC-Komplex. Dadurch wird die Translation sofort unterbunden.

Der RISC-Komplex ist an einem weiteren Mechanismus beteiligt. Viren, die doppelsträngige DNA nutzen, vermehren diese durch den Wirt. Tritt bei einer viralen Infektion diese doppelsträngige RNA in den Zellen auf, wird sie von einem Protein, dem Häcksler gebunden. Der Proteinkomplex spaltet die virale DNA in kleine Abschnitte, die wiederum der RISC- Komplex aufnimmt und abbaut. So stellt die RNA-Interferenz mit Häcksler und RISC- Komplex einen unspezifischen Immunabwehrmechanismus gegen doppelsträngige Viren dar.

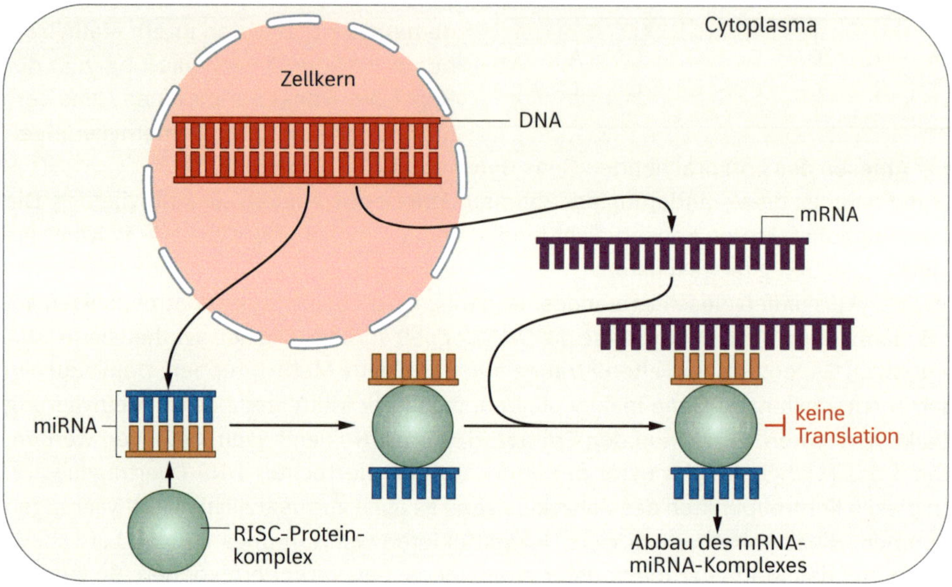

RNA-Interferenz

Prokaryotische Regulation der Genexpression

a. Operon-Modell

Für die Genregulation bei Prokaryoten (z. B. Bakterien) existiert seit vielen Jahren ein Modell von JAKOB und MONOD. Im Operon-Modell wird ein Abschnitt der DNA, der die Information für eine Genwirkkette bzw. Stoffwechselkette (zur Ausbildung eines Merkmals) enthält, als Operon bezeichnet. Es besteht aus Strukturgenen, die die Aminosäureketten der für den Stoffwechselvorgang benötigten Enzyme codieren. Ihnen vorgelagert ist ein Abschnitt aus DNA verbunden mit einem Protein (Operatorgen mit Repressor-Protein), der wie ein Schloss funktioniert und mithilfe dieses Repressors (Schlüssel) die Gentätigkeit ein- oder ausschaltet. Der Repressor wird als Protein an einer anderen Stelle der DNA, dem Regulatorgen, codiert. Die Produktion dieses Repressors unterliegt einer vom Operon unabhängigen Steuerung.

Das Operon-Modell unterscheidet für die Regulation der Gentätigkeit bei Bakterien zwei Typen von Genregulationen, die Substratinduktion und die Endproduktrepression. Bei der Substratinduktion löst das Vorhandensein des umzusetzenden Substrats durch Inaktivierung des Repressors die Produktion der zum Abbau notwendigen Enzyme aus. Bei der Endproduktrepression stoppt das Vorhandensein des Endproduktes durch Aktivierung des Repressors die Produktion der Enzyme.

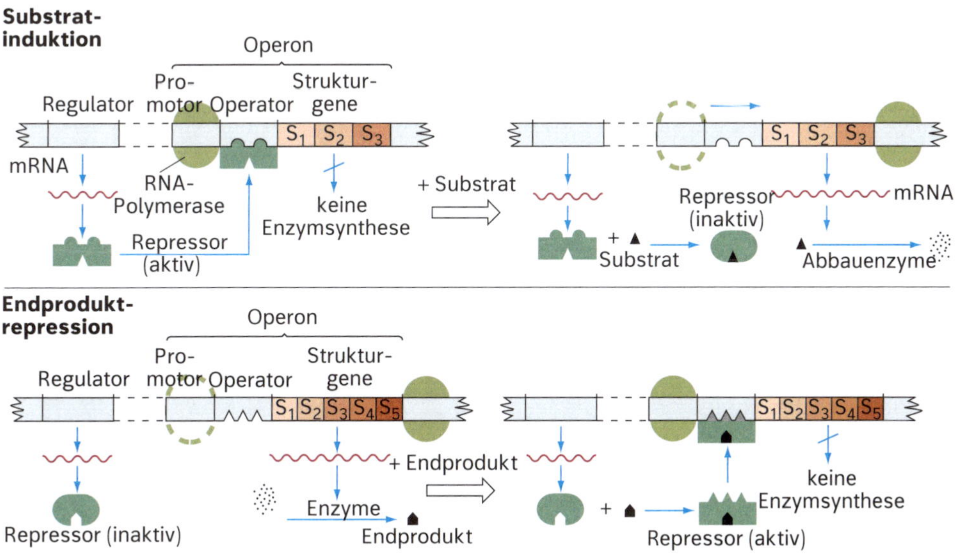

Operon-Modell

Zusammenhänge zwischen genetischem Material, Genprodukten und Merkmalen (ÜA 9):

a. Mutationen

Sprunghafte Veränderungen des Erbgutes werden **Mutationen** genannt. Chemische oder physikalische Faktoren, die diese Veränderungen verursachen, werden **Mutagene** genannt. Physikalische Faktoren, die mutagen wirken, sind z. B. radioaktive oder auch UV-Strahlen, chemische Faktoren sind z. B. aggressive Stoffe wie salpetrige Säure, die mit den Nukleotiden reagieren und sie verändern. Wenn diese Veränderungen nur in den Körperzellen auftreten, werden sie als **somatische Mutationen** bezeichnet. Dann wirken diese Veränderungen im Erbmaterial zwar auf das Individuum, jedoch werden die Mutationen nicht an dessen Nachkommen vererbt. Nur Mutationen, die **generativ** sind, also die Zellen der Keimbahn betreffen, werden tatsächlich vererbt (Keimbahnmutationen) und können zu Erbkrankheiten führen.

Auch während der Replikation können Fehler auftreten. Diese Fehlinformationen werden dann an die Nachkommen vererbt. Es wirken keine äußeren Faktoren auf den Kopiervorgang, daher spricht man von **Spontanmutationen**.

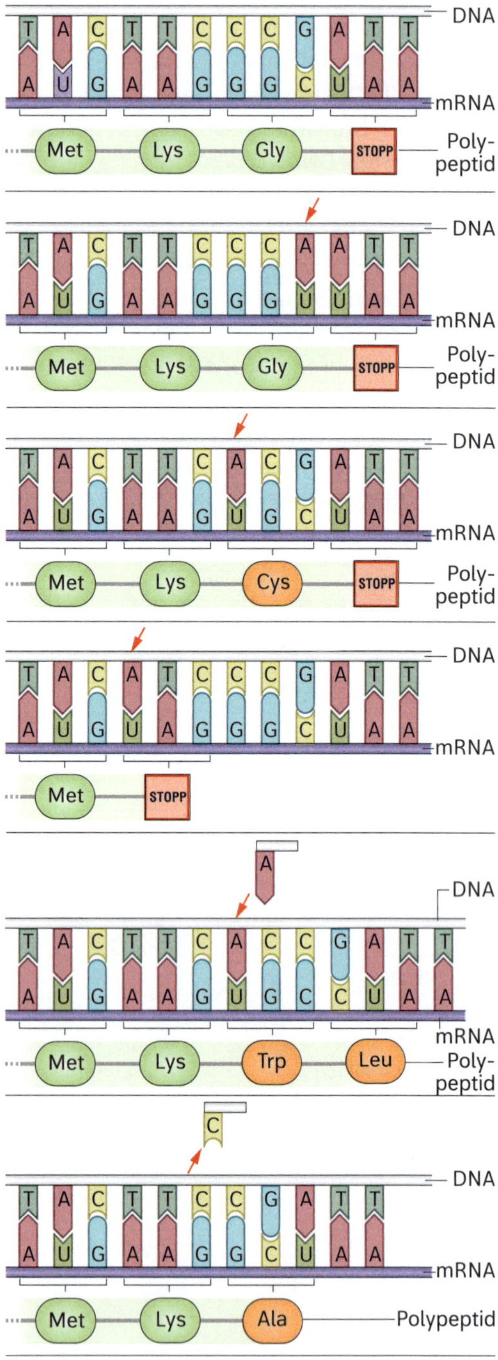

Mutationen

Mutationen werden unterschieden:

- **Genmutationen:** Wenn nur ein einzelnes Gen betroffen ist, handelt es sich um eine Genmutation. Wenn dabei nur ein Basenpaar betroffen ist, lautet der Fachbegriff **Punktmutation**. Sie kann durch den Austausch eines Basenpaares (**Substitution**), das Hinzufügen eines Basenpaares (**Insertion**) oder dem Entfernen einzelner Basen (**Deletion**) entstehen.

Die Auswirkung der Punktmutation kann unterschiedlich sein. Wenn ein Intron betroffen ist, hat die Mutation keinerlei Auswirkung, sie bleibt stumm. Ebenso entsteht eine **stumme Mutation**, wenn durch den Basenaustausch trotzdem die gleiche Aminosäure codiert wird. Der genetische Code ist degeneriert.
Es kann aber auch passieren, dass der Basenaustausch an erster oder zweiter Triplettposition erfolgt. Das hat fast immer zur Folge, dass eine andere Aminosäure codiert wird und dadurch die Struktur des Polypeptids verändert wird. Es handelt sich dann um eine **Misssense-Mutation**. Eine **Nonsense-Mutation** hingegen entsteht, wenn durch die Punktmutation ein Basentriplett für eine Aminosäure in ein Stopp-Codon umgewandelt wird.
Im Fall der Insertion oder Deletion von Basenpaaren, verschiebt sich das Leseraster. Durch die Kommafreiheit des genetischen Codes, ändern sich alle hinter der Mutation liegenden Tripletts. Das entstehende Protein wird mit großer Wahrscheinlichkeit funktionslos sein. Man spricht von einer **Rastermutation**.

- **Chromosomenmutationen:** Wegfall oder Verdopplung ganzer Abschnitte von Chromosomen führen zu Strukturveränderungen. Genauso kann eine Fusion eines Bruchstücks an ein anderes Chromosom zu einer Mutation führen.
- **Genommutationen:** Eine dritte Gruppe der Mutationen umfasst den gesamten Chromosomensatz, also das Genom. Ist die Anzahl der Chromosomen verändert, spricht man von einer Genommutation. Dies wäre in einem Karyogramm sichtbar. Als Beispiel dient die Trisomie 21. Bei dieser Erbkrankheit, ausgelöst durch eine fehlerhafte Meiose, liegt das 21. Chromosom dreifach anstatt doppelt vor. Besonders im Pflanzenreich findet sich häufig eine Vervielfachung der Chromosomensätze, die Polyploidisierung.

Exkurs: Liegt eine Genommutation vor?

Beispiel: Ein junges Paar hat sich für eigenen Nachwuchs entschieden. In der Familie gibt es einen Fall des Down-Syndroms. Der Bruder der jungen Frau ist Träger der Trisomie 21. Daher setzt sich das Paar mit dem Risiko auseinander, selbst ein Kind mit Behinderung zu bekommen und sucht sich Hilfe bei einer Familienberatungsstelle. Um das Risiko abzuschätzen, gibt es neben der Analyse des Familienstammbaums auch die Erstellung eines Karyogramms. Da mit Ausnahme des Bruders und der Eltern keine weiteren Verwandten existieren, ist eine Stammbaumanalyse wenig sinnvoll. Daher werden von der jungen Frau und ihrer Mutter Karyogramme erstellt. Beide liefern dasselbe Ergebnis: Das Karyogramm enthält 45 Chromosomen (bei genauerem Hinsehen sind es 46, siehe cytologische Besonderheiten). Man erkennt 43 Autosomen und 21 homologe Chromosomenpaare (Ausnahme: bei Nr. 21 „fehlt" ein homologes Chromosom). Die zwei X-Chromosomen verraten, dass es sich um das Karyogramm einer Frau handelt. Die Chromosomen sind doppelt vorhanden, da es sich um einen diploiden Chromosomensatz handelt. Bei allen Chromosomen lassen sich charakteristische Bandenmuster erkennen (G-Banden), mit deren Hilfe die Chromosomen in weitere Abschnitte unterteilt werden können. Cytologische Auffälligkeiten: Das Chromosom Nr. 21 ist auf den ersten Blick nur einfach vorhanden. Man gewinnt den Eindruck, dass ein zugehöriges homologes Chromosom fehlt. Das Chromosomenpaar Nr. 14 scheint allerdings nicht homolog: das rechte Chromosom ist länger als das linke. Beim Vergleich der Verlängerung des

Chromosoms Nr. 14 mit dem Chromosom Nr. 21 erkennt man, dass die Bandenmuster sich stark ähneln. Daraus lässt sich schließen, dass das scheinbar fehlende Chromosom Nr. 21 (umgedreht) an einem Chromosom Nr. 14 hängt. Es gilt also nun zu prüfen, ob das Paar das Risiko trägt, ein Kind mit Trisomie 21 zu bekommen.

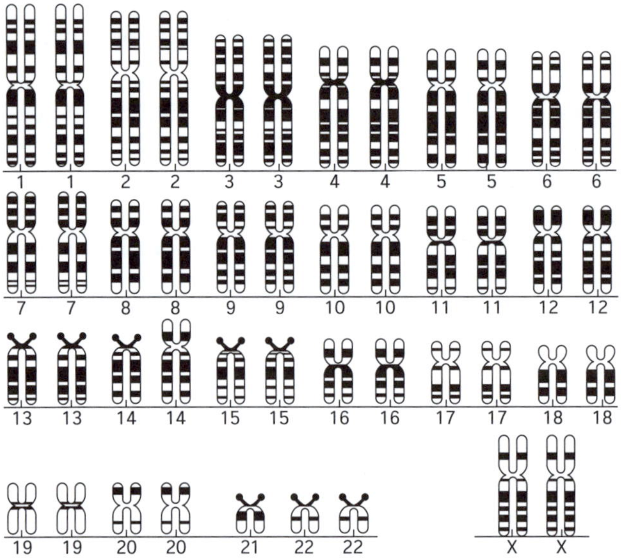

Karyogramm

Trisomie 21 heißt, dass das Chromosom Nr. 21 dreifach vorliegt. Aus dem Karyogramm wird jedoch ersichtlich, dass es – wie gewöhnlich – nur zweimal vorliegt. Der einzige Unterschied zu einem normalen Karyogramm ist der, dass ein Chromosom Nr. 21 an ein Chromosom Nr. 14 gebunden ist. Den fusionierten Chromosomen 14 und 21 fehlen die kurzen p-Arme. Eine Anomalie, bei der Teile zweier nicht homologer Chromosomen miteinander verschmelzen, nennt man **Translokation**.
Trotz der Anomalie handelt es sich um einen vollständigen und funktionsfähigen diploiden Chromosomensatz. Aus diesem Grund sind Mutter und Tochter phänotypisch gesund.

Um das Risiko nun abzuschätzen, ob die junge Frau das Risiko trägt ein Kind mit Trisomie 21 zu bekommen, müssen die Abläufe der Meiose hinsichtlich des veränderten Karyogramms analysiert werden. In der Reduktionsteilung der Meiose werden die homologen Chromosomen voneinander getrennt und auf zwei neu entstehende Zellen verteilt. Eine wird zum Polkörperchen, was abgebaut wird und die Keimbahn nicht weiter durchläuft. Wenn das 21. Chromosom in das Polkörperchen wandert, sowie das fusionierte 14. Chronosom inklusive dem zweiten 21. Chromosom, dann wäre die Oocyte 1. Ordnung leer an der Stelle des 21. Chromosoms. Es läge ein genetischer Defekt vor, aber keine Trisomie 21. Wäre das Polkörperchen in diesem Falle allerdings die Oocyte, dann läge das 21. Chromosom einmal in der ursprünglichen Form vor sowie in der fusionierten. Heißt bereits zweifach in der Eizelle, was bei Befruchtung zur Trisomie 21 führt. Die dritte Möglichkeit der Verteilung der Chromosomen wäre die, dass nur das fusionierte Chromosom in der Oocyte vorliegt, das 21. Chromosom im Polkörperchen. Dann wäre das genetische Material komplett und bei Befruchtung der Eizelle käme ein normales 21. Chromosom des Vaters hinzu. Das Karyogramm sähe so aus, wie das der Mutter. Das Risiko liegt also bei ca. 33 %, ein Kind mit Trisomie 21 zu zeugen.

Gelelektrophorese (nur LK)

Diese Methode ist eine Möglichkeit, Molekülgemische wie Protein- oder Nucleinsäuregemische zu trennen.

Unter dem Einfluss eines elektrischen Feldes, wandern die Stoffgemische durch ein Gel, welches wie ein Sieb wirkt. Die Zwischenräume sind mit Wasser gefüllt und behindern, je nach Durchmesser, die Wanderung der größeren Moleküle stärker als die der kleineren. Für die Herstellung der Gele wird für die Trennung von Nucleinsäuren **Agarose** eingesetzt, für die Trennung von Proteingemischen **Polyacrylamid**.

Im Gel sind Taschen ausgespart, die mit dem zu trennenden Stoff beladen werden. Danach wird das Gel in die Elektrophoresekammer gelegt und eine Spannung angelegt. Nucleinsäuren dissoziieren in Wasser und haben eine negative Ladung. Sie wandern durch das Gel, nachdem die Spannung angelegt wurde, vom Minuspol, der sich an den Geltaschen befinden muss, zum Pluspol, der Anode. Da sich die Moleküle verschiedener Größe unterschiedlich schnell durch das Gel bewegen, entsteht ein klassisches Bandenmuster. Durch Anfärben mit fluoreszierendem Farbstoff, können die Banden sichtbar gemacht werden.

Da auf einem Gel mehrere Proben nebeneinander aufgetragen werden können, wird meist ein Standardgemisch von Nucleinsäuren oder Proteinen mit bekannter Molekülmasse als Marker aufgetrennt. Am Ende des Verfahrens muss die Lage der Banden unbekannter Gemische mit dem Marker vergleichen werden.

Der **genetische Fingerabdruck** (ÜA 7) von Personen dient der Identifizierung mit einer Sicherheit von nahezu 100 %. Dazu verwendet man die Introns. Das sind die Abschnitte der DNA, deren Transkriptionsprodukte beim Spleißen herausgeschnitten werden. Abschnitte, die stets herausgeschnitten werden, stellen die nicht codierenden Teile der DNA dar und bestimmen somit kein einziges äußeres Merkmal oder gar eine Charaktereigenschaft. In diesen Abschnitten der DNA kommt es häufig zu Wiederholungen von bestimmten Nukleotidsequenzen. Solche Abschnitte werden STRs (short tandem repeats) genannt. Die Anzahl dieser Wiederholungen von je 2 bis 7 Basen sind sehr individuell und sind daher für den genetischen Fingerabdruck geeignet. Geeignete STRs werden zuerst durch die PCR-Methode (siehe S. 99) angereichert, dann durch das Gelelektro- bzw. Kapillarelektrophoreseverfahren entsprechend ihrer Größe getrennt und z. B. in einem Autoradiogramm sichtbar gemacht. Das dann entstehende Muster der unterschiedlichen STRs ist bei jedem Menschen anders. Die Sicherheit der Identifizierung wird dadurch erhöht, dass nicht nur ein einzelner DNA-Abschnitt untersucht wird, sondern viele; z. B. untersucht das FBI stets 13 definierte Intron-Abschnitte.

Ergebnisse der Kapillarelektrophorese:
Die Höhe der Signalintensität spiegelt die Länge der STRs wider. Aufgrund des doppelten Chromosomensatzes entstehen für eine bestimmte STR-Sequenz immer zwei PCR-Produkte unterschiedlicher Länge. Die Probe des vermutlichen Täters stimmt hier mit der Probe vom Tatort exakt überein.

Ergebnisse einer Gelelektrophorese:
Hier ist ein mit DNA beladenes Agarosegel zu sehen. Die Fluoreszenz unter UV-Licht beruht auf dem Farbstoff Ethidiumbromid. Die Bande auf der linken Seite ist der Marker, die Banden rechts daneben zeigen jeweils mögliche Täter sowie die Spuren eines Tatorts. Durch den Abgleich der Bandenmuster kann der Täter ermittelt werden.

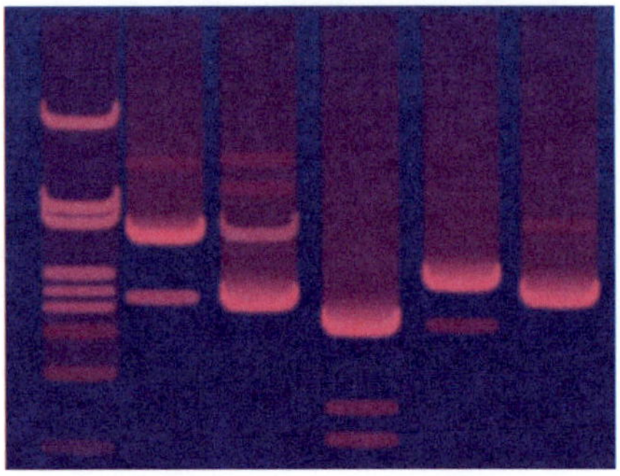

Ergebnis einer Gelelektrophorese

Exkurs: Vermehrung von Viren

Ein Virus benötigt eine Wirtszelle und deren Replikationsapparat, um sich vermehren zu können. Es dockt an die Wirtszelle an und dringt durch rezeptorvermittelte Endocytose in sie ein. Die Virus-RNA bzw. Virus-DNA wird freigesetzt, gelangt in den Zellkern, wo sie repliziert wird. Die Translation findet im Cytoplasma statt. Die Produkte beider Vorgänge werden von einer Proteinhülle umgeben und das Virus verlässt die Wirtszelle und kann weitere Wirtszellen befallen.

Ein **Anwendungsbeispiel**: Während z. B. früher Insulin nur aus den Bauchspeicheldrüsen von Rindern und Schweinen gewonnen werden konnte, lässt es sich heute viel kostengünstiger mithilfe von Bakterien herstellen. Dazu wird das Gen für die Insulinsynthese aus der menschlichen DNA mit einem Restriktionsenzym herausgeschnitten (siehe Insulinsynthese Abbildung A). Mit dem gleichen Restriktionsenzym wird das Plasmid eines Bakteriums, das die Gene sowohl für Ampicillin- als auch für Tetracyclinresistenz enthält, aufgeschnitten. So haben sowohl die Empfänger-, also die Bakterien-DNA, als auch die Spender-DNA des Menschen die gleichen „sticky ends", sodass sie leicht miteinander verkleben können. Empfänger- und Spender-DNA werden gemischt (siehe Insulinsynthese Abbildung B, S. 87). In der Mischung können folgende DNA-Ringe entstehen, je nachdem, welche klebrigen Enden sich finden: ursprüngliche Bakterien-Plasmide mit den Genen für Ampicillin- und Tetracyclin-Resistenz, reine menschliche DNA aus dem Insulin-Gen und eine Misch-DNA, bei der das Insulin-Gen in das Bakterien-Plasmid eingebaut wurde und zwar innerhalb des Gens für Tetracyclin-Resistenz.

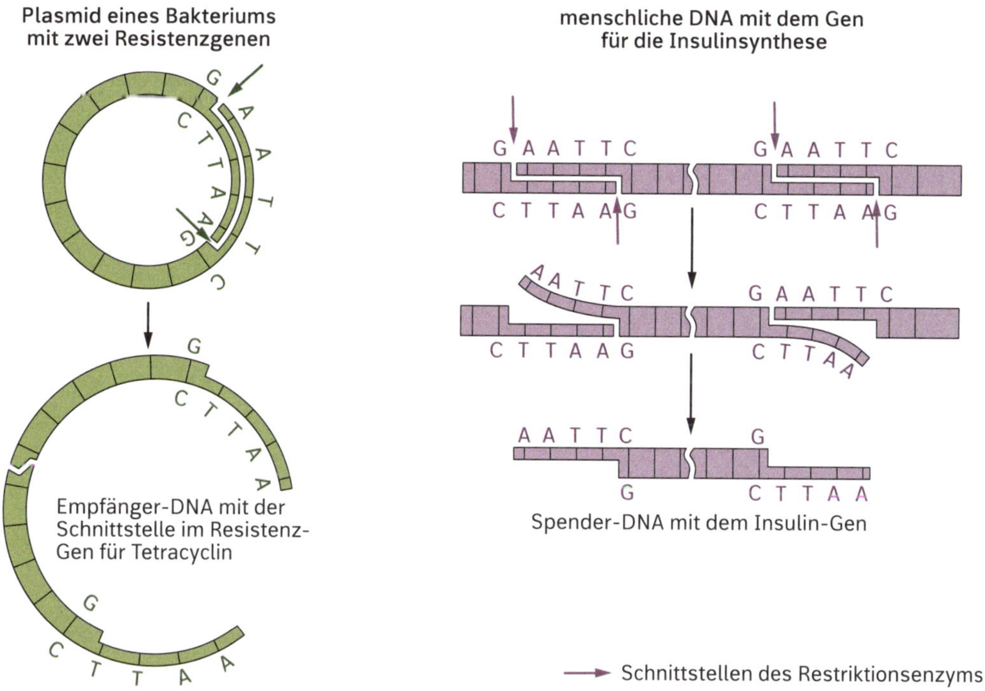

Insulinsynthese Abbildung A

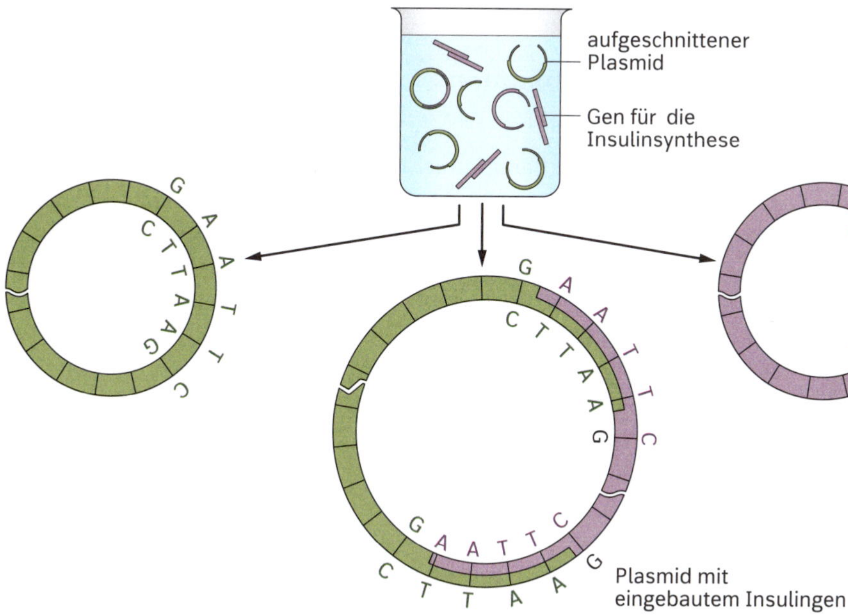

Insulinsynthese Abbildung B

Die DNA-Ringe dieser Mischung werden nun durch Transformation (natürliche Aufnahme der Plasmide in die Bakterienzellen, meist durch Hitzeschock unterstützt) oder Transfektion (z. B. künstlich mit sogenannten Genkanonen, durch Mikroinjektion oder auch mithilfe von Liposomen) in die Bakterien eingeschleust.
Werden nun die so behandelten Bakterien auf unterschiedliche Nährböden gegeben, so wachsen diejenigen, die nur rein menschliche Insulin-DNA aufgenommen haben, weder auf solchen Nährböden, die Ampicillin enthalten, noch auf solchen mit Tetracyclin (siehe Abbildung C). Die Bakterien, die das Plasmid mit den zwei intakten Resistenzgenen aufgenommen haben, wachsen auf beiden Nährböden und diejenigen, die das Misch-Plasmid enthalten, nur auf dem Ampicillin-Nährboden, nicht aber auf dem mit Tetracyclin.

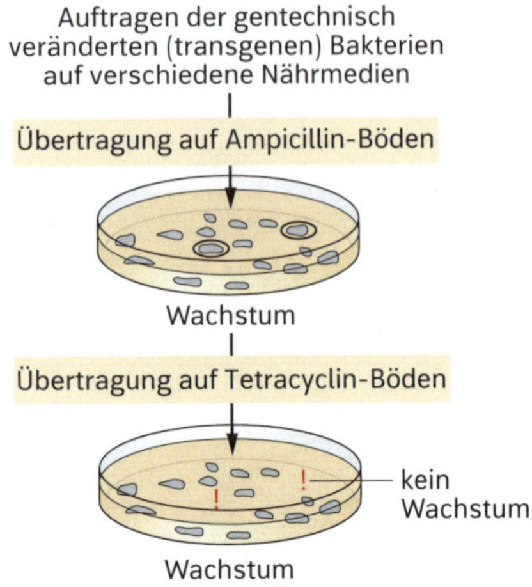

Insulinsynthese Abbildung C

Überträgt man die Bakterien vom Ampicillin-Nährboden mithilfe der Stempeltechnik auf den mit Tetracyclin, kann man durch Vergleich die Bakterienkolonien, die das Gen für die Insulinsynthese im Bakterienplasmid enthalten, identifizieren, gezielt vermehren und somit Insulin großtechnisch in Fermentern gewinnen.

Analyse von Familienstammbäumen

a. Familienstammbäume (ÜA 9)

In der Genetik geben Stammbaumschemata nicht nur das Verwandtschaftsverhältnis der erfassten Personen wieder, sondern zeigen auch das Vorkommen bestimmter Merkmale, meistens Krankheiten, in der Generationenfolge. Immer gilt: Männliche Personen werden durch die Symbole ♂♂ oder durch Quadrate, weibliche durch ♀♀ oder durch Kreise symbolisiert. Sind die Symbole gefüllt, handelt es sich um Merkmalsträger. Geschwister werden gemäß ihrem Alter von links nach rechts angeordnet. Bei der Analyse von Stammbäumen wird in der Regel von Phänotypen auf Genotypen geschlossen, z. B. vom Phänotyp der Nachkommen auf den Genotyp der Eltern und weiterer Verwandten oder vom Phänotyp der Eltern auf mögliche Genotypen des Kindes.
In der humangenetischen Beratung zielen Erstellung und Analyse von Stammbäumen meistens darauf, eine Prognose für das Auftreten einer bestimmten Erbkrankheit bei der ratsuchenden Person und deren Kindern abzugeben. Die so erstellten Stammbäume orientieren sich häufig nur am Phänotyp, weil die Genotypen für Familienmitglieder aus vorangegangenen Generationen meist nicht mehr bekannt oder zu ermitteln sind. Der Genotyp von Ratsuchenden wird häufig über molekulargenetische Verfahren abgeklärt. Auch aufgrund von Kenntnissen über die Erblichkeit einer bestimmten Erkrankung kann ein Stammbaum mit Angabe der Genotypen erstellt werden.

Um auf Basis eines Familienstammbaums den Erbgang eines veränderten Merkmals zu ermitteln, muss gezielt nach aussagekräftigen Konstellationen im Stammbaum gesucht werden. Für Erbgänge, die den Mendelschen Regeln folgen, können eine Reihe von Analysekriterien aufgestellt werden, die Ihnen helfen, alle Informationen zu erkennen, die in einem Stammbaum enthalten sind.

Methodische Hinweise zur Analyse von Familienstammbäumen

Kriterien für autosomal-dominante Erbgänge:

1) Jede von dem Merkmal (meist: Krankheit) betroffene Person hat mindestens einen betroffenen Elternteil.
2) Für jedes Kind eines heterozygot betroffenen Elternteils besteht eine 50%ige Wahrscheinlichkeit, ebenfalls von dem Merkmal betroffen zu sein.
3) Personen, die das Merkmal phänotypisch nicht zeigen, geben das merkmalsbedingende bzw. krankmachende Gen nicht weiter. Die Krankheit kann keine Generation überspringen.
4) Weibliche und männliche Personen sind statistisch gesehen phänotypisch und genotypisch gleich häufig betroffen.

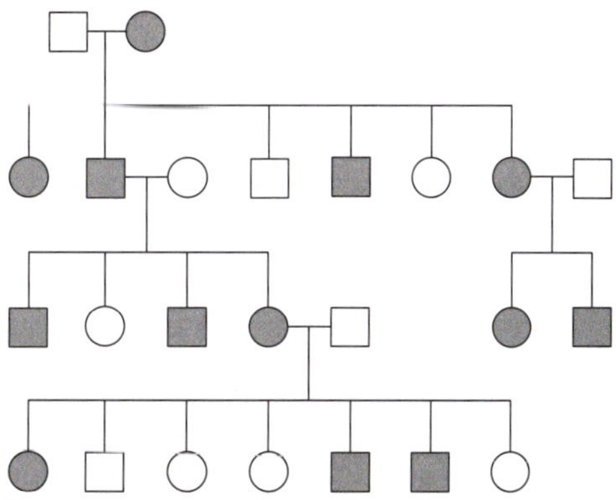

Beispiel eines Stammbaums für Kurzfingrigkeit (autosomal-dominant)

Kriterien für autosomal-rezessive Erbgänge:

1) Personen, die das Merkmal bzw. die Krankheit phänotypisch aufweisen, kommen selten in aufeinanderfolgenden Generationen vor. Ausnahme: Vereinzelt kann es vorkommen, dass zwei nicht verwandte Überträger (Heterozygote) aufeinandertreffen und aus ihrer Verbindung homozygot kranke Kinder hervorgehen. Diese Möglichkeit ist bei Verwandtenehen leichter gegeben.
2) Autosomal-rezessive Krankheiten treten statistisch gehäuft bei Familien mit Verwandtenehen auf, da bei diesen die Wahrscheinlichkeit des „Aufeinandertreffens“ krankmachender rezessiver Gene höher ist.

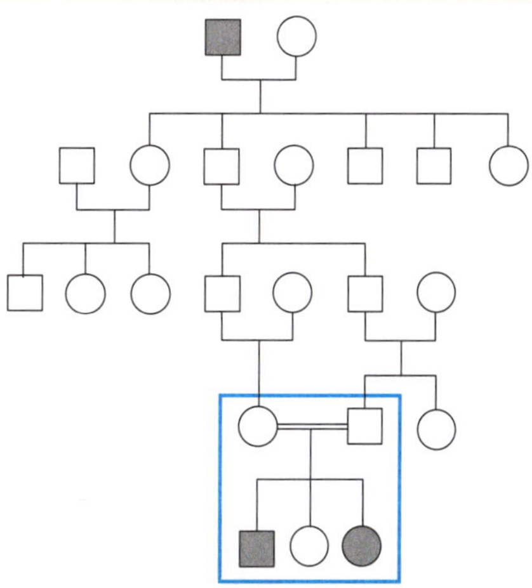

Beispiel eines Stammbaums mit erblicher Taubstummheit (autosomal-rezessiv); Verwandtenehe

3) Die Erkrankungswahrscheinlichkeit für ein Kind von phänotypisch gesunden, aber heterozygoten Eltern ist 25 %.
4) Weibliche und männliche Personen sind statistisch gesehen phänotypisch und genotypisch gleich häufig betroffen.

Kriterien für gonosomal (X-chromosomal) gebundene rezessive Erbgänge:
1) Merkmalsträger sind statistisch gesehen zumeist männliche Personen.
2) Frauen können nur dann Merkmalsträger sein, wenn der Vater phänotypisch betroffen und die Mutter Überträgerin (Konduktorin) oder ebenfalls betroffen ist.
3) Alle Töchter von betroffenen Vätern und homozygot nicht betroffenen Müttern sind auf jeden Fall Konduktorinnen und können das Gen für das Merkmal an ihre Kinder weitergeben.
4) Söhne von Konduktorinnen, also heterozygoten Müttern, die phänotypisch gesund sind, (und nicht betroffener Väter) sind mit einer Wahrscheinlichkeit von 50 % betroffen.
5) Töchter von Konduktorinnen und nicht betroffenen Vätern können nie das Erscheinungsbild entwickeln und sind mit einer Wahrscheinlichkeit von 50 % auch genotypisch gesund.

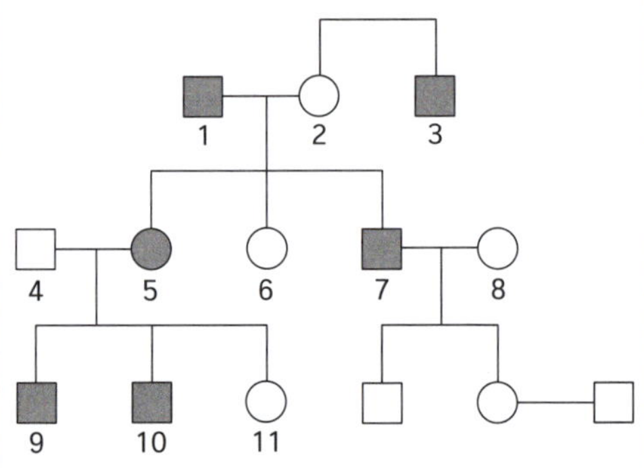

Beispiel eines Stammbaums mit Rot-Grün-Sehschwäche (gonosomal-rezessiv)

6) Eine Vererbung des Merkmals von Vätern auf Söhne ist nicht möglich, da die Söhne von den Vätern nur das Y-Chromosom erhalten.

Information: Y-chromosomal gebundene Erbgänge gibt es kaum (das Y-Chromosom enthält fast keine Information). Trotzdem sollte ein solcher Erbgang ausgeschlossen werden.

Mögliche Aufgabenstellung:
Bestimmen Sie die Genotypen der Personen 1 bis 11 des oben gezeigten Stammbaums.
Lösung: Gen für die Sehschwäche f (rezessiv), Gen eines Gesunden F (dominant); Genotyp f0 bei Person 1, 3, 7, 9 und 10 (0 für das zweite Gonosom, das Y-Chromosom, auf dem kein Gen für das Merkmal vorhanden ist, Männer sind also bezüglich dieses Gens hemizygot), Person 2 Ff (Frau muss Konduktorin sein, weil Sohn 7 die Sehschwäche zeigt), 5 ff, 6 Ff (Frau muss Konduktorin sein, weil Vater die Sehschwäche hat), 8 FF oder Ff (mit geringerer Wahrscheinlichkeit gegenüber FF, weil in der Bevölkerung die Genfrequenz für f kleiner ist als die für F), 11 Ff (Frau muss Konduktorin sein, weil ihre Mutter betroffen ist und sie selbst bzw. ihr Vater nicht).
Ausnahmen von den genannten Kriterien sind durch Neumutationen, Spätmanifestationen und Penetranzunterschiede möglich. Als Penetranz bezeichnet man die Wahrscheinlichkeit, mit der ein Genotyp im Phänotyp ausgebildet wird. Eine unvollständige Penetranz kann durch modifizierende Gene oder durch Umwelteinflüsse zustande kommen.

PCR (nur LK), Gentest und Beratung

Mit der **PCR-Methode** können geringe Mengen DNA vervielfältigt werden. Dazu wird die DNA zusammen mit einer hitzestabilen Polymerase, zwei DNA-Primern und DNA-Nukleotiden inkubiert. Die Vervielfältigung von DNA-Abschnitten mithilfe der PCR-Methode erfolgt in drei Schritten: Durch Erwärmung der DNA auf über 94 °C wird durch Auflösung der Wasserstoffbrücken die Doppelhelix in zwei Einzelstränge getrennt (Denaturierung). Danach wird auf etwa 60 °C abgekühlt, sodass die Primer sich an den beiden entstandenen DNA-Einzelsträngen anlagern können (Primer-Anlagerung). Nun wird auf 72 °C (Optimum der Taq-DNA-Polymerase) erwärmt, sodass die DNA-Synthese mithilfe der Polymerase erfolgen kann (DNA-Synthese). Die drei Schritte der PCR werden im Thermocycler zyklisch wiederholt. Um zum Beispiel 1 Million gleiche DNA-Abschnitte (ca. 220 Kopien) zu erhalten, muss das Verfahren 20 Mal hintereinander ablaufen

Gentest und Beratung (ÜA 3)
Heutzutage ist es dank der PCR und Gelelektrophorese (s. S. 93) unter anderem auch möglich, bestimmte Mutationen festzustellen. Je nach möglicher Erkrankung kann hier ein Gentest sinnvoll sein. Was ist aber ein Gentest und bei wem wird er wann angewendet? Ein Beispiel ist hier der Gentest für Chorea Huntington, der seit 1993 möglich ist. Chorea Huntington ist eine erblich bedingte Krankheit, in dessen Verlauf das Gehirn durch ein fehlerhaftes Protein zerstört wird. Die Krankheit tritt in der Regel erst im Erwachsenenalter auf und ist bisher nicht heilbar. Ein Gentest ermöglicht es den Kindern von betroffenen Eltern zu erfahren, ob auch sie das mutierte Gen in sich tragen und an Chorea Huntington erkranken werden. Die Ursache für die Synthese des veränderten Huntingtin-Proteins, ist die Mutation eines Gens auf Chromosom 4. Das Gen enthält viele Wiederholungen der Basen CAG. Hier gilt eine Häufigkeit der Wiederholung des CAG-Tripletts bis zu 26 mal als normal. Menschen, die mehr als 36 Wiederholungen des CAG-Tripletts haben, erkranken an Chorea Huntington. Mithilfe von PCR und anschließender Gelelektrophorese kann die Anzahl der CAG-Triplett-Wiederholungen einer Person festgestellt werden.

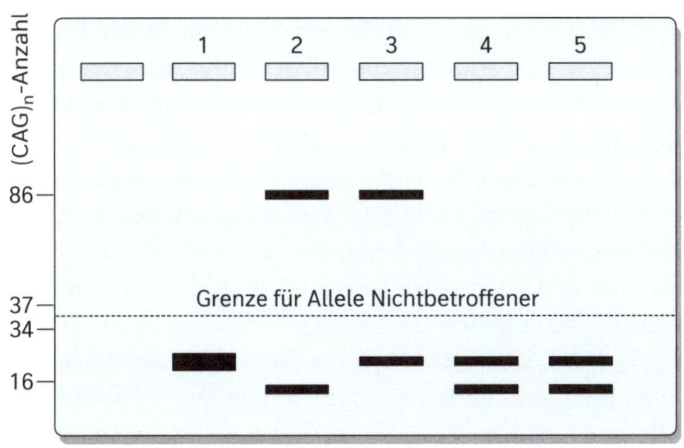

Ergebnis eines Gentests

Aber auch im Bereich der Familienplanung kann ein Gentest sinnvoll sein. Überlegt sich etwa ein Paar ein Baby zu bekommen und weiß um die Wahrscheinlichkeit einer Weitergabe einer genetischen Krankheit, wird eine genetische Beratung empfohlen. Hier werden zunächst mithilfe einer Familienstammbaumanalyse die möglichen Wahrscheinlichkeiten für das Ungeborene bestimmt. Für den Fall, dass bei einem der Partner eine schwerwiegende Erbkrankheit vorliegt, kann eine Präimplementationsdiagnostik (PID) durchgeführt werden. Das bedeutet, dass Zellen der Embryonen, die aus künstlicher Befruchtung hervorgegangen sind, genetisch untersucht werden. Für den Transfer in die Gebärmutter der werdenden Mutter werden dann nur die Embryonen ausgewählt, die nicht die mutierten Allele enthalten. In Deutschland kann eine solche PID nur in bestimmten Fällen durchgeführt werden. Die Entscheidung über einen solchen Eingriff obliegt einer Ethikkommission.
Ob letztlich ein Gentest oder ob eine PID durchgeführt wird, ist in Deutschland also immer das Ergebnis einer gründlichen medizinischen Beratung, die auf den vier Prinzipien der Medizinethik basiert. Ein Patient hat ein **Recht auf Selbstbestimmung**, d.h. der Arzt trägt Sorge dafür, dass der Patient ausführlich und hinreichend informiert ist. Die Entscheidung trifft der Patient aber selbst, denn er hat ein Recht auf Wissen oder Nicht-Wissen. Letzteres kann vor allem in Familien mit mehreren Geschwistern eine Rolle spielen, wenn diese einer Testung unterschiedlich gegenüber stehen. Das Prinzip der **Schadensvermeidung** bedeutet, dass in einigen Fällen der Ausbruch einer erblich bedingten Krankheit verzögert oder der Verlauf verlangsamt werden kann. Das bedeutet, dass die Diagnose per Gentest dazu führen kann, dass der Patient den Krankheitsverlauf positiv beeinflusst. Das Prinzip der **Gerechtigkeit** besagt, dass Menschen, die wissen, dass sie an einer genetisch bedingten Krankheit leiden, nicht benachteiligt werden dürfen, beispielsweise durch Arbeitgeber, Krankenkassen o.ä. Die **Fürsorge** ist ein weiteres Prinzip, da der Patient auf den Umgang mit dem Ergebnis vorbereitet sein muss. Ärzte müssen also Wege aufzeigen, wie zum Beispiel ein Patient, der weiß, dass er an Chorea Huntington erkranken wird, sein Leben weiterhin sinnvoll gestalten kann.

Gentherapeutische Verfahren

Der Einsatz von Viren als Vektoren ermöglicht den Transfer von Genen in Zellen. Dieses Prinzip wird nicht nur genutzt, um z.B. im Labor Insulin herzustellen, sondern kann auch so eingesetzt werden, dass intakte Gene in Zellen eingebracht werden, deren DNA Mutationen aufweist, die schwere Krankheiten, wie z.B. Leukämie hervorrufen. Diese sogenannte **Gentherapie** nutzt die Eigenschaft der Viren, Erbgut in Zellen einzuschleusen. Zuvor wird die virale DNA modifiziert, sodass sie zum einen die gewünschte intakte DNA enthält und zum anderen unerwünschte Abschnitte nicht mehr enthält. Das Virus kann sich nicht mehr vermehren und löst auch keine Krankheiten aus. Viren befallen im menschlichen Organismus jedoch nur bestimmte Zellen, sodass der virale Vektor passend gewählt werden muss. Das CRISPR/Cas9-System bietet hier weitere Möglichkeiten, da die Gentherapie zielgerichteter verlaufen kann, indem man intakte Gene zielgenau in das Genom des Patienten einbauen kann bzw. defekte Gene oder einzelne Basen herausschneiden kann. Die Gentherapie kann an Stammzellen außerhalb des

Körpers (ex-vivo-Therapie) oder etwa mithilfe viraler Vektoren innerhalb des Körpers (in vivo-Therapie) durchgeführt werden. Insbesondere bei verschiedenen Krebsformen spielt die Gentherapie eine zentrale Rolle in der Behandlung von Pateinten.

Exkurs: Die CRISPR/Cas-Methode

Das CRISPR/Cas-System kommt ursprünglich in Bakterien und Archaen vor und dient der gezielten Abwehr von Bakteriophagen. Es funktioniert aber auch in eukaryotischen Zellen und ist ein modernes Werkzeug der Gentechnik, mit dem ganz gezielt einzelne DNA-Sequenzen herausgeschnitten und bei Bedarf durch andere ersetzt werden. Vereinfacht gesagt besteht das CRISPR/Cas-System aus dem Schneideenzym Cas9 und einer darin integrierten Leit-RNA. Die Leit-RNA enthält eine Basensequenz, die zu der, die aus der DNA herausgeschnitten werden soll, komplementär ist. Im Wesentlichen arbeitet das CRISPR/Cas-System in drei Schritten:

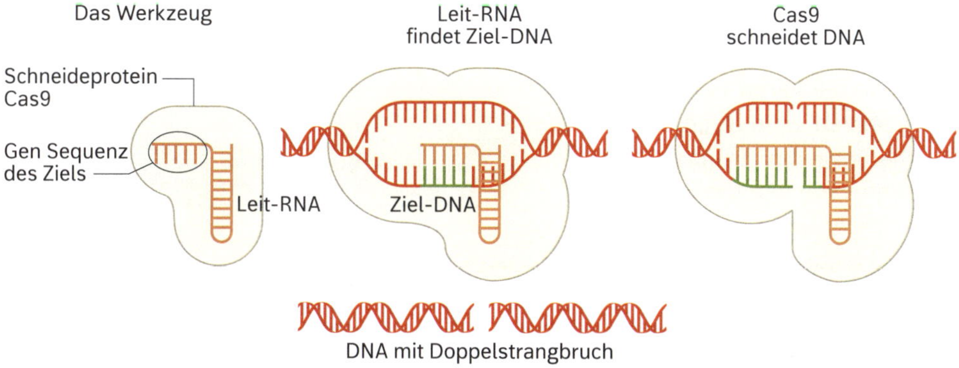

1. **Finden der richtigen Stelle.** Das CRISPR/Cas-System erkennt die richtige Stelle der DNA anhand bestimmter Basenabfolgen. Das Cas9-Enzym öffnet den Doppelstrang und die Erkennungssequenz der Leit-RNA lagert sich komplementär an den Zielabschnitt der DNA.
2. **Schneiden.** Das Cas9-Enzym schneidet den DNA-Doppelstrang an der entsprechenden Stelle. Es entsteht ein Doppelstrangbruch.
3. **Reparieren/Editieren.** Natürlicherweise wird der entstandene Doppelstrangbruch von zellinternen Reparaturmechanismen repariert. Nutzt man das CRISPR/Cas-System aber, um Zellen gentechnisch zu verändern, wird es im Labor so ergänzt, dass mit seiner Hilfe in die Schnittstelle gezielt neue Gene (Genabschnitte) eingefügt werden können.

Krebs (ÜA 10, nur LK)

Wie bereits erwähnt, spielt die personalisierte Gentherapie im Bereich der Krebstherapie eine wichtige Rolle. Krebs ist zunächst einmal die Bezeichnung für eine Neubildung von Gewebe, die durch eine unkontrollierte Zellteilung zustande kommt. Krebszellen können zum einen zur Schädigung des umliegenden Gewebes führen, indem sie in dieses hineinwachsen (maligne Tumorbildung) und zum anderen in andere Regionen des Körpers gelangen (Metastasen), wo sie sich dann unkontrolliert vermehren. Grundsätzlich können sich alle Zellen zu Krebszellen verändern, sodass es viele verschiedene Arten von Krebs gibt. Die Ursache ist in allen Formen eine Mutation in der Zelle, die durch z. B. verschiedene Strahlungen, Viren oder chemische Stoffe ausgelöst werden kann. Krebszellen sind wenig differenziert und weisen einen erhöhten Energiebedarf auf. Ist eine Zelle zu einer Krebszelle mutiert, teilt sich diese weiter und gibt die Mutation an die Tochterzellen weiter.

Wo genau liegt die Mutation in den Krebszellen und was bewirkt sie?
Der Zellzyllus, der die Mitose, Cytokinese und Interphase umfasst, unterliegt verschiedenen Kontrollen (s. G1, G2 und M in Abb.).

Die Kontrolle läuft über **Proto-Onkogene**, die u. a. Wachstumsfaktoren codieren, die eine Kaskade von intrazellulären Prozessen in Gang setzen, an dessen Ende die Aktivierung von Transkriptionsfaktoren steht, die die Expression bestimmter Gene regulieren, deren Produkte schließlich Einfluss auf die einzelnen Kontrollpunkte im Zellzyklus haben. Mutieren nun diese Proto-Onkongene können krebserzeugende Formen, die sogenannten **Onkogene**, entstehen.

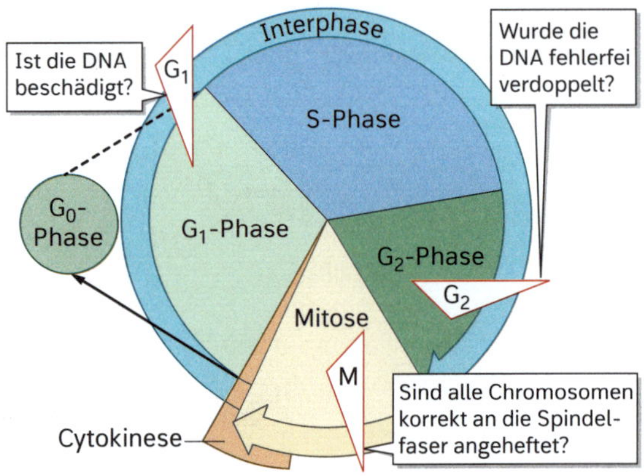

Kontrolle im Zellzyklus

Die Folge kann ein unkontrolliertes Wachstum durch unkontrollierte Zellteilungen sein, weil die Wachstumsfaktoren und Moleküle der wachstumsfördernden Signalkette nicht mehr inaktiviert werden, sondern wachstumsfördernde Signale bilden.
Auch **Tumor-Supressorgene** spielen eine entscheidende Rolle in der Entstehung von Krebszellen. Diese, auch **Anti-Onkongene** genannt, codieren für Wachstumsinhibitoren, die zum Beispiel den Übergang von einer Phase des Zellzyklus in eine weitere Phase hemmen. Auf diese Weise kann die Reparatur geschädigter DNA erfolgen, bzw. im Falle von irreversiblen Schäden die Apoptose (programmierter Zelltod) eingeleitet werden. Führt nun eine Mutation dazu, dass ein Tumor-Supressorgen inaktiviert wird, werden keine funktionsfähigen Wachstumsinhibitoren gebildet und die Zelle kann sich unkontrolliert teilen.
Auch wenn sich Tumore aus einer einzelnen Zelle entwickeln, ist in der Regel nicht eine Mutation für die unkontrollierte Zellteilung verantwortlich. Die Bildung eines Tumors basiert eher auf einem mehrstufigen Prozess, der sich meist über mehrere Jahre hinzieht. Krebszellen verlieren die Eigenschaften der funktionsfähigen Fehlerkontrolle und verfügen nicht mehr über ein funktionsfähiges Reparatursystem. Dies führt zu einer erhöhten Mutationsrate, sodass vermehrt Mutationen in Pro-Onkongenen und Tumor-

Supressorgenen auftreten und die Zelle als Folge die Kontrolle über das Zellwachstum verliert, sprich sich unkontrolliert teilt. Wenn Tumore ein gewisses Wachstum erreicht haben, setzen sie Signalstoffe frei, die eine Neubildung von Blutgefäßen initiieren, sodass der wachsende Tumor ausreichend versorgt wird.

Personalisierte Medizin in der Krebstherapie
Jedes Jahr erkranken in Deutschland fast eine halbe Million Menschen an Krebs und mehr als 200.000 Menschen sterben jährlich an dieser Krankheit. Doch Krebs ist nicht gleich Krebs, d. h. die Ursachen und auch die Behandelbarkeit sind sehr unterschiedlich, da die jeweiligen Veränderungen, die der Tumor einer erkrankten Person in sich trägt, höchst persönlich sind. Bisher kamen vor allem drei Therapieformen zum Einsatz: Chemotherapie, Strahlentherapie und Operationen. Seit geraumer Zeit setzt die Forschung auf die Entwicklung **personalisierter Krebstherapien**, die also möglichst genau auf die Patienten und die entsprechende Tumorform zugeschnitten sind. Zunächst wird der Tumor genau untersucht, um die Ursache des schnellen Wachstums, den **Biomarker** festzulegen. Auf der Basis dieser Erkenntnisse wählt man dann die Therapie, die dieses Wachstum am ehesten verhindern kann. Hier gibt es verschiedene Ansätze. So arbeitet man beispielsweise weltweit an der Entwicklung von mRNA-Impfstoffen, die im Körper der Patienten die Bildung von Proteinen anregen, die Strukturen auf der Zelloberfläche von Krebszellen erkennen und das Immunsystem des Patienten schulen. Auf diese Weise kann das Wachstum der Tumore eingegrenzt werden. Eine weitere Methode basiert auf dem Einsatz von Vakzinen, die so modifiziert sind, dass sie zu den Antigenen der Krebszellen passen. Die Impfstoffe werden also so gestaltet, dass sie das körpereigene Immunsystem gegen den Krebs aktivieren. Auch die neue Technologie des Crispr-Cas-9-Systems gibt Grund zur Hoffnung in der personalisierten Krebstherapie. Mithilfe dieser Methode können körpereigene Abwehrzellen genetisch so verändert werden, dass sie tumoreigene Strukturen erkennen und auf diese reagieren, bzw. diese bekämpfen.
Die Entwicklungen in der Krebstherapie verfolgen die Richtung einer sehr individualisierten Behandlung. Aber auch bei Viruserkrankungen, wie Hepatitis C und HIV kommt eine personalisierte Medizin zum Einsatz, sodass die betroffenen Patienten aufgrund der zuvor durchgeführten Diagnostik nur die Medikamente erhalten, die auch in ihrem individuellen Fall helfen können, um weitere Nebenwirkungen zu vermeiden.

Synthetische Evolutionstheorien in Abgrenzung zu nichtnaturwissenschaftlichen Positionen

Synthetische Evolutionstheorie

Nachdem Linné in der 2. Hälfte des 18. Jahrhunderts damit begann, die Vielfalt des Lebendigen zu erfassen und sie im Wesentlichen entsprechend der Baupläne systematisierte, stellte Cuvier fest, dass die Organismen in der Vergangenheit nicht immer nur in der Form vorkamen, in der sie uns heute erscheinen. Beide Wissenschaftler konnten aufgrund ihrer Vorstellung, dass die Erde erst 6000 Jahre alt sei, keine oder keine hinreichende Erklärung für die Vielfalt des Lebens geben. Erst Lamarck entwarf die Idee von der stammesgeschichtlichen Entwicklung des Lebendigen, mit der er die Vielfalt begründete. Zur Bekräftigung seiner Idee entwickelte er die Vorstellung von der Weitergabe erworbener Eigenschaften (durch Gebrauch oder Nicht-Gebrauch von Organen) von den Eltern an ihre Nachkommen. Diese Hypothese von der willentlichen und aktiven Anpassung des Individuums an die Umwelt konnte den späteren Erkenntnissen der Genetik nicht standhalten. 50 Jahre später, 1859, lieferte DARWIN eine neue Theorie für die stammesgeschichtliche Entwicklung des Lebendigen. Er übernahm eine Idee von MALTHUS und erkannte, dass Lebewesen mehr Nachkommen haben als zum Überleben der Art nötig wären. Diese weisen Unterschiede auf, die als Varianten für den Kampf ums Dasein (struggle for life) unterschiedlich geeignet sind. Der Bestangepasste setzt sich durch und überlebt und pflanzt sich fort (survival of the fittest). Dabei ist Umwelt der Selektionsfaktor. Die Individuen sind dieser mit ihren Eigenschaften ausgesetzt. Im Wechselspiel zwischen Umwelteinfluss und individueller Ausstattung ergibt sich der Grad der Angepasstheit. Darwin bezog diese Erkenntnisse auf alle Lebewesen und formulierte sie als Selektionstheorie. Zahlreiche Belege aus vielen Disziplinen der Biologie, z. B. der Genetik, der Paläontologie, Ethologie, Ökologie, Biochemie aber auch aus den Bereichen der Geologie, Geophysik und Astrophysik bestätigten Darwins Selektionstheorie und so wurde sie zur modernen **Synthetischen Evolutionstheorie** erweitert. Letztere gilt als zentraler Bestandteil unseres naturwissenschaftlichen Weltbildes.

Nichtnaturwissenschaftliche Positionen

Auch wenn die synthetische Evolutionstheorie wissenschaftlich fundiert ist, gilt sie nicht für alle Menschen als Erklärung für die Entwicklung und Veränderung der Lebewesen auf der Erde. Es existieren auch verschiedene nichtwissenschaftliche Vorstellungen, wie etwa die der Kreationisten. Hier gibt es verschiedene Gruppierungen, die in der Form der religiösen Mythen, auf denen sie basieren, variieren. Sie folgen der Idee einer Schöpfung, einer Kreation. Dieses Verständnis von Evolution ist jedoch nicht mit der biblischen Schöpfungeschichte gleichzusetzen, denn die großen Kirchen distanzieren sich vom Kreationismus und verstehen die Schöpfungsgeschichte als eine Glaubensfrage, die nicht den Anspruch einer naturwissenschaftlichen Hypothese oder Theorie hat. Die Kreationisten aber eint ihre Überzeugung, dass die Abstammungslehre, wie Darwin sie beschrieb, d. h. dass sich alle Pflanzen und Tiere aufgrund spontaner Mutationen und Anpassungen an variierenden Umweltbedingungen entwickelt haben, falsch ist. Kreationisten führen hierzu Fakten an, die nach der Auffassung von Evolutionsbiologen nicht den naturwissenschaftlichen Standards entsprechen. Eine Form des Kreationismus ist das Intelligent Design, die ihre Anfänge in den USA fand. Deren Anhänger sind der Auffassung, dass das Leben in all seiner Vielfältigkeit zu komplex ist, um spontan in natürlichen Prozessen entstanden zu sein. Sie behaupten daher, dass es einen Designer geben muss. Dieser wird nicht als Gott bezeichnet, obgleich viele Anhänger sich zum Kreationismus bekennen. Der Grund für die Verwendung eines Vokabulars, das nicht der Schöpfungsgeschichte zuzuordnen ist, liegt darin, dass amerikanische Gerichte mehrfach untersagt hatten, an Schulen religiöse Lehren zu betreiben. Daher wird besonders in den USA das Intelligent Design genutzt, um Ideen der Schöpfungslehre in Schulen und Universitäten zu etablieren. Auch in Deutschland hat es schon Bestrebungen gegeben, die Schöpfungslehre als Alternative zur Evolutionstheorie in den Biologieunterricht

aufzunehmen. Insgesamt finden sich trotz aller wissenschaftlichen Einwände viele Anhänger der nichtnaturwissenschaftlichen Idee der Evolution. Dies lässt sich vermutlich auch so erklären, als dass eine kreationistische Denkweise vermeintlich einfach ist, denn all das, was die moderne Wissenschaft (noch) nicht erklären kann, kann durch die Annahme eines intelligenten Konstrukteurs erklärt werden, sodass es keiner weiteren Prüfung oder Forschung bedarf. Und genau hier liegt der wesentliche Unterschied zwischen der Synthetischen Evolutionstheorie und allen nichtnaturwissenschaftlichen Positionen, da letztere nicht wissenschaftlich belegt sind.
Im Folgenden sind Belege für die **Synthetische Evolutionstheorie** aufgeführt.

Evolutionshinweise

Rezente und paläontologische Hinweise

Aus allen Bereichen der Biologie gibt es Belege (Hinweise) für die Evolution. Die Paläontologie kennt Fossilien von Pflanzen und Tieren, die heute nicht mehr existieren. Darunter gibt es auch Übergangsformen, die Merkmale verschiedener Tiergruppen besitzen (z. B. Archaeopteryx mit Merkmalen von Reptilien und Vögeln). Auch die Merkmale rezenter (heutiger) Lebewesen, vor allem der Brückentiere, geben Hinweise auf die Entwicklung von Organismen. Rudimente und Atavismen sind nur erklärbar unter der Annahme von Evolution. Nur so können auch die Ähnlichkeiten in der Keimentwicklung (Ontogenese) mit denen in der Stammesentwicklung (Phylogenese) erklärt werden. Belege für die Evolution sind auch Ähnlichkeiten im Aufbau der Proteine, Nukleinsäuren oder Zellorganellen sowie Organen unterschiedlicher Lebewesen. Obwohl nach dem gleichen Grundmuster aufgebaut, können sie eine andere Funktion besitzen.
Ist der Aufbau von Organen unterschiedlich, ihre Funktion aber gleich, handelt es sich um eine Analogie (z. B. Auge des Menschen und Auge des Tintenfisches). Diese Ähnlichkeit hinsichtlich der Funktion ist eine Folge der Anpassung an ähnliche Umweltbedingungen. Eine Ähnlichkeit des Bauplans trotz unterschiedlicher Funktion nennt man Homologie. Sie ist mit einer gemeinsamen Abstammung zu erklären.

Hinweise aus der Wirbeltieranatomie

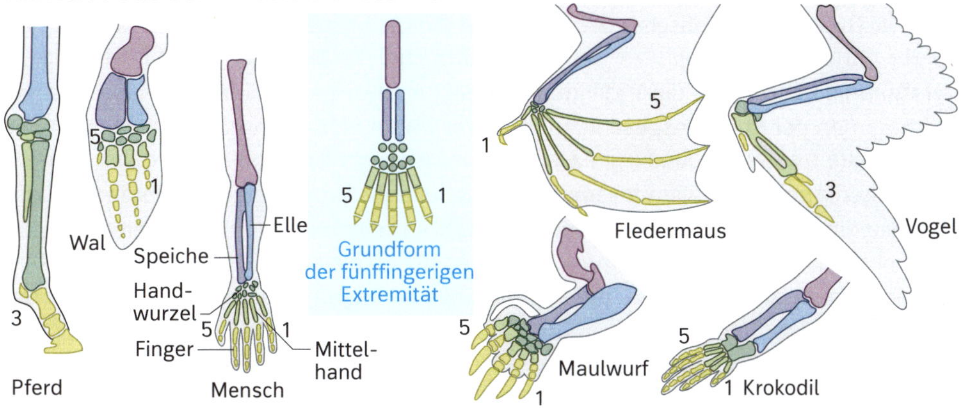

Homologie bei Wirbeltierextremitäten

Obwohl die Vorderextremitäten unterschiedlichen Funktionen (fliegen, graben, laufen oder schwimmen) dienen, haben sie einen gemeinsamen Grundbauplan. Ohne die Annahme der stammesgeschichtlichen Entwicklung könnte dies nur mit Zufällen erklärt werden. Die Annahme einer Evolution der Wirbeltierarten führt zu der Vorstellung einer früheren Existenz eines gemeinsamen Vorfahrens.

Phänomene beim Vergleichen der Baupläne von Organen

- **Homologien** deuten auf eine divergente Entwicklung aus gemeinsamen Vorfahren hin und sind ein Beleg für Verwandtschaft. Die beziehen sich auf die *Homologiekriterien der Lage, der spezifischen Qualität und der Stetigkeit*, d. h. der Verknüpfung durch Zwischenformen.
- **Analogien** deuten auf eine *konvergente Entwicklung* hin und machen keine Aussage über den Grad der Verwandtschaft. Die Knochen der Vorderextremitäten von Fledermaus und Vogel sind als homolog anzusehen, wenn man die Entwicklung der Vorderextremitäten der Säuger und Vögel aus den Vorderextremitäten der Reptilien als gemeinsamen Vorfahren betrachtet. Die Vorderextremitäten sind als analog anzusehen, wenn die Organe betrachtet werden, die zur Flugfähigkeit beisteuern: Die Flughaut ist also analog zu den Federn.
- **Rudimente** sind zurückgebildete Organe, die i. d. R. funktionslos sind oder einen Funktionswechsel erfahren haben. Reste des Beckengürtels bei Bartenwalen sind ein Hinweis auf Vorfahren funktionierende Hintergliedmaßen besaßen und somit Landbewohner waren. Heute dient dieser Knochenrest als Haltevorrichtung für den Penis. Bei Menschen gilt z. B. das Steißbein als Hinweis dafür, dass unsere Vorfahren einen Schwanz besaßen.
- **Atavismen** sind relativ seltene Abweichungen in der Ausbildung von anatomischen oder verhaltensbiologischen Merkmalen, die Ähnlichkeiten mit den Eigenschaften der Vorfahren aufweisen. Beim Menschen kennt man z. B. die schwanzartige Verlängerung des Steißbeins (seltener als 1 : 1 000 000), zusätzliche Brustwarzen oder eine Ganzkörperbehaarung.

Hinweise aus der Embryologie

Nach HAECKELS biogenetischer Grundregel ist die Ontogenese (Keimesentwicklung) ein kurzer Abriss der Phylogenese (Stammesgeschichtliche Entwicklung). Nach heutigem Verständnis richtet sich die Individualentwicklung nur teilweise nach Entwicklungsprogrammen der stammesgeschichtlichen Vorfahren, sodass nur wenige Stadien der Embryonalentwicklung Anklänge an die stammesgeschichtliche Entwicklung zeigen. In wenigen Ausnahmefällen lassen sich ausgebildete Einzelmerkmale entdecken, die Übereinstimmungen mit Merkmalen der Vorfahren zeigen und somit Hinweise auf eine stammesgeschichtliche Entwicklung darstellen. Beispiele sind die Zahnanlagen im Kiefer von Bartenwal-Embryonen und die als Kiemenanlagen anzusehenden Furchen bei Landwirbeltieren.

Hinweise aus der Paläontologie

In seltenen Fällen wurden durch glückliche Zufälle Reste von Organismen (tiefgefrorene Mammuts, in Bernstein eingeschlossene Insekten, Knochen, Kalkschalen etc.) gefunden, die viele 100 Millionen Jahre überdauert haben. Hinzu kommen Abdrücke, Versteinerungen oder Inkohlungen. Diese Fossilien können uns Hinweise über den Weg der Evolution geben. Hierbei sind besonders Reste von Lebewesen von Bedeutung, die Ausgangspunkte von divergierenden Entwicklungen (z. B. Ur-Säuger) oder Übergangsformen unterschiedlicher Gruppen waren.

Hinweise aus der Biochemie

Proteine, die bei verschiedenen Lebewesen die gleiche Funktion übernehmen, müssen nicht völlig identisch sein. Mutationen können zu Veränderungen führen, ohne die Funktionen des Proteins zu beeinträchtigen. Die Menge solcher Veränderungen sind ein Hinweis auf die stammesgeschichtliche Distanz bzw. die Verwandtschaft von Lebewesen. Keine oder wenige Unterschiede in der Aminosäuresequenz deuten auf einen kürzeren Zeitraum seit der Trennung, mehrere oder gar viele Abweichungen deuten auf einen längeren Zeitraum seit der Trennung hin. Ein gut geeignetes Untersuchungsobjekt ist das Cytochrom c, das als Enzym in allen Lebewesen, die Mitochondrien besitzen, vorkommt.
DNA-Vergleiche geben genauso wie Proteinvergleiche Hinweise auf die stammesgeschichtliche Distanz von Arten. Große Ähnlichkeit bestimmter DNA-Abschnitte deutet auf geringe stammesgeschichtliche Distanz (hoher Verwandtschaftsgrad), geringere Ähnlichkeiten auf größere Distanz (geringerer Verwandtschaftsgrad) hin. Nicht codierende Abschnitte der DNA unterliegen in geringerem Maße der Selektion, weisen somit mehr Mutationen pro Zeit auf und sind exakter in der Bestimmung des Verwandtschaftsgrades. Die DNA-Unterschiede können sowohl qualitativ als auch quantitativ ausgewertet werden. Ein geeignetes Verfahren ist die DNA-Hybridisierung. DNA-Doppelstränge unterschiedlicher Arten werden durch Erhitzen voneinander getrennt (Schmelzen der DNA). Nach dem Abkühlen können homologe Abschnitte von DNA-Einzelsträngen unterschiedlicher Arten hybridisieren, indem sich zwischen komplementären Basen der beiden Einzelstränge Wasserstoffbrücken ausbilden. Beim erneuten Schmelzen dieser Hybridstänge trennen sich diese umso schneller, je weniger komplementäre Basen sie aufweisen. Gemessen wird die Temperatur, bei der die Hälfte aller Brücken aufgelöst ist (Schmelzpunktbestimmung). Je niedriger dieser Schmelzpunkt ist, desto geringer ist somit die Ähnlichkeit der beiden hybridisierten DNA-Einzelstränge und desto geringer die Verwandtschaft der untersuchten Arten.

Datierungsmethoden (ÜA 12)

Um Fossilien in Stammbäumen einordnen zu können, ist es besonders hilfreich, deren Alter zu bestimmen. Bei der relativen Altersbestimmung stellt man fest, in welchen Gesteinsschichten die fraglichen Fossilien enthalten sind. Tiefere Schichten sind älter als die darüber liegenden, solange sie flach gelagert sind und sich nicht übereinander geschoben haben. In den Schichten eingelagerte Leitfossilien, die in nur kurzen geologischen Zeitspannen weit verbreitet waren, zeigen das Alter auch an weit voneinander entfernten Fundstellen an.

Das exakte Alter wird durch Methoden der absoluten Altersbestimmung ermittelt. Eine davon ist die Radiocarbon- oder ^{14}C-Methode. Sie beruht auf dem Zerfall des Kohlenstoffisotops ^{14}C. Aufgrund der kosmischen Strahlung wird dieses Isotop in der Erdatmosphäre aus Stickstoffatomen (^{14}N) immer neu gebildet und hat dann im Kohlenstoffdioxid einen annähernd konstanten Anteil. Über die Fotosynthese gelangt es in die Pflanzen, dann über die Nahrungskette in die Pflanzen- und Fleischfresser. Mit dem Tod der Lebewesen unterbleibt der Nachschub an radioaktivem Kohlenstoff, der mit einer Halbwertzeit von 5730 Jahren in dem Körper bzw. Fossil abnimmt. Nach 11 460 Jahren ist also nur noch ein Viertel der ursprünglichen Menge an ^{14}C vorhanden. Die ^{14}C-Methode ist nur für Fossilien geeignet, die nicht älter als ca. 70 000 Jahre alt sind. Dagegen kann man mit der Kalium-Argon-Methode Gesteine bis zu einem Alter von 4,6 Milliarden Jahre bestimmen. Beim radioaktiven Zerfall von 40K entstehen neben Calcium-Atomen zu 11 % das Edelgas Argon (40Ar) mit einer Halbwertszeit von 1,25 • 109 Jahren. Diese Methode beruht darauf, dass Argon aus flüssigem Gestein entweicht, nach dem Erkalten des Vulkangesteins in diesem eingeschlossen bleibt. Bei

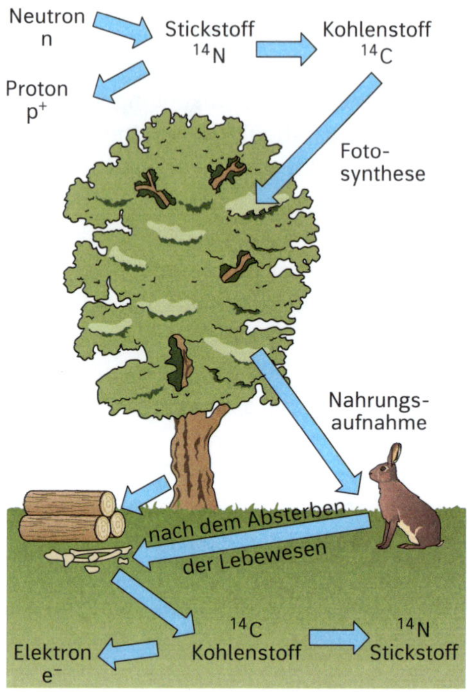

Altersbestimmung über die Radiocarbonmethode

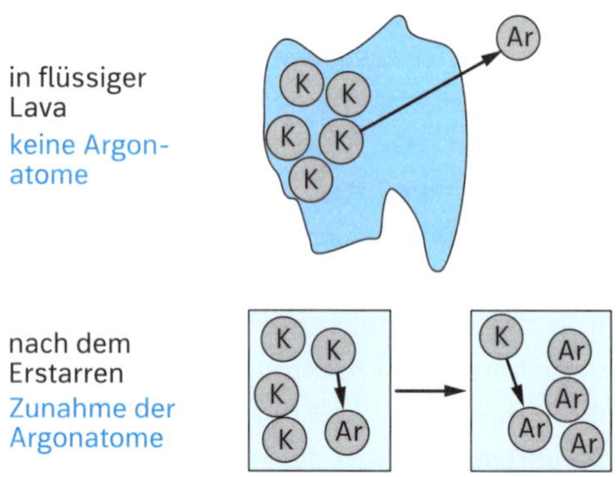

Gesteinsdatierung durch die K-Ar-Methode

der Datierung des Gesteins wird der Anteil des Argons durch Erhitzen aufgefangen und seine Masse ins Verhältnis zum enthaltenen Kalium gesetzt.

Grundlagen evolutiver Veränderung

Eine **Population** ist eine Gruppe von artgleichen **Individuen**, die eine Fortpflanzungsgemeinschaft bilden, also einen gemeinsamen **Genpool** besitzen. Die Mitglieder der Population unterscheiden sich nicht nur in ihren Genen (Genotyp), sondern auch im Aussehen (Phänotyp) voneinander. Die genotypische Variabilität und somit auch die phänotypische ist die Grundlage für evolutive Veränderungen.
Einflüsse, die einen Artenwandel hervorrufen können, werden als **Evolutionsfaktoren** bezeichnet. Dazu zählen:
Mutationen:
Mutationen liefern neue Allele. Sie verändern damit die Allelfrequenz in einer Population. Sexuelle Rekombination erhöht die Variabilität einer Population, ohne allerdings die Häufigkeit der Allele (Allelfrequenz) in einem Genpool zu verändern.
Meiose und Rekombination:
Eltern und ihre leiblichen Kinder können sich sehr ähneln, können aber auch ganz verschieden sein. Das liegt daran, dass die Gene der Eltern völlig neu zusammengestellt, also rekombiniert wurden, und jeweils nur die Hälfte der väterlichen bzw. mütterlichen Gene im Kind vorhanden sind. Bei der Bereitstellung der Keimzellen (Gameten = Samenzellen bzw. Eizellen) für die Befruchtung muss der doppelte Chromosomensatz der diploiden Körperzellen auf den einfachen, haploiden Chromosomensatz reduziert werden. Diese Reduktion findet in der ersten Reifeteilung der Meiose statt. Dabei paaren sich homolge Chromosemen, das heißt strukturgleiche Chromosomen väterlicher und mütterlicher Herkunft. Diese spiralisieren sich in der Prophase, legen sich während der Metaphase der Meiose nebeneinander und werden dann in der Anaphase von Zugfasern des Spindelapparates auseinandergezogen. Jede Tochterzelle erhält so jeweils ein Chromosom eines jeden Chromosomenpaares und ist deshalb haploid. In der sich anschließenden zweiten Reifeteilung werden die Chromosomen in Chromatiden gespalten. Die dadurch entstehenden Keimzellen bleiben haploid.
Bei der Paarung der homologen Chromosomen liegen die beiden Chromosomen sehr eng zusammen, verschiedene Proteine vermitteln diese Paarung. Bei der Bildung der Tetraden der gepaarten Chromosomen kommt es gelegentlich vor, dass die nicht besonders stabilen DNA/Histon-Komplexe der Chromosomen an bestimmten Stellen aufbrechen und dann wieder von besonderen Enzymen verknüpft werden. Brechen homologe Stellen der Chromatiden einer Tetrade auf, kann es vorkommen, dass nicht die ursprünglichen DNA-Stücke einer Chromatide wieder miteinander verknüpft werden, sondern homologe Stücke von Nichtschwesterchromatiden. Dadurch kommt es zum Austausch unterschiedlicher Gene zwischen homologen Chromosomen. Die zugrundeliegenden Vorgänge bezeichnet man als **Crossing-over**. Natürlich können auch homologe DNA-Stücke von Schwesterchromatiden ausgetauscht werden. Doch das ist für eine Rekombination unbedeutend, da Schwesterchromatiden identisches Genmaterial besitzen.
Man unterscheidet somit zwei Möglichkeiten, Erbinformationen neu zu kombinieren:

Bei der **interchromosomalen** Rekombination entscheidet in der 1. Reifeteilung der Meiose der Zufall darüber, welches der homologen Chromosomen, also entweder väterliches oder mütterliches, in die Keimzelle gelangt.
Bei der **intrachromosomalen** Rekombination können am Ende der Prophase der 1. Reifeteilung Genabschnitte zwischen Nichtschwesterchromosomen durch Crossing-over ausgetauscht und somit innerhalb eines Chromosoms neu kombiniert werden.

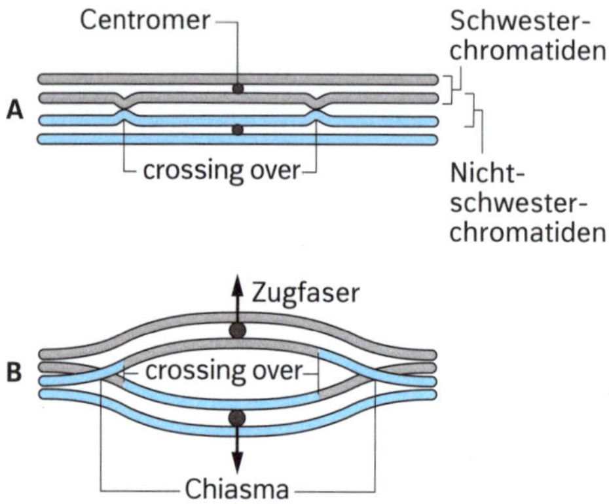

Intrachromosomale Rekombination (schematisch):

A Crossing-over zwischen Nichtschwesterchromatiden homologer Chromosomen am Ende der Prophase I, also der 1. Reifeteilung der Meiose.

B Beim Auseinanderrücken der homologen Chromosomen werden Chiasmata als Folge des Crossing-over im Lichtmikroskop als Chromatidenüberkreuzungen sichtbar

Selektion: Durch Auslese wird die Allelfrequenz im Genpool verändert. Der künstlichen Selektion, die vom Menschen ausgeht (Züchtung) steht die natürliche gegenüber. Sie kann sowohl von abiotischen Faktoren wie Temperatur, Wind etc. hervorgerufenwerden als auch von biotischen wie Fressfeinden, Parasiten (zwischenartliche Selektion) sowie von Artgenossen (innerartliche Selektion, die z. B. zum Sexualdimorphismus führt).

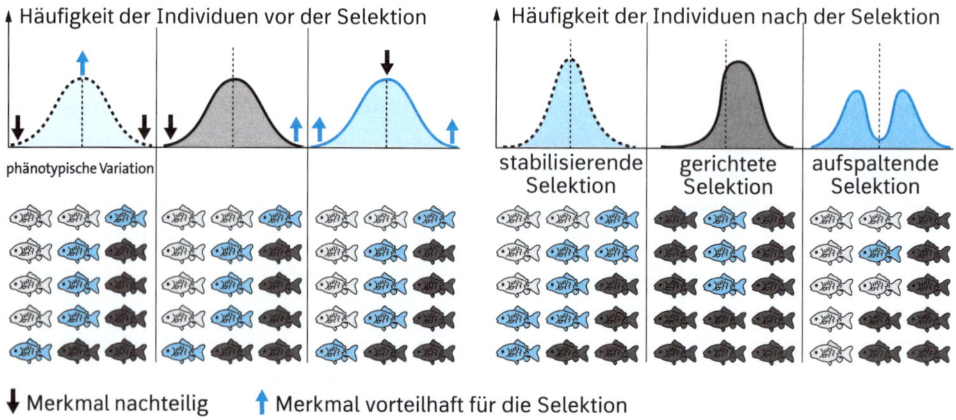

Auswirkungen der Selektion auf eine Population

Bei der Auswirkung der Selektion auf eine Population unterscheidet man die stabilisierende von einer gerichteten bzw. transformierenden und einer aufspaltenden bzw. disruptiven Selektion.

Gendrift: Dieser Evolutionsfaktor bewirkt eine zufallsbedingte Änderung eines Genpools und damit der Allelfrequenz. Er ist für kleine Populationen bedeutend und spielt z. B. bei kleinen Inselpopulationen (Gründereffekt) eine Rolle. Doch auch innerhalb einer Population können plötzliche Ereignisse, wie z. B. eine Naturkatastrophe oder eine starke Reduktion der Beutetiere, die Anzahl der Individuen deutlich verringern und die Variabilität senken (Flaschenhals-Effekt).

Migration: Eine Veränderung des Genpools kann durch Zu- und Abwanderungen von artgleichen Individuen hervorgerufen werden.

Isolation: Werden Individuen von anderen Individuen derselben Art räumlich, zeitlich oder allgemein durch Änderungen, die sich auf den Bereich der Fortpflanzung auswirken, getrennt, so kann dies unterschiedliche Veränderungen für den einzelnen Genpool hervorrufen. Aufgrund des zunächst gebremsten und schließlich unterbrochenen Genflusses können z. B. unterschiedliche Neumutationen nicht mehr ausgetauscht werden. Die Isolation der Genpools kann durch vielfältige Faktoren bewirkt werden:

- geografisch (Kontinentalverschiebung, Insel-, Gebirgs- und Flussbildung, Meeresströmung, Autobahn etc.),
- ökologisch (unterschiedliche Nahrung, Paarungszeiten, Nistplätze etc.),
- ethologisch (verschiedene Balzrituale, Gesänge, Gefiederfarbe, Sexuallockstoffe und andere Locksignale),
- genetisch (Genomunverträglichkeit, unfruchtbare Nachkommen etc.),
- mechanisch (Geschlechtsorgane passen nicht mehr zusammen, kommt vor allem bei Insekten vor).

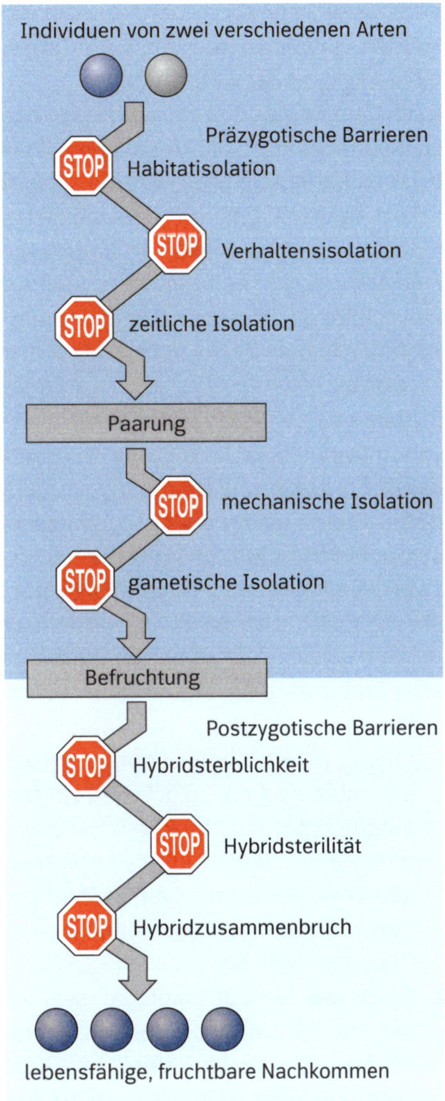

Art und Artbildung (ÜA 13)

Die Individuen einer Art unterscheiden sich sowohl geno- als auch phänotypisch, wenn es sich nicht um Klone handelt. Doch was genau macht eine Art aus? Der Begriff Art lässt sich unterschiedlich definieren.

Der älteste Artbegriff ist der **morphologische** und basiert auf Vergleichen des Phänotyps. Alle Individuen einer Gruppe, die Übereinstimmungen in allen wesentlichen Merkmalen zeigen, sind einer Art zuzuordnen. Oft ist eine eindeutige Artzuschreibung einzelner ndividuen aufgrund morphologischer Unterschiede oder Gemeinsamkeiten schwierig, da z. B. Geschlechtsdimorphismen oder Zwillingsarten nicht berücksichtigt werden.
1942 formulierte Ernst MAYR den **biologischen Artbegriff**. Nach diesem gehören Individuen dann einer Art an, wenn sie fruchtbare Nachkommen hervorbringen können. Doch auch diese Definition einer Art reicht nicht aus, um alle Organismen Arten zuordnen zu können, da nur die sexuelle Fortpflanzung eine Rolle spielt und auf Einzeller oder Pilze nicht angewendet werden kann.
Nach dem **populationsgenetischen Artbegriff** werden alle Individuen einer Population zusammengefasst, die einem gemeinsamen Genpool zuzuordnen sind. Der Genpool der eigenen Art muss nicht vollständig gegenüber dem einer anderen Art isoliert sein, sodass Kreuzungen mit anderen Arten möglich sind. Die Genpools der zwei Arten verschmelzen jedoch nicht sondern bleiben über einen längeren Zeitraum unterscheidbar.
Eine Art wird mit ihrem Gattungs- und Artnamen bezeichnet (z. B. *Homo sapiens*). Grundsätzlich ist die Bildung neuer Arten ein dynamischer, aber lang andauernder Prozess. Evolution findet ständig statt, sodass es oft nicht möglich ist eine eindeutige Artdiagnose zu stellen.
Die oben aufgeführten Isolationsformen verhindern die Fortpflanzung zwischen Gruppen von Individuen und können zur Aufspaltung eines vormals gemeinsamen Genpools und damit zur Artbildung führen.
Dabei unterscheidet man grundsätzlich zwischen zwei Formen der Artbildung: Bei der **sympatrischen** Artbildung entstehen in einem Lebensraum ohne geografische Isolation zwei neue Arten durch Ausbildung einer biologischen Fortpflanzungsschranke aufgrund ökologischer, ethologischer, mechanischer oder genetischer Isolationsfaktoren.

Mögliche Aufgabenstellung zur sympatrischen Artaufspaltung (ÜA 13):

1. **Beschreiben** Sie die Hornlängenverteilung innerhalb der Population des kolumbianischen Zuckerrohrkäfers aufgrund des Punktdiagramms. Erläutern Sie die Bedeutung des durch einen Kreis gekennzeichneten Punkt im Kurvendiagramm (Beschreibung eines Diagramms, S. 60).
2. **Zeichnen** Sie zur Häufigkeitsverteilung der Hornlängen des kolumbianischen Zuckerrohrkäfers **ein Kurvendiagramm**, das die Verhältnisse der Abbildung auf der Basis relativer Werte wiedergibt (Erstellen eines Diagramms, S. 62).

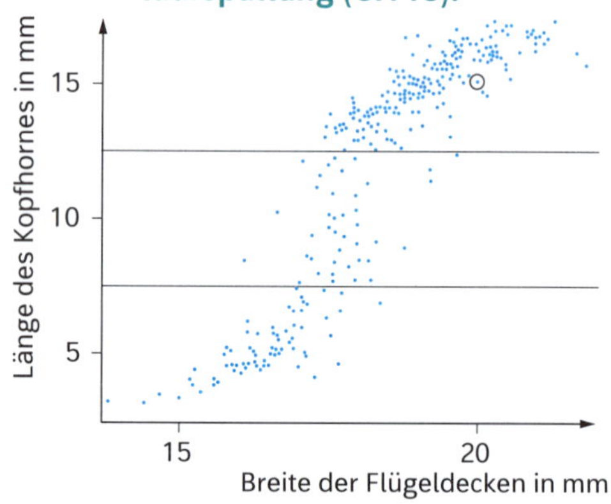

Hornlängen des kolumbianischen Zuckerrohrkäfers

3. **Stellen Sie eine Hypothese auf** zur Wirkung der vorherrschenden Selektion auf den Zuckerrohrfeldern (Umgang mit Experimenten und Hypothesen, S. 39 ff.).

Kompetenzerwartungen:

1. Beschreibung Punktdiagramm
   - Für den kolumbianischen Zuckerrohrkäfer ist die Länge des Kopfhorns in mm auf der senkrechten (y) Achse gegen die Breite der Flügeldecken auf der waagerechten (x) Achse in mm aufgetragen.
   - Die Punkte in der Abbildung stehen für jeweils einen vermessenen Käfer. Der hervorgehobene Punkt in der Abbildung bedeutet, dass bei einem Käfer mit einer Flügeldeckenlänge von 20 mm eine Kopfhornlänge von 15 mm festgestellt wurde.
   - Auffällig ist, dass es viele Käfer mit einem kleinen Kopfhorn von etwa 5 mm gibt, deren Flügeldeckengröße zwischen etwa 13 und 17 mm liegt, und gleichzeitig sehr viele Käfer mit einem großen Kopfhorn von ca. 15 mm gibt, die Flügeldecken zwischen 17 und 22 mm Länge besitzen.
   - Die beiden grauen waagerechten Linien in der Abbildung teilen die Population in drei Käfergruppen, in die bereits erwähnten kleinen Käfer mit einem kleinen Kopfhorn und die großen Käfer mit großem Kopfhorn, die den größten Anteil an der Population haben. Daneben gibt es mittelgroße Käfer mit einer Flügeldeckenlänge um die 17,5 mm, deren Kopfhornlänge zwischen 7,5 und 12,5 mm schwankt. Diese Gruppe von Käfern ist die kleinste innerhalb der Population.
2. Erstellen eines Kurvendiagramms

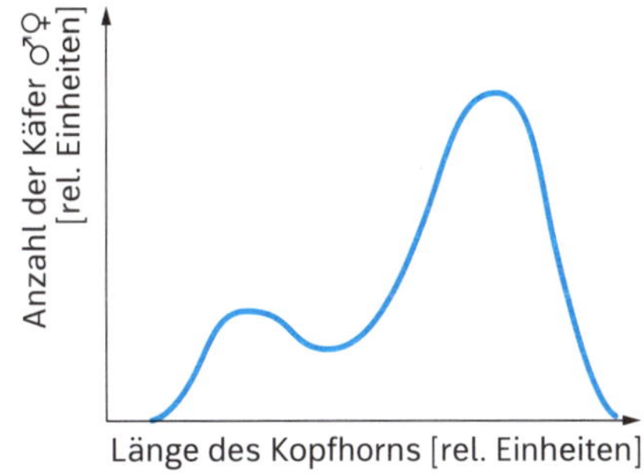

3. Hypothese
   Auf den Zuckerrohrfeldern herrscht eine disruptive Selektion. Sowohl Käfer mit einem großen Kopfhorn als auch solche mit einem kleinen Kopfhorn werden in der Population selektiert, während solche mit einem mittelgroßen Kopfhorn benachteiligt sind. Durch die Wirkung verschiedener Umwelt- bzw. Selektionsfaktoren könnte es in der Zukunft zu einer sympatrischen Artaufspaltung von großen und kleinen Käfern kommen.

Bei der **allopatrischen** Artbildung führt die räumliche Trennung von Teilpopulationen zu einer Aufspaltung und Veränderung der beiden Genpools aufgrund unterschiedlicher Mutationen und Selektionen, die von den unterschiedlichen Umwelteinflüssen ausgehen. Bei beiden Formen der Artbildung kommt es zu einer genetischen Separation, also der Auftrennung des Genpools. Bei einer allopatrischen Artbildung zeigt sich dies aber erst, wenn nach einem Wegfall der geografischen Isolationsschranken die zuvor getrennten Populationen keine gemeinsamen Nachkommen mehr erzeugen.

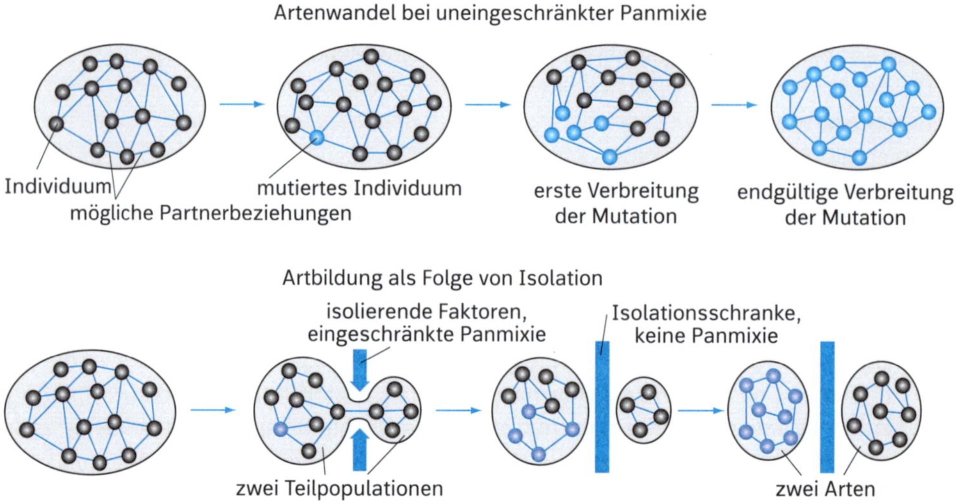

Entwicklung von Arten

Gelangen Gründerindividuen in einen Raum, in dem noch wenige ökologische Nischen ausgebildet sind, divergiert die neue Stammpopulation aufgrund vielfältiger Evolutionsfaktoren sehr schnell in viele Teilpopulationen. Dabei bilden die Teilpopulationen viele unterschiedliche ökologische Nischen aus (Einnischung). Dieser Vorgang wird **adaptive Radiation** genannt. Beispiele hierfür sind die Darwinfinken auf dem Galapagos-Archipel, die Kleidervögel auf Hawaii, die Beuteltiere Australiens oder auch die vielen heimischen Hummelarten.

Koevolution

In der Ökologie betrachtet man unter anderem die Beziehungen einzelner Lebewesen zueinander. Diese können ganz unterschiedlich sein (zum Beispiel Räuber-Beute-Beziehung, Symbiose, Parasitismus). Die Genome eines jeden Individuums unterliegen einem steten Selektionsdruck. Stehen Organismen in einer Beziehung zueinander, können die Genome der Individuen einen konstanten wechselwirkenden Selektionsdruck aufeinander ausüben und sich deshalb ständig verändern. Bei symbiotisch lebenden Arten findet eine ständige gegenseitige Anpassung und Gegenanpassung statt, die sich positiv auf die Evolution dieser Arten auswirkt und als Koevolution bezeichnet wird. Doch auch unter konkurrierenden Arten ist **Koevolution** zu beobachten. Es findet ein evolutives Wettrüsten statt, und es können nur die Individuen ihre reproduktive Fitness steigern, die durch Mutation oder Rekombination Eigenschaften erlangt haben, die für die Beziehung der beiden Arten (zum Beispiel Räuber- und Beuteart oder Wirt- und Parasitart) einen Selektionsvorteil bedeuten. Auch in der Beziehung zwischen Pflanzen und Bestäubern spielt diese gegenseitige Angepasstheit eine entscheidende Rolle. Koveolution bedeutet demnach, dass ein wechselseitiger Selektionsdruck zwischen zwei Arten dazu führt, dass diese einer kontinuierlichen gegenseitigen genetischen Anpassung unterliegen.

Evolution und Verhalten (Ü11)

Das Verhalten von Tieren ist aus menschlichen Perspektive nicht immer direkt nachvollziehbar. Warum fliegen die Zugvögel so weit und setzen sich dabei großen Gefahren aus? Warum helfen die Arbeiterbienen bei der Aufzucht der Jungen der Bienenkönigin und sind selbst unfruchtbar? Das Verhalten ist nicht willkürlich, sondern bietet den Tieren aus evolutionsbiologischer Sicht einen Vorteil, da es sich positiv auf die Erhaltung der Art auswirkt.

Reproduktive Fitness

Pflanzen sich Individuen fort, geben sie ihre Gene in den Genpool der nächsten Generation weiter. Das Ausmaß dieser Weitergabe ist abhängig von der Anzahl eigener Nachkommen im Vergleich zu denen anderer Artgenossen und wird als Fitness bezeichnet. Man unterscheidet hier zwischen **direkter Fitness**, d. h. der Weitergabe der eigenen Gene und **indirekter Fitness**, d. h. der Weitergabe der Gene durch Verwandte. Je näher dabei die Verwandtschaft, desto größer ist die Wahrscheinlichkeit, dass deren Gene mit den eigenen übereinstimmen. Die Summe aus direkter und indirekter Fitness bezeichnet man als **Gesamtfitness** eines Individuums. Folglich lässt sich uneigennütziges (altruistisches) Verhalten Verwandten gegenüber damit erklären, dass die **Gesamtfitness** durch indirekte Fitness erhöht wird. Darunter fällt z. B. die Versorgung der Nachkommen der Bienenkönigin durch die unfruchtbaren Arbeiterinnen im Bienenstaat oder die Verwandtenunterstützung von Vogeleltern beim Füttern der Jungen.

Das Paarungsverhalten im Tierreich ist vielfältig. Mit **Monogamie** wird ein Paarungssystem bezeichnet, bei dem ein Weibchen sich immer nur mit einem Männchen paart. **Polygamie** bezeichnet ein Paarungssystem, bei dem ein Individuum mehrere Partner hat. Hier wird noch weiter unterschieden: Hat ein Weibchen mehrere Männchen, mit denen es sich paart, diese sich aber immer nur mit dem gleichen Weibchen paaren, nennt man dies Polyandrie. Wenn sich dagegen ein Männchen mit mehreren Weibchen paart, diese sich aber immer nur mit dem gleichen Männchen paaren, wird das Polygynie genannt. Mit **Promiskuität** bezeichnet man ein System, in dem sich beide Geschlechter jeweils mit mehreren Partnern paaren. Die Angehörigen der jeweiligen Paarungssysteme zeigen entsprechend angepasste Körpermerkmale. So sind z. B. die Hoden von in Konkurrenz stehenden Männchen (z. B. Schimpansen) relativ größer als die solcher, die in Monogamie leben (z. B. Gibbon).

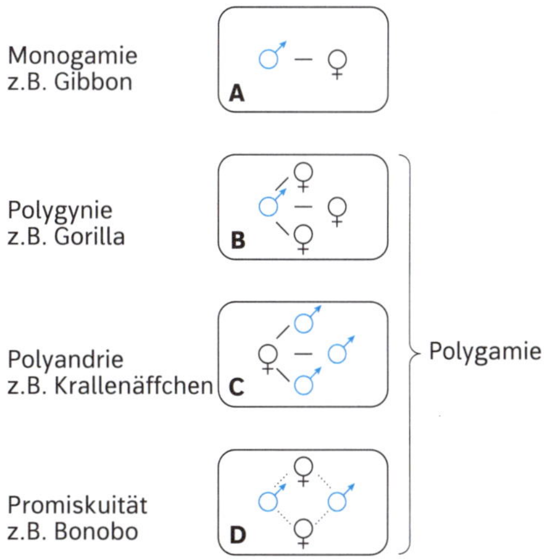

Schematische Darstellung von Paarungssystemen

Reproduktive Fitness bezeichnet den Fortpflanzungserfolg, den ein Individuum während seiner Lebenszeit erreicht.

Paarungsverhalten (nur LK)

Es gibt also unterschiedliche Verhaltensweisen und verschiedene Paarungssysteme und nur diejenigen, die die Gesamtfitness der Population steigern, kann man aus evolutionsbiologischer Sicht als stabil betrachten. Das Sexualverhalten wird zum einen durch endogene Faktoren (Hormone) und zum anderen durch exogene Faktoren (Reize) gesteuert. Beim Menschen ist es jedoch aufgrund kultureller Einflüsse und daraus resultierender menschlicher Sitten kaum möglich die eine Sozialstruktur zu erkennen. Bei **Primaten** haben sich unterschiedliche Verhaltensweisen in der Evolution durchgesetzt. Manche haben proximate Ursachen, wie zum Beispiel das Erzeugen von Lauten, das aufgrund des Kehlkopfbaus möglich ist und andere habe ultimtate Ursachen. Sie sind zweckgebunden. Die bei Schimpansen zu beobachtenden Fellpflege ist eine solche Verhaltensweise. Es ist für den Schimpansen nicht uneigennützig das Fell eines anderen Schimpansen zu pflegen, da dieser auf die Unterstützung des Gepflegten setzen kann.

Kosten-Nutzen-Analyse

Es stellt sich die Frage, warum sich bestimmte Verhaltensweisen, wie etwa der Vogelzug, als Verhaltensstrategie über Generationen entwickelt haben. In diesem Zusammenhang spricht man in der Evolutionsbiologie von der Kosten-Nutzen-Analyse. Die Kosten sind hinsichtlich der reproduktiven Fitness als Verlust zu sehen (zum Beispiel erhöhter Energieaufwand, Zeitverlust) und stehen dem Nutzen, also dem Fitnessgewinn gegenüber. Je größer letzterer ist, desto stärker wird dieser durch Selektion gefördert.

Sexuelle Selektion

Zwischen männlichen und weiblichen Vertretern einer Art lassen sich zum Teil eindeutige Unterschiede im Aussehen feststellen. Man bezeichnet sie als Sexualdimorphismen (z. B. prächtige Federkleider, große Geweihe). Das Vorhandensein solcher Strukturen, die gegenüber den Weibchen (intersexuell) oder gegenüber anderen Männchen (intrasexuell) eine Signalwirkung haben, wirkt sich auf den Fortpflanzungserfolg aus. Es handelt sich also um eine innerartliche Form der Selektion, der sexuellen Selektion.

Die auffälligen phänotypischen Ausprägungen sind im Sinne der natürlichen Selektion häufig eher von Nachteil. Ein Beispiel hierfür ist die Schwanzlänge des Hausschweif-Widas, einem Vertreter der Webervögel, der bis zu 23 cm groß wird. Untersuchungen zur Aerodynamik haben ergeben, dass eine Schwanzlänge von 20 – 25 % im Verhältnis zur Körperlänge optimal ist. Für den Hausschweif-Wida würde sich so eine Länge von etwa 5 – 6 cm ergeben. Während der Paarungszeit erreicht der Schwanz eine Länge von bis zu 50 cm. In Bezug auf die Flugeigenschaft, die sowohl für das Fluchtverhalten als auch den Beutefang entscheidend sind, bedeutet dies einen Selektionsnachteil. Männchen mit längeren Schwanzfedern bauen jedoch mehr Nester mit verschiedenen Weibchen und zeugen mehr Nachkommen, was einen Selektionsvorteil darstellt.

Stammbäume

a. Systematik und phylogenetischer Stammbaum (ÜA 13)

Die heute benutzte Systematik der Pflanzen und Tiere geht auf CARL VON LINNÉ (1707 – 1778) zurück. Er gab den Lebewesen zweiteilige Namen (Gattung und Art) und ordnete sie auf der Basis von morphologischen Ähnlichkeiten. So fasste er ähnliche Arten zu Gattungen, ähnliche Gattungen zu Familien usw. zusammen. Dieses System von LINNÉ wird heute noch fast unverändert benutzt. Die Wirbeltiere werden z. B. in Klassen gegliedert: Fische, Amphibien, Reptilien, Vögel und Säuger. LINNÉ ging von der Konstanz der Arten aus.

Stammbäume werden u. a. aufgrund von Vergleichen, also durch Feststellung von Ähnlichkeiten und Unterschieden, erstellt (s. o. Ähnlichkeiten im Bauplan, Biochemie etc.). Aufgrund des unterschiedlichen Vergleichsmaterials können sie dann natürlich ganz verschieden aussehen. Der *Stammbaum der Wirbeltiere* in der folgenden Abbildung beruht auf dem Vergleich bestimmter Organe im Bauplan der Tiere.

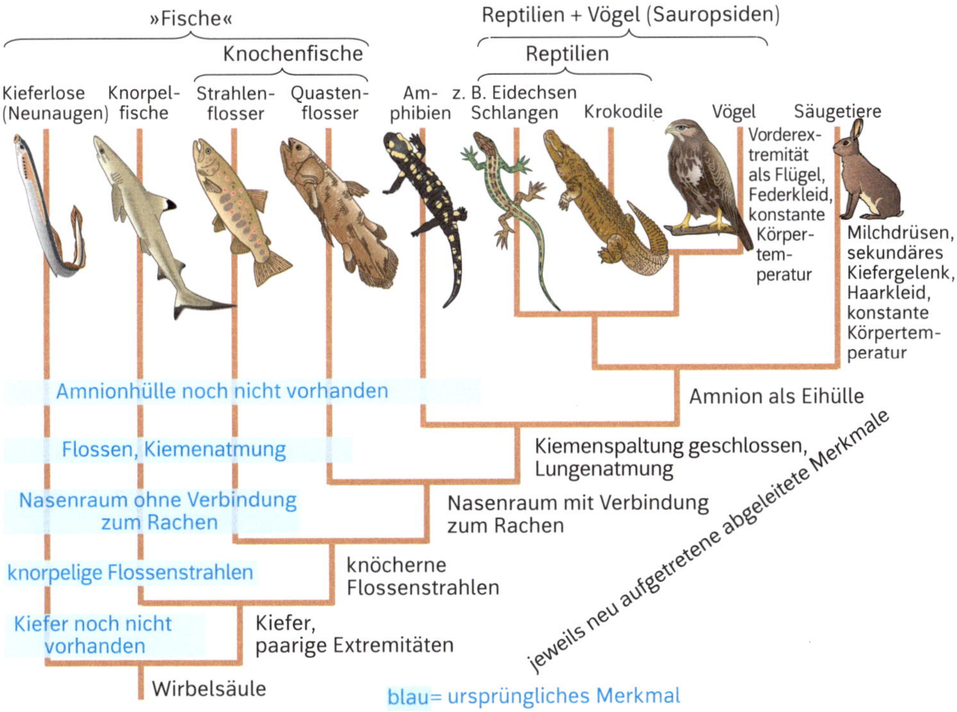

Stammbaum der Wirbeltiere

Vergleicht man dagegen funktionsgleiche Proteine bei unterschiedlichen Lebewesen, kann man aufgrund der Abweichungen in der Aminosäuresequenz einen anderen Stammbaum aufstellen. Das Protein Cytochrom C spielt eine zentrale Rolle in der Atmungskette (siehe S. 48) und kommt demnach in allen Lebewesen vor, die Zellatmung betreiben. Ein Vergleich der Aminosäuresequenz dieses Proteins zeigt, dass sie sich in bestimmten Positionen nicht unterscheidet. Diese Sequenzen sind demnach für die Funktion des Proteins unerlässlich. An den Positionen, an denen sich Unterschiede zeigen, sind Mutationen aufgetreten, die die Funktion des Proteins nicht beeinträchtigen. Der Annahme folgend, dass solche Mutationen gleich häufig auftreten, kann man diese Unterschiede zur Erstellung eines Stammbaumes nutzen. Es gilt, dass die stammesgeschichtliche Trennung der Lebewesen umso länger zurückliegt, umso mehr Unterschiede sich in der Aminosäuresequenz zeigen.

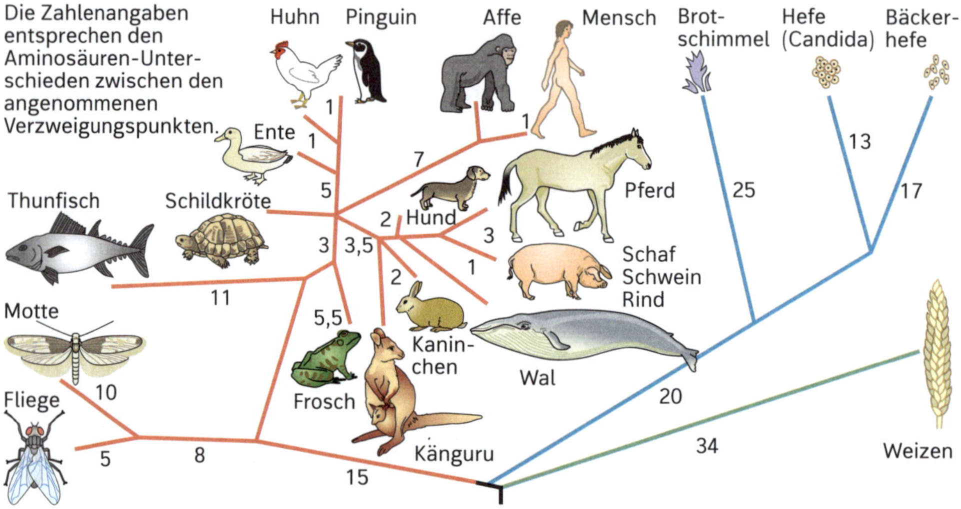

Stammbaum auf Basis des Vergleichs von Cytochrom C

Stammbaum der Primaten

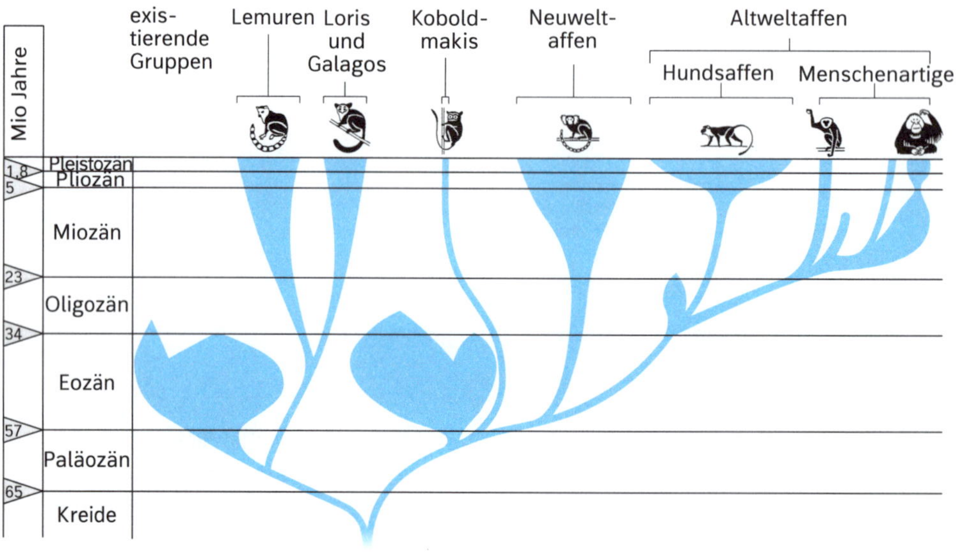

Stammbaum der Primaten

Schon LINNÉ hat den Menschen problemlos in sein System eingeordnet und ihn mit den Affen und Halbaffen zur Ordnung der Primaten (Herrentiere) zusammengefasst. Durch neuere Erkenntnisse konnte die Klassifikation der Primaten verfeinert und mithilfe weiterer Methoden zu einer Erstellung des Stammbaums der Primaten genutzt werden.

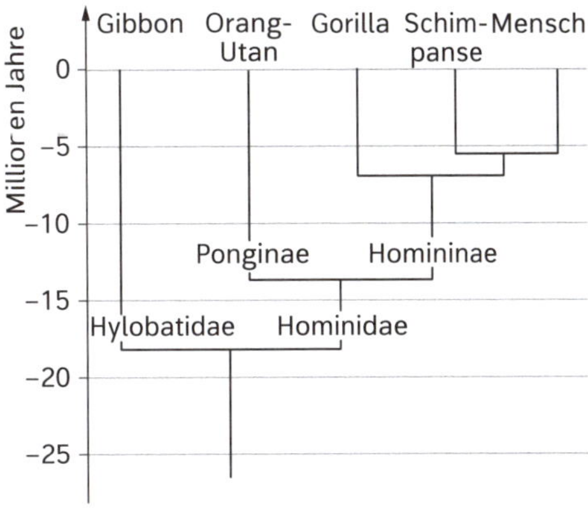

Stammbaum der Hominoiden

Oft unterstützen unterschiedliche Hinweise die gleiche Hypothese über die stammesgeschichtliche Entwicklung. Manchmal können diese Hinweise auch widersprüchlich sein. Dann können verschiedene Hypothesen aufgestellt werden und somit unterschiedliche Stammbäume erstellt werden. Wichtig ist: Stammbäume sind nur Hypothesen und sind nicht immer widerspruchsfrei. Sie können je nach Gewichtung der verschiedenen Hinweise unterschiedlich sein und sich im Laufe der Zeit ändern.

Methodischer Hinweis: Umgang mit phylogenetischen Stammbäumen

In einem phylogenetischen Stammbaum werden Taxa mit einem gemeinsamen Merkmal (z. B. Körperbehaarung oder gelbe Samenfarbe) zu Gruppen zusammengefasst. Dabei unterscheidet man drei Typen:

1) Die **monophyletische Gruppe** umfasst eine Stammform und alle von ihr abstammenden Taxa (hier A, B, C) mit dem gemeinsamen Merkmal. Das gemeinsame Merkmal geht auf den gemeinsamen Vorfahren zurück, seine Ursache liegt in der Verwandtschaft der Taxa.
2) Die **paraphyletische Gruppe** umfasst eine Stammform und viele von ihr abstammenden Taxa (hier G, H, I) mit dem gemeinsamen Merkmal. Das gemeinsame Merkmal geht ebenfalls auf den gemeinsamen Vorfahren zurück, seine Ursache liegt in der Verwandtschaft der Taxa, wobei ein Taxon (hier J) oder mehrere Taxa ein neues Merkmal entwickelt bzw. das bestehende Merkmal verloren haben.
3) Die **polyphyletische Gruppe** umfasst Taxa (hier D, E, F) mit einem gemeinsamen Merkmal aus verschiedenen Stammformen. Das gemeinsame Merkmal geht auf konvergente Entwicklung (Analogie) zurück.

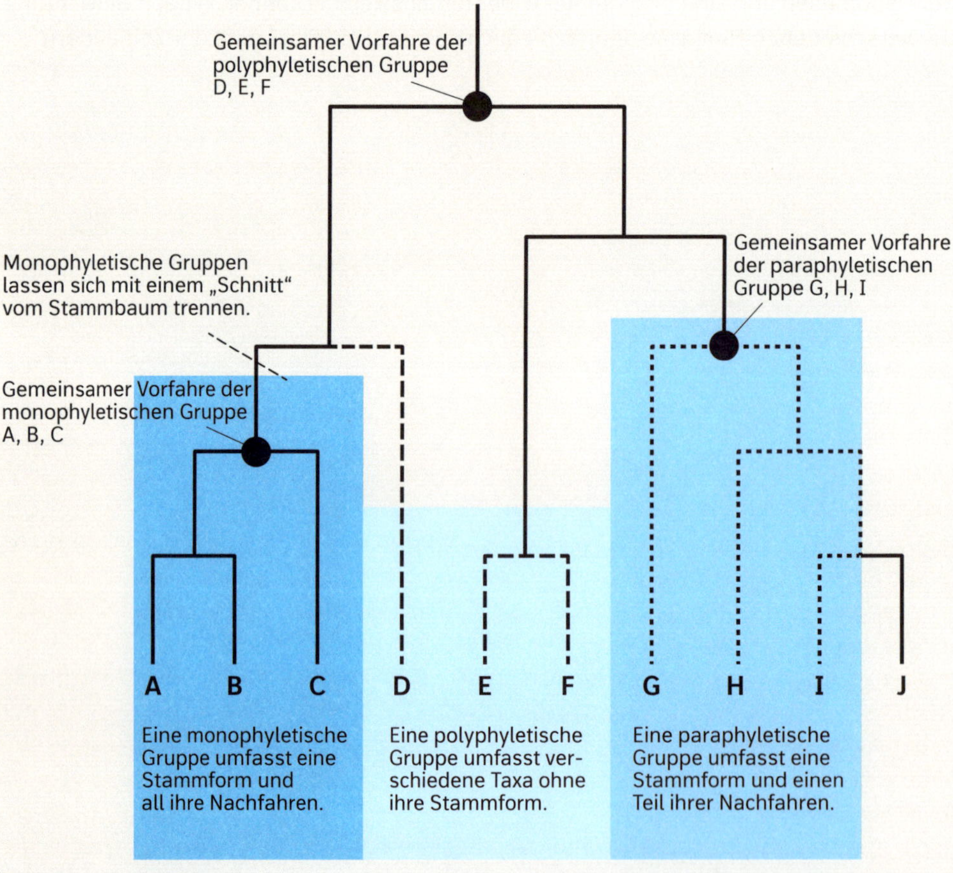

Phyletische Gruppen

Evolution des Menschen (nur LK; ÜA 12)

Der Mensch prägt das Leben auf unserer Erde auf eine besondere Art. Doch was macht die Art *Homo sapiens* aus? Wie entstand sie?
Lange Zeit ging man davon aus, dass die Entwicklung des modernen Menschen geradlinig verlief, wie z. B. vom *Australopithecus* über den *Homo erectus* zum *Neandertaler* und letztlich zum *Homo sapiens* verlief. Diese Einschätzungen wurden in den letzten Jahren zum einen durch neue Fossilfunde und zum anderen durch Fortschritte in der Analyse der Fossilien falsifiziert. So geht man heute eher von einem Stammbusch des Menschen aus, der verdeutlicht, dass die Evolution des Menschen nicht linear, sondern weit verzweigt verlief. Beispiele dafür, dass die Evolutionsgeschichte der Menschheit stetig umgeschrieben werden muss, sind etwa der Fund von Fußspuren im Jahre 2019 in Tansania, die nachweisen, dass in Laetoli zwei unterschiedliche *Australopithecus*-Arten lebten. Mithilfe genetischer Analysen konnte gezeigt werden, dass sich frühe Vertreter der Homini untereinander kreuzten und so zum Genpool des modernen Menschen beitrugen.
Man geht davon aus, dass sich der moderne Mensch in Afrika entwickelte und von dort Asien und Europa eroberte. Doch während man noch vor wenigen Jahren annahm, dass der *Homo sapiens* vor etwa 200 000 Jahren den Kontinent verließ, zeigen neuere Funde, dass dies schon etwa 100 000 Jahre eher geschah.
Ein Schlüsselmerkmal in der Entwicklung der Homini ist der aufrechte Gang. Es ist nicht ganz klar, wann sich die Entwicklungslinien von Menschen und Menschenaffen trennten. Eine Rekonstruktion des *Aridipithecus ramidus* aus vielen Knochenteilen, die 4,4 Mio. Jahre alt sind, hat gezeigt, dass diese Homini bereits in der Lage waren, auf zwei Beinen zu gehen. Es gibt verschiedene Hypothesen, warum es sich als Selektionsvorteil erwies auf zwei Beinen laufen zu können. So ist es möglich, dass der aufrechte Gang Vorteile brachte, weil sich der Lebensraum vom Wald hin zur Savanne veränderte (Savannen-Hypothese), und oder, dass die vorderen Extremitäten statt für die Fortbewegung für andere Aktivitäten, wie z. B. den Nahrungstransport frei waren. Eine weitere Hypothese beruht darauf, dass frühe Homini vor allem auch in Wassernähe und Uferbereichen auf Nahrungssuche gingen und der aufrechte Gang hier einen Selektionsvorteil bedeutete (als Aquatic-Ape-Hypothese bezeichnet). Für die Einordnung von Fossilfunden gilt, dass die Lage und Größe des Hinterhauptloches im Schädel, die From des Beckens sowie die S-förmige Wirbelsäule Aufschluss darüber liefert, wie sehr der Organismus an den aufrechten Gang angepasst war. In der Entwicklung der Menschen zeigt sich auch eine Zunahme des Hirnvolumens. So hatte der o. g. *Aridipithecus ramidus* ein Hirnvolumen von 350 ml, der *Homo erectus* von 750 – 1250 ml, der *Homo neandertalensis* von 1200 – 1750 ml und der *Homo sapiens* von 1100 – 1650 ml. Im Vergleich der letztgenannten Arten wird deutlich, dass das Hirnvolumen allein nicht für das Überleben einer Art entscheidend war, denn der *Homo neandertalensis* verschwand vor ca. 35 000 Jahren von unserem Planeten. Neandertaler-DNA findet sich jedoch zu etwa 2 % in allen Europäern, nicht aber in Menschen, die südlich der Sahara leben. Auch hier konnte die moderne Genetik, bzw. die Analyse und der Vergleich von *Neandertaler*- und *Homo sapiens*-Genom zeigen, dass die Entwicklung des modernen Menschen nicht linear ablief. Die Eroberung

weiterer Kontinente (Asien und Europa) startete mit dem *Homo erectus*, der sich durch eine reduzierte Körperbehaarung, der Verwendung von feineren Werkzeugen und Feuer auszeichnete. In Europa bot sich ein deutlich kälterer Lebensraum und so entwickelte sich über tausende Generationen der *Homo neandertalensis*, während sich in Afrika der *Homo sapiens* entwickelte. Der Lebensraum in Afrika veränderte sich und einige Vertreter der *Homo sapiens* gelangen in den Mittelmeerraum und Europa, wo sie auf den *Homo neandertalensis* trafen und diesen letztendlich verdrängten.

Das Erbgut von *Homo sapiens* und Schimpansen stimmt zwar zu etwa 95 % überein und doch sind zahlreiche anatomisch-morphologische Unterschiede offensichtlich: Die Schädelform zeigt beim Schimpansen kräftige Überaugenwülste und eine vorspringende Schnauze. Die Lage des Hinterhauptlochs beim Menschen, das verbreiterte und verkürzte Becken und die S-förmige Wirbelsäule, die die Anatomie des Menschen ausmachen, befähigen ihn zum aufrechten Gang. Auch die Füße weisen deutliche Unterschiede auf, da Schimpansen einen Greiffuß und die Menschen einen Standfuß haben.

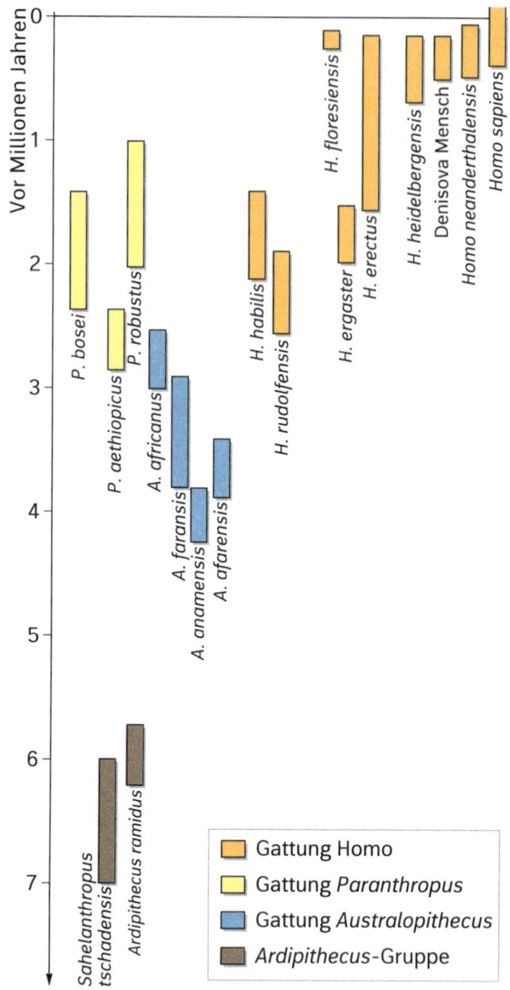

Stammbusch des Menschen

Kulturelle Evolution

Neben der biologischen Evolution spielt bei der Entwicklung des Menschen von seinen Vorfahren bis zum heute lebenden modernen Menschen die kulturelle Evolution eine entscheidende Rolle. Das bedeutet, dass bestimmte Verhaltensmuster nicht angeboren sind, sondern durch Erfahrung oder Nachahmung übernommen werden. Geschieht dies über Generationen hinweg, spricht man von Traditionen. Solch erlernte Verhaltensmuster sind jedoch nicht ausschließlich beim Menschen, sondern beispielsweise auch bei Menschenaffen, Vögeln und Walen zu beobachten.

Vor etwa 2,5 Millionen Jahren begannen unsere Vorfahren Steinwerkzeuge zu nutzen. Dies sehen einige Wissenschaftler als die Entwicklung einer Möglichkeit die damals aufgrund von starker Trockenheit vorrangig hartschaligen und hartfaserige Nahrung verwerten zu können. Auch bei Primaten ist ein Gebrauch von Werkzeugen zu beachten, so stellen Schimpansen ihre eigenen Werkzeuge her. Doch die kulturelle Evolution des Menschen scheint vor allem durch die Entwicklung des kollaborativen Verhaltens und die Entwicklung der Sprache, zunächst in gesprochener und später auch in schriftlicher Form, zu sein. Die technischen Entwicklungen, die der moderne Mensch hervorgebracht hat und hervorbringt, bewirken, dass die biologischen Eigenschaften des modernen Menschen nicht eine unmittelbare Anpassung an die Umwelt darstellen, sondern dass der moderne Mensch die Umwelt an seine Bedürfnisse anpasst und verändert. Einige Beispiele sind hier die Rodung von Wäldern zur Erschließung neuer Siedlungsgebiete mit Behausungen und Nutzflächen, die Verwendung von Feuer, das Tragen von Kleidern bis hin zur Domestizierung von Tieren und Züchtung von Pflanzen. Essenziell für die Weitergabe der erlernten Fähigkeiten ist die Kommunikation sowohl in gesprochener als auch in schriftlicher Form. Die kulturelle Evolution läuft sehr viel schneller ab als die biologische Evolution. Es ist unter Wissenschaftlern strittig, ob diese Unterscheidung überhaupt zutreffend ist und die Zukunft wird zeigen, ob bzw. inwiefern die rasanten Entwicklungen im technologischen Bereich, sich auf die biologische Evolution des Menschen auswirken werden.

Basiskonzepte zum Inhaltsfeld Genetik und Evolution (Grund- und Leistungskurs)
Struktur und Funktion – Kompartimentierung bei der eukaryotischen Proteinbiosynthese
Stoff- und Energieumwandlung – Energiebedarf am Beispiel von DNA-Replikation und Proteinbiosynthese
Information und Kommunikation – Codierung und Decodierung von Information bei der Proteinbiosynthese
Steuerung und Regelung – Prinzip der Homöostase bei der Regulation der Genaktivität
Individuelle und evolutive Entwicklung – Selektion bei Prozessen des evolutiven Artwandels

4 Übungsaufgaben

Aufgabe 1: Schmerzen

Erregungsentstehung, Erregungsleitung, Synapsenvorgänge

Einleitung

Jeder dritte Europäer leidet einmal pro Woche unter Schmerzen, mancher vor allem an chronischen, also dauerhaften Schmerzen. Schmerzforscher suchen nach Lösungen, um nicht nur akute, sondern gerade auch chronische Schmerzen nachhaltig zu lindern.

AUFGABENSTELLUNG

1 **Erläutern** Sie die Entstehung von Schmerzen:
(a) **Stellen** Sie allgemein **dar**, wie eine Sinneszelle durch einen Reiz erregt werden kann und **erläutern** Sie, in welcher Form und unter welchen Bedingungen die Erregung weitergeleitet wird.
(b) **Stellen Sie eine Hypothese auf** über die Entstehung von Schmerzerregungen in den freien Nervenzellen (M1) und ihre Modulation durch Prostaglandine (M5).

2 **Erläutern** Sie die Erregungsleitung:
(a) **Erläutern** Sie, wie eine Erregung über ein Axon geleitet wird. Vergleichen Sie dazu die kontinuierliche mit der saltatorischen Erregungsleitung.
(b) **Begründen** Sie, welcher der beiden Fasertypen des Schmerz wahrnehmenden Systems (M2 und M1) den ersten und welcher den zweiten Schmerz von der Hand zum ZNS leitet.

3 **Erläutern** Sie auch mithilfe von M3 die Weitergabe der Schmerzerregung an die Neuronen der Schmerzbahn im Hinterhorn des Rückenmarks.

4 **Beschreiben** Sie Veränderungen der synaptischen Verschaltung (M4) der Schmerzbahn im Hinterhorn des Rückenmarks bei chronischen Schmerzen, und **entwickeln Sie eine Hypothese** über den Mechanismus des Schmerzgedächtnisses.

5 (a) **Erklären** Sie die schmerzlindernde Wirkung von Aspirin.
(b) **Begründen** Sie, warum eine fortgesetzte Einnahme von Aspirin die Magenwände angreifen kann.

Material

M1 Nozizeptoren

Die freien Nervenendigungen der Schmerzfasern reichen bis in die Oberhaut. Sie werden als Schmerzrezeptoren oder Nozizeptoren bezeichnet. Ihre Membranen enthalten Rezeptoren, die z. B. auf Serotonin oder auf Acetylcholin ansprechen. Bei Verwundungen der Haut wird Serotonin von den Blutplättchen an der verletzten Stelle freigesetzt und verengt dort kleine Blutgefäße, sodass die Wunde schneller geschlossen wird. Serotonin ist zugleich auch ein Neurotransmitter, der ähnlich wie z. B. Acetylcholin in chemischen Synapsen für die Erregungsübertragung von einem Neuron auf das nächste Neuron als Botenstoff wirkt.

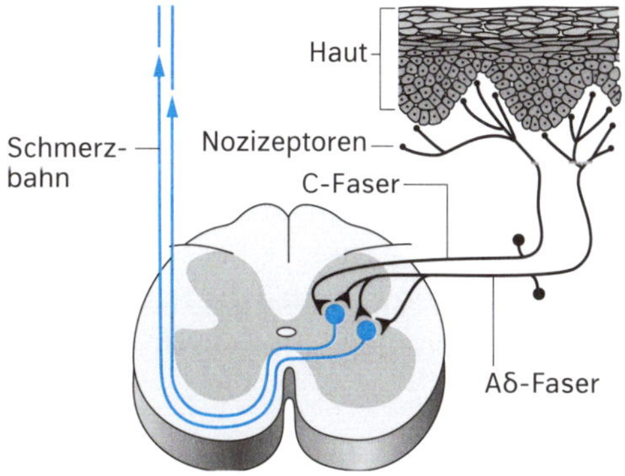

M1 Nozizeptoren der C-Fasern und Aδ-Fasern sind die reizaufnehmenden Strukturen der Schmerzbahn

M2 Zwei Arten von Schmerzfasern

Beim Öffnen einer Konservendose kann es vorkommen, dass man sich an der scharfen Kante des Dosendeckels schneidet. Ein erster stechend brennender Schmerz zeigt die Verletzung an. Die Wunde wird versorgt und ein Pflaster verhindert die Blutung. Erst jetzt setzen je nach Schwere der Verletzung bohrende dumpfe Schmerzen ein. Dafür macht man zwei Arten von Schmerzfasern des Schmerz wahrnehmenden Systems verantwortlich: Aδ-Fasern sind relativ dicke Axone (ca 3 – 5 µm), die von einer Myelinscheide umhüllt sind. C-Fasern sind dünn (ca 1 µm) und nicht von einer Myelinscheide umhüllt.

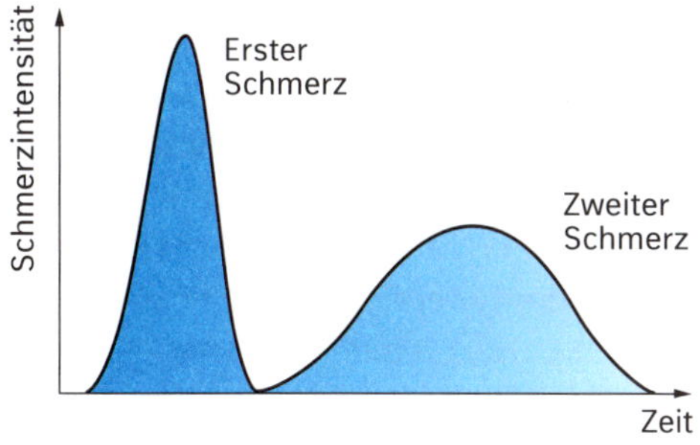

M2 zeitlicher Verlauf unterschiedlicher Schmerzwahrnehmungen nach einer Verletzung

M3 Synaptische Verschaltung der Schmerzbahn im Rückenmark

Über Synapsen im Hinterhorn des Rückenmarks werden akute Schmerzerregungen an das Gehirn weitergeleitet.

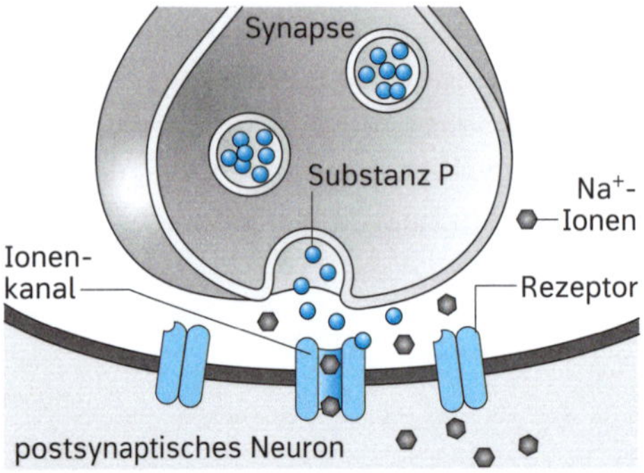

M3 Synapse aus der Schmerzbahn im Hinterhorn des Rückenmarks

M4 Veränderungen chemischer Synapsen der Schmerzbahn im Hinterhorn des Rückenmarks

Durch lang anhaltende oder besonders starke Schmerzreize werden die Neuronen im Hinterhorn des Rückenmarks verändert. Die dadurch hervorgerufenen physiologischen Veränderungen bezeichnet man als Schmerzgedächtnis.

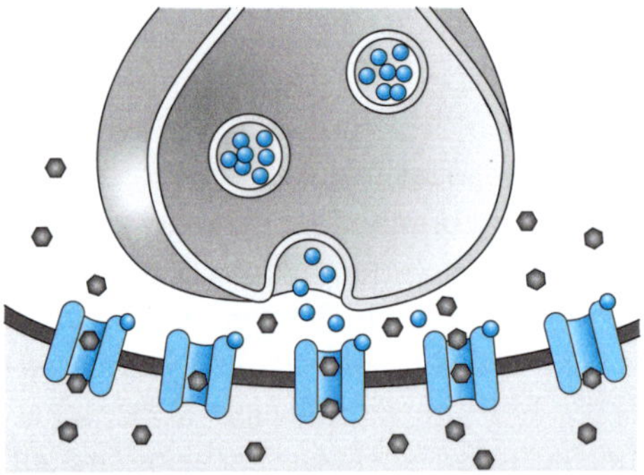

M4 veränderte Synapse aus der Schmerzbahn im Hinterhorn des Rückenmarks

M5 Prostaglandine und Acetylsalicylsäure

Prostaglandine werden von zwei Enzymen in unterschiedlichen Geweben synthetisiert, COX-1 und COX-2. Während COX-1 in den blutgerinnungsauslösenden Blutplättchen (Thrombozyten) vorkommt, wird COX-2 in entzündeten oder verletzten Geweben synthetisiert. Die Prostaglandine aktivieren bei Verletzungen der Haut die Thrombozytenaggregation und fördern somit den Wundverschluss. Sie fördern allerdings auch Entzündungsreaktionen und senken dabei gleichzeitig den Schwellenwert in den Schmerzrezeptoren. Zudem hemmen sie die Sekretion von Magensaft.

Acetylsalicylsäure (ASS) ist ein Schmerzmittel, das unter dem Namen Aspirin bekannt ist. Es hemmt die Enzyme COX-1 und COX-2, indem sie in der Aminosäurekette der Enzyme kurz vor dem aktiven Zentrum einen Acetylrest auf Serin überträgt

Lösungen

1. (a) Freie Nervenendigungen oder auch Sinneszellen können einen adäquaten Reiz über ihre Membranrezeptoren aufnehmen. Dabei wird ein Reiz in Erregung umgewandelt, indem durch den ankommenden Reiz die Membran für Kationen (meist Na^+-Ionen) durchlässig wird, sodass diese in die Zelle diffundieren: Die Membran wird depolarisiert. Das Ruhepotenzial der Zelle wird herabgesetzt und es entsteht ein Generator- bzw. Rezeptorpotenzial. Die Höhe der Potenzialänderung entspricht dabei der Größe des ankommenden Reizes. Ob die hervorgerufene Erregung zum Gehirn weitergeleitet wird, hängt davon ab, ob ein Schwellenwert erreicht wird. Ist dies der Fall, wird die Erregung in Form von Aktionspotenzialen (APs) weitergeleitet. Die Anzahl der APs pro Zeiteinheit entspricht dabei der Höhe des Generatorpotenzials und die Dauer der AP-Frequenz der Dauer des Reizes. Die APs folgen dem Alles-oder-Nichts-Gesetz, d. h. ihre Höhe ist immer gleich groß.
   (b) Serotonin wird an den verletzten Stellen der Haut freigegeben. Es stellt somit den Schmerzreiz dar. Werden die Serotoninrezeptoren der freien Nervenendigungen von Serotonin besetzt, öffnen sich Na^+-Ionenkanäle, sodass es zu einem Rezeptorpotenzial kommt. Die Stärke dieses lokalen Potenzials hängt von der Anzahl der andockenden Serotoninmoleküle ab. Erreicht es den Schwellenwert, werden APs zum Gehirn geleitet, die im Schmerzzentrum die Schmerzempfindung hervorrufen. Prostaglandine können den Schwellenwert herabsetzen, sodass die Anzahl der APs und somit auch die Schmerzwahrnehmung durch ihre Zugabe erhöht werden.
2. (a) In Axonen von Nervenzellen wird die Erregung in Form von APs weitergeleitet. Je nachdem, ob das Axon myelinisiert, das heißt von SCHWANNschen Zellen umgeben ist oder nicht, unterscheidet man zwei verschiedene Arten der Weiterleitung: Bei marklosen Nervenfasern, d. h. bei fehlender Myelinisierung, wird das AP über das Axon von Abschnitt zu Abschnitt übertragen, indem der vorhergehende Abschnitt ein AP an dem benachbarten, noch nicht erregten Abschnitt, auslöst. Der vorhergehende Abschnitt ist dann bereits in der Repolarisationsphase, während am benachbarten eine Potenzialänderung ausgelöst werden kann, sodass dort ein AP erfolgt. Diese Form der Weiterleitung ist relativ langsam. Die Leitungsgeschwindigkeit kann durch eine Verdickung des Axons vergrößert werden. Bei Axonen, die von einer Myelinscheide umhüllt sind, findet die saltatorische Erregungsleitung statt. Die Myelinscheide wird von SCHWANNschen Zellen gebildet und ist deshalb im Abstand von 0,2 mm bis 1,5 mm unterbrochen. Diese Unterbrechungen heißen RANVIERsche Schnürringe. Die zur Erzeugung des AP nötigen spannungsabhängigen Na^+-Kanäle befinden sich nur an den RANVIERschen Schnürringen. Ein AP, das an einem Schnürring entsteht, löst ein nächstes AP erst am nächsten Schnürring aus. Da die APs nicht kontinuierlich an der Membran entlang laufen wie bei marklosen Fasern, sondern von Schnürring zu Schnürring springen, nennt man dies eine saltatorische Erregungsleitung. Sie ist viel schneller und verbraucht weniger Energie als die kontinuierliche Form.
   (b) Da die Aδ-Fasern relativ dicke Axone und von einer Myelinscheide umhüllt sind, leiten sie schneller als die dünnen marklosen C-Fasern. Der erste stechend brennende Schmerz kommt also durch die Erregung der Aδ-Fasern, der zweite dumpfe Schmerz durch die Erregung der C-Fasern zustande.

3. An der Synapse im Hinterhorn des Rückenmarks laufen Aktionspotenziale ein, die die Ca^{2+}-Kanäle im synaptischen Endknöpfchen des Axons der sensorischen Nervenzelle öffnen, sodass Calciumionen in das Endknöpfchen einströmen. Dies bewirkt die Verschmelzung der mit der Substanz P gefüllten synaptischen Bläschen mit der präsynaptischen Membran und so eine Transmitterausschüttung der Substanz P. Diese diffundiert durch den synaptischen Spalt und verbindet sich mit den Rezeptoren der postsynaptischen Membran, sodass sich dort Na^{+}-Kanäle öffnen und Natriumionen in die postsynaptische Nervenzelle gelangen. Dadurch wird ein EPSP (exzitatorisches postsynaptisches Potenzial) an der postsynaptischen Membran ausgelöst. Diese postsynaptische Erregung wird unter Abschwächung (Dekrement) weitergeleitet. Erreicht sie am Axonhügel den Schwellenwert, entstehen dort wieder Aktionspotenziale, die über das Axon des Neurons weitergeleitet werden.
4. Lang anhaltende oder besonders starke Schmerzreize bewirken an der Synapse des Hinterhorns eine Vermehrung von postsynaptischen Rezeptoren für die Substanz P. Dadurch können die Substanz-P-Moleküle bei ihrer Ausschüttung in den synaptischen Spalt gleichzeitig an mehr Rezeptoren andocken als es ohne anhaltende Schmerzen der Fall wäre. Die Folge sind stärkere postsynaptische Potenziale, die stärkere und länger andauernde Schmerzen verursachen. So wird die Schmerzbahn für ankommende Erregungen sensibilisiert. Man spricht vom Schmerzgedächtnis.
5. (a) Die Wirkungsweise von ASS bzw. Aspirin beruht darauf, dass es die Enzyme COX-1 und COX-2 hemmt, die für die Produktion von Prostaglandinen zuständig sind. Prostaglandine senken die Reizschwelle der Schmerzrezeptoren bei Verletzungen und Entzündungen; dementsprechend steigt mit hoher Prostaglandinkonzentration auch die Schmerzempfindlichkeit eines Gewebes, das sich an und um eine Verletzung befindet. Diese Konzentration ist bei Entzündungen besonders hoch, da die COX-2-Synthese und damit die Produktion von Prostaglandinen durch Entzündungen und Verletzungen ausgelöst wird. Aufgrund der Enzymhemmung wirkt Aspirin daher nicht nur schmerz- sondern auch entzündungshemmend.
   Aspirin verändert das aktive Zentrum der Enzyme, sodass diese die erforderlichen Substrate für die Prostaglandinsynthese nicht mehr anlagern und umsetzen können.
   (b) Weil Prostaglandine zudem die Sekretion von Magensäuren hemmen, wird bei längerer oder höherer Dosierung von ASS zu viel Magensaft gebildet.

Bewertungseinheiten:
74, davon AFB I: 24 BE (32 %); AFB II: 36 BE (49 %); AFB III: 14 BE (19 %)

Materialgrundlage:
Campbell N. A., Reece J. B.: Biologie. Spektrum Akademischer Verlag Heidelberg 2003
Feldermann D.: Was schmerzt denn da? In: LINDER Biologie. Neurobiologie. Sekundarstufe 2. Abitur- und Klausurtrainer. CD-ROM. Schroedel 2009
Hedewig R.: Die Haut – ein vielseitiges Organ. In: Unterricht Biologie, (1989) 142, S. 4 – 13
http://www.sinnesphysiologie.de/hvsinne/schmerz/schmerzin.htm

Aufgabe 2: Die Gifte der Kegelschnecken

Funktion des Neurons, Erregungsentstehung, Erregungsleitung, Synapsenvorgänge einschließlich molekularer Grundlagen, synaptische Verschaltung

Einleitung

Kegelschnecken (Conidae) sind schön gemusterte Schnecken mit einem 5 bis 15 cm großen kegel- bzw. konusförmigen Haus. Die Gattung Conus ist mit rund 500 verschiedenen Arten im gesamten indo-pazifischen Raum verbreitet, wo sie besonders die flachen und warmen Korallenriffe besiedeln. Alle Kegelschnecken sind Raubtiere, die überwiegende Zahl jagt Würmer oder Schnecken. An die 70 Arten haben sich auf die Jagd nach Fischen spezialisiert.

AUFGABENSTELLUNG

1 **Beschreiben** Sie zusammenfassend die Abläufe während eines Aktionspotenzials an der Axonmembran eines Neurons und **skizzieren** Sie die Veränderungen des Membranpotenzials im Verlaufe eines Aktionspotenzials.

2 **Skizzieren** Sie den Verlauf eines Aktionspotenzials unter dem Einfluss von δ-Conotoxin und **erläutern** Sie die Folgen für den Beuteorganismus. **Vergleichen** Sie diese Folgen anschließend mit der Wirkung von κ-Conotoxin.

3 **Stellen** Sie die Entstehung eines EPSP und eines IPSP **dar**. Beschränken Sie sich dabei auf die Vorgänge an der postsynaptischen Membran. **Erläutern** Sie die Wirkungsweise von α-, und μ-Conotoxinen und die Folgen für den Beuteorganismus.

4 **Beurteilen** Sie, inwieweit sich ω-Conotoxine zum möglichen Einsatz in der Schmerztherapie eignen. **Beziehen** Sie in diesem Zusammenhang auch zur Verabreichungsform (Tabletten, Injektion, Injektionsort) **Stellung**.

Material

M1 **Basisinformationen**

Fischfressende Kegelschnecken lauern in der Regel im Boden eingegraben und bieten vorbeischwimmenden Fischen ihr Atemrohr, den Sipho, als Köder an. Wenn der Fisch den Köder angreift, fährt die Schnecke die rüsselartig verlängerte Schnauze aus und schießt dem Fisch einen Giftpfeil ins Maul. Das Gift wird in einem langen schlauchförmigen Giftkanal gebildet und in der Giftblase gespeichert. (M1 a). Der sackförmige Anhang des Schlundes enthält die pfeilförmige „Harpune“,die in den Schlund transportiert, mit Gift geladen und aus dem Schlundrohr in die Beute geschossen wird (M1 b und c).

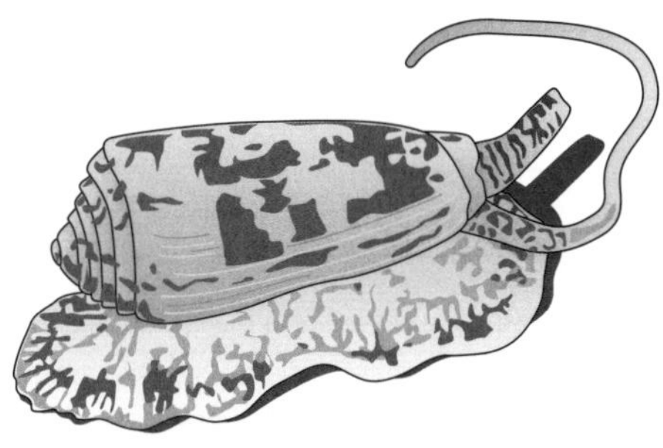

M1 Giftapparat der Kegelschnecke

M2 Gifte der Kegelschnecke

Das Gift einer Kegelschnecke besteht nicht aus einem einzigen Giftstoff, sondern aus einem Gemisch unterschiedlicher Stoffe. Jede Kegelschneckenart hat anscheinend einen arttypischen Satz von 50 – 200 Conotoxinen. Es gibt also Tausende unterschiedlicher Conotoxine, eine Vielfalt, die im Tierreich ohne Beispiel ist.
Kegelschneckengifte sind Oligopeptide, also kleine Eiweißverbindungen, die aus 10 bis 30 Aminosäuren bestehen. Man unterscheidet fünf Conotoxinfamilien (α-, μ-, ω, κ- und δ-Conotoxine). Die Toxine werden nach ihren Zielen im Beuteorganismus zusammengefasst.

Conotoxin	Ansatzstelle / Wirkung
α-Conotoxine	blockieren die Rezeptoren für Acetylcholin an neuromuskulären Synapsen
δ-Conotoxine	verhindern die Inaktivierung der spannungsgesteuerten Na^+-Ionenkanäle am Axon eines Neurons
κ-Conotoxine	blockieren die spannungsgesteuerten K^+-Ionenkanäle am Axon eines Neurons
μ-Conotoxine	blockieren die Na^+-Ionenkanäle in der postsynaptischen Membran neuromuskulärer Synapsen
ω-Conotoxine	blockieren die Ca^{2+}-Ionenkanäle an Synapsen des N-Typs mit dem Transmitter Glutamat (siehe M3)

M3 Ausschnitt aus der Schmerzbahn

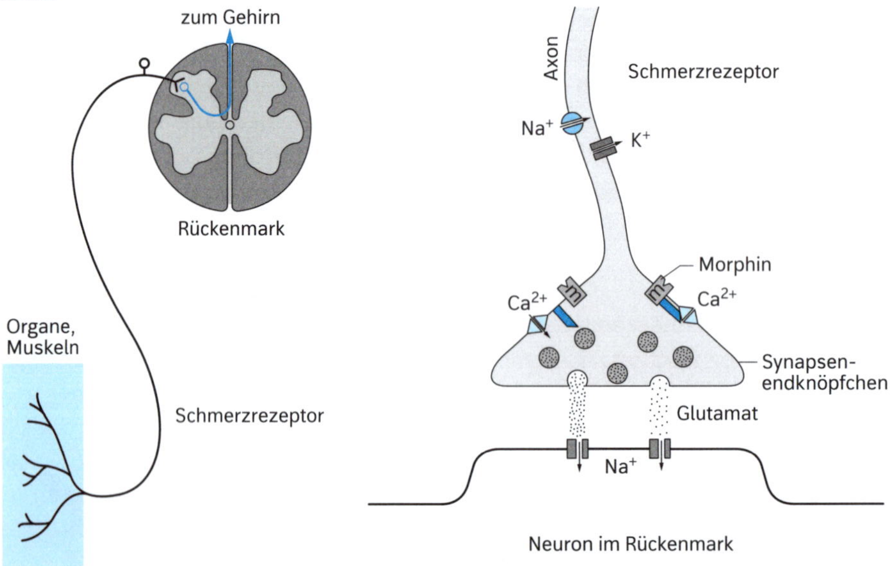

M3 Schmerzweiterleitung über das Rückenmark an Synapsen des N-Typs

Schmerzrezeptoren durchdringen mit einem Geflecht von Nervenendigungen nahezu alle äußeren und inneren Organe, die Muskeln und Gelenke. Schmerz-signale entstehen durch die Erregung dieser spezialisierten Sinnesnervenzellen, die nur durch sehr starke

Reize wie Verletzungen oder Verbrennungen ausgelöst und weitergeleitet werden. M3 zeigt den Mechanismus der Weiterleitung bis zur Wahrnehmung im Gehirn.
Zur Unterbrechung dieser Erregungsleitung werden in der Schmerztherapie auch Opiate wie z. B. Morphin eingesetzt. Morphin bindet in den dargestellten Synapsen des N-Typs an Rezeptoren der Ca^{2+}-Ionenkanäle und verhindert somit die Öffnung dieser Ionenkanäle. Als Folge kommt es zu einer Verminderung der Glutamat-Ausschüttung. Bei längerfristigem Einsatz von Morphin kommt es allerdings zur verstärkten Bildung neuer, zusätzlicher Rezeptoren, sodass die Dosis bei gleicher Wirkung stetig erhöht werden muss, was zu stärkeren Nebenwirkungen führt.

Lösungen

1. Als Aktionspotenzial bezeichnet man eine starre Abfolge von Spannungsänderungen. Im Ruhezustand (I) sind die spannungsgesteuerten Na^+- und K^+-Ionenkanäle geschlossen. Überschreitet die Erregung eine bestimmte Schwelle, kommt es zur Depolarisationsphase (II). Die spannungsgesteuerten Na^+-Ionenkanäle werden geöffnet, woraufhin Na^+-Ionen ihrem Konzentrationsgefälle folgend in das Cytoplasma strömen. Die Spannung über der Membran steigt bis auf circa +30 mV.
   In der sich nun anschließenden Repolarisationsphase (III) werden die spannungsgesteuerten Na^+-Ionenkanäle (zeitgesteuert nach 1 bis 2 ms) inaktiviert und schließen. Die sehr viel langsamer arbeitenden spannungsgesteuerten K^+-Ionenkanäle öffnen erst jetzt voll. K^+-Ionen strömen ihrem Konzentrationsgefälle folgend nach außen. Das Membranpotenzial wird negativer. Da die spannungsgesteuerten K^+-Ionenkanäle langsam schließen, kommt es zu einer kurzfristigen Hyperpolarisation (IV). In dieser Phase sinkt das Membranpotenzial noch unter den Wert im Ruhezustand. Anschließend stellt die Na^+-K^+-Pumpe die ursprüngliche Ionenverteilung wieder her.

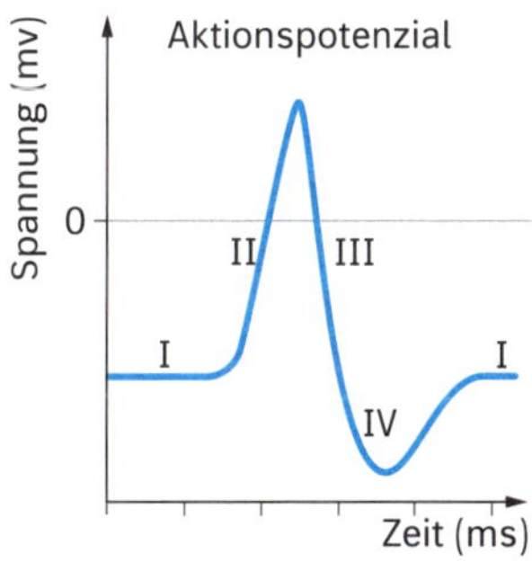

2. Unter Einfluss von δ-Conotoxin lässt sich ein Aktionspotenzial auslösen, sobald der Schwellenwert überschritten ist. Nach der Depolarisation kommt es dann aber nur zu einer stark abgeschwächten Repolarisationsphase. Da δ-Conotoxin eine Inaktivierung der spannungsgesteuerten Na^+-Ionenkanäle verhindert, strömen auch während der Repolarisationsphase Na^+-Ionen ihrem Konzentrationsgefälle folgend in das Axon und sorgen für eine anhaltende Depolarisation. Hieraus resultieren eine Dauererregung der betroffenen Neuronen und Krämpfe der angeschlossenen Muskulatur, die zum Tod oder zumindest zur Immobilität des Beuteorganismus führen.
   κ-Conotoxine blockieren zwar die spannungsgesteuerten K^+-Ionenkanäle des Axons, führen aber zu denselben Folgen für den Beuteorganismus. Eine Blockierung dieser Ionenkanäle verhindert ebenfalls die Repolarisation der Axonmembran. Auch in diesem Fall liegen eine andauernde Depolarisation des Neurons mit Dauererregung nachfolgender Neurone und Muskelkrämpfen vor.

3. Ein EPSP (exzitatorisches postsynaptisches Potenzial) führt zu einer Depolarisation der postsynaptischen Membran. Dies geschieht, indem durch Transmitterwirkung Na+-Ionenkanäle geöffnet werden und Na^+-Ionen, ihrem Konzentrationsgefälle folgend, in die postsynaptische Zelle einströmen.
   Ein IPSP (inhibitorisches postsynaptisches Potenzial) führt zu einer verstärkten Polarisation der postsynaptischen Membran. Dies geschieht, indem K^+- oder Cl^--Ionenkanäle geöffnet werden und K^+-Ionen in das extrazelluläre Milieu oder Cl^--Ionen in das Cytoplasma gelangen.
   α- und μ-Conotoxine wirken an der motorischen Endplatte, damit also an exzitatorischen neuromuskulären Synapsen. Durch die Blockade der Acetylcholin-Rezeptoren (α-Conotoxine) bzw. der angeschlossenen Na^+-Ionenkanäle (μ-Conotoxine) verhindern beide Conotoxine den Einstrom von Na^+-Ionen in die postsynaptische Zelle. Somit kann kein Endplattenpotenzial ausgelöst werden, eine Muskelkontraktion bleibt aus. Die hieraus resultierenden Lähmungserscheinungen führen beim Beuteorganismus zumindest zur Immobilität, ggf. sogar zum Tod, falls lebenswichtige Muskelgruppen betroffen sein sollten.
4. ω-Conotoxine eignen sich grundsätzlich zum Einsatz in der Schmerztherapie. Durch die Blockade der Ca^{2+}-Ionenkanäle an Synapsen des N-Typs kommt es zu einer Unterbrechung der Erregungsleitung der Schmerzrezeptoren im Rückenmark. In ihrer Wirkung gleichen ω-Conotoxine somit Morphin. Durch die direkte Blockade der Kanäle, Morphin blockiert die Rezeptoren, ist bei Langzeittherapien ggf. nicht einmal eine Steigerung der Dosis notwendig. Somit stünde mit den ω-Conotoxinen ein Mittel zur Schmerztherapie zur Verfügung, das langfristig ohne starke Nebenwirkungen eingesetzt werden könnte.
   Eine Verabreichung in Tablettenform würde vermutlich zum Abbau der Conotoxine (kleine Eiweißstoffe) in Magen und Darm führen. Eine Injektion ins Blut brächte die Gefahr mit sich, auch Synapsen des N-Typs zu blockieren, die andere Funktionen als die der Schmerzweiterleitung erfüllen. Aus diesen Gründen scheint die effektivste und sicherste Form der Verabreichung in einer Injektion direkt in den Rückenmarkskanal zu bestehen.

Bewertungseinheiten:
55 davon AFB I: 18 BE (33 %); AFB II: 27 BE (49 %); AFB III: 10 BE (18 %)

Materialgrundlage:
Bowersox S. S., Luther R.: „Pharmacotherapeutic potenzial of omega-conotoxin MVIIA (SNX-111), an N-type neuronal calcium channel blocker found in the venom of Conus magus". Toxicon 36 (11/1998): 1651 – 8
Frings S., Grammig, D.: Vorlesungsskripte Zoophysiologie: Conotoxine – Muskelgifte der Kegelschnecken, Uni-Heidelberg, 1998, unveröffentlicht
Leipold E., Hansel A., Olivera B. M., Terlau H., Heinemann S.H.: „Molecular interaction of delta-conotoxins with voltage-gated sodium channels". FEBS Lett. 579 (18/2005): 3881 – 4.
Li R. A., Tomaselli G. F.: „Using the deadly mu-conotoxins as probes of voltage-gated sodium channels". Toxicon 44 (2/2004): 117 – 22.
Mebs, D.: Gifttiere. Ein Handbuch für Biologen, Ärzte und Apotheker, 1992
Nicke A., Wonnacott S., Lewis R. J.: „Alpha-conotoxins as tools for the elucidation of structure and function of neuronal nicotinic acetylcholine receptor subtypes". Eur. J. Biochem. 271 (12/2004): 2305 – 19
Shon K. J., et al.: „kappa-Conotoxin PVIIA is a peptide inhibiting the shaker K^+ channel". J. Biol. Chem. 273 (1/1998): 33 – 8

Aufgabe 3: Bekämpfung der Demenz – Frühdiagnostik von Morbus Alzheimer

Aufbau und Funktion von Neuronen, Informationsverarbeitung, degenerative Erscheinungen bei Morbus Alzheimer, fMRT

Einleitung

Durch die erhöhte Lebenserwartung in nahezu allen Ländern nimmt die Zahl der Menschen mit einer neurodegenerativen Erkrankung stetig zu. So weisen von den über 90-jährigen rund 35 % eine zumindest mittelschwere Demenzerkrankung auf, wobei Morbus Alzheimer hier eine dominierende Rolle spielt.
Eine gesicherte Diagnose von Morbus Alzheimer ist oft erst durch eine Obduktion möglich oder erfolgt zu einem Zeitpunkt, wenn große Teile des Gehirns bereits irreversibel geschädigt sind.
Vor diesem Hintergrund gibt es eine Reihe von Forschungsprojekten, die sich der Frühdiagnostik von Morbus Alzheimer widmen, also der Diagnose zu einem Zeitpunkt, an dem die Symptome der Erkrankung noch nicht von normalen altersbedingten oder auf einer leichten Depression beruhenden Störungen des Gedächtnisses unterschieden werden können.
Ziel dieser Forschungsprojekte ist eine möglichst frühzeitige gesicherte Diagnose der Erkrankung, um den Krankheitsverlauf dauerhaft mit neuroprotektiven Medikamenten verlangsamen oder zukünftig auch stoppen zu können.

AUFGABENSTELLUNG

1. **Stellen** Sie die Ursachen für Morbus Alzheimer unter Einbeziehung von M2 zusammenfassend **dar**, und **erläutern** Sie die Folgen der Erkrankung anhand von M1.
2. **Stellen** Sie die Methode der funktionellen Magnetresonanztomographie (fMRT) **dar** und **werten** Sie die Abbildungen in M3 **aus**.
3. **Stellen** Sie die Erregungsübertragung an einer acetylcholinergenen Synapse zusammenfassend **dar**, und **erläutern** Sie in diesem Zusammenhang unter Einbeziehung von Abbildung 4 (M4), inwieweit die Aktivität der Acetylcholinesterase (AChE) ein geeigneter Anhaltspunkt für die Höhe des Acetylcholinspiegels in den beobachteten Synapsen ist.
   Stellen Sie eine begründete **Hypothese** für einen möglichen therapeutischen Ansatz zur Erhöhung des Acetylcholinspiegels **auf**, indem Sie einen möglichen Ansatzpunkt eines Medikamentes an einer cholinergenen Synapse **erläutern**.
4. **Beurteilen** Sie die in M2, M3 und M4 vorgestellten Methoden zur Frühdiagnostik von Morbus Alzheimer hinsichtlich ihrer Möglichkeiten und Grenzen. Berücksichtigen Sie in diesem Zusammenhang die Notwendigkeit körperlicher Eingriffe und den Zeitpunkt der Erkrankung, zu dem die jeweilige Frühdiagnostik erfolgen kann.

Material

M1 Veränderungen im Gehirn bei Morbus Alzheimer

Die klassischen Veränderungen, die sich im menschlichen Gehirn im Laufe der Erkrankung manifestieren, lassen sich sowohl in der Außenansicht eines von Morbus Alzheimer betroffenen Gehirns als auch im Schnitt nachweisen.

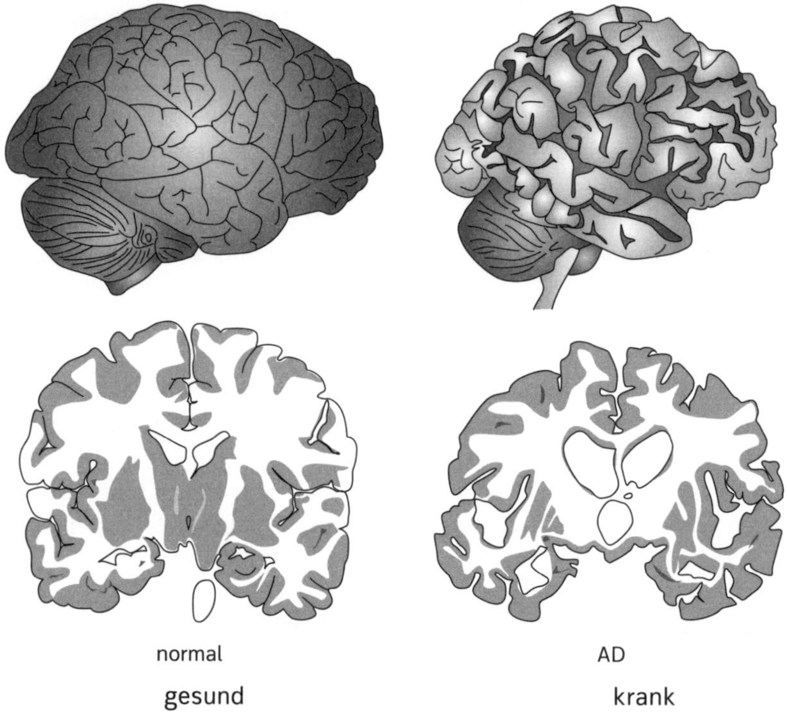

M1 Veränderung im Gehirn bei Morbus Alzheimer (AD = Alzheimer's disease)

M2 Nachweis des Tau-Proteins mittels Positronen-Emissions-Tomographie (PET)

Ein Forschungsteam an der Tohoku-Universität in Sendai (Japan) arbeitet am Nachweis von Morbus Alzheimer mittels Positronen-Emissions-Tomographie (PET).

Bei dieser bildgebenden Methode, die bisher hauptsächlich zur Krebsdiagnostik angewandt wurde, wird dem Patienten ein radioaktiver „Tracer" gespritzt. Dieser Tracer ähnelt natürlich im Körper vorkommenden Stoffen, ist jedoch mit einem schnell zerfallenen radioaktiven Stoff markiert. Der Tracer wird daher auch im Rahmen von Stoffwechselvorgängen auf natürlichem Wege verarbeitet und reichert sich so z. B. in bestimmten Geweben an.

Ungefähr 10 bis 90 Minuten nach Injektion des Tracers erfolgt die Untersuchung im PET-Scanner, bei dem die entstehende Gammastrahlung nachgewiesen werden kann. So entstehen funktionelle Schnittbilder, in dem z. B. die Stoffwechselaktivität im lebenden Organismus dargestellt werden kann.

Das Forschungsteam um Nobuyuki Okamura aus Japan hat nun den Tracer ^{18}F-THK5105 entwickelt, der die Blut-Hirn-Schranke überwinden kann und sich selektiv an Teile des Tau-Proteins anlagert. Die Ergebnisse einer vergleichenden Untersuchung aus der Studie zeigt Abbildung 2.

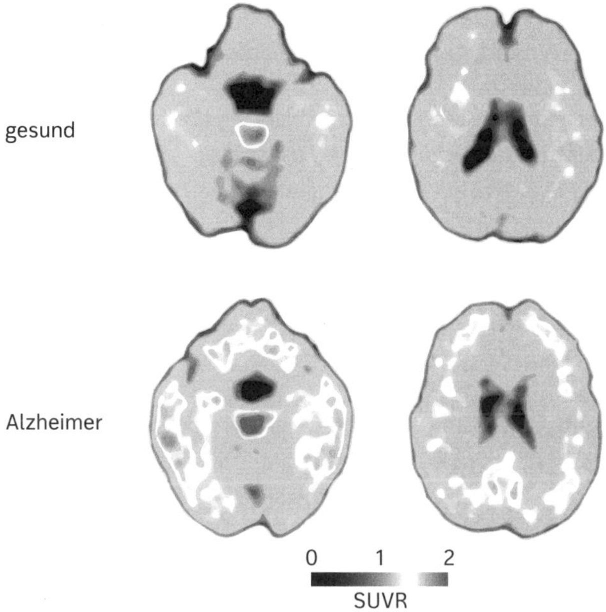

M2 60 bis 80 Minuten nach Injektion des Tracers (^{18}F-THK5105) aufgenommene PET-Bilder des Gehirns eines 72-jährigen gesunden Patienten und eines 68-jährigen Patienten mit Morbus Alzheimer (Horizontalschnitt)

M3 Nachweis der Gehirnaktivität mittels funktioneller Magnetresonanztomographie (fMRT)

Schon seit über einem Jahrzehnt gibt es Ansätze zum Nachweis von Morbus Alzheimer mittels funktioneller Magnetresonanztomographie. Die beiden Abbildungen zeigen die Gehirnaktivität bei gesunden und erkrankten Menschen.

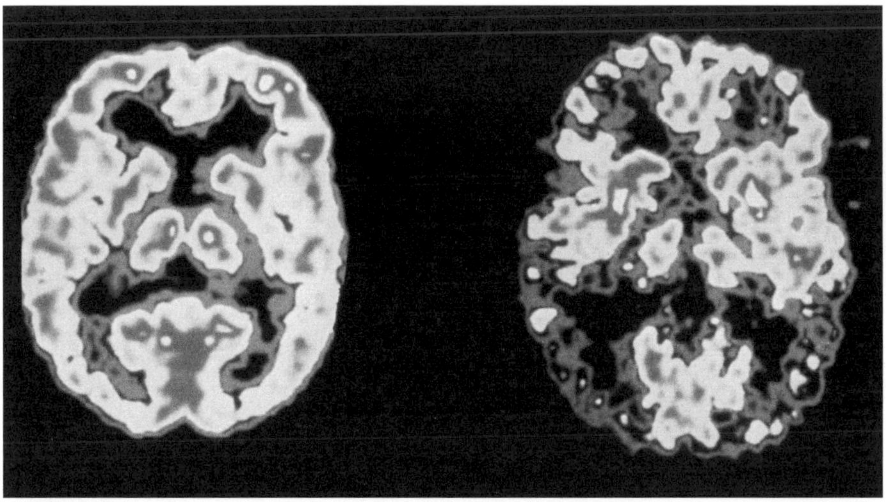

M3 Bilder der Gehirnaktivität eines gesunden (links) und eines an Morbus Alzheimer (= AD) (rechts) erkrankten Menschen

M4 Nachweis der Aktivität der Acetylcholinesterase (AChE) im Gehirn mittels Positronen-Emissions-Tomographie (PET)

Ein zu niedriger Acetycholinspiegel in bestimmten Gehirnbereichen ist ein typisches Symptom für Morbus Alzheimer, da bei Alzheimer in besonderem Maße Neurone betroffen sind, die den Neurotransmitter Acetylcholin produzieren.

Daher besteht ein weiterer Ansatz zur Frühdiagnostik von Morbus Alzheimer im Nachweis der Aktivität der Acetylcholinesterase mittels eines speziellen Tracers in Synapsen des Gehirns (M 4).

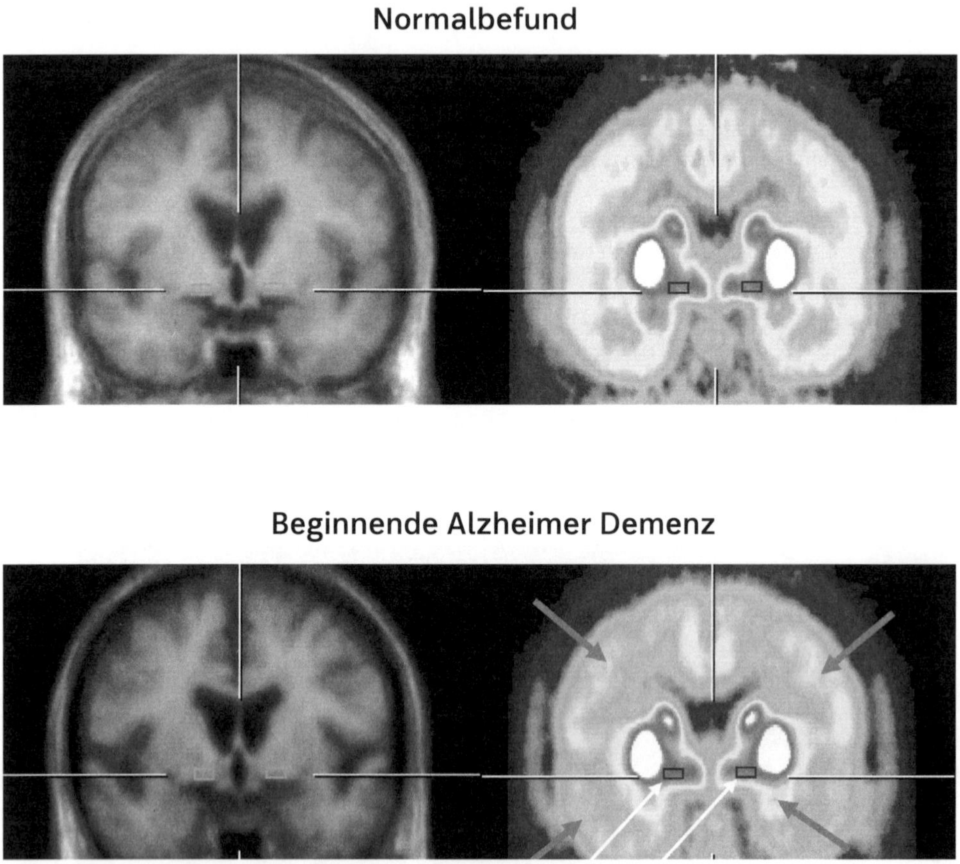

M4 PET-Bild der Acetylcholinesteraseaktivität im Normalbefund und bei beginnender Alzheimer-Demenz

Lösungen

1. Degenerative Hirnerkrankungen führen zum langsam fortschreitenden Untergang der Nervenzellen im Gehirngewebe, wobei Morbus Alzheimer einen Großteil der Erkrankungen ausmacht. Bei dieser Erkrankung häufen sich zwei Typen von Proteinen im Gehirn an, die zum Untergang der Zellen führen.
   Amyloid-ß-Proteine lagern sich zu den sogenannten senilen Plaques zusammen, die zur Störung der Mitochondrien führen, womit die Energieversorgung der betroffenen Zellen zusammenbricht.
   Zusammenschlüsse des Tau-Proteins bilden Neurofibrillen-Bündel, die das Transportsystem der betroffenen Zellen verstopfen und somit zu dessen Zusammenbruch führen (s. Basiskompetenten S. 52).
   Die Abbildung in M2 zeigt diese im Vergleich zum gesunden Gehirn deutlich erhöhte Produktion des Tau-Proteins im Gehirn eines 68-jährigen Alzheimer-Patienten. In der Abbildung finden sich die Bereiche, die auf eine erhöhte Aktivität des Tracers und damit auf eine Anhäufung von Tau-Proteinen schließen lassen, bei Morbus Alzheimer im gesamten Gehirn in deutlich höherem Maße als bei der gesunden Kontrollperson. Durch das stetige Absterben von Gehirnzellen, wobei Acetylcholin produzierende Zellen in besonderem Maße betroffen sind, kommt es neben einer verminderten Produktion dieses Neurotransmitters zu einer Hirnatrophie, d. h. zu einer fortschreitenden Abnahme der Hirnmasse.
   Dieser Vorgang wird in Abbildung M1 deutlich. Die Furchen im Cortex treten beim Alzheimer-Patienten deutlich hervor. Im Schnitt zeigt sich, dass das Absterben der Neuronen sogar zu einer Reihe von großen Löchern im Gehirngewebe geführt hat.
2. Wenn Nervenzellen im Gehirn aktiv sind, benötigen sie in höherem Maße Sauerstoff als Nervenzellen im Nachbargewebe, die nicht so aktiv sind. Dies führt in den aktiven Bereichen zu einer Weitung der Blutgefäße, sodass verstärkt sauerstoffreiches Blut in die aktive Region fließen kann. Der Unterschied im Sauerstoffgehalt zu den Nachbarregionen wird mittels funktioneller Magnetresonanztomografie (fMRT) gemessen, die hierfür den BOLD-Effekt ausnutzt. Auf den entstehenden Bildern wird das Niveau der Aktivierung in einer abgestuften Farbskala dargestellt.
   In Abbildung M3 wird deutlich, dass die Gehirnaktivität bei dem untersuchten Patienten insbesondere im Bereich des gesamten Cortexes stark nachgelassen hat. Darüber hinaus finden sich im Gehirn des gesunden Patienten z. T. scharf abgegrenzte Bereiche mit sehr niedriger und sehr hoher Aktivität. Diese Extreme erscheinen im Gehirn der von Morbus Alzheimer betroffenen Person nicht mehr. Sowohl die Bereiche mit sehr niedriger als auch die Bereiche mit sehr hoher Aktivität scheinen dauerhaft verloren zu gehen.
3. Wenn ein Aktionspotenzial das Endknöpfchen erreicht, öffnen sich spannungsabhängige Calciumionen-Kanäle kurzzeitig und Calciumionen können in das Endknöpfchen einströmen.
   Daraufhin verschmelzen synaptischen Vesikel, die den Neurotransmitter Acetylcholin enthalten, mit der präsynaptischen Membran. Acetylcholin diffundiert durch den synaptischen Spalt und besetzt die Rezeptoren ligandengesteuerter Natriumionenkanäle in der postsynaptischen Membran, woraufhin sich diese Ionenkanäle

öffnen und Natriumionen in die postsynaptische Zelle strömen. Die einströmenden Natriumionen führen zur Depolarisation der postsynaptischen Membran. Der Neurotransmitter Acetylcholin wird im synaptischen Spalt vom Enzym Acetylcholinesterase in Acetat und Cholin gespalten und somit unwirksam. Anschließend werden die Bestandteile aktiv in die Endknöpfchen aufgenommen und recycelt.
Somit lässt die Aktivität der Acetylcholinesterase direkte Rückschlüsse auf den Acetylcholinspiegel in diesen Synpasen zu, wobei eine hohe Aktivität des Enzyms auf einen hohen Spiegel schließen lässt und umgekehrt.
Abbildung M4 zeigt schon bei beginnender Alzheimer-Demenz eine über nahezu das gesamte Gehirngewebe verteilte sinkende Aktivität der Acetylcholinesterase. Besonders deutlich wird dies im Bereich des Hippocampus und auch in diesem Fall wieder im Cortex. Damit bestätigt diese Abbildung das klassische Symptom eines sinkenden Acetylcholinspiegels bei Morbus Alzheimer.
Um dieser Entwicklung und ihren Folgen für die betroffenen Personen entgegenzuwirken, ist als Therapie die Erhöhung des Acetylcholinspiegels ein mögliches Mittel. Dies wäre z. B. durch medikamentöse Hemmung der Acetylcholinesterase möglich, was zu einem längeren Verbleib der Acetylcholinmoleküle im synaptischen Spalt und an den Rezeptoren der ligandengesteuerten Ionenkanäle führen würde. Weitere Möglichkeiten bestünden z. B. darin, die Öffnungswahrscheinlichkeit der Calciumionenkanäle in der präsynaptischen Membran zu erhöhen oder medikamentös die Verschmelzung der Vesikel mit der präsynaptischen Membran zu unterstützen. Diese Methoden würden die Menge des Neurotransmitters Acetylcholin im synaptischen Spalt erhöhen und somit die Symptome lindern.

4. Grundsätzlich ist jede Methode zu begrüßen, die eine Diagnose von Morbus Alzheimer in einem möglichst frühen Stadium ermöglicht, um frühzeitig Maßnah-men zur Verhinderung oder Verlangsamung der Hirnatrophie einzuleiten.
Die Darstellung des Tau-Proteins und der Acetylcholinesteraseaktivität erfolgen mittels PET. Hier ist der Nachteil, dass dem Patienten ein schwach radioaktiver Tracer gespritzt werden muss, um die gewünschten Bilder anfertigen zu können. Bei der Darstellung der Gehirnaktivität mittels fMRT ist keinerlei Eingriff von außen notwendig.
Allerdings können bei der Darstellung der Gehirnaktivität mittels fMRT erst Anzeichen für Morbus Alzheimer aufgedeckt werden, wenn das Absterben des Gehirngewebes bereits begonnen hat und soweit fortgeschritten ist, dass es schon zu Aktivitätsminderungen kommt.
Gleiches gilt auch für die Darstellung der Aktivität der Acetylcholinesterase. Anzeichen sinkender Aktivität treten erst auf, wenn Acetylcholin produzierende Zellen betroffen sind.
Aus diesen Gründen scheint die Darstellung des Tau-Proteins mittels PET die vielversprechendste Methode zu sein, da hier ggf. schon Anzeichen der Erkrankung erkannt werden können, bevor Gehirngewebe in nennenswertem Umfang abzusterben beginnt.

Bewertungseinheiten:
50, davon AFB I: 15 BE (30 %); AFB II: 21 BE (45 %); AFB III: 14 BE (25 %)

Materialgrundlage:

Herholz, Karl & Heiss, Wolf-Dieter: Frühdiagnostik neurodegenerativer Erkrankungen zur Bekämpfung der Demenz – Forschungsbericht 2004 – Max-Planck-Institut für Stoffwechselforschung
Herholz, K., et al.: PET measurement of cerebral acetylcholine esterase activity without blood sampling. Eur J Nucl Med 2001; 28: 472 – 477
Herholz, K. et al.: In-vivo Study of Acetylcholine Esterase in Basal Forebrain, Amygdala and Cortex in Mild to Moderate Alzheimer disease. in: Neuroimage 2004; 21(1): 136 – 14
Nobuyuki Okamura et al.: Non-invasive assessment of Alzheimer's disease neurofibrillary pathology using 18F-THK5105 PET – in: Brain – A Journal of Neurology, Volume 137, Issue 6, Pp. 1762 – 1771 – DOI: http://dx.doi.org/10.1093/brain/awu064 1762-1771 First published online: 28 March 2014
Zündorf G, et al.: PET functional parametric images of acetylcholine esterase activity without blood sampling. In: Senda M, Kimura Y, Herscovitch P, editors. Brain imaging using PET. San Diego, Ca.: Academic Press, 2002: 41 – 46

Aufgabe 4: Fett ist nicht gleich Fett

Energiestoffwechsel, Wärmeproduktion, Regelmechanismen

Einleitung

Braunes Fett wirkt wie ein natürliches Heizaggregat, Säuglinge und Winterschlaf haltende Säugetiere würden ohne diesen Mechanismus sehr schnell auskühlen. Bislang dachte man, dass braunes Fett nur in Neugeborenen vorkommt und mit dem Alter verloren geht. In den letzten fünf Jahren konnten jedoch verschiedene Forschergruppen nachweisen, dass auch Erwachsene ein braunes Fettdepot haben. Bei stark übergewichtigen Personen – das waren im Jahr 2009 immerhin 15 % der Deutschen, – ist dieses Depot aber nur wenig aktiv oder fehlt ganz. Wird das braune Fettdepot denn überhaupt benötigt? Wenn ja, kann braunes Fett Übergewichtigen helfen, ihr Gewicht zu reduzieren und dadurch ihr Risiko mindern, schwerwiegende Erkrankungen wie Typ 2-Diabetes, Herz-Kreislauferkrankungen oder Krebs zu bekommen?

AUFGABENSTELLUNG

1 **Formulieren** Sie die vollständige Summengleichung der Zellatmung für Glucose. Benennen Sie die wesentlichen Teilprozesse dieses Stoffwechselprozesses unter Angabe des Reaktionsortes innerhalb der Zelle. **Geben** Sie eine Energiebilanz für die Zellatmung **an**.

2 **Vergleichen** Sie anhand des Materials M1 weißes und braunes Fettgewebe.

3 **Erläutern** Sie die Aussagen des Materials M2. **Stellen** Sie die Bedeutung des nur in braunem Fettgewebe existierenden Thermogenins **dar**.

4 „Abnehmen, indem man Fett zuführt?“ **Diskutieren** Sie, ob braunes Fett zum Fettabbau bei Übergewichtigen genutzt werden kann (Material 2 bis 5).

Material

M1 Weißes und braunes Fettgewebe

Das Fettgewebe ist eine Form des Bindegewebes. Es besteht aus Fettzellen, tritt an verschiedenen Stellen des Körpers auf und ist immer gut mit Blutgefäßen versorgt. Fettzellen gehen aus Stammzellen hervor.

Grundsätzliche Aufgabe der Fettzelle ist es, im Cytoplasma Fett zu speichern und auch wieder freizugeben. Man unterscheidet zwei Formen des Fettgewebes, das weiße und das braune Fettgewebe.

Braunes Fettgewebe findet sich bei fast allen neugeborenen Säugetieren im Nacken und zwischen den Schulterblättern. Es wird gebraucht, um zum Schutz lebenswichtiger Funktionen Wärme zu produzieren. Neugeborene sind stärker durch Auskühlung bedroht, da sie aufgrund der geringen Größe (große Körperoberfläche im Vergleich zum Volumen) relativ viel Wärme verlieren und die Mechanismen der Thermoregulation (z. B. isolierendes weißes Fettgewebe und Kältezittern) noch nicht vollständig ausgebildet sind. Bei ihnen macht der Anteil des braunen Fettes noch zwei bis fünf Prozent des Körpergewichtes aus. Im Laufe der ersten Lebensjahre wird dieser Anteil aber immer geringer.

Bei Winterschlaf haltenden Tieren finden sich dagegen größere Mengen braunen Fettgewebes, die der schnellen Erwärmung des Tieres in den Aufwachphasen dienen. Besonders Nagetiere können bei Bedarf mittels Katecholaminen (Adrenalin) weißes in braunes Fettgewebe umwandeln und so Kältephasen gut überstehen.
Das weiße Fettgewebe befindet sich hauptsächlich an Bauch und Gesäß direkt unter der Haut, ebenso in der freien Bauchhöhle. An diesen Stellen wird Fett als wichtiger Energiespeicherstoff eingelagert, auf den der Körper bei Nahrungsmangel zurückgreifen kann. Da Fett ein schlechter Wärmeleiter ist, schützt vor allem die Speckschicht in der Unterhaut vor zu schnellem Wärmeverlust. In der Unterhaut liegen etwa 65 % des Gesamtfettes vor. Fettgewebe dient unter der Fußsohle, an Gelenken und Gesäß als mechanischer Schutz in Form eines druckelastischen Polsters (Fettpolster), und im Nierenbecken, beim Herz und um den Augapfel als Einbettungspolster für die Organe.

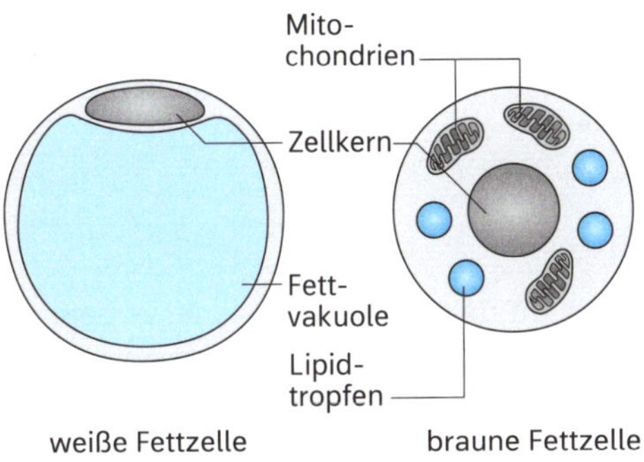

M1 weiße und braune Fettzelle

M2 Atmungskette in einer braunen Fettzelle mit Thermogenin

Thermogenin wird auf folgendem Weg aktiviert: Im sympathischen Nervensystem wird das Katecholamin Norepinephrin/Noradrenalin freigesetzt, das an die Membranrezeptoren der braunen Fettzellen bindet. Über Adenylatcyclase, cAMP, Proteinkinase A und Lipase wird dann die Umwandlung von Triglyceriden in freie Fettsäuren ausgelöst. Freie Fettsäuren aktivieren schließlich Thermogenin.

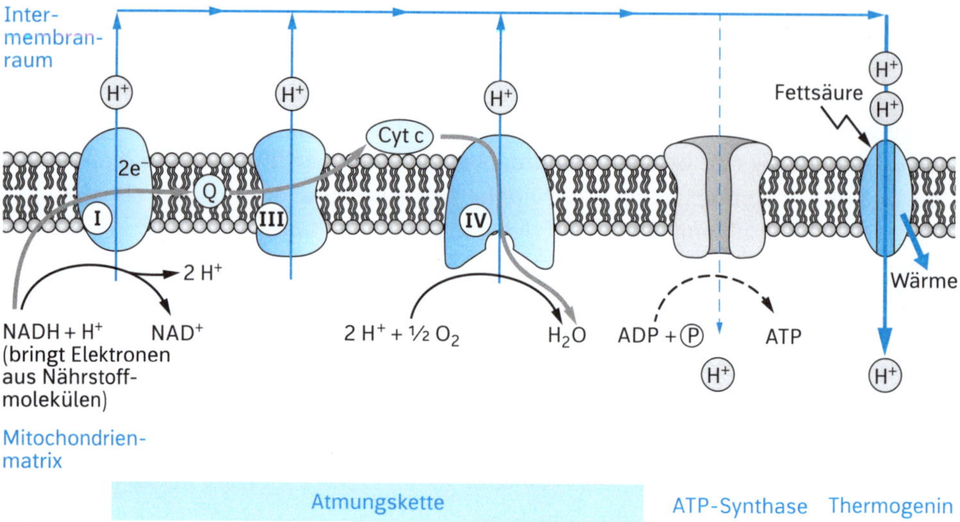

M2 Ablauf der Atmungskette in einer braunen Fettzelle

M3 Fettstoffwechsel

Lipide (Fette), die unter dem Einfluss von Hormonen dem Fettstoffwechsel zugeführt und dem Körper für den Energieumsatz zur Verfügung gestellt werden, stammen sowohl aus der Nahrung als auch aus dem körpereigenen Fettgewebe. Lipide werden zunächst in Fettsäuren und Glycerin aufgespalten (Fettverdauung). Glycerin wird in der Glykolyse weiterverarbeitet. Bei der Fett"verbrennung", genauer Fettsäureoxidation (etwa der ß-Oxidation), werden die Fettsäuren zu Molekülen mit zwei C-Atomen abgebaut, die als Acetyl-CoA in den Citratzyklus einfließen.

Fettgewebe hat einen Brennwert von etwa 29 kJ/g. Um ein Kilogramm Fettgewebe auf- oder abzubauen, sind also 29000 kJ nötig (das entspricht etwa dem Gesamtumsatz eines erwachsenen Mannes mit wenig Bewegung in drei Tagen). Die Fettverbrennung ist dabei ein Vorgang, der im Körper ständig abläuft. Ihr Ausmaß hängt von dem Grad an körperlicher Betätigung und damit vom Energiebedarf ab.

M4 Neue Erkenntnisse zum braunen Fettgewebe

Auch Erwachsene haben noch ein kleines aktives braunes Fettdepot: an mehreren Stellen im Körper, etwa im Brustraum zwischen den Lungen und in der Halsregion.

Schlanke Menschen haben mehr braunes Fettgewebe als übergewichtige.

Beim Menschen wird die Aktivität der braunen Fettzellen durch Kälte ausgelöst und durch das sympathische Nervensystem stimuliert.

Prostaglandin, ein Hormon mit vielfältigen Wirkungen, regt Stammzellen in weißem Fettgewebe zur Differenzierung in braune Fettzellen an. Dazu werden zahlreiche Mitochondrien produziert und Thermogenin gebildet.

50 Gramm mehr braunes Fettgewebe kann den Energieverbrauch um 20 Prozent steigern.

Lösungen

1. Als Zellatmung bezeichnet man die Umwandlungsprozesse von energiereichen organischen Verbindungen (insbesondere Kohlenhydrate und Fette, aber auch Proteine) zu Kohlenstoffdioxid und Wasser unter Sauerstoffverbrauch. Die vollständige Summengleichung der Zellatmung für Glucose lautet:
   $C_6H_{12}O_6 + 6\ O_2 + 6\ H_2O \rightarrow 6\ CO_2 + 12\ H_2O$ + Energie
   (verkürzt: $C_6H_{12}O_6 + 6\ O_2 \rightarrow 6\ CO_2 + 6\ H_2O$ + Energie). Der Abbau lässt sich in vier Teilprozesse untergliedern:
   - Glykolyse (findet im Cytoplasma statt),
   - oxidative Decarboxylierung (Mitochondrienmatrix),
   - Citratzyklus (Mitochondrienmatrix) und
   - Atmungskette (innere Mitochondrienmembran).

   Die Energiebilanz lautet bei maximaler Ausnutzung:

Glykolyse	2 NADH + H+		+ 2 ATP
Oxidative Decarboxylierung	2 NADH + H+		
Citratzyklus	6 NADH + H+	+ 2 FADH2	+ 2 ATP
Atmungskette			34 ATP
			38 ATP

2. Cytologie: Die Zellen des braunen Fettgewebes sind im Vergleich zu denen des weißen Fettgewebes kleiner und haben viele kleinere Lipidtropfen statt einer großen zentralen Fettvakuole. Zudem haben sie viele Mitochondrien, was auf eine hohe Stoffwechselaktivität hinweist. Bei weißen Fettzellen kann man nur einen an den Rand gedrückten Zellkern, aber keine weiteren Organellen erkennen.
   Vorkommen und Funktion: Fettzellen können fast überall im Körper vorkommen, eingelagert in lockeres Bindegewebe. In bestimmten Körperregionen bilden sie zusammenhängende Polster oder Schichten. Sowohl weißes als auch braunes Fettgewebe sind gut mit Blutgefäßen versorgt, wodurch eine gute Stoffversorgung oder -entsorgung gewährleistet ist.
   Weißes Fettgewebe findet sich beim Menschen in der Unterhaut – besonders an Bauch und Po – und dient der Stoffspeicherung und der Isolation, außerdem an exponierten Körperstellen zur Polsterung gegen Stöße oder zur Einbettung von Organen. Braunes Fettgewebe findet sich besonders im Nacken und zwischen den Schulterblättern und dient ausschließlich der Wärmeproduktion bei Kälte. So ist die große Mitochondrienzahl zu erklären.
3. In der Abbildung M2 ist die Atmungskette in einem Mitochondrium des braunen Fettgewebes dargestellt. Im Gegensatz zu normalen Mitochondrien gibt es hier in der Mitochondrienmembran neben den Redoxsystemen und der ATP-Synthase noch ein weiteres Tunnelprotein, Thermogenin.
   Das während des vorhergehenden Glucose- oder Fettabbaus angefallene NADH + H^+ in der Mitochondrienmatrix gibt Elektronen und H^+-Ionen an den ersten Membranproteinkomplex (I) der Elektronentransportkette ab, wodurch es selbst oxidiert wird. Die bei der Oxidation frei werdende Energie wird genutzt, um H^+-Ionen durch diesen Proteinkomplex nach außen in den Intermembranraum zu pumpen. Dadurch wird die Protonenkonzentration auf dieser Membranseite erhöht. Weitere H^+-Ionen

werden von den Komplexen III und IV nach außen gepumpt. Die Elektronen werden in der Elektronentransportkette entlang eines elektrischen Spannungsgefälles über Ubichinon auf Komplex III (Komplex II schleust die Elektronen von $FADH_2$ ein), dann über Cytochrom c an Komplex IV weitergegeben und schließlich auf molekularen Sauerstoff in der Matrix übertragen. Der dadurch reduzierte Sauerstoff verbindet sich mit freien H^+-Ionen zu Wasser. Der an der inneren Mitochondrienmembran entstandene Protonengradient treibt als protonenmotorische Kraft in normalen Zellen die ATP-Synthase an: H^+-Ionen fließen entlang des Konzentrationsgefälles durch diesen Membranenzymkomplex zurück in den Matrixraum und treiben damit die ATP-Synthase zur Phosphorylierung von ADP zu ATP an. Der durch den Elektronentransport in der Atmungskette aufgebaute Protonengradient wird zur ATP-Synthese verwendet. Die Kopplung dieser beiden Vorgänge bezeichnet man als Chemiosmose oder Energiekopplung.

In braunen Fettzellen wird die Chemiosmose durch Thermogenin entkoppelt. Ist dieses Transmembranprotein durch Fettsäuren aktiviert, schließt es den Protonen-Kreislauf kurz. Anstelle der ATP-Synthase transportiert Thermogenin als Uniporter H^+-Ionen über die innere Membran in die Matrix zurück. Offensichtlich zieht Thermogenin H^+-Ionen stärker an als die Synthase. Der durch ß-Oxidation und Atmungskette aufgebaute Protonengradient wird abgebaut, aber es wird kein ATP synthetisiert. Stattdessen wird durch Thermogenin Wärme freigesetzt (Thermogenese). Da kein ATP gebildet wird, wird das Enzym Phosphofructokinase in der Glykolyse nicht gehemmt, die Glykolyse und der Citratzyklus laufen ständig weiter und halten die Atmungskette durch Anlieferung von NADH + H^+ in Gang (Regulation der Zellatmung). Die Elektronentransportkette läuft weiter, Sauerstoff wird benötigt, Wasser wird gebildet. Die Mitochondrien der braunen Fettzellen haben einen „Kurzschlussmechanismus“: Sie laufen permanent weiter; die Energie, die beim Abbau des Fettes frei wird, verpufft bei ihnen als Wärme, ohne Muskelaktivität wie etwa Zittern zu generieren.

Die Thermogenese wird möglicherweise beendet, wenn keine Fettsäuren mehr zur Verfügung stehen. Dadurch wird Thermogenin inaktiv, und die Zelle kehrt zur normalen Zellatmung zurück, bei der ATP synthetisiert wird und weit weniger Wärme entsteht.

4. Übergewichtige speichern viel Fett in weißen Fettzellen. Das Übergewicht geht einher mit einem hohen Risiko für verschiedene schwerwiegende Erkrankungen. Durch Gewichtsreduktion kann dieses Risiko gemindert werden. Übergewichtige haben meist nur wenig braunes Fett, vielleicht deswegen, weil das weiße Fettgewebe eine gute Isolierung darstellt und die Betroffenen neben Muskelzittern keine weiteren Mechanismen brauchen, um ihre Körpertemperatur konstant zu halten (insbesondere wenn sie sich eher im Warmen aufhalten), im Gegensatz zu schlanken Menschen oder gar Säuglingen, die offensichtlich einen Teil ihrer Körperwärme durch die Aktivität des braunen Fettgewebes erhalten.

   Um ihr Gewicht zu reduzieren, müssten Übergewichtige tagelang hungern oder sich sehr, sehr viel bewegen (zur Reduktion des Gewichts um 1 kg Fett müssen 29 000 kJ umgesetzt werden, siehe M3). Würden sie aber über etwa 50 g braunes Fett verfü-

gen, könnten sie ohne große Anstrengung sehr viel mehr ihres Speicherfettes oder der zugeführten Nahrung „verbrennen“ (Steigerung um 20 %, siehe M4), d. h. direkt in Wärme umsetzen, die dann schnell über die zahlreichen Blutgefäße abtransportiert wird. Allerdings würden sie dann auch noch mehr schwitzen, denn das noch vorhandene weiße Fett wirkt isolierend und lässt die Körperwärme nicht so gut nach außen. Braune Fettzellen arbeiten solange, bis in den Mitochondrien keine freien Fettsäuren mehr vorhanden sind (Ergebnis aus M2); aktive braune Fettzellen fördern auch die Verdauung von Fett aus anderen Zellen (M4, Aufgabe 3). Daher wäre es wünschenswert, die Menge an braunem Fettgewebe bei Übergewichtigen zu erhöhen oder vorhandenes braunes Fettgewebe zu aktivieren.
Möglicherweise kann man braunes Fettgewebe transplantieren. Auch könnte man weiße Fettzellen unter Hormoneinwirkung (Noradrenalin) in braune umwandeln (M4). Insbesondere die Stammzellen können so beeinflusst werden, dass sie statt weißer braune Fettzellen mit vielen Mitochondrien differenzieren. Liegen braune Fettzellen vor, müssen sie aktiviert werden. Dies kann durch Hormongabe (Noradrenalin) und/oder Kälteeinwirkung erfolgen.
Beim Abnehmen kann braunes Fettgewebe helfen, weil es weißes Fett zum „Schmelzen“ bringt. Dadurch lässt sich womöglich Übergewicht abbauen und so das Risiko

Bewertungseinheiten:
50; davon AFB I: 15 BE (30 %), AFB II: 25 BE (50 %), AFB III: 10 BE (20 %)

Materialgrundlage:
Löffler G., Petrides P. E., Heinrich P. C.: Biochemie u. Pathochemie. 8. Aufl., Springer, Heidelberg 2006
Müller W. A.: Tier- und Humanphysiologie. Springer, Heidelberg 1998
http://de.wikipedia.org/wiki/Braunes_Fettgewebe
http://www.internisten-im-netz.de/de_news_6_0_653_aktivierung-brauner-fettzellen-erh-ht-kalorienverbrauch.html:
http://www.dkfz.de/de/presse/pressemitteilungen/2011
http://de.wikipedia.org/wiki/Thermogenin
Ärzte Zeitung, 25.11.2011

Aufgabe 5: Abiotische Faktoren eines Hochmoors; Angepasstheit einer Hochmoorpflanze

Untersuchungen in einem Hochmoor: Standortbeurteilung mithilfe von Zeigerwerten und Angepasstheiten an die Feuchtigkeit bei Pflanzen

Einleitung

Vegetationsaufnahmen erfassen die unterschiedlichen Pflanzenarten in ihrem Deckungsgrad an einem bestimmten Standort. Meist folgt man dabei der Methode nach BRAUN-BLANQUET. Die so ermittelten Pflanzenarten bilden mit ihrem Deckungsgrad die Pflanzengesellschaft dieses Standortes. Trifft man auf eine solche Pflanzengesellschaft in der Natur, lassen sich daraus Schlüsse auf die spezifischen Umweltfaktoren des jeweiligen Standorts ziehen.

AUFGABENSTELLUNG

1. Aus dem in M1 dargestellten Flachmoor kann sich unter bestimmten Bedingungen ein Hochmoor entwickeln. **Erläutern** Sie diese Bedingungen (M2). **Beschreiben** Sie typische Umweltbedingungen eines Hochmoors und stellen Sie diese denen eines Flachmoors gegenüber. Nutzen Sie dazu die Angaben in M1 bis M4 sowie den Text in M6.
2. In einem Hochmoor führte man u. a. an zwei Standorten Vegetationsaufnahmen durch (M2). Dann wurden die entsprechenden Zeigerwerte F, R und N hinzugefügt (M3). **Ermitteln** Sie die gewichteten Zeigerwerte für beide Standorte (mit Rechenweg), und beschreiben Sie deren Umweltfaktoren aufgrund der ermittelten Daten. Nutzen Sie dazu die Tabelle aus M4. **Begründen** Sie sodann die Zuordnung dieser Standorte zu den Bildern M4 a und M4 b.
3. **Benennen** Sie die Blattstrukturen 1 bis 5 der Krähenbeere in M6 b. Erläutern Sie die Besonderheiten im Blattaufbau der Krähenbeere und erklären Sie deren Vorteile für die Pflanze.
4. Erklären Sie den Widerspruch zwischen dem sehr feuchten Standort des Hochmoores und der typischen Blattstruktur der Krähenbeere als Angepasstheit an das Hochmoor, indem Sie dazu **Hypothesen aufstellen**.

Material

M1 Flachmoor

Die Abbildung M1 verdeutlicht die Entstehung eines Flachmoors, die vor allem mit der Verlandung eines Sees, z. B. aufgrund der Ablagerung von Seekreide, einhergeht. Als Seekreide bezeichnet man das Sediment eines Sees, das einen Kalkgehalt von über 95 % aufweist. Solches Sediment entsteht am Grunde von Gewässern, die von kalkreichem Grundwasser gespeist werden. Die im See lebenden fotosynthetisch aktiven Pflanzen (z. B. Armleuchteralgen) entziehen dem Wasser das Kohlenstoffdioxid, sodass Calciumcarbonat ausgefällt wird und sich am Seeboden anreichert.

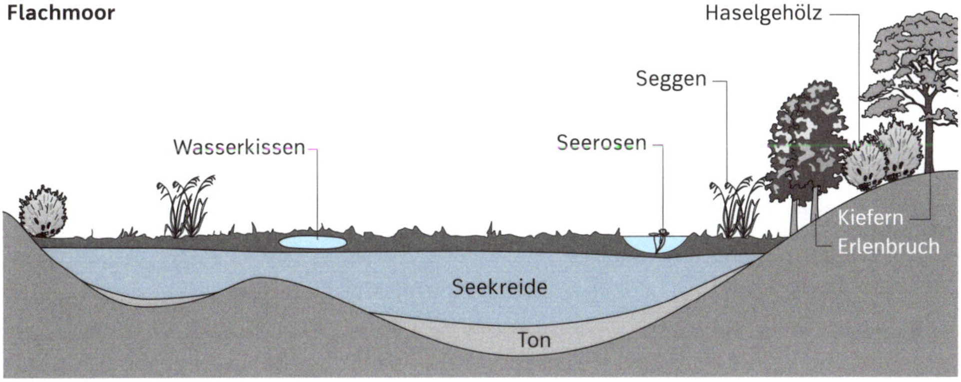

M1 Schnitt durch ein Flachmoor.

M2 Torfmoose

Wenn in einem Gebiet mehr Niederschlag fällt als abfließen kann, kann sich das Torfmoos in Schlenken (vgl. M4) ansiedeln und in seinen Speicherzellen Wasser einlagern. Durch Abgabe von Hydroxonium-Ionen sorgt es für einen sauren Standort, an dem es nur an der Oberfläche weiter in die Höhe wächst. Der untere Teil der Pflanze stirbt allmählich ab, wird aber durch Einlagerung von Sphagnol gut konserviert, sodass aus diesen Pflanzenresten Torf entstehen kann.

M2 a Torfmoos in einer Schlenke (s. M4)

M2 b einzelnes Torfmoos

M3 Standortbeurteilung mit Hilfe von Zeigerwerten

Ellenberg hat die in Europa vorkommenden Blütenpflanzen in Tabellen erfasst und ihnen aufgrund ihrer Umweltansprüche Zeigerwerte von jeweils 1 bis 9 zugeordnet (bei der Feuchtezahl erweitert um 10 bis 12 für Pflanzen, die im Wasser stehen oder auch ganz untergetaucht sind). Folgende Standortfaktoren hat er für jede Pflanze ermittelt: Lichtangebot (L), Kontinentalität (K), Feuchte (F), Temperatur (T), Säuregehalt (R) und Stickstoffgehalt (N).

An zwei Standorten eines Hochmoores hat man jeweils die folgenden Vegetationsaufnahmen vorgenommen und dazu die entsprechenden Zeigerwerte für Feuchte (F), Säuregehalt (R) und Stickstoffgehalt (N) angegeben:

Standort 1:

Pflanzenart	**Deckungsgrad**	**Zeigerwerte**		
		F	**R**	**N**
Faulbaum	1*	7	2	x
Moorbirke	2*	x	3	3
Heidekraut	+	x	1	1
Heidelbeere	1	x	2	3
Preiselbeere	1	4	2	2
Krähenbeere	1	6	x	2
Pfeifengras	3	7~	x	2
Zarte Binse	1	6	5	5

~ zeigt starken Wechsel in der Feuchtigkeit an
***nur Sträucher bis zu einer Höhe von 5 m**

Standort 2:

Pflanzenart	**Deckungsgrad**	**Zeigerwerte**		
		F	**R**	**N**
Moorbirke	2*	x	3	3
Graue Segge	1	9	3	2
Grönlandporst	1	9	2	2
Glockenheide	1	8	1	2
Scheiden-Wollgras	2	8	2	1

***nur Sträucher bis zu einer Höhe von 5 m**

M4 Abbildungen zweier Standorte in einem Hochmoor

In den früheren Zeiten des Torfabbaus ließ man zwischen den Flächen, auf denen Torf gestochen wurde, schmale Streifen des Hochmoorrückens frei. Über diese Streifen führte der Weg ins Moor. Hier wurden auch Karren mit Torfziegeln gefüllt, die von Pferden aus dem Moor gezogen wurden. Diese Wege wurden deshalb als Abfahrten bezeichnet. Sie wurden mit der Zeit immer fester.

M4 a Weg auf einer sogenannten Abfahrt eines Hochmoors

Die Torfabbauflächen zwischen diesen Wegen füllten sich alsbald mit Regenwasser und bildeten Moorseen, in denen sich, falls auf eine Entwässerung verzichtet wurde, erneut das Torfmoos ansiedeln konnte. So entstanden also wieder Regenerationsflächen des Hochmoors mit Bulten (kleine Hügel aus Torfmoosen und Sauergräsern) und Schlenken (nasse, meist wassergefüllte Vertiefungen).

M4 b Regenerationsgebiet auf einer ehemaligen Torfabbaufläche mit Bulten und Schlenken, aber auch mit einigen Moorbirken

M5 Bedeutung der Zeigerwerte (vereinfacht)

Wert	Feuchtezahl (F)	Reaktionszahl (R)	Stickstoffzahl (N)
1	sehr trockener Standort	stark saurer Boden	stickstoffärmster Standort
2	sehr trocken bis trocken	stark saurer bis saurer Boden	zwischen 1 und 3
3	trockener Standort	saurer Boden	stickstoffarmer Standort
4	trocken bis frisch	stark sauer bis mäßig sauer	zwischen 3 und 5
5	mittelfeuchter Standort	mäßig saurer Boden	mäßig stickstoffreich
6	mittelfeucht bis feucht	mäßig sauer bis schwach sauer	zwischen 5 und 7
7	gut durchfeuchtet, nicht nass	schwachsauer- bis schwachbasisch	stickstoffreicher Standort
8	gut durchfeuchtet bis nass	schwachsauer- bis schwachbasisch bis basisch und kalkreich	sehr stickstoffreich
9	durchnässter Boden	kalkreicher Boden	übermäßig stickstoffreich

M6 Angepasstheit der Krähenbeere

Die Krähenbeere ist ein immergrüner Zwergstrauch, der maximal 50 cm hoch wird. Sie gehört zu den Mykorrhiza bildenden Heidekrautgewächsen, den Ericaceen. Die Blätter werden bis 6 mm lang und 2 mm breit.

M6 a Krähenbeere

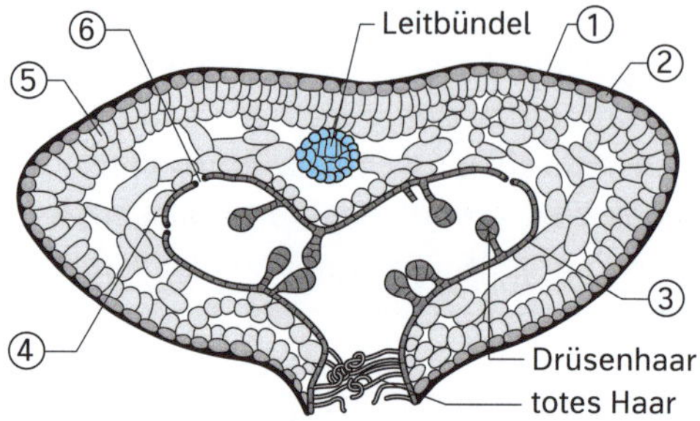

M6 b Blattquerschnitt der Krähenbeere

Lösungen

1. Das Flachmoor kann nur bis zum Grundhorizont mit mineralstoffreichem Grundwasser gespeist werden. Damit an dieser Stelle aus dem Flachmoor ein Hochmoor entstehen kann, muss mehr Regen fallen, als aus dem Moor abfließen kann. Dabei bilden sich Bulten und Schlenken (M4), in denen sich das Torfmoos ansiedeln und in seinen Speicherzellen Wasser zurückhalten kann. Das Moos breitet sich aus, wächst weiter in die Höhe und aus den konservierten absterbenden Pflanzenresten entsteht allmählich der Torf.
   Die Materialien charakterisieren das Hochmoor als einen säurereichen, stickstoffarmen und sehr feuchten Standort (M3), an denen sich z. B. Ericaceen ansiedeln können, die sich über Mykorrhiza-Wurzeln (M6) vor allem mit dem im Untergrund fehlenden Stickstoff versorgen. Der Standort ist ebenso kalkarm, denn durch die Säure im Torfboden würden Kalkreste sogleich zersetzt und ausgespült werden.
   Das Flachmoor ist dagegen sehr kalkreich (Seekreide) und bei der Verlandung von vielen toten organischen Resten aufgefüllt worden. Es ist daher ein sehr nährstoffreicher und aufgrund der Grundwasserzufuhr sehr feuchter Standort.
2. Berechnung der gewichteten Zeigerwerte
   Standort 1

Art (x wird nicht berücksichtigt)	Deckungsgrad (+ = 1)	Feuchte		Säuregehalt		Stickstoff	
		Feuchtezahl	Produkt	Reaktionszahl	Produkt	Stickstoffzahl	Produkt
Faulbaum	1	7	7	2	2	x	7
Moorbirke	2	x	-	3	6	3	6
Heidekraut	+	x	-	1	1	1	1
Heidelbeere	1	x	-	2	2	3	3
Preiselbeere	1	4	4	2	2	2	2
Krähenbeere	1	6	6	x	-	2	2
Pfeifengras	3	7	21	x	-	2	6
Zarte Binse	1	6	6	5	5	5	5
Summe	**7(F), 7(R), 10(N)**		**44**		**18**		**25**

Die Summe der Produkte wird durch die Summe der Deckungsgrade der zu berücksichtigenden Arten geteilt.
Feuchtezahl (F): 44 : 7 = rund **6,3**
Dieser Feuchtewert von 6,3 zeigt aufgrund der Tabelle M5 einen mittelfeuchten bis feuchten Standort an.
Reaktionszahl (R): 18 : 7 = rund **2,6**
Diese Reaktionszahl von 2,6 zeigt einen recht sauren Boden an.
Stickstoffzahl (N): 25 : 10 = **2,5**
Diese Stickstoffzahl von 2,5 zeigt einen stickstoffarmen Untergrund an.

Standort 2

Art (x wird nicht berücksichtigt)	Deckungsgrad (+ = 1)	Feuchte		Säuregehalt		Stickstoff	
		Feuchtezahl	Produkt	Reaktionszahl	Produkt	Stickstoffzahl	Produkt
Moorbirke	2	x	-	3	6	3	6
Graue Segge	1	9	9	3	3	2	2
Grönlandporst	1	9	9	2	2	2	2
Glockenheide	1	8	8	1	1	2	2
Scheiden-Wollgras	2	8	16	2	4	1	2
Summe	**5(F), 7(R), 7(N)**		**42**		**16**		**14**

Die Summe der Produkte wird durch die Summe der Deckungsgrade der zu berücksichtigenden Arten geteilt.
Feuchtezahl (F): 42 : 5 = **8,4**
Dieser Feuchtewert von 8,4 zeigt aufgrund der Tabelle M5 einen nassen Standort an.
Reaktionszahl (R): 16 : 7 = rund **2,3**
Diese Reaktionszahl von 2,3 zeigt einen stark sauren bis sauren Boden an.
Stickstoffzahl (N): 14 : 7 = **2,0**
Diese Stickstoffzahl von 2,0 zeigt einen stickstoffarmen bis stickstoffärmsten Untergrund an.

Die Abfahrt auf Bild M4 a hat aufgrund des verdichteten Bodens mit seinem höheren Niveau im Vergleich zum Regenerationsgebiet einen viel trockeneren Untergrund. Dadurch, dass über die Wege durch die Moorbesucher auch Mineralien ins Moor eingetragen werden, ist davon auszugehen, dass M4 a ein wenig stickstoffreicher und auch weniger sauer ist als M4 b.
Aus diesen Gründen ist der nasse, stickstoffärmere und säurereichere Standort 2 der Abbildung M4 b und somit Standort 1 der Abbildung M4 a zuzuordnen.

3. 1 Cuticula, 2 obere Epidermis, 3 untere Epidermis, 4 Zelle des Schwammgewebes, 5 Palisadenzelle, 6 Spaltöffnung
   Besonderheiten im Aufbau: Die kleinen nadelförmigen Blätter der Krähenbeere haben die Form eines Rollblattes. Die mit toten Haaren besetzten Blattränder stoßen so aneinander, dass die gesamte Blattunterseite zum Röhreninnern liegt. Die Transpiration über die in der unteren Epidermis liegenden Spaltöffnungen wird dadurch erheblich herabgesetzt, ebenso die cuticuläre Transpiration über die Blattunterseite. Die Feuchtigkeit in der Blattröhre kann nämlich nicht ungehindert die toten Haare passieren. Die Cuticula der oberen Epidermis ist relativ dick und vermindert die Transpiration über die Blattoberseite. Diese xeromorphen Besonderheiten ermöglichen der Pflanze, auch an einem trockenen Standort gut zu gedeihen.
   Ein weiterer Vorteil der Blattform besteht darin, dass das Palisadengewebe rundum direkt unter der gesamten Blattoberfläche liegt und das für die Fotosynthese nötige Licht gut ausgenutzt wird.
4. Die in Lösung der Aufgabe 3 beschriebenen xeromorphen Strukturen würde man eher bei einer Pflanze erwarten, die an einem trockenen Standort wächst. Die Zeigerwerte weisen dagegen für die Krähenbeere einen feuchten Standort aus. Dies könnte an folgenden Gründen liegen.
   Hypothese 1: Der in Form der Abfahrten übriggebliebene Hochmoorrücken kann in Trockenperioden leicht austrocknen. Eine Feuchtpflanze (Hygrophyt) könnte diese Zeiten als Zwergstrauch nur überdauern, wenn sie dann ihre Blätter abwerfen würde.
   Hypothese 2: Die Krähenbeere ist immergrün. Die Frosttrocknis im Winter verhindert die Wasseraufnahme. Deshalb ist es von Vorteil, wenn die Blätter über xeromorphe Strukturen verfügen, die die Transpiration erheblich herabsetzen (analog zu den Rundblättern der immergrünen Nadelbäume).
   Hypothese 3: Der mineralstoffarme und saure Untergrund des Hochmoors liefert zu wenig Baustoffe für die Pflanze, sodass eine Kümmerform mit nur kleinen runden Blättern ausgebildet werden kann.

Bewertungseinheiten:
40, davon AFB I: 12 BE (30 %); AFB II: 20 BE (50 %); AFB III: 8 BE (20 %)

Materialgrundlage:
Aschemeier, Chr. und D. Ikemeyer (1999): Moore und Heiden des westfälischen Münsterlandes. In: LÖBF-Mitteilungen 2/99. Recklinghausen, S. 73–78
Hegi G (1984): Illustrierte Flora von Mittel-Europa Band I Teil 1. Dritte Aufl., herausgegeben von KU Kramer. Berlin, Hamburg, Paul Parey.
http://www.lwl.org/LWL/Kultur/Westfalen_Regional/Naturraum/Umwelt_Naturschutz/Venner_Moor/
http://www.botanikus.de/Beeren/Kraehenbeere/kraehenbeere.html
http://www.ex-situ-erhaltung.de/pflanzenarten/e/empetrum-nigrum/

Aufgabe 6: Der Einfluss der Aga-Kröte (*Bufo marinus*) als Neozoon in Australien auf einheimische Arten

Ökologische Nische, Wechselbeziehungen, Populationsdynamik, Beziehungen zwischen Populationen

Einleitung

Die Aga-Kröte wurde 1935 an der Ostküste Australiens (Queensland) vom Menschen eingeführt, um die Verbreitung der Larven eines Zuckerrohrschädlings, dem Käfer *Lepidoderma albohirtrum*, zu reduzieren. Heute stellt die Aga-Kröte eine Gefahr für zahlreiche einheimische Arten dar. Eine im Jahr 2008 publizierte wissenschaftliche Studie der Universität Sydney zeigt den Einfluss der Aga-Kröte auf Populationen einheimischer Süßwasser-Krokodile in der Region des Victoria River im Nordwesten Australiens (Northern Territory).

AUFGABENSTELLUNG

1. **Erläutern** Sie die Nahrungsbeziehungen im Ökosystem des Victoria River (M1). Gehen Sie dabei insbesondere auf die verschiedenen Trophieebenen ein.
2. **Analysieren** Sie mithilfe der Ihnen vorliegenden Materialien die Beziehungen zwischen Zuckerrohrkäfer und Aga-Kröte sowie der Aga-Kröte und dem Süßwasser-Krokodil.
3. **Stellen** Sie auf Basis der Materialien **Hypothesen auf**, wie sich die Populationsdichten von Aga-Kröte und Süßwasser-Krokodil in den verschiedenen Flussabschnitten des Victoria River (M4) voraussichtlich entwickeln werden und inwiefern es zu Veränderungen der Körpergrößenstruktur der Süßwasser-Krokodile kommen könnte.
4. Der für die Einführung der Aga-Kröte in Australien verantwortliche Reginald Mungomery wurde 1936 folgendermaßen zitiert: *„Die Ansiedlung in Queensland erfolgte nach einer sorgfältigen Abwägung der Pros und Contras und nachdem das Verhalten der Kröte bis heute keinen Anlass zur Befürchtung gibt, dass wir uns in unserem Urteil über sie getäuscht haben.“*
   Nehmen Sie mithilfe der Materialien begründet **Stellung** zu dieser Aussage hinsichtlich der Auswirkungen, die das Aussetzen der Kröte (langfristig) auf das Ökosystem hat und **erörtern** Sie, ob diese Auswirkungen – entgegen der Einschätzung R. Mungomerys – vor dem Aussetzen der Kröte absehbar gewesen wären.

Material

M1 Nahrungsnetz der Aga-Kröte im Victoria River

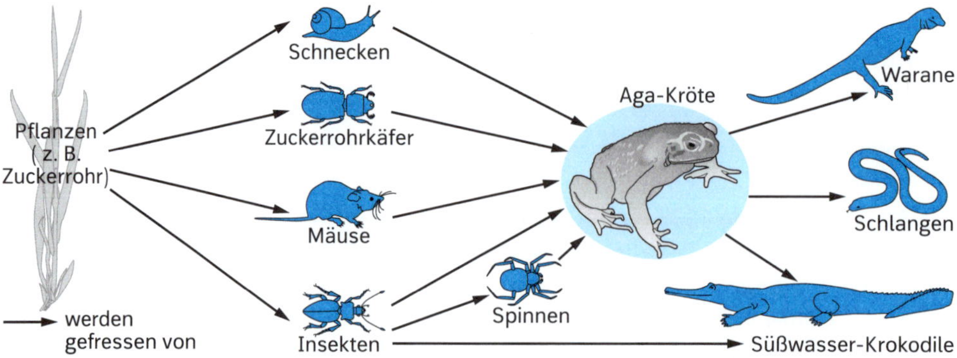

M2 Basisinformationen zur Aga-Kröte

Die Aga-Kröte (*Bufo marinus*) gehört zur Familie der echten Kröten (Bufonidae). Ausgewachsene Tiere sind bis zu 25 cm lang und 1,5 kg schwer. Als besonderes Merkmal besitzt die Aga-Kröte zwei Giftdrüsen, die sich an ihrem Kopf befinden. Das dort produzierte, giftige Sekret setzt die Aga-Kröte zu ihrer Verteidigung ein. Das ursprüngliche Verbreitungsgebiet ist Südamerika. Dort existieren neben spezialisierten Parasiten, die eine Ausbreitung der Aga-Kröte reduzieren, weitere Fressfeinde der Kröte. So ist z. B. der Breitschnauzenkaiman, ein Krokodil, gegen das Gift der Kröte resistent. Seit der Einführung von einigen Tausend Aga-Kröten an die Ostküste Australiens (Region um Cairns) im Jahr 1935 hat sich der Bestand der Aga-Kröte in Australien Schätzungen zufolge auf über 200 Millionen Tiere vergrößert. Im Jahr 2005 sind erstmals Exemplare im Becken des 3000 km entfernten Victoria River (Northern Territory) gesichtet worden. Die Aga-Kröte wurde 1935 von Mitarbeitern einer landwirtschaftlichen Versuchsanstalt in Cairns mit dem Ziel eingeführt, die Larven des Zuckerrohrkäfers Lepidoderma albohirtrum zu dezimieren. Die Kröten erwiesen sich aber nicht als Räuber des Schädlings, was durch die verschiedenen Lebensräume der beiden Arten zu erklären ist: Während die Aga-Kröte auf dem Boden lebt und jagt, klettern die Larven des Zuckerrohrkäfers die Zuckerrohrpflanzen hoch. Adulte Käfer können fliegen. Die Aga-Kröten in Nord-Ostaustralien hatten somit keinen Einfluss auf die Population des Zuckerrohrschädlings.

M3 Informationen zum Lebensraum am Victoria River

Der Victoria River ist mit 547 km der längste Fluss im Northern Territory Australiens. Das Klima ist semiarid. In den Monaten Dezember bis März ist es sehr heiß und feucht, von April bis November sind ebenfalls hohe Temperaturen zu verzeichnen, es ist aber auch sehr trocken. Am Zusammenfluss von Victoria River und Wickham River (Victoria River and Wickham River Junction) übersteigt die durchschnittliche Temperatur an 286 Tagen 30 °C. Während der Victoria River in den feuchten Monaten durch Monsunregen einen sehr hohen Wasserstand hat, trocknet das Flussbett in der Trockenzeit an einigen Stellen vollständig aus. Das Flussbett ist durchzogen von zahlreichen Wasserlöchern, die durch Sandbänke und Gesteinsbrocken voneinander getrennt sind. Die durchschnittliche

Niederschlagsmenge variiert auch innerhalb einzelner Flussabschnitte des Victoria River noch stark. So fallen an der „Victoria River Gorge“ (Gorge = Schlucht/Klamm) mit 802 mm pro Jahr die höchsten Niederschläge, während es in „Longreach Lagoon“ mit 582 mm pro Jahr deutlich weniger regnet. Verteilt über den Flusslauf nehmen die Niederschlagen von Norden nach Süden ab. Bedingt durch diese besonderen klimatischen Bedingungen sind viele Tierarten (u. a. auch die Aga-Kröte) gezwungen, Wasserlöcher zur Wasseraufnahme aufzusuchen, sodass sich diese Tiere überwiegend in Flussnähe aufhalten.

M4 Geografische Lage des Victoria River im Northern Territory (AU)

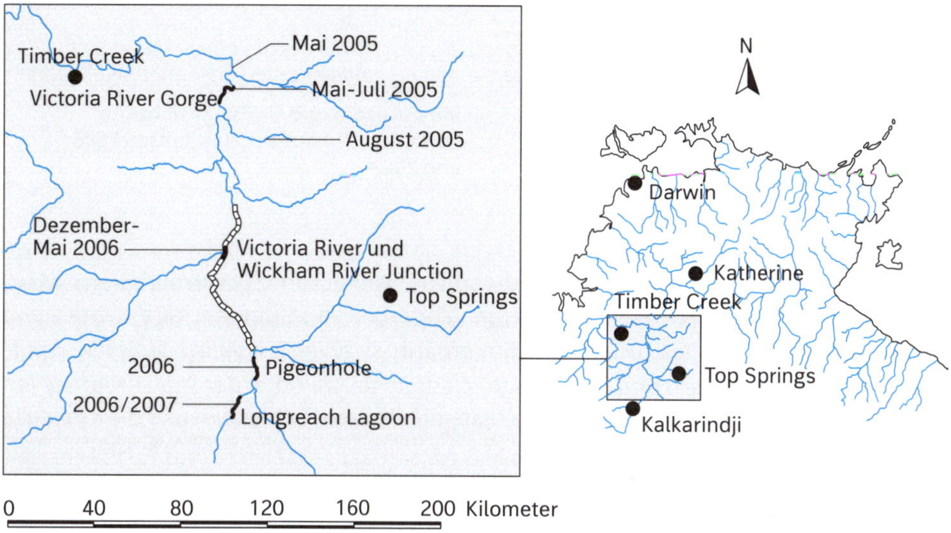

M4 Ankunftszeiten der Aga-Kröte an verschiedenen Untersuchungsstandorten

M5 Daten zur Populationsdichte der Süßwasser-Krokodile in Abhängigkeit zum Vorhandensein der Aga-Kröte

Im Rahmen einer biologischen Feldstudie der Universität Sydney wurden an verschiedenen Flussabschnitten des Victoria River die Entwicklungen der Populationen der Süßwasser-Krokodile der Art *Crocodylus johnstoni* durch nächtliche Bootsfahrten mit Scheinwerfern und Luftbeobachtungen erfasst. Untersucht wurden die Anzahl toter und lebend gesichteter Krokodile und deren Körpergröße. Die Ergebnisse der Untersuchung sind in den folgenden Diagrammen dargestellt.

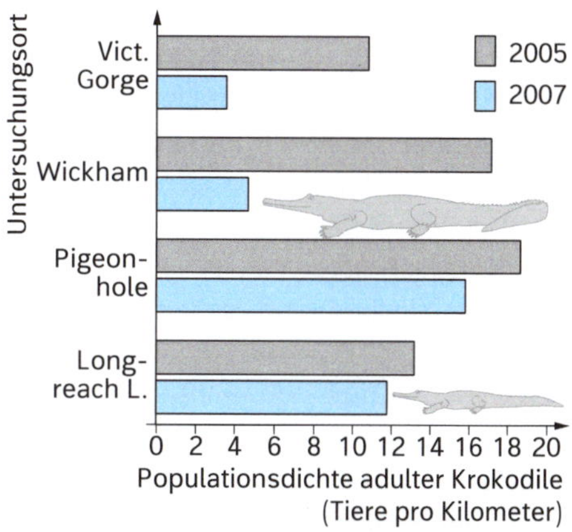

M5 a Populationsdichte erwachsener Krokodile in den Jahren 2005 und 2007

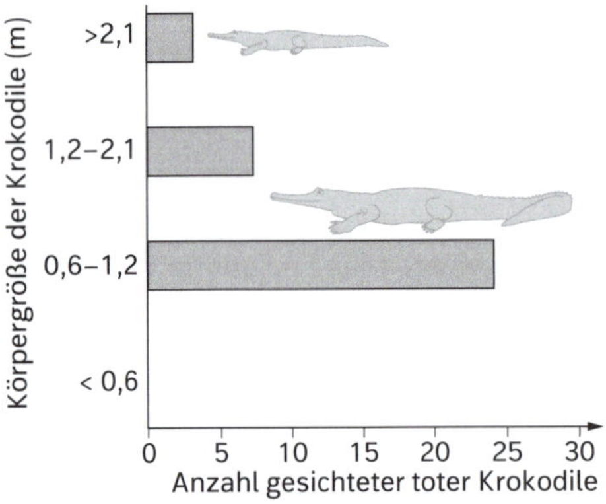

M5 b Anzahl und Größe gesichteter toter Krokodile nach Ankunft der Aga-Kröte

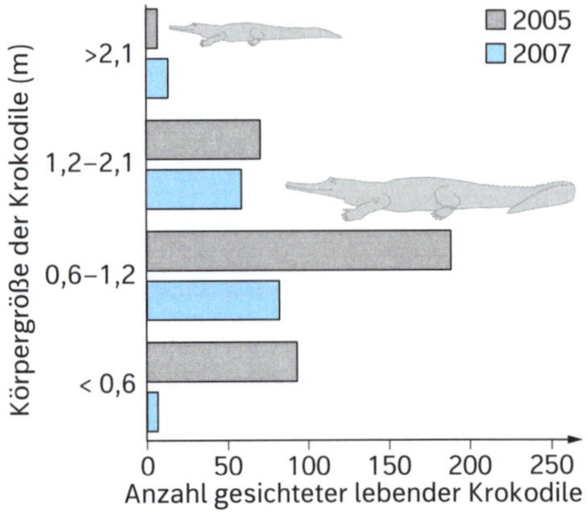

M5 c Anzahl und Größe gesichteter lebender Krokodile in den Jahren 2005 und 2007

Lösungen

1. Pflanzen wie z. B. das Zuckerrohr werden von Schnecken, Zuckerrohrkäfern, Mäusen und Insekten gefressen, Insekten wiederum von Spinnen, Aga-Kröten und Süßwasser-Krokodilen. Die Aga-Kröte ernährt sich von Insekten, Mäusen, Spinnen, Zuckerrohrkäfern und Schnecken. Zu den Fressfeinden der Aga-Kröte zählen Süßwasser-Krokodile, Warane und Schlangen. Warane, Schlangen und die Krokodile stehen am Ende des Nahrungskette.
   Pflanzen sind die Produzenten und stellen die erste Trophieebene dar. Schnecken, Käfer, Mäuse und Insekten stellen dadurch, dass sie sich von den Produzenten ernähren, die Konsumenten erster Ordnung dar. Spinnen, die sich von Insekten als Konsumenten erster Ordnung ernähren, sind die Konsumenten zweiter Ordnung. Die Aga-Kröten haben sowohl Konsumenten erster als auch Konsumenten zweiter Ordnung als Nahrungsquelle und können somit als Konsumenten zweiter oder dritter Ordnung bezeichnet werden. Warane und Schlangen stellen als Fressfeinde der Aga-Kröte demnach Konsumenten dritter oder vierter Ordnung dar. Süßwasser-Krokodile stellen je nach Betrachtungsebene Konsumenten zweiter, dritter oder vierter Ordnung dar. Warane, Krokodile und Schlangen sind Endkonsumenten.
2. Die Aga-Kröte ist ursprünglich zur biologischen Schädlingsbekämpfung der Zuckerrohrkäfer in Australien ausgesetzt worden. Das Aussetzen der Aga-Kröte hat jedoch keinen Einfluss auf die Populationsdichte der Zuckerrohrkäfer. Grund dafür sind unter anderem die unterschiedlichen Lebensräume der beiden Arten. Während die Aga-Kröte sich am Boden aufhält, klettern die Larven der Zuckerrohrkäfer die Pflanzen hinauf, adulte Tiere können sogar fliegen. Ein weiterer Grund liegt darin, dass es sich bei der Aga-Kröte um einen Nahrungsgeneralisten (M1) handelt. Sie ist daher nicht auf den Zuckerrohrkäfer als Hauptnahrungsquelle angewiesen. Dadurch konnte sich die Aga-Kröte sehr schnell und erfolgreich ausbreiten: Aus einigen tausend Tieren im Jahre 1935 sind Schätzungen zufolge über 200 Millionen geworden.

Auch die geografische Ausbreitung ist enorm: von der Ostküste Australiens bis zum 3000 km entfernten Victoria River. Ein weiterer wichtiger Grund für die Ausbreitung der Kröte ist die Tatsache, dass sie aufgrund ihres Giftes kaum Fressfeinde zu befürchten hat.
Am Victoria River hat das Eindringen der Aga-Kröte in das Ökosystem weitreichende Konsequenzen für die Populationsentwicklung der dort lebenden Süßwasser-Krokodile. Die Untersuchungen zeigen, dass die Populationsdichte der Krokodile genau nach dem Eintreffen der Aga-Kröte drastisch zurückgegangen ist (M5). Die Anzahl der adulten Krokodile am Flussabschnitt „Victoria Gorge" lag 2005 – vor der Ankunft der Aga-Kröte – bei ca. 10 Tieren pro Kilometer, 2007 nur noch bei 3 Tieren pro km. Bei „Wickham" waren es 2005 17 gesichtete Tiere, zwei Jahre später 5. In den beiden anderen Flussabschnitten, in denen Zählungen durchgeführt wurden, sank die Dichte der Krokodile lediglich von 19 auf 16 bzw. von 13 auf 12 Tiere pro km. In diesen Abschnitten hat sich die Aga-Kröte später angesiedelt. Der Rückgang der Krokodilpopulation lässt sich dadurch erklären, dass sich die Krokodile von den Kröten ernähren und dann durch das Gift der Aga-Kröte sterben.

3. Die Population der Aga-Kröte wird aller Voraussicht nach weiter ansteigen, da nahezu keine Feinde der Kröte existieren und die Tiere, die die Kröte zur Beute haben, durch das Gift der Kröten getötet werden. In den Regionen des Oberlaufs des Flusses (Norden) wird die Populationsdichte der Süßwasser-Krokodile noch weiter sinken, da sich durch die klimatischen Bedingungen die Aga-Kröte häufig an den Wasserlöchern in der Nähe der Krokodile aufhalten wird und so von diesen erbeutet werden kann. Dem Lauf des Flusses nach Süden folgend wird ein Anstieg der Krötenpopulation noch gravierendere Folgen für die Population der Krokodile haben, da durch die noch geringeren Niederschläge (582 mm pro Jahr bei „Longreach Lagoon" im Vergleich zu 802 mm bei „Victoria Gorge") die Notwendigkeit der Kröten, zum Rehydrieren die Wasserlöcher aufzusuchen, noch größer ist. Damit steigt die Wahrscheinlichkeit eines Aufeinandertreffens von Krokodil und Kröte stark an.
   Besonders betroffen von der Ankunft der Aga-Kröte sind die Krokodile mit einer mittleren Körpergröße von 0,6 bis 1,2 m (M5). Nach der Ankunft der Kröten wurden in dieser Größenkategorie 25 tote Tiere gesichtet und die Anzahl lebend gesichteter Tier ging von 2005 bis 2007 von knapp 200 auf ca. 80 Tiere zurück. Krokodile der Größe von 1,2 bis 2,1 m waren schon deutlich seltener betroffen, sodass in dieser Größenkategorie kaum ein Rückgang zu verzeichnen ist. Bei Krokodilen mit einer Körpergröße von über 2,1 m stieg die Populationsdichte im Untersuchungszeitraum sogar leicht an. Die Daten lassen die Vermutung zu, dass größere Tiere (ab 2,1 m) gegen das Gift der Kröte immun sind. Folglich wird sich die Körpergrößenstruktur der Krokodile zugunsten der größeren Krokodile verändern, während die Populationsdichte der mittelgroßen Tiere sehr stark abnimmt.
4. Die Materialien zeigen deutlich, dass die Vor- und Nachteile einer Aussetzung der Aga-Kröte in Australien nicht genügend abgewogen wurden. Ausmaß und Geschwindigkeit der Ausbreitung von 1935 bis heute legen den Schluss nahe, dass es sich bei der Aga-Kröte um einen r-Strategen handelt. Das Nahrungsnetz und die Beziehungen zu anderen Lebewesen wurden nicht gründlich genug untersucht. Die

Nahrungsbeziehungen hätten z. B. in einem künstlich angelegten Ökosystem mit möglichst realen Bedingungen untersucht werden können. Dabei wäre aufgefallen, dass es sich bei der Aga-Kröte um einen Nahrungsgeneralisten handelt, der nicht auf den Zuckerrohrkäfer oder seine Larven als Beute angewiesen ist. Untersuchungen der Lebensräume hätten gezeigt, dass die Aga-Kröte am Boden lebt, während die Larven des Zuckerrohrschädlings die Pflanzen emporklettern. Zusätzlich muss bedacht werden, dass eine erfolgreiche Untersuchung in einem bestimmten Ökosystem keine Garantie für eine erfolgreiche Ansiedlung in anderen Ökosystemen garantiert. So stellt die Aga-Kröte z. B. in ihrem ursprünglichen Lebensraum in Südamerika keine Gefahr für Krokodile dar, da diese gegen das Gift der Kröte resistent sind. Für die Süßwasser-Krokodile am Victoria River hingegen ist das Gift tödlich. Die Untersuchungen zeigen deutlich, dass in den Regionen am Victoria River, in denen sich die Aga-Kröte angesiedelt hat, der Bestand der Krokodile drastisch zurückgegangen ist. Das Beispiel macht deutlich, wie komplex ein Ökosystem ist, und dass bei der Aussage R. Mungomerys dieser Umstand nicht genügend Berücksichtigung fand. Das Urteil Mungomerys, die Kröten hätten keine negativen Auswirkungen auf bestehende Ökosysteme, ist zu voreilig getroffen worden und falsch.

Bewertungseinheiten:
80, davon AFB I: 19 BE (24 %); AFB II: 44 BE (55 %); AFB III: 17 BE (21 %)

Materialgrundlage:
Letnic M., Webb J.-K., Shine R. : Invasive cane toads (Bufo marinus) cause mass mortality of freshwater crocodiles (Crocodylus johnstoni) in tropical australia In: Biological Conservations 141 (2008) S. 1773 – 1782. Elsevier Ltd. 2008

Aufgabe 7: Vaterschaftstest

Die Identifizierung von Verwandten mithilfe des genetischen Fingerabdrucks beim Menschen

Einleitung

Zu den Methoden von Vaterschaftstests gehört u. a. die Untersuchung bestimmter DNA-Abschnitte, in denen sich wiederholende DNA-Muster zu finden sind. Die Molekulargenetiker bezeichnen diese Wiederholungseinheiten, die eine Länge von 2 bis 7 Basenpaaren haben, als STRs (short tandem repeats). Sie liegen in den nicht codierenden Abschnitten der DNA und enthalten somit keine Gene für bestimmte Merkmale.
Auf der Suche nach ihren Eltern wurde bei Lena eine DNA-Analyse durchgeführt, bei der drei unterschiedliche DNA-Abschnitte mit STRs verwendet wurden: D3S1358, vWA und FGA. Diese Abschnitte wurden herausgeschnitten, vervielfältigt und mit einem Fluoreszenzfarbstoff angefärbt.
Die Länge dieser Abschnitte und damit die Anzahl der Wiederholungseinheiten wurden über eine Kapillarelektrophorese bestimmt.

AUFGABENSTELLUNG

1 **Beschreiben** Sie aufgrund der Angaben in M1, wie sich die Kapillarelektrophorese von der Gelelektrophorese unterscheidet.

2 **Erläutern** Sie, was man unter einer Wiederholungseinheit innerhalb eines DNA-Abschnitts versteht.

3 **Ermitteln** Sie das STR-Muster, das Lena aufgrund der DNA-Analyse laut Abbildung 4 besitzt.

4 **Geben** Sie für jede STR-Region **an**, welche STR-Muster für den Vater von Lena und welche jeweils für ihre Mutter in Frage kommen könnten.

5 **Ermitteln** Sie die Wahrscheinlichkeit, dass irgendeine andere Person in der Bevölkerung das gleiche STR-Muster für alle drei untersuchten DNA-Abschnitte wie Lena aufweist unter der Annahme, dass die Häufigkeit des jeweiligen STR-Musters für den einzelnen DNA-Abschnitt (D3S1358, vWA und FGA) jeweils bei 10 % liegt.

6 **Begründen** Sie, warum Vaterschaftstests nur unter Einwilligung der betroffenen Person durchgeführt werden dürfen.

Material

M1 Kapillarelektrophorese

Bei der Kapillarelektrophorese wandern die geladenen Teilchen (im vorliegenden Fall die DNA-Fragmente) unter Einfluss eines elektrischen Feldes in einem dünnen Kapillarrohr. Die Kapillaren haben eine Länge von mehr als 30 cm und einen Durchmesser von wenigen µm. Dadurch können DNA-Fragmente, die sich nur um ein Nukleotid unterscheiden, sicher voneinander getrennt werden. Kurz vor dem Ende der Kapillare erfasst ein Laser aufgrund ihrer Fluoreszenzmarkierung die Ankunft der unterschiedlich langen DNA-Abschnitte. Kleine Fragmente werden aufgrund ihrer Wanderungsgeschwindigkeit eher erfasst als größere.

M2 Elektropherogramm

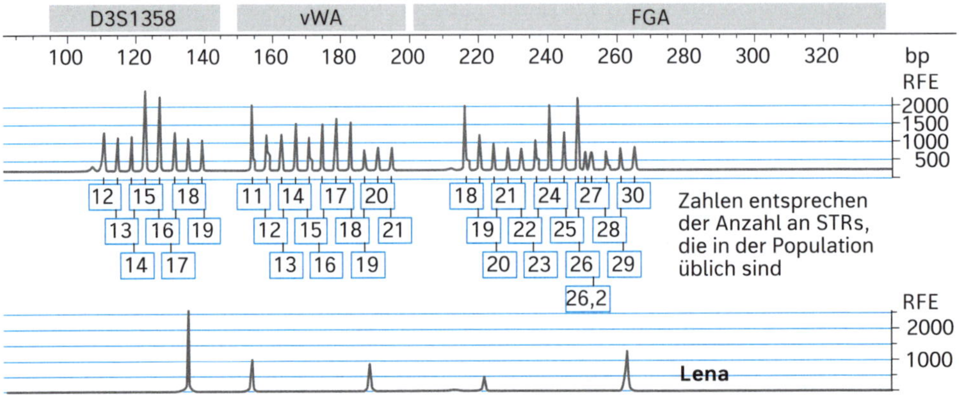

M2 Ergebnis der DNA-Analyse dreier DNA-Abschnitte mit STRs bei Lena (unten). Oben die mögliche Anzahl an Basenpaaren (bp) bzw. die Länge der untersuchten DNA-Abschnitte D3S1358, vWA und FGA; Mitte: Bezugssequenzen aller bekannter STRs der Population.

Anmerkung: Deutliche Ausschläge der Fluoreszenzmessung (in relativen Einheiten: RFE) zeigen bestimmte STR-Sequenzen an. Dabei entspricht ein Peak an einer bestimmten Position der angegebenen Anzahl von Wiederholungseinheiten.

Lösungen

1. Im Gegensatz zur Gelelektrophorese, die in einer Elektrophoresekammer abläuft, wandern die Ionen bei einer Kapillarelektrophorese durch eine Kapillare. Bei beiden Methoden müssen die DNA-Fragmente markiert bzw. angefärbt werden, um sie identifizieren zu können. Die Länge der DNA-Fragmente wird in der Gelelektrophorese aufgrund ihrer zurückgelegten Wanderungsstrecke bestimmt, bei der Kapillarelektrophorese wird über die Wanderungsgeschwindigkeit der DNA-Stücke durch die ganze Kapillare hindurch ihre Länge ermittelt.
2. Wiederholungseinheiten bestehen aus Nukleotidsequenzen der DNA, die stets direkt aufeinander folgen. Sie sind durch eine bestimmte Basenabfolge aus den vier Nucleinbasen Adenin (A), Thymin (T), Guanin (G) und Cytosin (C) gekennzeichnet, z. B. ist ATA eine Einheit aus 3 bp.
3. D3S1358: 18/18, vWA 11/20, FGA 19/29

4. D3S1358: ♂ 18/X(12-19) und ♀ 18/X(12-19); vWA: ♂ 11/X(11-21) und ♀ **20**/X(11-21) oder ♂ 20/X(11-21) und ♀ 11/X(11-21); FGA: ♂ 19/X(18-29) und ♀ **29**/X(18-29) oder ♂ 29/X(18-29) und ♀ **19**/X(18-29)
5. 0,1 x 0,1 x 0,1 = 0,001 entspricht 0,1 %.
6. In der Art Ihrer Argumentation sind Ihnen große Freiheiten eingeräumt. Inhaltliche Anhaltspunkte kann das Gendiagnostikgesetz bieten. Danach sind genetische Untersuchungen zur Feststellung der Abstammung nur dann zulässig, wenn die Personen, von denen eine genetische Probe untersucht werden soll, in die Untersuchung eingewilligt haben. Die Vornahme oder Veranlassung einer „heimlichen" Abstammungsuntersuchung wird als Ordnungswidrigkeit geahndet. Das Gesetz stärkt die informationelle Selbstbestimmung und damit das Recht auf Wissen und Nichtwissen. Argumente der betroffenen Personen, also der Kinder, können auch psychisch, z. B. Ängste vor dem Verlust der emotionalen Sicherheit, oder finanziell bestimmt sein.

Bewertungseinheiten:
21, davon AFB I: 6 BE (30 %); AFB II: 11 BE (50 %); AFB III: 4 BE (20 %)

Materialgrundlage:

Köhnemann S.: Einsatz spurenkundlicher und molekulargenetischer Untersuchungen in der Rechtsmedizin. Institut für Rechtsmedizin, Universitätsklinikum Münster 2009

http://campus.uni-muenster.de/fileadmin/einrichtung/rechtsmedizin/medizin/molekulargenetik.PDF

http://www.fbi.gov/about-us/lab/codis

http://www.biology.arizona.edu/human_bio/activities/blackett2/str_description.html

Aufgabe 8: Schädlingsbekämpfung mittels RNA-Interferenz bei Kartoffelkäfern

Genregulation bei Eukaryonten, epigenetische Mechanismen, Proteinbiosynthese, Fotosynthese (Leistungskurs)

Einleitung

Die Larven und die erwachsenen Kartoffelkäfer fressen die Blätter verschiedener Nachtschattengewächse, u. a. der Kartoffel. In den Monokulturen der Kartoffeln hat sich der Käfer zu einem gefürchteten Schädling entwickelt.

AUFGABENSTELLUNG

1 *Grundkurs:* **Nennen** Sie die Unterschiede im Bau von DNA und RNA und **beschreiben** Sie die Funktion der mRNA.
Leistungskurs: **Stellen** Sie die Stoffwechselvorgänge zusammenfassend **dar**, die im Rahmen der Fotosynthese in den Chloroplasten ablaufen.

2 **Erläutern** Sie unter Einbeziehung von M1, wie über RNAi die Expression von Genen bei Eukaryonten reguliert werden kann.

3 **Erläutern** Sie, wie die Forscher die Kartoffelpflanzen vor dem Kartoffelkäfer und seinen Larven schützen wollen (M1 und M2) und **analysieren** Sie anschließend die Ergebnisse des Experiments (M2).

4 **Bewerten** Sie abschließend diese neue Methode der Schädlingsbekämpfung bei Kartoffelpflanzen. Beziehen Sie dabei neben der Wirksamkeit der verschiedenen Ansätze auch die eingesetzte Methode ein.

Material

M1 Basisinformationen

Kleine doppelsträngige RNA-Stücke (dsRNA) spielen in den meisten Lebewesen eine wichtige Rolle. Sie werden in vielen eukaryotischen Zellen produziert und sind an der Regulierung von Genen beteiligt sind, indem sie diese stummschalten. Dieser Mechanismus wird RNA-Interferenz (RNAi), genannt. Pflanzenzellen besitzen in der Regel Chloroplasten, in denen die Prozesse der Fotosynthese ablaufen. Chloroplasten weisen neben einer doppelten Zellwand auch eine Plastiden-DNA, ein eigenes ringförmiges Genom auf. An den ebenfalls in den Chloroplasten vorhanden Ribosomen findet die Translation dieser DNA statt.

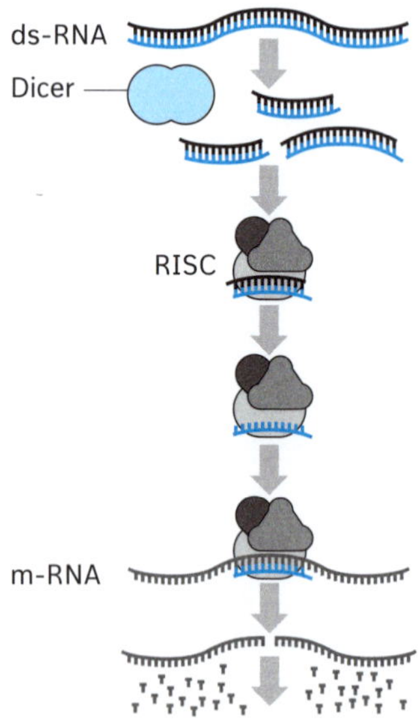

M1 Schematisch Ablauf der RNAi

M2 Experiment zur Abwehr des Kartoffelkäfers

Ein Forschungsteam des Max-Planck-Instituts hat in den letzten Jahren daran gearbeitet, neue artspezifische Methoden zur Bekämpfung des Kartoffelkäfers zu entwickeln, der in den meisten Anbaugebieten der Welt Resistenzen gegen die gängigsten Insektizide entwickelt hat.

Als Ansatzpunkt nutzten sie das Kartoffelkäfergen mit der Bezeichnung ACT, das auch in den Darmzellen des Kartoffelkäfers aktiv ist. Das ACT-Gen codiert β-Actin, ein zentrales Strukturprotein vieler Zellen, das am Aufbau des Zytoskeletts beteiligt ist. Das Zytoskelett stabilisiert die Zelle und übernimmt eine Reihe weiterer Aufgaben, wie z.B. die Signalübertragung mit den Nachbarzellen und die Steuerung des Transports von Stoffwechselprodukten.

Nun veränderten die Wissenschaftler verschiedene Kartoffeln gentechnisch so, dass die Plastiden-DNA ihrer Chloroplasten nun auch dsRNA produzierte. Diese dsRNA enthielt komplementäre Abschnitte zur mRNA des β-Actin-Gens, wie es in den Zellen des Darms von Kartoffelkäfern vorkommt.

Dabei wurden zwei gentechnisch veränderte Typen von Kartoffelpflanzen erzeugt: ACT-2 produziert dsRNA und besitzt eigene DICER- und RISC-Enzyme. ACT-21 erzeugt die dsRNA besitzt aber keine funktionsfähigen DICER- und RISC-Enzyme.

Mit den Blättern dieser Kartoffelpflanzen wurden in einem Experiment nun die Larven des Kartoffelkäfers gefüttert, um die Wirksamkeit der verschiedenen Ansätze zu prüfen. Das Material zeigt die Ergebnisse der Fütterung mit der Wildtyp-Pflanze (wt) und den beiden gentechnisch veränderte Kartoffelpflanzen (ACT2 und ACT21).

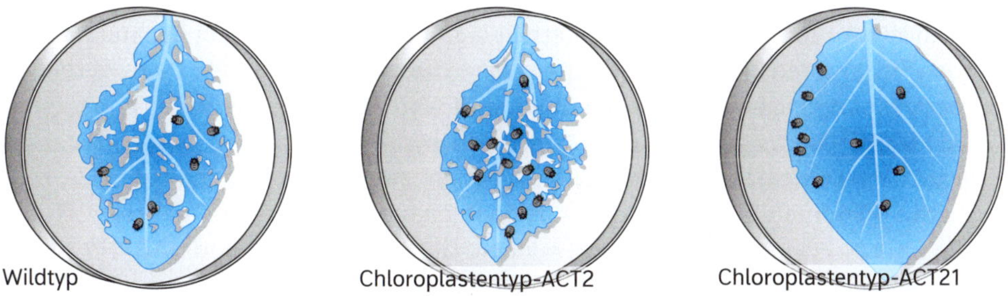

M2 a Fraßspuren der Larven des Kartoffelkäfers an den frisch gegebenen Blättern der verschiedenen Kartoffelpflanzen am dritten Fütterungstag.

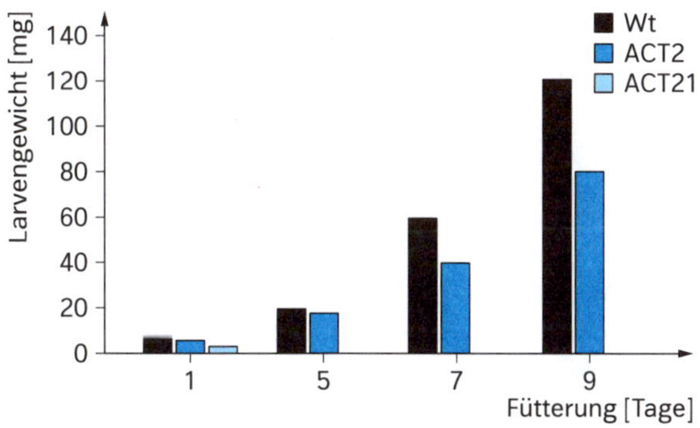

M2 b Gewicht der Larven des Kartoffelkäfers an den unterschiedlichen Fütterungstagen aus den verschiedenen Ansätzen

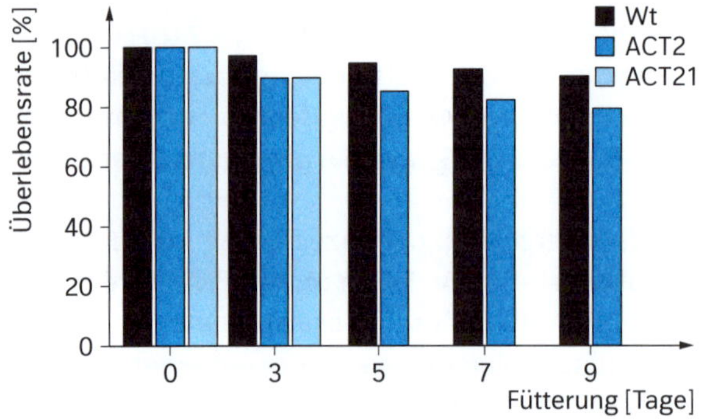

M2 c Überlebensrate der Larven des Kartoffelkäfers an den unterschiedlichen Fütterungstagen aus den verschiedenen Ansätzen

Lösungen

1. (Grundkurs): Im Gegensatz zum Zucker Desoxyribose der DNA wird die RNA mit dem Zucker Ribose aufgebaut. Die DNA kommt als Doppelhelix (Doppelstrang) vor, wohingegen die RNA meistens nur als Einfachstrang vorliegt. Darüber hinaus wird die Base Thymin der DNA in der RNA durch die Base Uracil ersetzt. Schließlich dient die DNA in erster Linie der Speicherung des Erbguts, während die RNA vielfältige Funktionen erfüllt. So spielt die sogenannte messengerRNA (mRNA) bei der Proteinbiosynthese eine zentrale Rolle. Im Zellkern wird ein kurzer DNA-Abschnitt in die mRNA transkribiert und in das Zytoplasma transportiert. Dort findet an den Ribosomen die Translation in ein Protein statt.
   (Leistungskurs): Das Stoffwechselgeschehen im Rahmen der Fotosynthese lässt sich in zwei zentrale Prozesse unterteilen. In der lichtabhängigen Reaktion wird in den Thylakoiden Lichtenergie in chemische Energie umgewandelt. Dazu wird Wasser gespalten. Der entstehende Sauerstoff wird abgegeben und der Wasserstoff auf $NADP^+$ übertragen, so dass NADPH + H^+ entsteht. Im Rahmen dieses Prozesses wird auch Energie in Form von ATP gebildet. Im zweiten lichtunabhängigen Prozess wird im Stroma der Chloroplasten das aufgenommene CO_2 über mehrere Schritte im CALVIN-Zyklus zu Zucker umgewandelt. Dabei werden ATP und NADPH + H^+ aus der lichtabhängigen Reaktion verbraucht.
2. RNAi wird hier durch doppelsträngige RNA (dsRNA) ausgelöst, welche die Zelle produziert. Anschließend wird die dsRNA durch ein Enzym (DICER) im Zytoplasma in kleinere Stücke zerlegt. Ein weiteres Enzym (RISC) bindet einen Einzelstrang dieser kurzen RNA-Stücke.
   Bindet dieser RISC-Komplex nun über den Einzelstrang an ein komplementäres Stück einer messenger-RNA (mRNA), wird diese dadurch blockiert und anschließend gespalten. Damit ist die Translation der mRNA und die Synthese der entsprechenden Proteine an den Ribosomen unterbunden.
3. Das Forschungsteam versucht die Kartoffelpflanzen über die insektizide Wirkung der dsRNA zu schützen. Die Kartoffelkäferlarven sollen über die Blätter der gentechnisch veränderten Kartoffelpflanzen auch die dsRNA, die diese in ihren Chloroplasten produzieren, über den Darm aufnehmen.

Die dsRNA lagert sich nun in den Darmzellen über ihre komplementären Basen an die mRNA für das Protein β-Actin an, die daraufhin blockiert und zerstört wird. Damit wird kein oder zu wenig β-Actin in den Darmzellen produziert. Da das β-Actin zentrale Funktionen für das Zytosklett der Zelle hat, stellt ein Mangel an diesem Protein in den Darmzellen gerade in der Wachstumsphase eine Gefahr für die Larvenentwicklung dar.
Dabei kann die Larve einmal die dsRNA unzerschnitten als Ganzes aufnehmen (ACT-21). Im zweiten Fall (ACT2) liegt die dsRNA schon zerschnitten und ggf. sogar an das RISC-Enzym gebunden vor.
Die Bilder zeigen die Fraßspuren der Kartoffelkäferlarven an den Blättern der jeweiligen Kartoffelpflanzen am dritten Tag der Entwicklung. Das Blatt des Wildtyps zeigt starke Spuren von Fraß und ist an vielen Stellen durchlöchert. Das Blatt des ACT-2-Typs ist nahezu ebenso stark geschädigt wie der Wildtyp. Im Gegensatz hierzu weist das Blatt des ACT-21-Typs nur einige kleine Löcher und kaum weitere Fraßspuren der Larven auf.
Im ersten Experiment wurde das Larvengewicht der Kartoffelkäferlarven im Verlauf von neun Tagen untersucht. Während das Gewicht der Larven des Wildtyp-Ansatzes kontinuierlich auf 120 mg zunimmt, steigt das Gewicht der Larven im ACT-2-Ansatz immerhin noch auf 80 mg. Im ACT-21-Ansatz ist ab dem fünften Tag kein Larvengewicht mehr nachweisbar.
Diese Daten korrelieren mit den Ergebnissen des zweiten Experiments, bei dem die Überlebensrate der Kartoffelkäferlarven im Verlauf von neun Tagen untersucht wurde. Während am Ende des Experiments im Wildtyp-Ansatz noch nahezu 90% und im ACT-2-Ansatz immerhin noch 80% der Larven leben, sind im ACT-21-Ansatz schon am fünften Tag keine lebenden Larven mehr nachweisbar.
Die Ergebnisse der Untersuchungen lassen vermuten, dass die Larven die unzerstörte dsRNA aus den Chloroplasten der Pflanzen über ihre Darmzellen aufnehmen. Hierauf weist der frühe Tod der Larven aus dem Ansatz ACT-21 hin.
Da die Chloroplasten der Kartoffelpflanzen in Ansatz ACT-2 sowohl DICER- als auch RISC-Enzyme besitzen, liegt die dsRNA in diesem Fall schon zerschnitten bzw. an einen RISC-Komplex gebunden vor. In dieser Form scheint die Aufnahme in die Darmzellen der Kartoffelkäferlarven nur in geringfügigem Maße möglich zu sein, da das Wachstum der ACT-2-Gruppe im Vergleich zum Wildtyp kaum eingeschränkt ist.

4. Der Insektenschutz über dsRNA in den Chloroplasten von gentechnisch veränderten Kartoffelpflanzen ist nicht in allen Fällen effektiv. Im Versuchsansatz mit eigenen DICER- und RISC-Enzymen (ACT-2) blieb die Schädigung der Kartoffelpflanzen durch die Larven der Kartoffelkäfer weiterhin hoch. Im Ansatz ohne eigene RNAi-Enzyme (ACT-21) war die Wirkung hingegen überzeugend und die Schädigung der Kartoffelblätter gering. Der Einsatz dieser Kartoffelsorte verspricht einen deutlich höheren Ertrag. Darüber hinaus könnte der Einsatz von Insektiziden wahrscheinlich deutlich reduziert werden, was aufgrund der Nebenwirkungen (Belastung des Bodens, unspezifische Wirkung, Resistenzen) einen weiteren Vorteil darstellt.
Müssen die gentechnisch Pflanzen ggf. jedes Jahr neu gekauft werden, wäre dies mit erhöhten Kosten für die Landwirte verbunden. Sollte die Eigenschaft an die

Nachkommen weitergegeben werden können, besteht wiederum die Gefahr einer unkontrollierten Ausbreitung.
Schließlich müsste der Einsatz gentechnisch veränderter Kartoffeln ggf. genehmigt werden und auf Akzeptanz bei potenziellen Käufern stoßen.

Bewertungseinheiten:
43, davon AFB I: 14 BE (32 %); AFB II: 20 BE (46 %); AFB III: 9 BE (20 %)

Materialgrundlage:
Zhang, J. et al.: Pest control. Full crop protection from an insect pest by expression of long double-stranded RNAs in plastids, Science 347, 991 (2015), DOI: 10.1126/science.1261680

Aufgabe 9: Glutarazidurie Typ I bei den Amish

Analyse von Familienstammbäumen: Proteinbiosynthese und Genwirkketten; Gentechnik: Gensonde als Werkzeug der Gentechnik

Einleitung

Die Glutarazidurie Typ I (GA I) ist eine sehr seltene Stoffwechselerkrankung, die weltweit mit einer Häufigkeit von 1 auf 100000 Neugeborenen vorkommt. Dagegen leidet eins von 400 Kindern bei den Amish an dieser Erbkrankheit. Die Amish gehören einer Glaubensgemeinschaft an, die heute vornehmlich in den USA und Kanada lebt. Sie sind bekannt dafür, dass sie viele Formen des technischen Fortschritts ablehnen und Neuerungen nur nach sorgfältiger Überlegung akzeptieren. Sie legen großen Wert auf Familie, Gemeinschaft und Abgeschiedenheit von der Außenwelt. Überwiegend stammen sie von Südwestdeutschen oder Deutschschweizern ab und sprechen untereinander meist Pennsylvaniadeutsch.

AUFGABENSTELLUNG

1 **Erklären** Sie die abweichende Häufigkeit der GA I bei den Amish.*

2 **Beschreiben** Sie die Erbkrankheit Glutarazidurie Typ I durch Auswertung der Materialien M1 bis M5 und **begründen** Sie Ihre Schlussfolgerungen. **Benennen** Sie auch den genetischen Defekt.

3 **Ermitteln** Sie mithilfe der Materialien M5 und M7 die Unterschiede im Bau der Glutaryl-CoA-Dehydrogenase von Gesunden und GA I-Patienten.

4 **Untersuchen** Sie den Erbgang der Glutarazidurie Typ I aufgrund von M6, **benennen** und **erläutern** Sie ihn.

5 **Erläutern** Sie, wie mithilfe der Amniozentese und einer Gensonde festgestellt werden kann, ob ein menschlicher Embryo die Krankheit Glutarazidurie Typ I in den ersten Lebensjahren ausbilden oder nicht ausbilden könnte.

6 **Begründen** Sie mithilfe von M1, wie bei einem Neugeborenen die Krankheit Glutarazidurie Typ I biochemisch festgestellt werden könnte.

7 **Beurteilen** Sie die Aufnahme eines Glutarazidurie-Tests in die Testverfahren, die jedes Neugeborene durchlaufen muss (Neugeborenenscreening).

8 **Stellen Sie eine Hypothese auf** für eine Glutarazidurie-Typ I-Therapie.

* **Ergänzung Aufgabe 1** (für LK bzw. Klausur, falls HARDY-WEINBERG-Formel durchgenommen wurde): **Ermitteln** Sie mithilfe der HARDY-WEINBERG-Formel $p^2 + 2\,pq + q^2 = 1$ den Anteil homozygoter und heterozygoter Merkmalsträger für das Gen für Glutarazidurie Typ 1 (a) weltweit und (b) bei den Amish.

Material

M1 Ausschnitt aus dem Aminosäurestoffwechsel

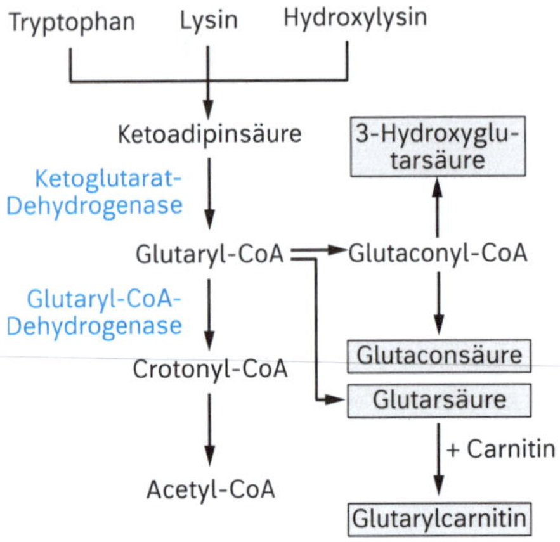

M1 Abbauwege der Aminosäuren Tryptophan, Lysin und Hydroxylysin. Das Abbauprodukt Acetyl-CoA kann z. B. im Citratzyklus weiterverarbeitet werden. Bei Patienten mit GA I kommt es zur Anreicherung von Glutaryl-CoA. Im Urin dieser Kranken findet man vor allem das *harmlose* Glutarylcarnitin, aber auch die *giftigeren* Stoffe Glutarsäure, Glutaconsäure und die *besonders gefährliche* 3-Hydroxyglutarsäure. Hinweis: Enzyme in blauer Schrift

M2 Symptome von GA I-Patienten

Die meisten Patienten mit GA I erleiden in den ersten Lebensjahren eine einzige enzephalopathische Krise. In wenigen Minuten werden dabei bestimmte Neurone im Bewegungszentrum des Gehirns zerstört. Die Folge ist eine äußerst schwere Bewegungsstörung. Die Intelligenz der Kinder dagegen ist weitgehend unbeeinträchtigt. Bleibt die Erkrankung unbehandelt, entwickelt sich in späteren Jahren oft zusätzlich eine geistige Retardierung. Ungefähr 25 Prozent der Patienten erleiden keine enzephalopathischen Krisen, sondern entwickeln schleichend eine Bewegungsstörung unterschiedlichen Ausmaßes.

M3 Strukturelle Ähnlichkeit des Neurotransmitters Glutamat

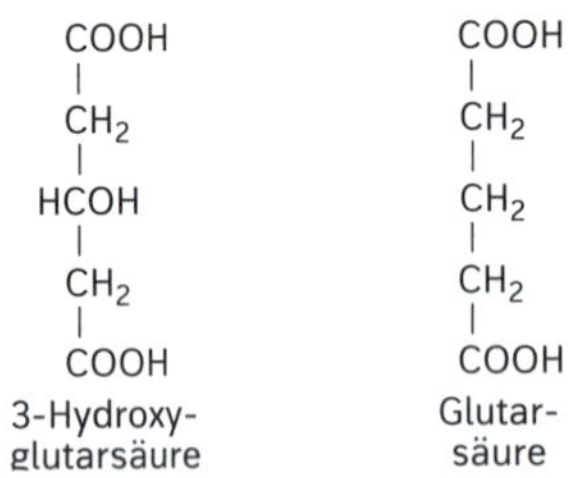

M3 Das Salz der Glutarsäure Glutamat ist ein wichtiger erregender Neurotransmitter im Gehirn. Die Glutarsäure ist der 3-Hydroxyglutarsäure strukturell sehr ähnlich.

M4 Lokalisation des Gens für das Enzym Glutaryl-CoA-Dehydrogenase

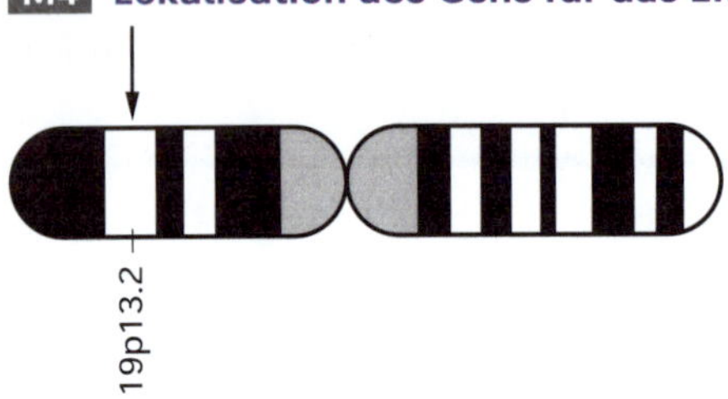

M4 Chromosoms 19 (schematisch): Das Gen für das Enzym Glutaryl-CoA-Dehydrogenase *GCGH* befindet sich auf dem kurzen Arm (p) des Chromosoms 19 an Position 13.2.

M5 Veränderung im GCGH-Gen

Das menschliche Glutaryl-CoA-Dehydrogenase-Gen GCGH enthält 11 Exons und umfasst 7 kb. Die Exons bestehen aus 438 Basentripletts. Das 421. Basentriplett von GA I-Patienten unterscheidet sich im codogenen Strang von dem der gesunden Menschen:

421. Basentriplett im Matrizenstrang des *GCGH*-Gens	**gesunde Person**	3' CGT 5'
421. Basentriplett im Matrizenstrang des *GCGH*-Gens	**GA I-Patient**	3' CAT 5'

M6 Stammbaum mit an GA I Erkrankten

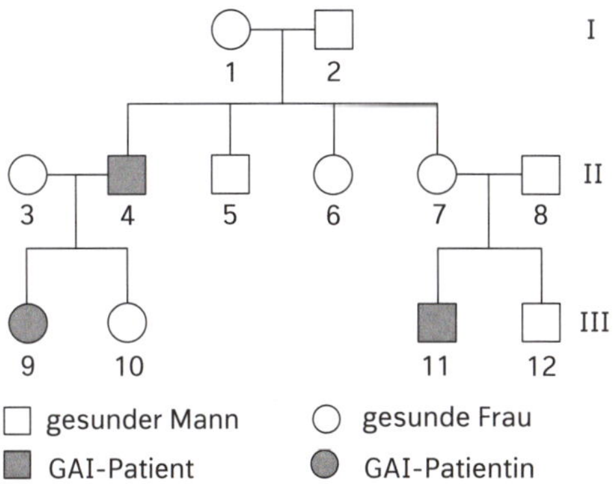

M6 Stammbaum über drei Generationen von einer Familie mit GA I-Patienten

M7 Der genetische Code

Genetischer Code als Code-Sonne S. 24
Genetischer Code als Tabelle S. 24

Lösungen

1. Dass der Anteil an Trägern des *GCGH*-Gens bei den Amish besonders hoch ist, liegt daran, dass sie sich anderen menschlichen Gruppen gegenüber abgrenzen und nur einen kleinen Genpool bilden, der sich nicht neu mischt. Dadurch können auch defekte Gene unter ihnen schneller Verbreitung finden.
2. Die Erbkrankheit Glutarazidurie Typ I ist eine Stoffwechselkrankheit, die aufgrund eines Enzymdefekts entsteht. Arbeitet die Glutaryl-CoA-Dehydrogenase nicht mehr, kann Glutaryl-CoA nicht mehr zu Crotonyl-CoA abgebaut werden (M1). Dann reichert sich das Glutaryl-CoA an und wird zu Glutarsäure, 3-Hydroxyglutarsäure und Glutaconsäure umgebaut. Diese Stoffe können den Körper schädigen und werden mit dem Urin ausgeschieden. Die Glutarsäure kann vorher noch zum weniger giftigen Glutarylcarnitin umgewandelt werden. M3 legt nahe, dass die 3-Hydroxyglutarsäure deshalb besonders gefährlich ist, weil sie im Gehirn aufgrund ihrer strukturellen

Ähnlichkeit anstelle des Neurotransmitters Glutamat angelagert werden kann. Das kann zu Fehlfunktionen im Gehirn führen (M3). Während einer enzephalopathischen Krise werden in frühen Lebensjahren Neuronen des Bewegungszentrums zerstört, sodass es zu Fehlfunktionen in der Bewegung kommt (M2).
Die Krankheit ist auf ein defektes Gen zurückzuführen, das auf dem kurzen Arm des Chromosoms 19 liegt (M4). Es ist, die Introns nicht eingerechnet, 438 Basentripletts lang. Das 421. Basentriplett ist gegenüber dem gesunden Gen verändert, im Basentriplett CGT befindet sich an der zweiten Position anstelle von Guanin Adenin (M5). Hier handelt es sich um eine Punktmutation. Als Folge davon wird in dem Enzym Glutaryl-CoA-Dehydrogenase an der 421. Stelle eine falsche Aminosäure eingebaut. Dieser Fehler macht das Enzym unbrauchbar, möglicherweise deshalb, weil das aktive Zentrum von der Mutation betroffen ist.

3. Mithilfe der Code-Sonne kann herausgefunden werden, dass bei der Krankheit als 421. Aminosäure in der Glutaryl-CoA-Dehydrogenase anstelle von Alanin (mRNA 5' GCA 3') Valin (mRNA 5' GUA 3') eingebaut wird.
4. Während die Eltern 1 und 2 in der Generation keine Glutarazidurie ausbilden, taucht diese Krankheit erst bei einem ihrer Kinder auf. Insofern wurde eine Generation übersprungen. Das deutet darauf, dass das Gen für die Krankheit rezessiv ist und es sich somit um einen dominant-rezessiven Erbgang handelt. Die Krankheit tritt bei den eng miteinander verwandten Amish häufiger auf als in anderen Populationen. Da rezessive Krankheiten statistisch gehäuft bei Familien mit Verwandtenehen auftreten, da bei diesen die Wahrscheinlichkeit des „Aufeinandertreffens“ krankmachender rezessiver Gene höher ist, spricht dies auch für einen dominant-rezessiven Erbgang. Statistisch gesehen liegt die Erkrankungswahrscheinlichkeit für ein Kind von phänotypisch gesunden, jedoch heterozygoten Eltern bei 25 %. Im Stammbaum von M6 müssen die Eltern 1 und 2 (Generation I) und 7 und 8 (Generation II) jeweils heterozygot sein, sonst hätten sie keine phänotypisch kranken Kinder. Zwei von sechs ihrer Kinder, das sind 33 %, sind krank. Hier kann nicht ein statistisch abgesicherter Wert erwartet werden, weil die Stichprobe zu klein ist. Trotz der kleinen Stichprobe ist zu erkennen, dass sowohl Männer als auch Frauen gleichermaßen von dieser Krankheit betroffen sein können. Also handelt es wahrscheinlich sich um einen autosomal-rezessiven Erbgang. Hierfür spricht auch, dass das GCDH-Gen auf einem Autosom, hier auf Chromosom 19 (M4) liegt.
5. Wenn die Basensequenz des *GCDH*-Gens bekannt ist, lässt sich dazu eine komplementäre Gensonde, die mit einem Fluoreszenzfarbstoff markiert ist, synthetisieren. Sinnvoll wäre es, den entsprechenden DNA-Abschnitt des Chromosoms 19 mithilfe von Restriktionsenzymen herauszuschneiden und mit der PCR zu vervielfältigen. Oft benötigt man keine Restriktionsenzyme, wenn man geeignete Primer für die PCR zur Verfügung hat. Nach dem Auftrennen der isolierten DNA (durch erhöhte Temperatur) in die Einzelstränge könnte man nun die Gensonde hinzufügen. Nach dem Abkühlen sind dann DNA-Hybride aus DNA-Fragmenten mit dem *GCDH*-Gen und der Gensonde zu erwarten, allerdings nur dann, wenn alle Basentripletts des GCDH-Gens mit der Gensonde übereinstimmen. Findet man also fluoreszierende DNA-Hybride, ist das Kind mit Sicherheit gesund. Für diesen Nachweis lassen sich

die Zellen des Embryos aus dem Fruchtwasser der Mutter gewinnen, da der Embryo abgestorbene Hautzellen in das Fruchtwasser abgibt.
Findet man keine entsprechenden DNA-Hybriden, wäre es möglich, dass das Kind die Glutarazidurie in einer enzephalopathischen Krise ausbilden könnte. Allerdings kann die Gensonde auch dann keine DNA-Hybride bilden, wenn nicht das 421. Basentriplett betroffen wäre, sondern ein anderes, das z. B. aufgrund einer folgenlosen stummen Mutation vorliegen könnte.

6. Da kranke Neugeborene einen erhöhten Glutarylcarnitin-Spiegel im Urin aufweisen, könnte man diesen mit geeigneten Reagenzien nachweisen.
7. Beim Neugeborenenscreening werden alle Neugeborenen auf verschiedene genetische Erkrankungen untersucht. Die Aufnahme eines „Windeltests" auf Glutarazidurie Typ I in das Neugeborenen-Screening ist zu begrüßen, da die Krankheit vor allem in den ersten Lebensjahren in Erscheinung treten kann. Allerdings ist ein Test nur dann sinnvoll, wenn sich das Ausbrechen dieser schweren Krankheit nach der Diagnose verhindern ließe. Aus M2 geht hervor, dass die Erkrankung behandelbar ist, sodass sich auch eine in späteren Jahren zusätzliche geistige Retardierung verhindern lässt. Aber auch diese Tatsache ist für den Gesetzgeber nicht allein maßgeblich, wenn ein solcher Test zusätzlich in einem Screening aufgenommen werden soll. Die Kosten dafür müssen in einem vernünftigen Verhältnis zur Häufigkeit dieser Krankheit stehen. Auch bei hohen Kosten sollten aufgrund der Schwere der Krankheit die Neugeborenen der Amish im Screening auf Glutarazidurie Typ I untersucht werden, da bei ihnen die Krankheit gehäuft auftritt. Sicherlich muss auch dann untersucht werden, wenn in bestimmten Familien die Krankheit schon aufgetreten ist und das Genom der Eltern noch nicht hinsichtlich eines defekten *GCDH*-Gens untersucht wurde. Um im Gesundheitssystem die Kosten nicht zu sehr in die Höhe zu schrauben, wäre es aufgrund des seltenen Auftretens dieser Krankheit volkswirtschaftlich vernünftiger, bei einem Massenscreening auf diesen Test zu verzichten. Solange die Kosten tragfähig sind, sollte man aber nicht darauf verzichten, da den Betroffenen viel Leid erspart würde.
8. Aufgrund der Materialien lassen sich für eine Therapie folgende Hypothesen aufstellen: Da der Abbau von Tryptophan, Lysin und Hydroxylysin bei einem Defekt der Glutaryl-CoA-Dehydrogenase zu einer Erhöhung der Glutaryl-CoA-Konzentration im Körper führt, die für die Krankheit verantwortlich ist, könnte eine Diät, die möglichst wenig Tryptophan, Lysin und Hydroxylysin enthält, und die vor allem in den ersten Lebensjahren eingehalten werden muss, weiterhelfen, sodass es gar nicht erst zu einer enzephalopathischen Krise kommt. Da zur Entgiftung der Glutarsäure Carnitin benötigt wird, könnte man diesen Stoff zuführen, sodass Glutarsäure sofort zu dem weniger giftigen Glutarylcarnitin umgesetzt werden kann. Weil die Bildung von Glutarsäure aus Glutaryl-CoA und ihre Weiterverarbeitung zu Glutarylcarnitin mit der Synthese der gefährlichen 3-Hydroxyglutarsäure aus Glutaryl-CoA konkurriert, wäre es möglich, durch die Carnitin-Gaben auch die Konzentration von 3-Hydroxyglutarsäure zu senken.

Anmerkung: Diese beiden Maßnahmen reichen, wenn sie in den ersten sechs Lebensjahren beachtet werden, tatsächlich aus, um die Krankheit dauerhaft nicht ausbrechen zu lassen.

* **Ergänzung Aufgabe 1:**
(a) Der Anteil der GA I-Kranken und damit der homozygoten Merkmalsträger entspricht weltweit 0,001 %, damit ist $q^2 = 0{,}00001$ und q rund 0,00316. Da $p + q = 1$, ist p 1 – 0,00316 = 0,99684. Der Anteil der Heterozygoten ist dann 2 x 0,99684 x 0,00316 = 0,0063, das sind 0,63 % der Bevölkerung weltweit.
(b) Bei den Amish ist der Anteil der GA I-Kranken und damit der homozygoten Merkmalsträger 0,25 %, damit ist $q^2 = 0{,}0025$ und q rund 0,05. Da $p + q = 1$, ist p 1 – 0,05 = 0,95. Der Anteil der Heterozygoten ist dann 2 x 0,95 x 0,05 = 0,095, das sind 9,5 % der Amish, das heißt, etwa jeder 10. Amish trägt das defekte Gen in sich.

Bewertungseinheiten:
72, davon AFB I: 20 BE (28 %); AFB II: 38 BE (53 %); AFB III: 14 BE (19 %)

Materialgrundlage:
Hoffmann G. F.: Glutarazidurie Typ I. In: Deutsches Ärzteblatt 94, Heft 15, April 1997
Bayrhuber H., Hauber W., U. Kull (Hrsg.): Linder Biologie, Schroedel 2010
http://www.welt.de/reise/article4769200/Amish-People-leben-noch-so-wie-vor-300-Jahren.html
http://www.uni-duesseldorf.de/AWMF/ll/027-018.htm
http://www.ncbi.nlm.nih.gov/

Aufgabe 10: Krebs

Replikation der DNA im Zellzyklus, Mutationen, Lesen und Darstellen von Abbildungen, DNA-Methylierung als epigenetischer Mechanismus, Modell zur Wechselwirkung von Proto-Onkogenen und Tumor-Suppressorgenen im Hinblick auf die Regulation des Zellzyklus, Entwicklung eines Modells auf der Grundlage von p53 und Ras

Einleitung

Derzeit erkranken jedes Jahr rund 500 000 Menschen in Deutschland neu an Krebs, rund 224 000 Menschen sterben jährlich daran. Damit bleibt Krebs nach den Herz-Kreislauferkrankungen die zweithäufigste Todesursache.
Krebs ist die Folge einer Veränderung des Zellgenoms. Diese ruft eine ungehemmte Zellvermehrung hervor, die sich in einer malignen (bösartigen) Neubildung von Gewebe (Tumor) manifestiert. Durch fortgesetztes Wuchern kommt es zu einer weiter voranschreitenden Zerstörung gesunder Gewebe und Organe. Schädliche Stoffe oder andere Umweltfaktoren (Cancerogene) können das Entstehen von Krebstumoren fördern. Dazu gehören unter anderem die UV-Strahlung der Sonne und Benzpyrene im Zigarettenrauch. Fehler im Erbgut entstehen aber oft auch mehr oder weniger zufällig.

AUFGABENSTELLUNG

1. **Beschreiben** Sie die in M1 a als Folge eines Mutagens dargestellten Mutationen. Definieren Sie den Begriff Mutation und **benennen** Sie die jeweilige Mutationsform. **Erläutern** Sie ihre Folgen für den Organismus.
2. **Begründen** Sie die im Vergleich zur Mitose lange Dauer der Interphase im Zellzyklus (M1 a), indem Sie die Abläufe in der G1-, S- und der G2-Phase **erläutern**.
3. **Erläutern** Sie aufgrund der Abbildung M2 b die Funktion des Ras-Gens und **stellen Sie eine Hypothese** zur Bedeutung des *Ras-Gens* für den Zellzyklus **auf**.
4. **Erläutern** Sie die Abbildung M3 b. **Stellen** Sie dabei den Wirkmechanismus des p53-Proteins **heraus**. **Begründen** Sie, wieso gerade an den in M3 a angegebenen Kontrollpunkten die Zellzyklus-Regulation durch p53 ökonomisch sinnvoll ist.
5. **Begründen** Sie auf der Basis der Materialien M2 und M3, inwiefern Ras- und Tumorsuppressor-Proteine antagonistisch wirken, indem Sie die wesentlichen Unterschiede in der Wirkungsweise zwischen den beiden Proteinen herausstellen.
6. **Stellen** Sie mehrere **Hypothesen auf**, unter welchen Bedingungen DNA-Schädigungen Krebs auslösen können. Berücksichtigen Sie dabei sowohl die Rolle der *Ras-* und *Tumorsuppressor-Gene* als auch die Tatsache, dass die Krankheit meist erst im hohen Alter auftritt. **Fertigen** Sie analog zur Abbildung M2 b **eine Zeichnung an**, die eine Ihrer Hypothesen illustriert.

Material

M1 Cancerogene

Stressoren aus der Umwelt, die DNA-Schäden hervorrufen, werden als Mutagene bezeichnet. Sie werden dann zu Cancerogenen (cancer, engl. Krebs), wenn sie Krebs auslösen. Dazu gehört z. B. die UV-Strahlung, der man sich beim Sonnen oder im Bräunungsstudio aussetzt und die Hautkrebs verursachen kann. Benzpyrene aus dem Tabakrauch können in der Lunge leicht zu Epoxiden oxidiert und als Alkylreste an Guaninbasen der DNA angeheftet werden. Eine solche Veränderung einer Nukleinbase hat meist zur Folge, dass eine Replikation oder Transkription der DNA an dieser Stelle nicht mehr fortgesetzt werden kann. In der Abbildung M1 a sind einige mutagene Wirkungen schematisch dargestellt.

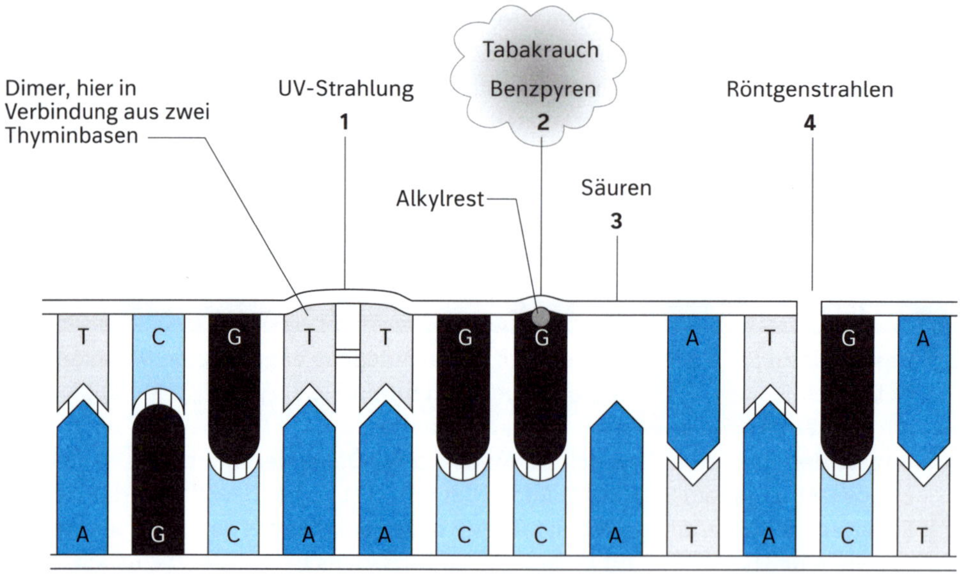

M1 a Auswirkungen von Mutagenen auf die DNA (Schema)

M2 Der Zellzyklus

Das Wachstum höherer Organismen wird durch Zellvermehrung vorangetrieben. Dazu muss sich jede Zelle viele Male immer wieder neu teilen. Diese Zellteilungen können jedoch nicht zeitlich direkt nacheinander ablaufen. Bei den Säugetieren z. B. benötigen die Zellen zwischen den Teilungen etwa 24 Stunden, in der sie ganz bestimmte Phasen durchlaufen. Die Mitose selbst benötigt dagegen nur etwa eine Stunde.

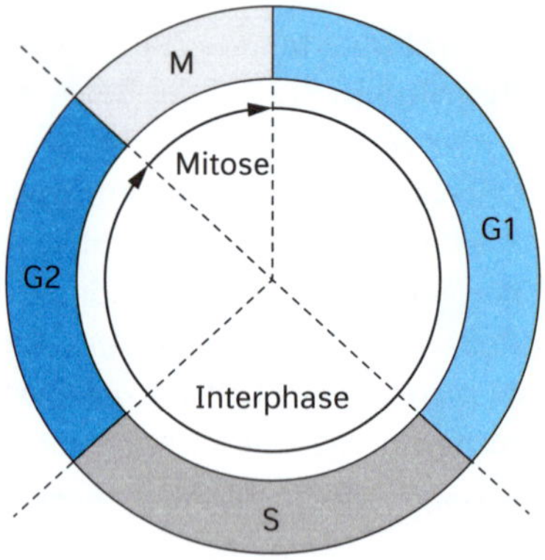

M2 a Die Phasen des Zellzyklus

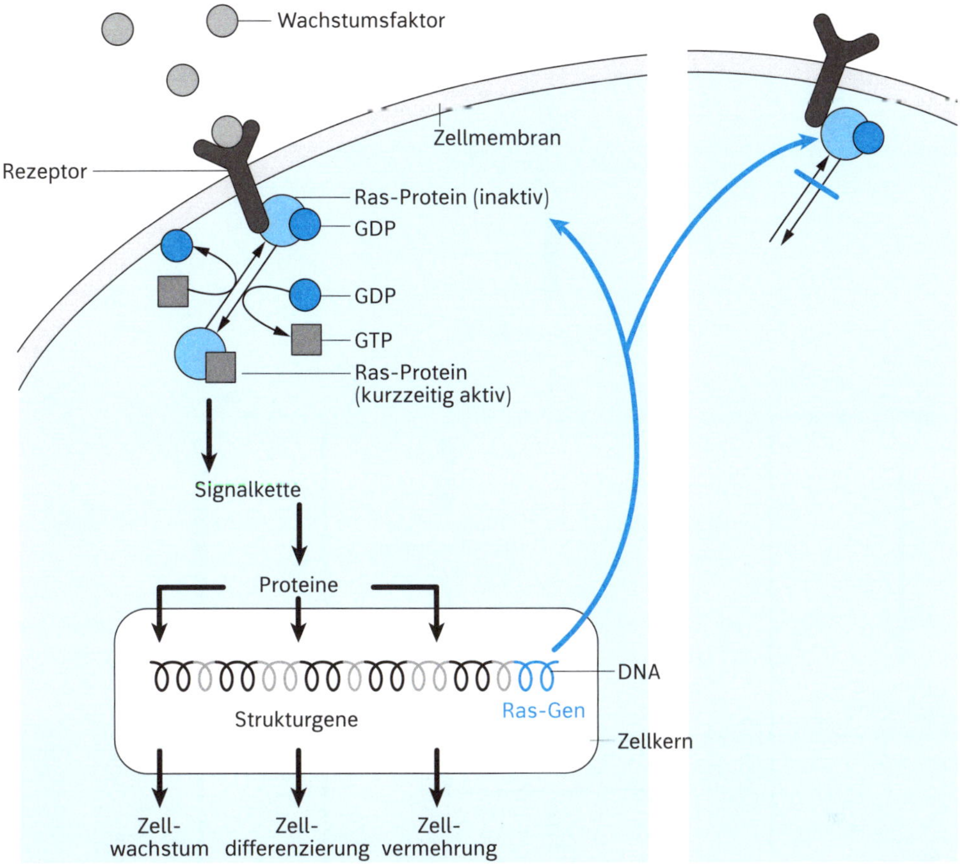

M2 b Die Bedeutung eines Ras-Gens für den Zellzyklus

M3 Die Regulation des Zellzyklus

Der Zellzyklus wird von mehreren Genen reguliert und kontrolliert. Dazu zählen vor allem die *Ras-Gene* und das *Tumorsuppressor-Gen p53*. Sie codieren für die antagonistisch wirkenden Ras-Proteine und das Tumorsuppressor-Protein p53. In M3 a sind zwei Kontrollpunkte im Zellzyklus angegeben, an denen das p53-Protein seine Wirkung entfaltet.

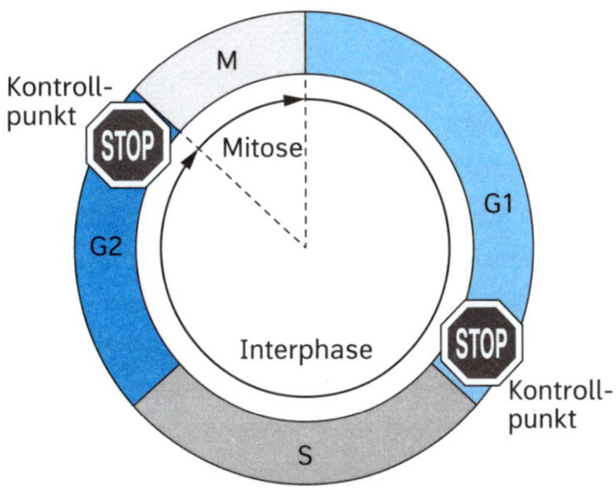

M3 a Positionen zweier Kontrollpunkte im Zellzyklus

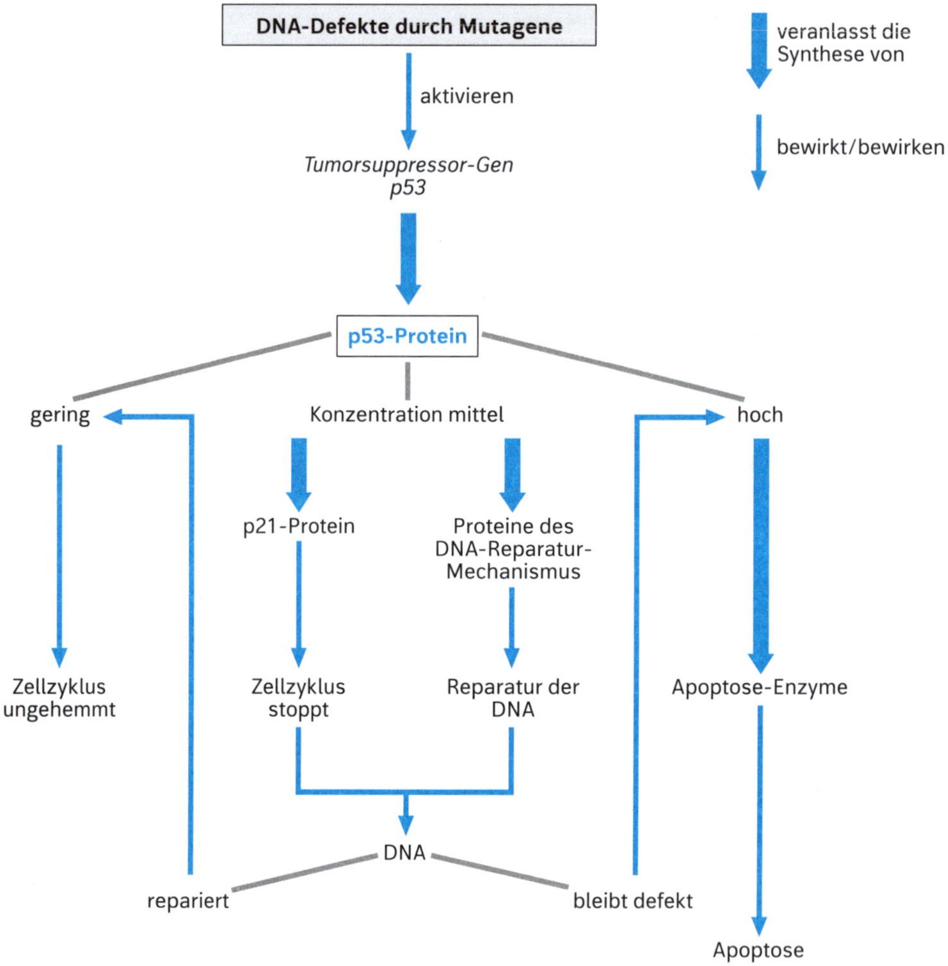

M3 b Die Bedeutung des Tumorsuppressor-Proteins p53

Lösungen

1. (1) Mutationen sind spontan auftretende, zufällige Veränderungen des Zellgenoms. Sie können einzelne Gene auf einem Chromosom, aber auch ein ganzes Chromosom oder den gesamten Chromosomensatz betreffen. Mutagene können die Wahrscheinlichkeit ihrer Entstehung erhöhen. In M1 a bildet sich z. B. aufgrund von UV-Strahlung ein Thymin-Dimer, d. h. die Wasserstoffbrückenbindungen zu den Adenin-Basen des komplementären Stranges werden aufgelöst und zwei auf einem Strang benachbarte Thymin-Basen verbinden sich miteinander. Dadurch verändert sich die räumliche Struktur der DNA. Die DNA-Polymerase kann an dieser Stelle die Replikation nicht weiterführen. Es handelt sich um eine Punktmutation. Tritt sie im Bereich eines Gens auf, kann man sie als Genmutation bezeichnen. (2) Benzpyrene werden zu Epoxid oxidiert, das als Alkylrest an Guanin angeheftet wird. Die Umstrukturierung der

Base hat ebenfalls eine Strukturveränderung der DNA zur Folge (Punktmutation/Genmutation). (3) Durch die Einwirkung von Säuren kommt es zu einem Basenverlust. Bei einer Replikation der DNA führt das zu einer fehlerhaften Kopie, die eine Veränderung des Ableserasters herbeiführt. Bei einer Translation hätte dies möglicherweise ein eingeschränkt oder nicht mehr funktionsfähiges Protein zur Folge. Diese Punktmutation ist also auch als Rastermutation zu bezeichnen. Weil durch sie fehlerhafte Proteine synthetisiert werden können, handelt es sich auch um eine Missense-Mutation und folglich auch um eine Genmutation. (4) Röntgenstrahlen lösen Punktmutationen aus, die als DNA-Strangbruch bei der Replikation oder auch der Translation zu Problemen führen können. Der Bruch kann auch zur Destabilisierung der DNA-Struktur führen, was sich auf fehlerhafte Kondensation der DNA z. B. bei Zellteilungen auswirken und zu Fehlverteilungen in der Mitose beitragen könnte.

2. Da sich zum Ende der Mitose die Zelle teilt, wird das ursprüngliche Zellmaterial auf beide Tochterzellen verteilt. Diese kleineren Zellen wachsen nun in der G1-Phase zur ursprünglichen Größe heran. Dazu müssen neue Stoffe synthetisiert werden und die Protein- und RNA-Synthese ist in vollem Gange. In dieser Phase liegt die DNA noch in Form von Ein-Chromatidsträngen vor. Am Ende der G1-Phase beginnt die Synthese der für die DNA-Replikation benötigten Substanzen wie z. B. DNA-Polymerase, Elongationsfaktoren etc., sodass in der nachfolgenden S-Phase die DNA zügig verdoppelt werden kann. Schließlich liegt sie dann in Form von Zwei-Chromatidsträngen vor. Um diese Phase zu starten, sind S-Phase-Aktivatoren (Zykline) nötig. Die G2-Phase bereitet die Zelle dann auf die Mitose vor. Es werden nun verstärkt Proteine des Zellspindelapparats und weitere mitosespezifischen Proteine und RNA-Moleküle synthetisiert. Schließlich bewirkt ein bestimmter Wachstumsfaktor den Eintritt in die Mitose.
   Die Interphase dauert also deshalb so lange, weil die Zelle erst viele Syntheseprozesse durchlaufen muss, sodass auf diese Weise eine erneute Zellteilung erst ermöglicht wird.
3. *Ras-Gene* codieren für das Ras-Protein, an das GDP angelagert wird. In diesem Zustand liegt es in einer inaktiven Form vor. Wird ein Rezeptor von einem spezifischen Wachstumsfaktor besetzt, wird das inaktive Ras-Protein umgebaut: GDP wird dabei durch GTP ersetzt und dadurch aktiviert. Es setzt eine Signalkette in Gang, in der Proteine synthetisiert werden. Diese regen den Stoffwechsel an, indem sie das Ablesen von Genen im Zellkern veranlassen, die für Zellwachstum, Zelldifferenzierung und Zellvermehrung zuständig sind. Besetzen die Wachstumsfaktoren nicht die Rezeptoren an der Zellmembran, unterbleibt die Aktivierung des Ras-Proteins und somit die Anregung des Stoffwechsels. Die *Ras-Gene* sorgen somit für die Synthese eines Ras-Proteins, das auf ein bestimmtes Signal hin aktiviert wird und den Zellstoffwechsel des Zellzyklus antreibt.
4. DNA-Schädigungen aktivieren das *Tumorsuppressor-Gen p53*, das für das p53-Protein codiert und dessen Synthese veranlasst. Erreicht die Konzentration dieses Proteins einen bestimmten Wert, wird die Synthese des p21-Proteins veranlasst, sodass der Zellzyklus gestoppt wird. Gleichzeitig wird die Synthese von Proteinen des DNA-Reparaturmechanismus angeregt, die nun, da der Zellzyklus abgebremst

wurde, die geschädigte DNA reparieren können. Ist die Reparatur erfolgreich, sinkt die Konzentration des p53-Proteins und der Zellzyklus nimmt wieder Fahrt auf. Bleibt die DNA defekt, steigt die Konzentration des P53-Proteins so stark an, dass Apoptose-Enzyme gebildet werden, die den Tod dieser Zellen hervorrufen, sodass die Zellen mit zu stark geschädigter DNA vernichtet werden. Der Kontrollpunkt in der G1 Phase liegt an einer Stelle, an der die Zelle auf die S-Phase vorbereitet wird und somit Substanzen für die DNA-Verdoppelung synthetisiert werden. Nicht sinnvoll wäre die Replikation einer beschädigten DNA. So kann einerseits der Zellzyklus nach einer Reparatur fortgesetzt und nachfolgend die DNA synthetisiert werden, andererseits wird die Zelle abgetötet, wenn die Schädigung zu groß ist, sodass der Organismus die Kosten für die DNA-Replikation einspart. Ähnlich verhält es sich am Kon-trollpunkt am Ende der G2-Phase. Ist hier eine DNA-Schädigung so groß, dass sie nicht mehr repariert werden kann, belastet die Zelle den Organismus. Sie wird nicht mehr vermehrt, sondern abgetötet.

5. Ras-Proteine beschleunigen über Signalketten den Zellzyklus-Stoffwechsel. Tumorsuppressor-Proteine bremsen ihn ab, sodass DNA-Schädigungen beseitigt werden können. Während das eine Protein also beschleunigt, bremst das andere. Insofern arbeiten beide antagonistisch.
6. Wie jedes andere Gen kann auch das *Ras-Gen* mutieren. Folglich könnten fehlerhafte Ras-Proteine gebildet werden, z. B. auch solche, die nur noch GTP anlagern können, ohne dass ein Signal von einem Wachstumsfaktor aufgenommen werden muss. Alternativ könnten auch Ras-Proteine gebildet werden, deren GDP dann sogleich durch GTP ersetzt wird und die nicht mehr in die Ursprungsform mit GDP rückgebildet werden könnten: Die Folge dieser Mutation wäre eine ungebremste Zellvermehrung dieser mutierten Zelle, die zu eine Tumorbildung führen könnte. Ebenso wäre auch die Mutation des *Tumorsuppressor-Gens* denkbar. Je nach resultierendem Proteindefekt könnten z. B. keine funktionierenden p21-Proteine mehr gebildet werden. Die Folge wäre eine ungebremste Vermehrung mutierter Zellen, die nicht mehr oder nur unzulänglich zu reparieren sind. Auch könnten mit denselben Folgen Enzyme des Reparatursystems fehlerhaft ausgebildet werden. Dass die Wahrscheinlichkeit einer bösartigen Tumor-

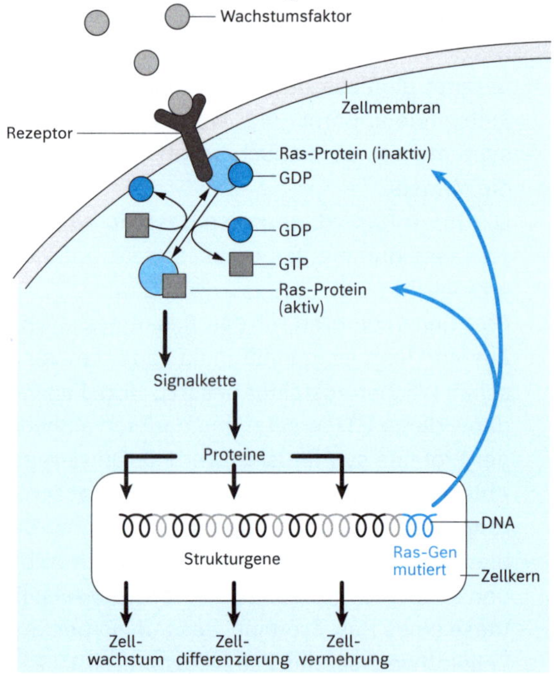

bildung mit zunehmenden Alter steigt, lässt sich dadurch erklären, dass auch bei der zunehmenden Anzahl von Reparaturen Fehler auftreten können und die Wirkung des p53-Proteins an seine Grenzen stößt.

Bewertungseinheiten:
50, davon AFB I: 15 BE (30 %); AFB II: 25 BE (50 %); AFB III: 10 BE (20 %)

Materialgrundlage:
http://www.krebshilfe.de/wir-informieren/ueber-krebs/krebszahlen
http://www.genomxpress.de/seiten/genomxpress-scholae-2010-1.php
Wolfgang Deppert: Schutzengel oder Beelzebub? Die zwei Seiten des Tumorsuppressors p53. Heinrich-Pette-Institut für Experimentelle Virologie und Immunologie, Universität Hamburg.2003
http://www.biospektrum.de/blatt/d_bs_pdf&_id=934308

Aufgabe 11: Vom Teilen

Evolution und Verhalten: Beurteilung von Verhaltensweisen auf der Basis der Synthetischen Theorie und der Fitness-maximierung

Einleitung

Bei den Menschen wird der moralische Wert des Teilens schon früh z. B. in Kinderbüchern vermittelt: „Teilen macht Spaß". Sprichwörter unterstreichen den Wert des Teilens: „Geteiltes Leid ist halbes Leid, geteilte Freude ist doppelte Freude".
Gibt es diese Verhaltensweise des Teilens z. B. von Beute, Schlaf- oder Nistplätzen auch bei Tieren und wie ist solch ein Verhalten zu bewerten?

AUFGABENSTELLUNG

1. **Erläutern** Sie am Beispiel von M1, wie sich ein altruistischer Mensch im Vergleich zu einem kooperativen und einem egoistischen Mensch verhält.
2. **Vergleichen** Sie das Verhalten des Teilens in den Materialien 1 bis 4 miteinander, indem Sie die grundlegenden Unterschiede in den Verhaltensweisen herausarbeiten.
   Analysieren Sie die Kosten und den Nutzen für die jeweils beteiligten Individuen.
   Beschreiben Sie in diesem Zusammenhang Abb. M2 b und werten Sie sie aus.
3. **Begründen** Sie das Verhalten in M2, M3 und M4 evolutionsbiologisch und ordnen Sie es fachterminologisch ein.
4. **Bewerten** Sie abschließend die Verhaltensweisen M1 bis M4 im Vergleich miteinander.

Material

M1 Sankt Martin

Einer Überlieferung zufolge teilte ein römischer Soldat, der später zum Bischof geweiht und dann unter dem Namen Sankt Martin als Schutzheiliger der Armen und Bettler verehrt wurde, seinen Mantel mit einem Bettler, der in Lumpen am Straßenrand saß. An seinem Namenstag finden heute noch vielerorts Laternenumzüge statt, auf denen die Szene des Mantelteilens nachgestellt wird.

M2 Futterteilen unter Geschwistern afrikanischer Bienenfresser

M2 a Weißstirnspinte

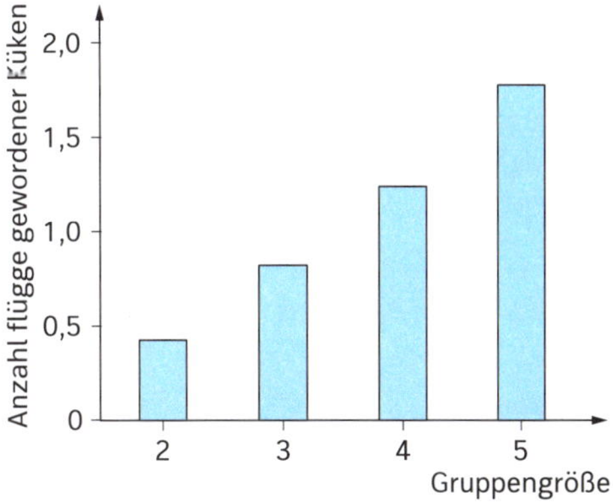

M2 b Anzahl flügge gewordener Küken in Abhängigkeit von der Anzahl erwachsener Vögel pro Nest

Der Weißstirnspint gehört zur Gruppe der afrikanischen Bienenfresser. Gegen Ende des ersten Lebensjahres wird er geschlechtsreif. Die Vögel leben monogam. Sie legen nach der Paarung im April bis zu fünf Eier und brüten in Kolonien bis in den August. Häufig helfen die Nachkommen der letzten Brut bei der Aufzucht des Nachwuchses und schaffen Futter, meist Bienen, aber auch andere Insekten herbei, die sie im Flug erbeuten. Das Nest ist eine über ein Meter lange Erdröhre, die meist an Steilhängen im weichen Material gegraben wird. Am Bau der Röhre sind beide Geschlechter beteiligt. Bleiben die Nachkommen des letzten Jahres unverpaart, so helfen auch sie beim Bau der Röhre mit. Sie können sechs Jahre alt werden. Es wird pro Jahr nur eine Brut aufgezogen.

M3 Teilen der Blutmahlzeit bei Vampirfledermäusen

M3 Schnauze einer Vampirfledermaus

Die mittelamerikanische Vampirfledermaus fliegt nachts zu Rindern und Pferden und saugt deren Blut; bei Tagesanbruch zieht sie sich an ihren Schlafplatz zurück, wo sie in Gruppen von acht bis zwölf Tieren bis zur folgenden Nacht ruht. Die nächtlichen Ausflüge sind nicht immer erfolgreich. Findet die Vampirfledermaus drei Nächte lang keine Nahrung, verhungert sie. Am Schlafplatz würgen die erfolgreichen Fledermäuse oft etwas von dem Beuteblut hervor und teilen es mit dem hungrigen Nachbarn, auch dann, wenn dieser nicht verwandt ist. Die Vertrautheit mit der hungrigen Fledermaus genügt. Man konnte nachweisen, dass Vampirfledermäuse sich dann die Blutmahlzeit teilen, wenn sie in mindestens 60 % der Fälle den gleichen Schlafplatz aufsuchen. Eine Teilung der Nahrung mit wenig bekannten Nachbarn findet nicht statt.

M4 Teilen von Nistplätzen bei Sturmschwalben

Die Azoren sind eine Inselgruppe im Atlantik, die ca. 1400 km westlich vom europäischen (Portugal) und rund 4400 km östlich vom nordamerikanischen Festland liegt.

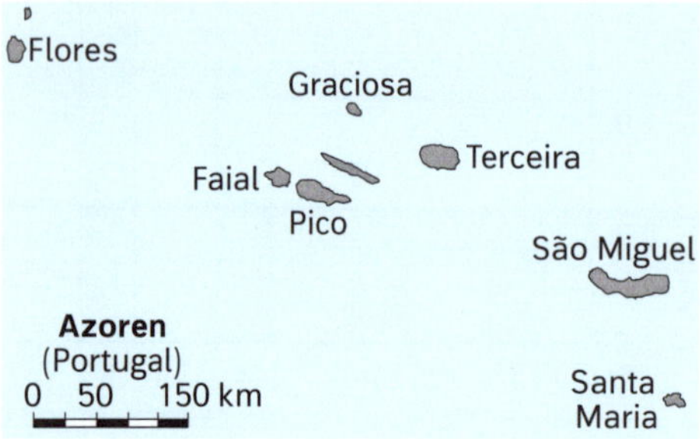

M4 a Azoren

Im Jahre 2008 beobachteten Wissenschaftler dort auf Graciosa die endemische Sturmschwalbe *Oceanodroma monteiroi* (Monteiros Sturmschwalbe), von denen es hier noch etwa 200 Paare gibt.
Die meisten Vögel nutzen ihr Nest ausschließlich selbst. Bei dieser Sturmschwalbenart teilt sich dagegen ein Vogelpärchen ihr Nest mit anderen. Ihre Nester befinden sich in Höhlen, die auf kleineren Inseln in sandige Abhänge gegraben werden.
Die Höhlen werden nacheinander von unterschiedlichen Vogelpaaren genutzt. Das erste Paar zieht ein und bleibt darin bis die Jungen flügge werden, dann wird die Höhle von einem anderen Pärchen bezogen, das ebenfalls seine Jungen aufzieht und wieder verschwindet. Dann kehrt das erste Paar wieder zurück und der Wohnungstausch beginnt von neuem.
Diese Vogelpärchen, die sich äußerlich ähneln und im gleichen Nest zu unterschiedlichen Zeiten brüten, unterscheiden sich genetisch allerdings in wenigen DNA-Abschnitten. Deshalb hat man vorgeschlagen, die Sturmschwalben, die im Winter brüten, als Grants Sturmschwalbe zu bezeichnen.
Grants Sturmschwalben brüten also im Winter auf den Azoren und werden dann im Frühjahr von einem Pärchen der Monteiros Sturmschwalben abgelöst, die die gleichen Höhlen bis zum Sommer benutzen. Die ersten Grants Sturmschwalben kehren dann wiederum im Herbst zu ihren Nestern zurück, die oft noch für kurze Zeit von Monteiros Sturmschwalben zusammen mit ihren Jungen mitbenutzt werden.

Lösungen

1. Sankt Martin teilt seinen Mantel mit dem Bettler aus Nächstenliebe, also uneigennützig, ohne selbst einen Nutzen daraus zu ziehen. Dies bezeichnet man als altruistisch Im Gegensatz zum Verhalten eines Egoisten, der nicht bereit ist zu teilen oder ohne Gegenleistung etwas abzugeben. Kooperativ handeln zwei oder mehr Individuen, wenn sie sich gleichzeitig helfen, also einen beiderseitigen Vorteil daraus ziehen.
2. Bei den afrikanischen Bienenfressern geben die Jungvögel der letzten Brut ihren ein Jahr jüngeren Geschwistern etwas von ihrer Beute ab. Dabei verzichten sie auf eigenen Nachwuchs. Sie investieren also nicht in ihren eigenen Nachwuchs (direkte Fitness), sondern in den Nachwuchs ihrer Eltern. Allerdings investieren sie dabei auch in ihre eigenen Gene, da sie mit ihren Geschwistern mit einem Verwandtschaftsgrad von r (Verwandtschaftskoeffizient) = 0,5 verwandt sind (indirekte Fitness). Den gleichen Verwandtschaftsgrad haben die Eltern mit ihren Kindern.
   Abb. M2 b beschreibt die Abhängigkeit flügge gewordener Küken von der Anzahl der Helfer (erwachsener Geschwister) am Nest. Werden die Jungen von den Eltern alleine groß gezogen (Gruppengröße 2), werden pro Nest im Schnitt nur 0,4 Jungen flügge. Bis zu einer Gruppengröße von 5 wird die Anzahl flügger Küken pro Helfer um 0,4 gesteigert. Ziehen Eltern ihre Brut alleine groß, geben sie ihre Gene mit 0,4 (flügge Küken pro Nest) x 0,5 (Verwandtschaftsgrad) = 0,2 pro Jahr an die nächste Generation weiter, solange sie keine weiteren Helfer am Nest haben. Mit steigender Gruppengröße steigt ihre Fitness, denn bei einer Gruppengröße von 5 geben sie schon 1,6 x 0,5 = 0,8 ihrer Gene pro Jahr an die nächste Generation weiter. Der Helfer am Nest gibt mit 0,4 (flügge Küken pro Nest und Helfer) x 0,5 (Verwandtschaftsgrad) = 0,2 seiner Gene pro Jahr an die nächste Generation weiter. Für einen afrikanischen Bienenfresser lohnt es sich also, solange er unverpaart bleibt und noch kein eigenes Nest besitzt, in eigene Geschwister zu investieren und somit seine indirekte Fitness zu steigern. Da vermutlich dabei die Kosten geringer sind als bei den Eltern (für den Nestbau und für die Eiablage), ist seine Lebenserwartung und damit seine Gesamtfitniss sogar größer. An einem Nest kann die Anzahl flügger Küken durch zusätzliche Helfer nicht ins Endlose gesteigert werden, da die Eltern nie mehr als 4 bis 5 Eier pro Nest legen. Daher ist es je nach Situation der Populationszusammensetzung oft auch günstiger, eigene Nachkommen zu haben.
   Das Teilen der Blutmahlzeit bei den Vampirfledermäusen kann nicht die indirekte Fitness steigern. Die Kosten der Nahrungsteilung erhält der Geber wieder zurück, wenn sich der Nehmer genauso verhält. Dazu müssen Fledermäuse ihre Nachbarn individuell erkennen können.
   Das Teilen der Nistplätze geschieht bei den Sturmschwalben nicht im Sinne von Nehmen und Geben. Die Vögel nutzen ihre Nester nur zu unterschiedlichen Zeiten und gehen sich somit aus dem Wege.
3. Das uneigennützige Helfen am Nest (altruistisches Verhalten) wird durch Selektion begünstigt, indem der Fortpflanzungserfolg von Verwandten erhöht wird. Hier spricht man von Verwandtenselektion, die somit auch die Weitergabe der eigenen Gene fördert (Genegoismus).

Das Teilen der Blutmahlzeit mit den Nachbarn beruht bei den Fledermäusen auf Gegenseitigkeit. In der Soziobiologie nennt man dies Tit-for-Tat-Strategie. Man spricht hier vom reziproken Altruismus. Der reziproke Altruismus (bzw. die Gene dafür) kann sich in einer Population ausbreiten, wenn er von dem Hilfeempfänger erwidert wird und damit die Überlebenschancen aller Beteiligten steigert.
Die Sturmschwalben der Azoren haben sich sympatrisch in zwei Rassen aufgetrennt, die durch Annidation Konkurrenz vermeiden. Sie haben zwei voneinander getrennte ökologische Nischen in Form der zeitlich verschiedenen Nutzung ihrer Nistplätze herausgebildet.

4. Nur in M1 handelt es sich um ein ethisch wertvolles uneigennütziges Verhalten, das freiwillig gegenüber einem Hilfsbedürftigen geleistet wird.
   Das altruistische Verhalten der Helfer am Nest steigert die reproduktive Fitness des afrikanischen Bienenfressers. Es bleibt erhalten, wenn die Gesamtfitness durch Verwandtschaftsselektion zunimmt. Es kann nicht als uneigennützig gewertet werden.
   Der reziproke Altruismus bleibt auch nur erhalten, solange er erwidert wird, insofern ist auch er nicht uneigennützig.
   Das Teilen der Nistplätze kann nicht als altruistisch bezeichnet werden und kommt nur durch Annidation zustande.

Bewertungseinheiten:
36, davon AFB I: 10 BE (28 %); AFB II: 18 BE (50 %); AFB III: 8 BE (22 %)

Materialgrundlage:
Sturmschwalben
http://www.g-o.de/wissen-aktuell-7395-2007-11-15.html
http://creagrus.home.montereybay.com/bfow-storm-petrels/BRSP-gr13Jun09Hatt_7002w.jpg
Weißstirnspint
http://tierdoku.com/index.php?title=Bild:Wei%C3%9Fstirnspint-1312.jpg
http://behav.zoology.unibe.ch/sysuif/uploads/files/ZoolVorlVerh5SozVerh2010.pdf
Vampirfledermäuse
Diskurs und Reflexion: Wolfgang Kuhlmann zum 65. Geburtstag. Wulf Kellerwessel, Wolfgang Kuhlmann – 2005: books.google.de/books?isbn=3826031490

Aufgabe 12: Einordnung von Hominiden in einen Stammbaum

Evolution des Menschen: Einordnung von fossilen Hinweisen; Datierungsmethoden

Einleitung

Fossilien der Vorfahren des Menschen wurden im Laufe der letzten zwei Jahrhunderte gezielt gesucht, mit immer besseren Methoden datiert und analysiert. Dabei wurde gleichzeitig versucht, einen Stammbaum des Menschen zu konstruieren. Mit der Zunahme der Funde wurde dieser Stammbaum immer differenzierter und exakter. Dennoch lassen sich auch heute noch bestimmte Funde nicht genau im Stammbaum unterbringen, sodass er immer noch als hypothetisch anzusehen ist. Bei gleichem Kenntnisstand konkurrieren sogar mehrere hypothetische Stammbäume miteinander, wenn Fossilien unterschiedlich interpretiert werden.

AUFGABENSTELLUNG

1. **Stellen** Sie aufgrund der Angaben in M1 die grundsätzlichen **Unterschiede** zwischen den beiden hypothetischen Stammbäumen **heraus**.
2. **Vergleichen** Sie aufgrund von M3 Schädel und Unterkieferknochen bzw. Zahnbögen von Schimpanse und *Homo erectus* und ordnen Sie auch aufgrund der Tabelle M2 die abgebildeten Fossilien von *Homo erectus* zeitlich korrekt im Stammbaum des Menschen (M1) ein.
3. **Analysieren** Sie den Schädel von *Australopithecus africanus* (M4) hinsichtlich menschen- bzw. schimpansenähnlicher Merkmale und beschreiben Sie die dazu passenden typischen Eigenschaften.
4. **Vergleichen** Sie die drei Hominidenschädel aus M5 und **begründen** Sie die Einordnung der Fossilien in den Stammbaum des Menschen. Nehmen Sie aufgrund Ihrer Überlegungen Stellung dazu, welcher der beiden hypothetischen Stammbäume der geeignetere ist.
5. **Beschreiben** Sie im Vergleich zu den anderen abgebildeten Schädeln den Hominidenfund aus M6 und **begründen** Sie seine Einordnung im Stammbaum.
6. **Begründen** Sie, auch mithilfe des Diagramms M7, welcher Datierungsmethode Sie bei der zeitlichen Einordnung des unbekannten Hominidenfundes aus M6 den Vorzug geben würden.

Material

M1 Hypothetische Stammbäume des Menschen

Die beiden hypothetischen Stammbäume stellen Hypothesen zum Ablauf der Evolution dar. Die Gattungsnamen der Hominiden sind mit *H.* für *Homo* und *A.* für *Australopithecus* angegeben. *H. s.* steht für *Homo sapiens*, *H. e.* für *H. erectus* und *H. n.* für *H. neanderthalensis*. Die Balken im Stammbaum geben die Zeitspanne an, die die Datierung der entsprechenden Fossilien ausgewiesen hat.

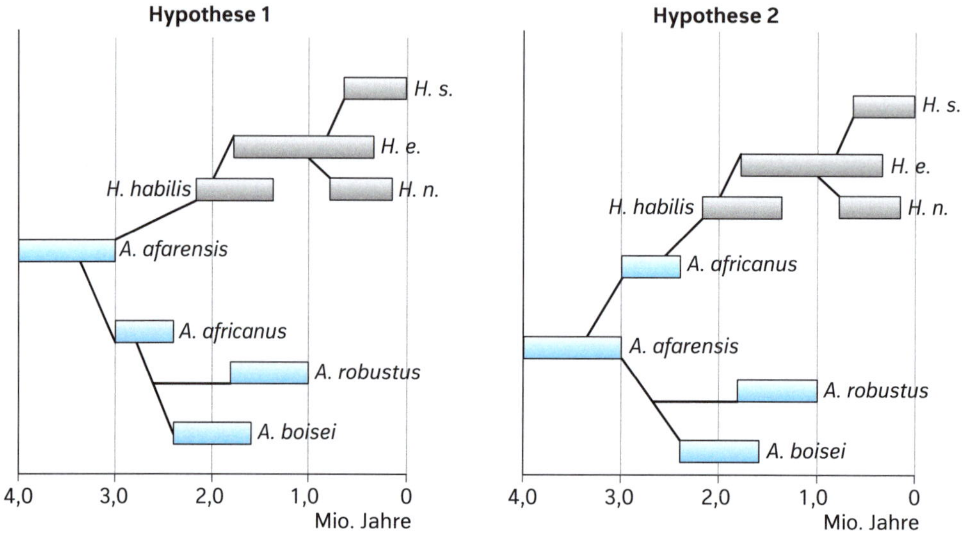

M1 Zwei Hypothesen zum Stammbaum des Menschen

M2 Hirnvolumina ausgewählter Hominiden

Art	Hirnvolumen [ml]
Homo sapiens sapiens	1100–2000
Schimpanse	320–470
Australopithecinen	400–550
Homo habilis	550–700
Homo erectus	650–1250

M3 Schädel- und Unterkieferknochen von Schimpanse und *Homo erectus*

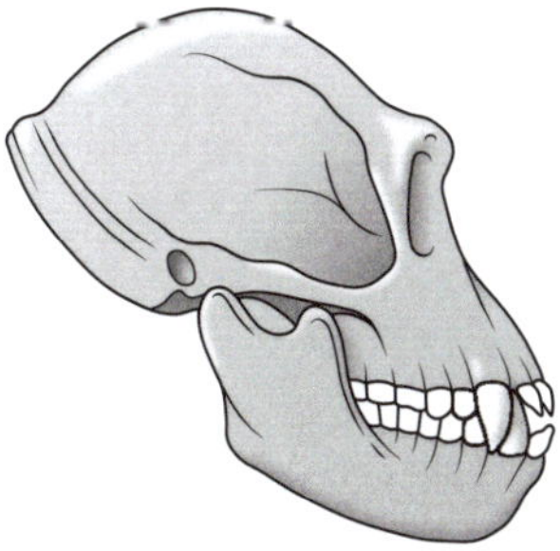

M3 a Schimpanse (Hirnvolumen 390 ml)

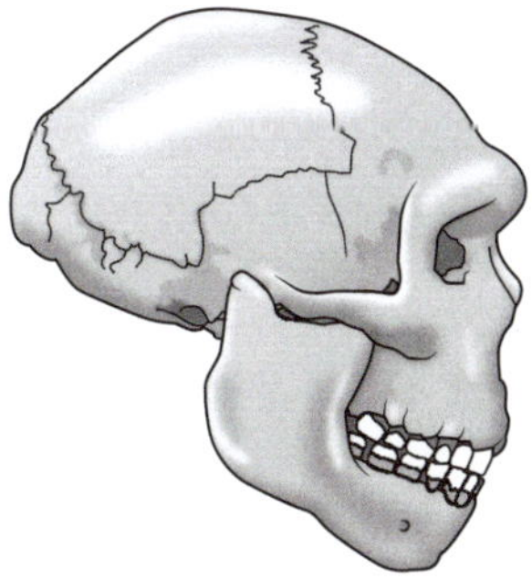

M3 b *H. heidelbergensis* (1200 ml; später *H. erectus*)

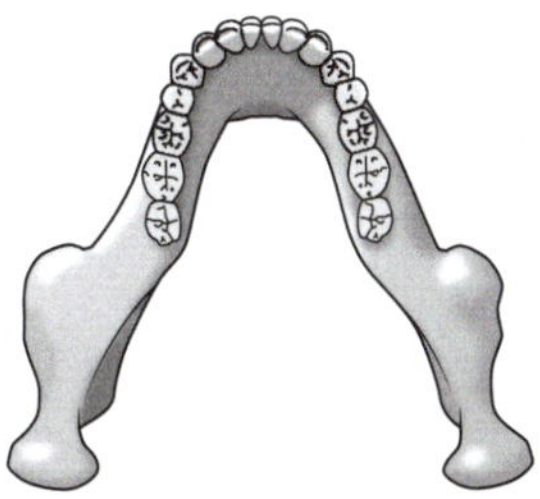

M3 c Unterkiefer *H. erectus*

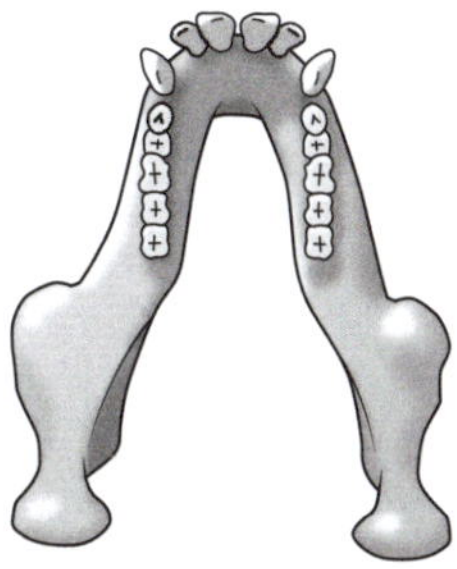

M3 d Unterkiefer *Schimpanse*

M4 Schädel von *Australopithecus africanus* aus Südafrika

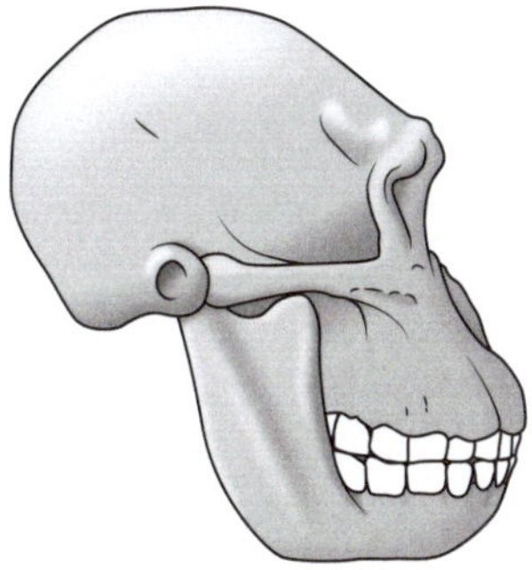

M4 *A. africanus* (Hirnvolumen 500 ml)

M5 Schädel dreier Hominiden mit Angabe des Hirnvolumens in ml

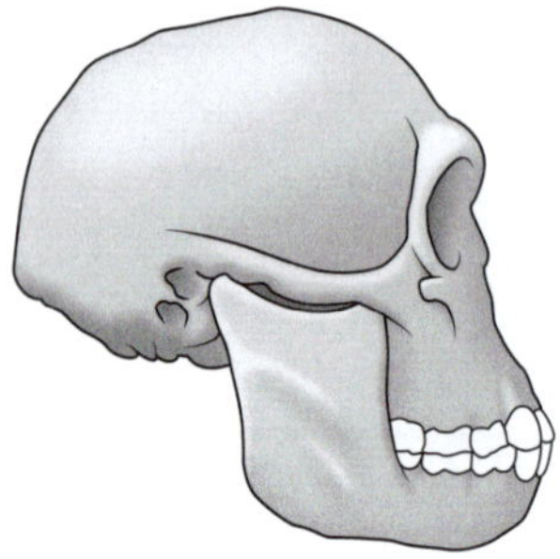

M5 a ***H. habilis*** **(650 ml)**

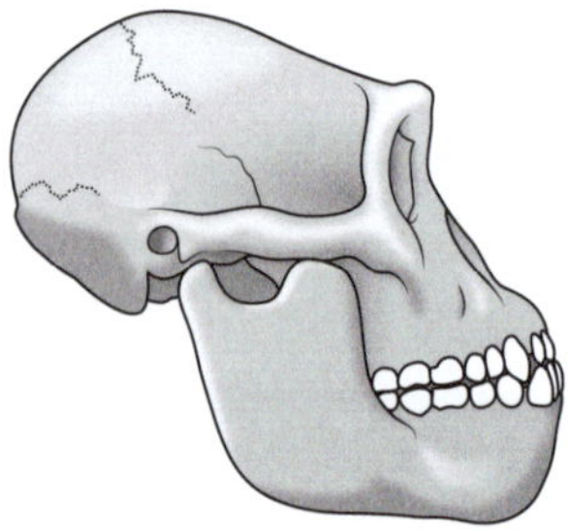

M5 b ***A. afarensis*** **(490 ml)**

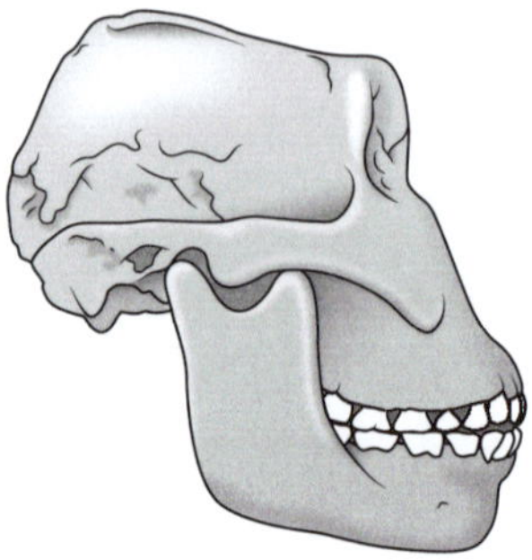

M5 c ***A. boisei*** **(450 ml)**

M6 Schädel eines unbekannten Hominidenfossils aus Afrika

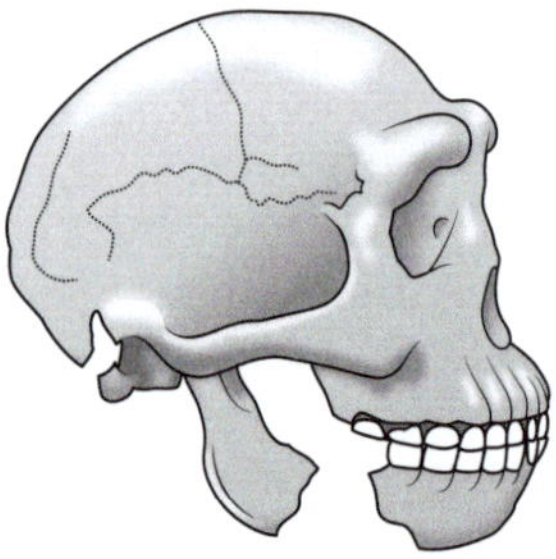

M6 Fossiler Hominidenschädel aus Afrika (Hirnvolumen 900 ml)

M7 Radioaktiver Zerfall von 14C

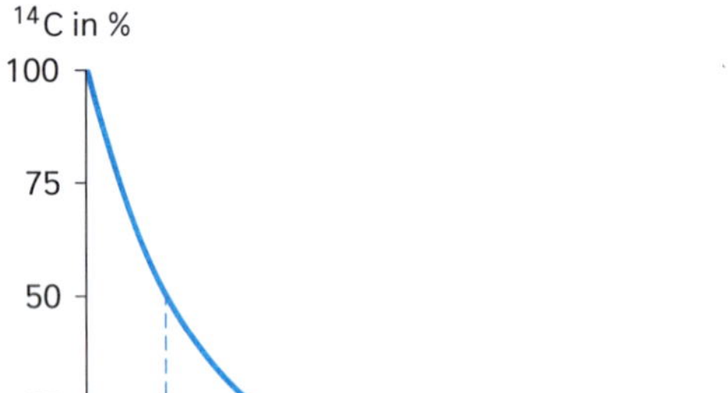

M7 Radioaktiver Zerfall von ^{14}C in Prozent bezogen auf den Anfangsgehalt, d. h. ursprünglich in der Atmosphäre enthaltenen Anteil an ^{14}C

Lösungen

1. Der grundsätzliche Unterschied zwischen den beiden hypothetischen Stammbäumen liegt in der Einordnung des *Australopithecus africanus* in den Stammbaum des Menschen. Alle übrigen Fossilienfunde des Menschen werden genau gleich eingefügt. Laut Hypothese 1 ist *A. africanus* direkter Vorfahr der zeitlich späteren Australopithecinen, z. B. von *A. boisei* und *A. robustus*. Hypothese 2 ordnet *A. africanus* als direkten Vorfahren von Homo habilis ein. Nach Hypothese 1 ist *A. africanus* somit einer ausgestorbenen Seitenlinie des Homo sapiens zuzuordnen, nach 2 gehört er zur Linie der direkten Vorfahren des heutigen Menschen.

2. Material 3 verdeutlicht folgende typische Merkmale des Schimpansenschädels:
   - relativ kleiner Gehirnschädel verglichen mit dem großen Gesichtsschädel, der eine starke Schnauzenbildung aufweist
   - Hirnvolumen verglichen mit anderen Hominiden recht klein, 390 ml
   - Zahnbogen im Unterkiefer U-förmig
   - Zahnlücken in Ober- und Unterkiefer, die die großen Eckzähne aufnehmen können („Affenlücken“)
   - stark ausgebildete Überaugenwülste

   Ebenso können folgende menschenähnliche Merkmale bei *H. heidelbergensis* erkannt werden:
   - relativ großer Gehirnschädel, Schnauzenbildung kaum festzustellen
   - Hirnvolumen relativ groß, 1200 ml
   - Unterkiefer bzw. Zahnbogen parabolförmig
   - keine Zahnlücken, Eckzähne klein
   - Überaugenwülste wenig ausgebildet

   Die Tabelle von M2 weist für *H. erectus* ein Hirnvolumen von 650–1250 ml aus. Aus M1 geht hervor, dass *H. erectus* vor 1,8 Millionen bis vor 400 000 Jahren lebte. Anzunehmen ist, dass in diesem Zeitraum das Hirnvolumen von *H. erectus* immer größer geworden ist. Der *H. erectus*-Fund in M3 dürfte daher nur etwa 500 000 Jahre alt sein.

3. Material 4 zeigt die Schädelmerkmale von *Australopithecus africanus*.
   Eher schimpansenähnlich:
   - relativ kleiner Gehirnschädel verglichen mit dem großen Gesichtsschädel, der eine deutliche Schnauzenbildung aufweist
   - deutliche Überaugenwülste
   - massiger Unterkiefer

   Eher menschenähnlich:
   - Hirnvolumen verglichen mit anderen Hominiden noch recht klein, aber größer als das des Schimpansen, 500 ml
   - keine Zahnlücken in Ober- und Unterkiefer, Eckzähne ähnlich groß wie Schneidezähne

4. Vergleich der drei Hominidenschädel:

Merkmal	*H. habilis*	*A. afarensis*	*A. boisei*
Schnauzenbildung	gering	stark	deutlich
Überaugenwülste	leicht ausgeprägt	stark ausgeprägt	stark ausgeprägt
Hirnvolumen	650 ml	490 ml	450 ml
Zahn(„Affen"-)lücke	nicht erkennbar	deutlich	nicht erkennbar
Scheitelkamm	nein	nein	vorhanden

A. afarensis ist die älteste der drei Hominidenformen. Die nahe Verwandtschaft mit den affenähnlichen Vorfahren wird vor allem mit der Schnauzenbildung, der Affenlücke und den starken Überaugenwülsten begründet. Das deutlich vergrößerte Gehirnvolumen zeigt die Verwandtschaft zu den direkten Vorfahren des Menschen. Im Vergleich dazu sind die menschenähnlichen Merkmale bei *A. boisei* insgesamt weniger stark ausgebildet. Die kräftige Schnauze im Vergleich zum kleinen Gehirnschädel, der Schädelkamm und die Tatsache, dass *A. boisei* später als *afarensis*, aber zur gleichen Zeit wie *H. habilis* lebte, verdeutlichen aber, dass dieser Australopithecine einer Seitenlinie des Menschenstammbaums zuzuordnen ist.
Die in der Tabelle verglichenen Merkmale sind bei *H. habilis* dagegen durchweg menschenähnlich, sodass dieser der Linie der direkten Vorfahren von *H. sapiens* zugerechnet werden kann.
Für den hypothetischen Stammbaum 1 sprechen die schimpansenähnlichen Merkmale von A. africanus, die er mit *A. afarensis* und *A. boisei* gemeinsam hat. Für die Hypothese 2 sprechen seine menschenähnlichen Merkmale, die er mit *H. habilis*, aber nicht mit *A. boisei* gemeinsam besitzt. Zeitlich liegt *A. africanus* genau zwischen *A. afarensis* und *H. habilis*. Gewichtet man die Befunde, sprechen sie insgesamt gegen Hypothese 1 und für den zweiten hypothetischen Stammbaum. Allerdings ist es auch denkbar, dass *A. africanus* zu einer weiteren Seitenlinie des Stammbaums gehört und nicht unmittelbarer Vorfahre von *H. habilis* ist.

5. Der Hominidenfund aus Afrika in M6 zeigt leichte Überaugenwülste und leichte Schnauzenbildung, Affenlücke und Zahnbogenform lassen sich nicht eindeutig erkennen. Sein Gehirnvolumen mit 900 ml ist recht groß. Aufgrund der Daten von Tabelle M2 stellt er eine frühe Form von *H. erectus* dar (die als erste in Afrika entstand).

6. Aufgrund des Hirnvolumens und der Angaben in den Stammbäumen ist zu vermuten, dass der Schädel aus M6 zwischen 1,6 und 1 Millionen Jahre alt ist. Die Radiocarbon- bzw. ^{14}C-Methode aus M7 eignet sich zur Altersbestimmung von Fossilien jedoch nur für Funde, die nicht älter als etwa 40 000 Jahre alt sind. Mit zunehmendem Alter wird, wie in der Abbildung M7 dargestellt, der Prozentsatz an radioaktivem Kohlenstoff sehr klein und liegt schon nach 40 000 Jahren weit unter einem Prozent. Das ist so wenig, dass dies kaum noch zu messen ist und andererseits kleinste Messfehler

eine zu große Abweichung bei der absoluten Altersbestimmung darstellen. Die Kalium-Argon-Methode wäre hier der Radiocarbonmethode vorzuziehen, weil sie für Gesteinsproben, die älter als 100 000 Jahre sind (bis etwa 4,5 Milliarden Jahre), gut eingesetzt werden kann.

Bewertungseinheiten:
40, davon AFB I: 11 BE (28 %); AFB II: 21 BE (52 %); AFB III:8 BE (20 %)

Materialgrundlage:
Lucy und ihre Kinder. München: Elsevier, Spektrum, Akad. Verl., 2006, 2. aktualisierte und erw. Aufl.
Linder Biologie Gesamtband. Schroedel-Verlag 2010

Aufgabe 13: Art und Artentstehung

Grundlagen evolutiver Veränderung, Art und Artbildung

Einleitung

Der Klimawandel, die Ausbreitung von Plastikinseln im Meer, zurückgelassene Fischernetze, der Handel mit Elfenbein und sonstigen Jagdtrophäen oder die Zerstörung der Regenwälder sind nur einige aktuelle Entwicklungen, die für viele Arten eine lebensbedrohliche Gefahr darstellen. In den Medien wird immer wieder berichtet, dass eine Art vor dem Aussterben bedroht ist oder gar ausgestorben ist.
Es entstehen aber auch neue Arten. Warum wird über diese Ereignisse aber im Vergleich so selten berichtet? Artbildung ist ein Prozess, der in der Natur schwer nachzuweisen ist, vor allem deshalb, weil es sehr lange dauert, bis eine Art sich in zwei Arten aufgespalten hat. Um diesen Prozess zu erforschen, sind aufwändige Langzeituntersuchungen nötig, die sich über viele Generationen hinziehen. Momentaufnahmen lassen dagegen einen großen Interpretationsraum zu.
Eine umfangreiche Untersuchung wurde bei der Fruchtfliege *Rhagoletis pomonella* durchgeführt. Sie belegt möglicherweise den Vorgang einer Artaufspaltung.

AUFGABENSTELLUNG

1 **Fassen** Sie anhand von M1 bis M2 Vorkommen und Lebensweise von *Rhagoletis pomonella* **zusammen**.

2 **Stellen** Sie mithilfe von M3 und M4 den Lebenszyklus von Rhagoletis pomonella schematisch **dar** und **erläutern** Sie die Unterschiede zwischen den Apfelliebhabern und den Weißdornliebhabern.

3 **Beschreiben** Sie allopatrische und sympatrische Artbildung in ihren Grundzügen.

4 **Beschreiben** Sie die Versuchsergebnisse aus M5. **Erörtern** Sie anhand von M1 – M5, ob bei *Rhagoletis pomonella* eine Artaufspaltung stattgefunden hat. Gehen Sie in diesem Zusammenhang auch auf die Situation der Hybride zwischen Apfel- und Weißdornliebhaber ein.

4 **Erläutern** Sie die Fragestellung des Dodd-Experiments und werten Sie es aus. **Diskutieren** Sie, inwiefern Dodds Experiment als wissenschaftliche Erklärungsgrundlage für eine Artbildung bei *Rhagoletis pomonella* dienen kann.

Material

M1 *Rhagoletis*

Die Gattung *Rhagoletis* umfasst verschiedene Fruchtfliegen, deren unterschiedliche Artbezeichnung Rückschlüsse auf die Frucht zulässt, auf der sich die Larven entwickeln. So unterscheidet man beispielsweise *Rhagoletis cesaris* (Kirschfruchtfliege) von *Rhagoletis pomonella* (Apfelfruchtfliege). Die vor allem in Nordamerika vorkommende Apfelfruchtfliege trägt streng genommen aber einen falschen Namen, da sie ursprünglich nur die Früchte des Weißdorns oder der Hagebutte befallen hat. Die Europäer brachten Äpfel nach Nordamerika. So wurde 1864 erstmalig der Befall von Äpfeln durch *Rhagoletis pomonella* dokumentiert.
Die Fruchtfliegen legen ihre Eier auf die jeweilige Frucht. Die geschlüpften Larven entwickeln sich dort, indem sie sich von der Frucht ernähren. Auch die Verpaarung der Fliegen findet auf den jeweiligen Pflanzen während der Blütezeit statt. Es ist zu beobachten, dass die Apfelliebhaber und die Weißdornliebhaber sich trotz räumlicher Nähe kaum verpaaren. Die Vorlieben der einzelnen Fliegen für die jeweilige Frucht wirken sich direkt auf ihre Fitness aus, denn die verschiedenen Früchte stellen die Fliegen aufgrund der Reifezeit vor unterschiedliche Anforderungen. Eine Larve muss in zeitlicher Abstimmung zur Reife der Frucht schlüpfen. Der Zeitpunkt des Schlüpfens ist genetisch festgelegt. Untersuchungen des Genoms von Apfelliebhabern und Hagebuttenliebhabern haben gezeigt, dass diese sich genetisch unterscheiden.

M2 Lebensraum der Larven von *Rhagoletis pomonella*

Lebensraum der Larven	Weißdorn (*Crataegus spec.*)	Apfelbaum (*Malus spec.*)
Fruchtart	Apfelfrucht 0,7 – 2 cm groß	Apfelfrucht
Blütezeit	Mai – Juni	April – Mai
Fruchtreife	September	Mitte August – Oktober
Überlebensrate der Larven	54 %	27 %

M3 Lebenszyklus von Rhagoletis

Die Fliegen überwintern in einer Puppendiapause (Entwicklungsruhe mit herabgesetztem Stoffwechsel) im Boden und verlassen diesen im frühen Sommer als adultes Insekt. Sieben bis zehnTage danach erreichen die Insekten die Geschlechtsreife und verbringen 4 bis 6 Tage im Feld. Die Weibchen erkennen mithilfe ihres Seh-, Geruchs- und Tastsinns die Wirtspflanze. Die Männchen folgen denselben Signalen. Es kommt zur Verpaarung und anschließenden Eiablage durch die Weibchen. Der Ort, in diesem Fall die Frucht, der Larvenentwicklung wird durch die Eiablage festgelegt. Wenn die Frucht reif ist, fällt sie zu Boden. Die Larve verlässt diese und gräbt sich in den Boden ein, wo sie sich verpuppt.

M4 Zeitraum des Befalls bei Apfel und Weißdorn durch Rhagoletis pomonella

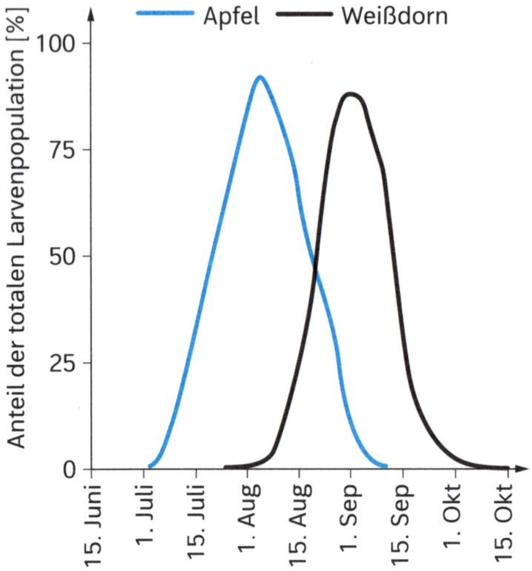

M4 a Larven befallen Apfel- oder Weißdornfrüchte

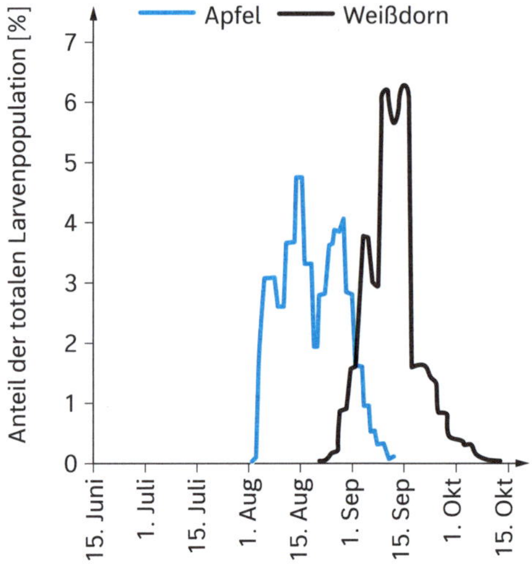

M4 b Larven verlassen Apfel- oder Weißdornfrüchte

M5 Immer der Nase nach?

Es ist noch nicht eindeutig geklärt, wie genau die Sinne der Fliegen bei der Erkennung der Wirtspflanze zusammenspielen. Zwischen 1999 und 2003 wurden verschiedene Experimente mit *Rhagoletis*-Fliegen durchgeführt, um zu klären, inwiefern der Geruch einer Frucht die Wahl der Wirtspflanze beeinflusst.

Zuvor hatte man sowohl Larven der Apfelliebhaber als auch solche der Weißdornliebhaber gesammelt. Diese entwickelten sich im Labor unter Standardbedingungen zu adulten Tieren. Nach Erlangen der Geschlechtsreife wurden die adulten Tiere, die bisher nicht mit dem Geruch der Apfel- oder Weißdornfrucht in Kontakt gekommen waren, in verschiedene Flugtunnel gesetzt. In verschiedenen Ansätzen befanden sich am Ende des Tunnels, gegen den Wind unterschiedliche synthetische Geruchsgemische auf Gummipropfen: 1. Duft der Apfelfrucht, 2. Duft der Weißdornfrucht, 3. kein Duft. Die Fliegen wurden in den Tunnel gesetzt und das Flugverhalten in Richtung der Geruchsquelle wurde beobachtet. Weder Fliegen der Apfel- noch der Weißdornliebhaber zeigten eine Flugreaktion in Richtung des geruchsneutralen Gummipropfens. Die Ergebnisse zeigten, dass sowohl die Apfel- als auch die Weißdornliebhaber ‚ihren' Geruch bevorzugten. Nur wenige Apfelliebhaber zeigten eine Flugreaktion im 2. Tunnel und bei den Weißdornliebhabern wurden nur vereinzelt Flüge in Richtung des Apfelgeruchs beobachtet.

M6 Dodds Experiment mit isolierten Taufliegenpopulationen

Diane Dodd züchtete zwei unterschiedliche Populationen von *Drosophila* und teilte diese in jeweils vier Gruppen auf. Die Fliegen, die sich normalerweise von faulenden Früchten ernähren, erhielten entweder Maltose oder Stärke. Beide Populationen waren also jeweils auf nur eine Form der Nahrung angewiesen.

Zunächst waren die Populationen klein und das Wachstum gering, aber mit der Zeit wurden die Populationen größer, d. h. die Anpassung der Fliegen an das neue Medium war erfolgreich.
Nach mehreren Generationen wurden die unterschiedlichen Gruppen der Populationen miteinander kombiniert (4 Stärke x 4 Maltose → 16 Paarkombinationen). Alle Paarungen wurden beobachtet, und es zeigte sich, dass deutlich mehr Verpaarungen innerhalb einer Population als zwischen den unterschiedlichen Populationen stattfanden.

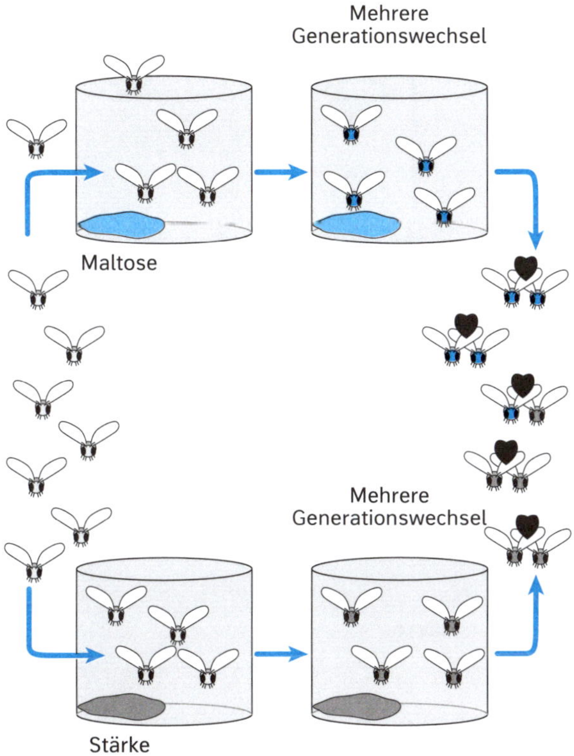

M6 Diane Dodd unterteilte eine Population von Taufliegen (Drosophila pseudoobscura) in zwei Populationen und isolierte diese. Nach mehreren Generationswechseln dokumentierte sie das Paarungsverhalten (♥: Verpaarung) der Taufliegen.

Lösungen

1. Die Fruchtfliegen der Art Rhagoletis pomonella kommen vorwiegend in Nordamerika vor. Die Fliegen paaren sich auf Blüten und legen ihre Larven auf Früchten ab, von denen sich diese dann ernähren. Ursprünglich befiel Rhagoletis pomonella nur die Früchte des Weißdorns oder der Hagebutte. Seit ca. 150 Jahren gibt es jedoch auch Fliegen, die die importierte Apfelfrucht befallen. Die Früchte unterscheiden sich in der Größe (Äpfel sind deutlich größer als die Weißdornfrucht), der Blütezeit (Apfel blüht eher als Weißdorn) und der Fruchtreife (Apfel von Mitte August bis Oktober, Weißdorn im September). Es überleben mehr Larven der Weißdornliebhaber als der Apfelliebhaber (54 % statt 27 %). Das Überleben der Larven hängt u. a.

vom Zeitpunkt des Schlüpfens, das zeitlich auf die Fruchtreife abgepasst sein muss, ab.

2. Die Kurven in M4 a und M4 b machen die Unterschiede im Lebenszyklus zwischen den Apfel- und Weißdornliebhabern deutlich. Der Apfelbaum wird zwischen Anfang Juli und Anfang September von Larven befallen. Anfang August ist der prozentuale Anteil der totalen Larvenpopulation mit ca. 90 % am höchsten. Zu dieser Zeit setzt der Larvenbefall des Weißdorns, der bis Anfang Oktober anhält, ein. Anfang September haben etwa 85 % aller Larven die Früchte befallen.
   Die Unterschiede bezüglich des Zeitpunktes von Befall und Verlassen der Frucht wirken sich auf den Lebenszyklus der beiden Fliegen aus. Die Larven überwintern, nachdem sie die Frucht verlassen haben, im Boden. Die Verpuppung und anschließende Ruhephase findet bei den Apfelliebhabern eher statt. Es ist anzunehmen, dass die adulten Fliegen den Boden auch eher verlassen. Demnach treffen Fliegen der Apfelliebhaber eher aufeinander und paaren sich eher, die Larven schlüpfen eher und können folglich die Frucht auch eher befallen.

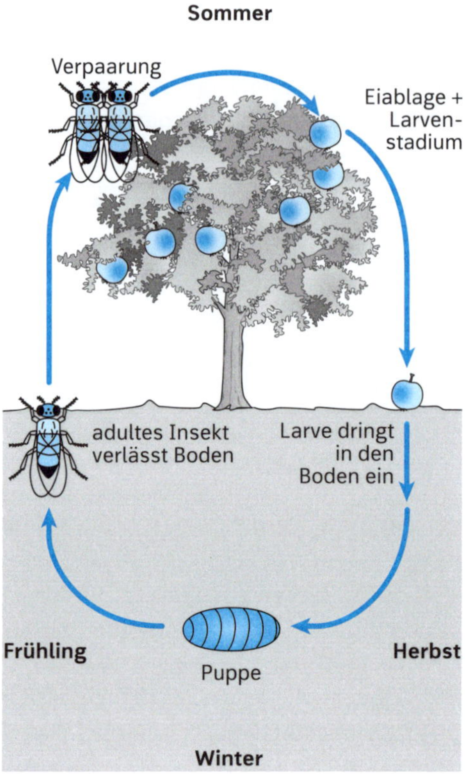

Skizze

3. Es kommt zu einer Artaufspaltung, wenn der Genfluss zwischen unterschiedlichen Populationen einer Art unterbrochen wird, d. h. dass sich Gruppen von Individuen, die einst einen gemeinsamen Genpool hatten, aufgrund von Isolation nicht mehr fortpflanzen können. Die Form der Isolation kann geografischer, ökologischer, ethologischer, genetischer oder mechanischer Natur sein. Es kommt zu einer Aufspaltung der Teilpopulation und als Folge unterschiedlicher Mutationen und Selektionen zur Veränderung der Genpools. Häufig ist die Fortpflanzungsschranke auf eine räumliche Trennung zurückzuführen. Diesen Vorgang bezeichnet man als allopatrische Artbildung. Wenn sich innerhalb eines Lebensraumes eine Fortpflanzungsbarriere herausbildet, spricht mach von sympatrischer Artbildung.
4. In dem Experiment wird der Frage nachgegangen, inwiefern die Wahl der Wirtspflanze bei *Rhagoletis*-Fliegen durch den Geruchssinn gesteuert wird. Den Fliegen wurden in einem Flugtunnel in drei verschiedenen Ansätzen unterschiedliche synthetische Gerüche angeboten. Im ersten Ansatz wurden die Fliegen einem Apfelduft, im zweiten einem Weißdornduft ausgesetzt. Der dritte Ansatz war geruchsneutral.

Das Flugverhalten der Fliegen wurde beobachtet und es zeigte sich, dass die Fliegen nur losflogen, wenn ihnen ein Fruchtgeruch angeboten wurde. Darüber hinaus flogen die Apfelliebhaber eher in Richtung des Apfeldufts und die Weißdornliebhaber in Richtung des Weißdornduftes. Die beobachteten Reaktionen belegen, dass der Geruchssinn die Wahl der Wirtspflanze beeinflusst.
Wie bereits erläutert haben sich bei *Rhagoletis pomonella* die Apfelliebhaber und die Weißdornliebhaber herausgebildet. Der Lebenszyklus der Fliegen ist von der Wirtspflanze abhängig, d. h. die o. g. Unterschiede zwischen Apfelbaum und Weißdorn begünstigen die Ausbildung der Teilpopulationen. Apfel- und Weißdornliebhaber wählen die Wirtspflanze nicht zufällig, sondern folgen dabei ihrem Geruchssinn. Die Tatsache, dass die Fliegen die namensgebende Wirtspflanze bevorzugten, obwohl sie zuvor keinen Kontakt mit dem Geruch hatten, lässt vermuten, dass die Wahl der Wirtspflanze genetisch festgelegt ist. Tatsächlich wurden bereits genetische Unterschiede zwischen Apfel- und Hagebuttenliebhabern nachgewiesen. Auch wenn Apfel- und Weißdornliebhaber jeweils Fliegen mit derselben Vorliebe bevorzugen, kommt es noch zu Verpaarungen zwischen den Teilpopulationen. Sie sind demnach noch nicht reproduktiv isoliert. Die Hybriden sind aufgrund ihrer Genmischung jedoch im Nachteil, da ihre Gene weder für die eine noch für die andere Wirtspflanze optimal sind. Das Paarungs-Timing der Fliegen ist gestört. Im Vergleich zu den reinen Apfel- bzw. Weißdornliebhabern haben sie folglich weniger Nachkommen und werden ausselektiert. Der Apfelbaum ist erst seit etwa 150 Jahren in Nordamerika heimisch, d.h. evolutionstechnisch gesehen, bildeten sich die Veränderungen in relativ kurzer Zeit heraus. Abschließend lässt sich sagen, dass bei *Rhagoletis* eine Artaufspaltung im Gang ist, diese jedoch noch nicht vollständig ist.

5. Fragestellung: Führt eine räumliche Isolation zweier Teilpopulationen einer Fruchtfliegenart zu einer Aufspaltung in zwei neue Arten, wenn beide Teilpopulationen unter unterschiedlichen Nahrungsbedingungen gehalten werden.
   Auswertung: Die zunächst langsame, dann aber gute Entwicklung der Teilpopulationen lässt vermuten, dass diese über Mutation und Selektion eine stoffwechselphysiologische Nahrungsspezialisierung auf ihre jeweilige Nahrungsquelle vollzogen haben. Interessant ist auch die Tatsache, dass nach dem Zusammenführen der beiden lange getrennt lebenden Teilpopulationen als Paarungspartner die Angehörigen der eigenen Teilpopulation bevorzugt werden. Gründe dafür können ethologische Auslöser sein wie Düfte, Verhaltensweisen, etc., die über zufällige Mutationen (Gendrift) oder z. B. auch über sexuelle Selektion in den lange getrennten Genpools der beiden Teilpopulationen angereichert wurden.
   In den beiden Teilpopulationen ist somit eine allopatrische Artaufspaltung in Gang gekommen, in deren Verlauf eine dynamische Selektion unterschiedliche Genpools zur Folge hatte. Wie sich allerdings nach dem Zusammenführen der beiden Teilpopulationen zeigte, war dieser Prozess noch nicht abgeschlossen, da sich die Angehörigen der beiden Teilpopulationen wieder miteinander verpaaren, wenn auch weniger häufig. Wie die Entwicklung der beiden Teilpopulationen sympatrisch weitergeht, wird experimentell nicht weiter untersucht. Da die nicht nur auf eine Nahrungsquelle spezialisierten Hybriden der beiden Teilpopulationen keine Nachteile, sondern eher

Vorteile haben, ist zu vermuten, dass die Genpools der beiden Teilpopulationen ganz durchmischt werden und zu einem einheitlichen Genpool verschmelzen.
Die Ergebnisse des Dodd-Experiments können insofern die Situation der Apfel- und Weißdornliebhaber von *Rhagoletis* erklären, weil auch hier die Unterschiede in der Nahrungsanpassung von Veränderungen des Paarungsverhaltens begleitet sind. Auch für Rhagoletis gilt, dass diese Anpassungen an die Nachkommen weitergegeben werden, sodass kaum Verpaarungen von Apfel- und Weißdornliebhabern zu beobachten sind (vgl. M1).
Die Unterschiede in der Anpassung haben sich jedoch hier ohne eine räumliche Abgrenzung herausgebildet, d.h. es vollzog sich eine sympatrische Artbildung, bei der die Hybriden im Gegensatz zu den experimentellen Verhältnissen bei den Taufliegen benachteiligt sind. Daher ist zu vermuten, dass sich dieser Prozess der sympatrischen Artbildung fortsetzen wird.

Bewertungseinheiten:
50, davon AFB I: 15 BE (30 %); AFB II: 25 BE (50 %); AFB III: 10 BE (20 %)

Materialgrundlage

Kenneth E. Filchak, Joseph B. Roethele & Jeffrey L. Feder (2000) Natural selection and sympatric divergence in the apple maggot Rhagoletis pomonella. Nature, Vol 407, S. 739 – 742
http://www.pnas.org/content/100/20/11490.full
http://evolution.berkeley.edu/evolibrary/article/evo_45
http://www.spektrum.de/news/ganz-schoen-waehlerisch/674263

5 Lösungen der Original-Prüfungsaufgaben 2023

Hinweis: Die Aufgabenstellungen der Original-Prüfungsaufgaben 2023 können Sie direkt vom Ministerium für Schule und Bildung des Landes NRW erhalten. Die hier vorgeschlagenen Lösungen wurden von erfahrenen Lehrern erstellt. Sprechen Sie bei Fragen Ihre Lehrkraft an.

Aufgabenauswahl

Ihnen werden sowohl im Grundkurs als auch im Leistungskurs jeweils zwei Aufgaben zur Bearbeitung vorgelegt.

Bearbeitungszeit

LK 270 Minuten; GK 180 Minuten.
Für Schülerexperimente und praktische Arbeiten zusätzlich 60 Minuten.

Zugelassene Hilfsmittel

- Wörterbuch zur deutschen Rechtschreibung (sollte ausliegen),
- wissenschaftlicher Taschenrechner.

Tipps: Schlagen Sie nicht nur bei Unsicherheiten in der Orthografie im Wörterbuch nach. Auch wenn Sie Unsicherheiten in der Wortbedeutung haben, hilft häufig das Wörterbuch weiter. Und auch wenn Sie eine Rechnung im Kopf leicht durchführen können, schafft der Griff zum Taschenrechner Sicherheit.

Bewertung der Schülerleistungen

a) inhaltlich

Im Erwartungshorizont ist pro Teilaufgabe eine Rubrik für Zusatzpunkte vorgesehen. Tipp: Will man Zusatzpunkte für ein weiteres aufgabenbezogenes Kriterium im Abiturjahrgang 2023 erhalten, sollte man, nachdem man eine aufgrund des vorgelegten Materials zufriedenstellende Lösung gefunden hat, über eine weitere Lösungsmöglichkeit nachdenken. Diese sollte man zumindest erwähnen, falls sie – wenn auch nur entfernt – zutreffen könnte.

b) Darstellung

Für die Darstellungsleistung werden zusätzliche Punkte dafür vergeben, dass man
- seine Gedanken schlüssig, stringent und klar ausführt,
- seine Darstellung sachgerecht strukturiert,
- eine differenzierte und präzise Sprache sowie Fachbegriffe verwendet,
- seine Arbeit formal ansprechend gestaltet.

Tipps:
- Schreiben Sie eher in kurzen als in langen verschachtelten Sätzen. Begründen Sie Ihre Ausführungen. Vermeiden Sie Gedankensprünge. Strukturieren Sie Ihren Text durch Absätze und Überschriften, unterstreichen Sie Reizwörter mit dem Lineal. Beziehen Sie sich klar auf das Material, indem Sie darauf verweisen.

Grundkurs

Thema I: Evolution der *Ariamnes*-Spinnen

Allgemeine Lösungshinweise: Für die Lösung dieser Aufgabe benötigen Sie Kenntnisse aus der Evolution und der Ökologie, um erklären zu können, wie die verschiedenen Spinnenarten entstehen konnten und wie diese heute koexistieren können. Zur Bearbeitung der Aufgaben ist vor allem Ihr Wissen zur ökologischen Nischenbildung, Konkurrenzvermeidung, Koexistenz (s. S. 56), evolutiven Veränderungen (s. Grundlagen evolutiver Veränderungen, S. 109 ff.) und dem Umgang mit Stammbäumen (s. Stammbäume, S. 117 ff.) gefragt.

Entscheidend für die Bearbeitung der einzelnen Teilaufgaben ist ein intensives Studium des Materials, bevor Sie die Aufgabe lösen, da sich dort eine Vielzahl von zentralen Informationen und Lösungshilfen findet. Es empfiehlt sich generell, die Aufgabenteile strikt in der vorgegebenen Reihenfolge abzuarbeiten, da dies der Lösung eine Struktur gibt und Sie damit die Gefahr vermeiden, Punkte zu verschenken, weil Sie nicht alle Aufgabenteile adäquat berücksichtigt haben. Achten Sie ferner genau auf die verwendeten Operatoren (s. S. 13 ff.) und bearbeiten Sie die Teilaufgaben entsprechend.

1. Nennen Sie eine Definition für die ökologische Nische und erläutern Sie vor diesem Hintergrund die Koexistenz der beiden Arten A. huinakolu und A. kahili (Materialien A und B). Stellen Sie Hypothesen zu den jeweiligen Selektionsvorteilen der äußeren Merkmale der Arten A. maue, A. zorniger und A. hiwa auf (Material A). (16 Punkte)

Lösungshinweise: Für die Bearbeitung dieser Aufgabe ist zunächst Ihr im Unterricht erworbenes Wissen zur Nischenbildung wichtig. Wenden Sie diese dann auf die konkreten Beispiele der ökologischen Nischen, wie sie in Material A dargestellt sind, an, um zu erklären, wie die beiden Arten nebeneinander existieren können. In einem weiteren Schritt müssen Sie dann nach genauer Analyse der Materialien A und B begründete Vermutungen aufstellen, welche Wettbewerbsvorteile die drei weiteren Spinnenarten aufgrund ihrer äußeren Merkmale, d. h. Form des Hinterleibs und Färbung, haben.

Lösungsvorschlag: Der Begriff der ökologischen Nische beschreibt die Gesamtheit der Beziehungen zwischen einer Art und ihrer Umwelt. Zu diesen Beziehungen zählen sowohl biotische als auch abiotische Faktoren. Eine Koexistenz zweier Arten ist nur dann möglich, wenn sie sich in ihren ökologischen Nischen teilweise unterscheiden. Die Arten *Ariamnes hoinkakolu* und *Ariamnes kahili* kommen zwar beide in Feutchtwäldern der Insel Kauai vor. Bei der Wahl des Ruhehabitats, das sie tagsüber als Versteck nutzen, zeigen sie aber Unterschiede. So findet man *A. hoinakolu* im Moos und *A. kahili* unter Blättern.
Die Farbe des Hinterleibs dient als Tarnung in den Ruhehabitaten und schützt die Spinnen vor optisch jagenden Fressfeinden, wie etwa Vögeln. Die Spinne *A. makue* versteckt

sich am Tag zwischen abgestorbenen Farnen, wo sie durch ihre dunkle Färbung gut getarnt ist. Die dunkle Färbung der *A. hiwa* bietet dieser Spinnenart eine gute Tarnung in Felsspalten. Der Rückzugsort der *A. corniger* liegt zwischen weißen Flechten. Ihr bietet der matt weiße Hinterleib eine gute Tarnung.
Alle drei *Ariamnes*-Arten besitzen einen lang gestreckten Hinterleib. Es ist anzunehmen, dass dieser durch seine Ähnlichkeit mit Zweigen oder Bodenstreu eine tarnende Wirkung hat. Im Falle der *Ariamnes hiwa* ermöglicht der langgestrickte Hinterleib, dass sie sich am Tag in Felsspalten aufhalten kann und so vor Fressfeinden geschützt ist.

2. Nennen Sie die methodischen Schritte zur Erstellung des in Abbildung 2 gezeigten phylogenetischen Stammbaums (Material B). Analysieren Sie die phylogenetischen Verwandtschaftsverhältnisse unter Berücksichtigung der Besiedlung der einzelnen Inseln der Hawaii-Inselgruppe (Material B). Erläutern Sie zwei Möglichkeiten der Besiedlung der jeweils neu entstandenen Inseln durch Ariamnes-Spinnen (Materialien A und B). (22 Punkte)

Lösungshinweise: Bei dieser Aufgabe müssen Sie Ihr im Unterricht erworbenes Wissen zur Erstellung phylogenetischer Stammbäume (S. 117 ff.) anwenden und die einzelnen Schritte benennen. Dann müssen Sie darlegen, wie es zu der Besiedlung der einzelnen Inseln der Hawaii-Inselgruppe kommen konnte. Hier ist eine genaue Analyse des Materials wichtig, um abschließend darlegen zu können, wie die Ariamnes-Spinnen die einzelnen Inseln besiedeln konnten und wie es um deren Verwandtschaftsverhältnisse untereinander steht.

Lösungsvorschlag: Zur Erstellung eines phylogenetischen Stammbaumes bedarf es genetischen Materials verschiedener Individuen unterschiedlicher Arten. Die mitochondriale und nukleare DNA wird isoliert und mittels PCR vervielfältigt. Die Produkte der Polymerasekettenreaktion werden im Anschluss sequenziert und verglichen. Die einzelnen DNA-Sequenzen werden miteinander verglichen und aufgrund dieses Vergleichs werden die einzelnen Arten im Stammbaum angeordnet.
In dem vorliegenden Stammbaum wird deutlich, dass die *Ariamnes*-Spinnen der Hawaii-Inselgruppe und die Art *Argyrodes trigonum* auf eine Ursprungsart zurückgehen. Zunächst zweigten sich vor etwa 1,7 und 1,6 Millionen Jahren die beiden Entwicklungslinien ab, aus denen sich auf Kauai die beiden Arten *A. huinakoli* und *A. kahili* entwickelten. Auf Oahu kommen die beiden *Ariamnes*-Arten *A. uwepa* und *A. makue* vor, die sich aus einem gemeinsamen Vorfahren entwickelt haben und dessen Entwicklungslinien sich vor etwa 0,8 Millionen Jahren trennten. *A. poele* lebt auf der Insel Molokai. Vor etwa 0,8 Millionen Jahren bildete sich ihre Entwicklungslinie aus einem gemeinsamen Vorfahren von fünf weiteren Arten, welche heute jedoch auf Maui und Hawaii vorkommen. Auf Hawaii leben die beiden Arten *A. waikula* und *A. hiwa*, deren letzter gemeinsamer Vorfahre vor etwa 0,95 Millionen Jahren lebte. Die Art *A. waikula* entwickelte sich vor circa 0,4 Millionen Jahren aus einem gemeinsamen Vorfahren mit *A. corniger*.
Der gezeigte Stammbaum legt nahe, dass die einzelnen Inseln der Hawaii-Gruppe sukzessive besiedelt wurden. Diese Beobachtung lässt sich auch mit der Entstehungs-

geschichte der Inseln erklären, denn die evolutiv ältesten Arten finden sich auf der ältesten Insel Kauai und die evolutiv jüngsten Arten kommen auf den jüngsten Inseln vor. Lediglich *Ariamnes waikula* bildet hier eine Ausnahme. Sie ist erst vor 0,4 Millionen Jahren aus einem gemeinsamen Vorfahren mit *A. corniger* hervorgegangen. Es ist möglich, dass eine Teilpopulation dieser Vorgängerart auf die Insel Hawaii gelangte und sich dort weiterentwickelte.
Heutzutage findet man auf allen großen Hawaii-Inseln *Ariamnes*-Spinnen. Das bedeutet, dass die Spinnen mehrfach neu entstandene Inseln besiedelt haben müssen. Es ist möglich, dass eine solche Besiedlung durch eine Verdriftung über zum Beispiel gebrochene und im Wasser treibende Äste erfolgte. Es ist auch denkbar, dass Vögel Äste, Blätter oder Moos als Nistmaterial gesammelt und auf andere Inseln gebracht haben. Wenn sich in diesem Nistmaterial *Ariamnes*-Spinnen befanden, haben die Vögel die Besiedlung neuer Inseln ermöglicht.

Anmerkung: Für die Erlangung der vollen Punktzahl sind sowohl leicht abweichende zeitliche Angaben als auch alternative sachlogische Vorschläge zu den Verwandtschaftsverhältnissen der Spinnenarten zulässig.

3. Entwickeln Sie Hypothesen zur evolutiven Entstehung der Artenvielfalt der Ariamnes-Spinnen auf der Hawaii-Inselgruppe (Materialien A und B). Prüfen Sie in diesem Zusammenhang, ob das Merkmal der goldenen Farbe das Ergebnis einer konvergenten Entwicklung ist (Materialien A und B). (16 Punkte)

Lösungshinweise: Bei dieser Teilaufgabe müssen Sie eine begründete Vermutung formulieren, wie die Artenvielfalt der Ariamnes-Spinnen auf der Inselgruppe entstanden ist, indem Sie Ihr Hintergrundwissen zur Artbildung (S. 111 ff.) auf das vorliegende Material anwenden. Des Weiteren sollen sie prüfen, ob das Merkmal der Goldfärbung auf eine kon- oder divergente Entwicklung (S. 106) zurückzuführen ist. Auch hier gilt es, Ihr im Unterricht erworbenes Wissen auf die Informationen im Material anzuwenden, um zu einer abschließenden sachlogischen Erklärung zu gelangen.

Lösungsvorschlag: Es ist anzunehmen, dass die Vorfahren der heutigen *Ariamnes*-Spinnen vom amerikanischen Festland auf die älteste Insel Kauai gelangten. Die weiteren Inseln der Hawaii-Inselgruppe entstanden im Laufe der Zeit und bieten sowohl ähnliche als auch unterschiedliche Lebensbedingungen für die Spinnen. Bei der Artaufspaltung waren offenbar Isolationsmechanismen, wie etwa die geografische Isolation, eine wichtige Rolle. Die Schwesterarten *A. waikula* und *A. corniger* zum Beispiel leben auf verschiedenen Inseln. So ist es möglich, dass während der Entstehung der jüngsten Insel Hawaii eine Teilpopulation der gemeinsamen Vorläuferart separiert wurde und die beiden Arten in einem allopatrischen Artbildungsprozess entstanden sind. Aber auch innerhalb der einzelnen Biotope auf derselben Insel fanden vermutlich Einnischungen als Folge von Mutation und Selektion statt. So lässt sich beispielsweise erklären, dass nah verwandte Arten wie *A. uwepa* und *A. makue* beide auf Oahu leben, aber etwa in der Wahl

ihrer Ruhehabitate Unterschiede zeigen. Durch die Nutzung verschiedener Ruhehabitate und durch die teilweise unterschiedlichen Jagdstrategien wird Konkurrenz vermieden, sodass eine Koexistenz verschiedener Arten im selben Habitat durch unterschiedliche ökologische Nischen möglich ist.
Das Phänomen der vielfachen Aufspaltung bei den *Ariamnes*-Spinnen bezeichnet man als adaptive Radiation.

Anmerkung: Um die volle Punktzahl für diese Teilaufgabe zu erlangen, muss das dargestellte Phänomen als adaptive Radiation beschrieben werden. Die Formulierung der Hypothesen kann aber auch auf der Basis anderer Beispiele erfolgen, die sich aus dem Material ableiten lassen.

Thema II: Pestizideinsatz in der Lachszucht

Allgemeine Lösungshinweise: Diese Aufgabe bezieht sich auf die Inhaltsfelder Neurobiologie (s. S. 16 ff.) und Genetik (s. S. 79 ff.). Der Schwerpunkt des Inhaltfeldes Neurobiologie sind die Neuronale Informationsverarbeitung (S. 17 f.). Die Schwerpunkte des Inhaltsfeldes Genetik sind Proteinbiosynthese (S. 81) und Meiose und Rekombination (S. 109).

1. Stellen Sie in einem Fließdiagramm die Informationsübertragung an einer Acetylcholin-gesteuerten Synapse dar. Beschreiben Sie die in Abbildung 1 dargestellten Ergebnisse (Material A). Erläutern Sie die Auswirkungen von Azamethiphos auf molekularer Ebene und auf Ebene des Organismus (Material A). (21 Punkte)

Lösungshinweise: Zunächst sollen Sie die Informationsübertragung an einer Acetylcholin-gesteuerten Synapse in einem Fließdiagramm darstellen. Achten Sie darauf das keine Zeichnung gefordert ist und daher hier auch zu keinen Punkten führt. Zur Beschreibung der Abbildung 1 kann Ihnen der Abschnitt zur Beschreibung von Diagrammen (s. S. 60) helfen.

Lösungsvorschlag: Eintreffen von Aktionspotentialen (AP) an der Präsynapse > Öffnung spannungsabhängiger Calciumionen-Kanäle > Einströmen von Calciumionen > synaptische Vesikel verschmelzen mit präsynaptischer Membran > Acetylcholin wird in den synaptischen Spalt freigesetzt > Transmittermoleküle diffundieren durch den synaptischen Spalt > Acetylcholin-Moleküle binden an Rezeptoren der postsynaptischen Membran > Natriumionen-Kanäle öffnen sich > Natriumionen strömen in das postsynaptische Zytoplasma > exzitatorisches postsynaptisches Potential (EPSP) entsteht.

In Abbildung 1 wird die Abhängigkeit der Acetylcholinesterase-Aktivität von Wildtyp-Lachsläusen von verschiedenen Konzentrationen von Azamethiphos veranschaulicht. Bei den Wildtyp-Lachsläusen liegt die durchschnittliche Acetylcholinesterase-Aktivität ohne

Zugabe von Azamethiphos bei 60 relativen Einheiten und zeigt eine Bandbreite von 30 bis 100 relativen Einheiten. Mit der Zugabe von Azamethiphos sinkt die Acetylcholinesterase-Aktivität auf unter zehn relative Einheiten, wobei die Abweichungen vom Durchschnitt minimal sind. Aufgrund der deutlichen Verringerung der Acetylcholinesterase-Aktivität nach Zugabe von Azamethiphos kann geschlussfolgert werden, dass dieses Pestizid die Acetylcholinesterase hemmt. Wenn die Acetylcholinesterase gehemmt wird, erfolgt keine effiziente Spaltung von Acetylcholin in Acetat und Cholin im synaptischen Spalt. Dies führt dazu, dass die Konzentration von Acetylcholin im synaptischen Spalt anhaltend hoch bleibt. Die erhöhte Konzentration von Acetylcholin hat zur Folge, dass die Rezeptoren auf der postsynaptischen Membran dauerhaft besetzt sind. Diese anhaltende Rezeptorbesetzung bewirkt, dass ein kontinuierlicher Einstrom von Natriumionen in die Zelle erfolgt. Dies wiederum führt zu anhaltenden exzitatorischen postsynaptischen Potentialen, dies führt zur Dauererregung der nachfolgenden Neuronen. Durch diese Dauererregung der nachfolgenden Neuronen werden ständig Signale zu den Muskeln gesendet. Diese verursachen Dauerkontraktionen, die zu Krämpfen der Muskulatur und zum Tod der Lachsläuse führen können.

2. Ermitteln Sie für die in Tabelle 1 dargestellten Nukleotidsequenzen die zugehörigen mRNA- und Aminosäuresequenzen sowie den Mutationstyp (Materialien B und D). Erläutern Sie mögliche Auswirkungen der Mutationen auf die Funktion der Acetylcholinesterase (Materialien A und B). (16 Punkte)

Lösungshinweise: Nutzen Sie für die Bearbeitung der Aufgabe die Code-Sonne im Anhang der Aufgabe. Achten Sie dabei darauf, dass in Tabelle 1 der nicht-codogene Strang des ace1a-Gens bei Lachsläusen angegeben ist.

Lösungsvorschlag: Die vorliegenden Informationen betreffen die mRNA-Sequenz und die daraus resultierende Aminosäuresequenz zweier Allele, dem E-Allel und dem R-Allel.

Das E-Allel weist die folgende mRNA-Sequenz auf:

5' GGU-UGC-UCC-GUA ... GGG-AAU-UAU-UUC 3'

was zu einer Aminosäuresequenz des E-Allels von

Gly-Cys-Ser-Val ... Gly-Asn-Tyr-Phe

führt.

Im Gegensatz dazu zeigt das R-Allel eine leicht abweichende mRNA-Sequenz:

5' GGU-UGC-UCG-GUA ... GGG-AAU-UAU-UAC 3'

Die entsprechende Aminosäuresequenz des R-Allels lautet:

Gly-Cys-Ser-Val ... Gly-Asn-Tyr Tyr

In den Tripletts Nr. 235 und Nr. 362 des R-Allels sind Basenaustausche aufgetreten. Und zwar ist im Triplett 235 Cytosin durch Guanin ersetzt und im Triplett Nr. 362 Thymin durch Adenin.
Für das Triplett Nr. 235 ergibt diese Punktmutation keine Änderung in der Aminosäuresequenz, was als „stumme Mutation“ bezeichnet wird. Die Aminosäuesequenz bleibt unverändert. Im Fall des Triplett Nr. 362 hingegen führt die Punktmutation zu einem Austausch von Phenylalanin durch Tyrosin in der Polypeptidkette. Dies wird als „Missense-Mutation“ bezeichnet, da sie zu einer Änderung in der Aminosäuresequenz führt. Somit zeigt sich, dass diese Mutation einen Einfluss auf die strukturelle Zusammensetzung des Proteins hat. Die Missense-Mutation bewirkt, dass eine andere Aminosäure in die Polypeptidkette eingefügt wird. Dieser Fehler beeinflusst die räumliche Struktur der Acetylcholinesterase, was sich wiederum auf die Funktionsweise des Enzyms auswirken kann. Eine mögliche Auswirkung wäre, dass der Austausch der Aminosäure das aktive Zentrum der Acetylcholinesterase in seiner räumlichen Anordnung verändern könnte. Diese veränderte räumliche Struktur hätte zur Folge, dass das Pestizid nicht mehr wie zuvor an das Enzym binden könnte. Somit würde die Acetylcholinesterase durch Azamethiphos nicht mehr gehemmt werden.

3. Ermitteln Sie für die Stämme 1, 2 und 3 begründend die entsprechenden Genotypen (Materialien B und C). Vergleichen Sie die in Abbildung 3 gezeigten Ergebnisse mit denen in Abbildung 1 und entwickeln Sie eine Hypothese zur Erklärung der Befunde (Materialien A bis C). (17 Punkte)

Lösungshinweise: In dieser Aufgabe sollen zunächst die Genotypen der Lachslausstämme 1 – 3 ermittelt werden. Hilfreich ist es hier, die Abbildung 2 in Materia C genau zu studieren, da dort bereits sichtbar wird, welchen Einfluss die Genotypen der Stämme auf deren Resistenz haben. Für die Hypothese ist es hilfreich, wenn Sie die höhere Aktivität der Acetylcholinesterase des Stamm 1 mit dem Wildtyp vergleichen, um die Resistenz des Stamm 1 zu begründen.

Lösungsvorschlag: In Abbildung 2 sind die Anteile der toten Lachsläuse nach Behandlung mit Azamethiphos in einem Säulendiagramm dargestellt. Stamm 1 hat die Pestizidbehandlung größtenteils überlebt, daher sind die Tiere in diesem Stamm homozygot für die ace1a-Allele des resistenten Stamms, weshalb ihnen der Genotyp RR zugeordnet werden kann.
Im Gegensatz dazu haben in Stamm 3 nur sehr wenige Tiere die Behandlung überlebt. Sie sind homozygot für das nicht mutierte E-Allel des ace1a-Gens, weshalb ihnen der Genotyp EE zugeordnet werden kann. Stamm 2 liegt zwischen den beiden anderen Stämmen, da mehr Individuen die Azamethiphos-Behandlung überlebt haben als in Stamm 3,

aber weniger als in Stamm 1. Die Tiere in Stamm 2 besitzen sowohl das mutierte R-Allel als auch das ursprüngliche E-Allel des ace1a-Gens, was auf einen heterozygoten Genotyp ER hinweist.
Abbildung 3 zeigt das die Aktivität der Acetylcholinesterase bei den resistenten Lachsläusen ebenfalls durch Azamethiphos gehemmt wird, jedoch in geringerem Maße als beim Wildtyp. Die Aktivität des Enzyms bei den resistenten Lachsläusen ist sowohl in Anwesenheit als auch in Abwesenheit von Azamethiphos höher als beim Wildtyp. Die gemessenen Werte schwanken zwar zwischen fünf und 50 relativen Einheiten und weisen im Durchschnitt 15 Einheiten auf. Die Streuung der Messwerte ist jedoch erheblich breiter. Wahrscheinlich ist die Aktivität der Acetylcholinesterase bei den resistenten Lachsläusen ausreichend, um die Informationsübertragung an Acetylcholin-gesteuerten Synapsen zu beenden, was dazu führt, dass viele Lachsläuse die Behandlung mit Azamethiphos überleben.
Es könnte sein, dass die Mutation im ace1a-Gen mit einer verbesserten Enzymfunktion bei den resistenten Lachsläusen einhergehen könnte, wodurch die Aktivität des Enzyms auch ohne Einwirkung von Azamethiphos höher ist als beim Wildtyp.

Thema III: Weinbergschnecken im Winter

Allgemeine Lösungshinweise: Für die Lösung dieser Aufgabe benötigen Sie Kenntnisse aus den Inhaltsfeldern Neurobiologie, Genetik und Evolution. Um aufzeigen zu können, inwiefern die Herabsetzung der neuronalen Aktivität während der Winterstarre für die Weinbergschnecke einen Selektionsvorteil darstellt, müssen Sie vor allem Ihr Fachwissen zur Erregungsentstehung und -leitung (s. S. 17 ff.), zu Mutationen (s. S. 90 f.), zu den Grundlagen evolutiver Veränderungen (s. S. 109 f.) und zur Synthetischen Evolutionstheorie (s. S. 103 f.) auf die gegebenen Informationen im Material anwenden. Entscheidend für die Bearbeitung der einzelnen Teilaufgaben ist ein intensives Studium des Materials, bevor Sie die Aufgabe lösen, da sich dort eine Vielzahl von zentralen Informationen und Lösungshilfen findet. Es empfiehlt sich generell die Aufgabenteile strikt in der vorgegebenen Reihenfolge abzuarbeiten, da dies der Lösung eine Struktur gibt und Sie nicht Gefahr laufen, Punkte zu verschenken, weil Sie nicht alle Aufgabenteile adäquat berücksichtigt haben. Achten Sie ferner genau auf die verwendeten Operatoren (s. S. 13 ff.) und bearbeiten Sie die Teilaufgaben entsprechend.

1. Erklären Sie den Begriff der Selektion. Leiten Sie Selektionsvorteile für die Weinbergschnecke ab, die sich durch ihre Lebensweise ergeben (Material A). (13 Punkte)

Lösungshinweise: Für die Bearbeitung dieser Aufgabe ist zunächst Ihr im Unterricht erworbenes Wissen zur Selektion von Bedeutung. In einem weitern Schritt müssen Sie dann am konkreten Beispiel der Lebensweise der Weinbergschnecke aufzeigen, wie diese die Selektion für die Schnecken positiv beeinflussten. Nutzen Sie hierzu die Informationen aus Material A.

Lösungsvorschlag: Der Begriff Selektion bedeutet, dass bei unterschiedlichen Ausprägungen von Merkmalen die Individuen einen höheren Fortpflanzungserfolg haben, die an die vorherrschenden Umweltbedingungen besser angepasst sind. Sie haben gegenüber den weniger gut angepassten Individuen einen Selektionsvorteil. Auf diese Weise können die besser angepassten Individuen ihre Anlagen vermehrt in den Genpool der Folgegeneration einbringen. Selektion bedingt somit eine gerichtete Veränderung des Genpools in einer Population.
Die Lebensweise der Weinbergschnecke bietet ihr verschiedene Selektionsvorteile. Sie trägt ein Schneckenhaus, das sie im Winter bei niedrigen Umgebungstemperaturen vor dem Erfrieren sowie vor Fressfeinden schützt. Die Schnecke frisst sich in Phasen günstiger Umgebungsbedingungen Nährstoffreserven an, die es ihr ermöglichen zu überwintern, ohne weitere Nahrung aufnehmen zu müssen. Während der Überwinterung verringert die Weinbergschnecke den Verbrauch von Nährstoffen durch ein Absenken der Stoffwechselrate. Außerdem dient der Verschluss des Schneckenhauses durch den Kalkdeckel dazu, den Wasserverlust im Winter zu verringern, sodass ein Austrocknen der Schnecke im Winter verhindert wird.

2. Fassen Sie die in Abbildung 1 gezeigten Informationen zusammen und erläutern Sie die Bedeutung der jeweiligen Natriumionen-Kanäle für den Ablauf eines Aktionspotentials (Material B). Fassen Sie die in den Abbildungen 2 und 3 dargestellten Ergebnisse zusammen und erläutern Sie die Auswirkungen auf die Erregungsleitung bei der Weinbergschnecke während der Kältestarre (Materialien A bis C). (27 Punkte)

Lösungshinweise: Diese Aufgabe gliedert sich in mehrere Teile, die sie der Reihe nach und unter Verwendung aller drei Materialien inklusive aller Abbildungen (s. hierzu auch die methodischen Hinweise auf S. 59ff.) bearbeiten sollten. Im ersten Schritt müssen sie Ihr Hintergrundwissen zu Bildung und Ablauf eines Aktionspotentials aufführen und auf die Kurve und die Messungen der Leitfähigkeit einzelner spannungsgesteuerter Natriumionen-Kanäle in Abbildung 1 anwenden. In einem weiteren Schritt müssen Sie die Ergebnisse der Messungen genau analysieren, um erklären zu können, inwiefern die Erregungsleitung der Weinbergschnecke während der Kältestarre gegenüber der aktiven Phase verändert ist.

Lösungsvorschlag: Abbildung 1 zeigt den Ablauf eines Aktionspotentials in Nervenzellen der Weinbergschnecke sowie eine schematische Darstellung der Leitfähigkeit ausgewählter Natriumionen-Kanäle. Der Kanal Na_v 1.9 zeigt insbesondere während der Depolarisation eine hohe Leitfähigkeit. Na_v 1.7 ist während der beginnenden Depolarisation bis zum Erreichen des Schwellenwertes leitfähig und der Kanal Na_v 1.8 hat insbesondere während der beginnenden Depolarisation und des steilen Anstiegs der Depolarisation bis zum Peak des Aktionspotentials eine sehr hohe Leitfähigkeit.
Demnach trägt Na_v 1.9 insbesondere zur frühen Depolarisation bei, während Na_v 1.7 den frühen Einstrom von Natriumionen bis zur Überschreitung des Schwellenwertes ermöglicht und dann refratkär ist. Na_v 1.8 ist für den Einstrom von Natriumionen wäh-

rend der Ladungsumkehr verantwortlich und ist während der Repolarisation refraktär. Die drei unterschiedlichen spannungsgesteuerten Natriumionen-Kanäle sind also für jeweils unterschiedliche Phasen des Aktionspotentials verantwortlich und demnach sind alle drei Kanäle für die kontinuierliche Erregungsleitung wichtig. Für die Phasen der Repolarisation und der Hyperpolarisation spielen sie keine Rolle, da sie sich während dieser Phasen des Aktionspotentials in Refraktärzeit befinden.
Da der Ionenkanal Na_v 1.8 für die Ladungsumkehr nach Erreichen des Schwellenwertes essenziell ist, ist die Funktionalität dieses Kanals für die schnelle Ausbildung des Aktionspotentials besonders wichtig.
In Abbildung 2 ist die relative Dichte der spannungsgesteuerten Natriumionen-Kanäle Na_v 1.8 und Na_v 1.9 bei aktiven und bei überwinternden Weinbergschnecken in Form eines Säulendiagramms dargestellt. Es ist zu sehen, dass die relative Dichte der Na_v 1.8-Kanäle im Gehirn der überwinternden Schnecken um etwa ein Viertel geringer ist als bei aktiven Weinbergschnecken. Die relative Dichte der Na_v 1.9-Kanäle ist jedoch bei beiden Gruppen in etwa gleich hoch.
Im Säulendiagramm in Abbildung 3 ist der Natriumionen-Strom durch Na_v 1.9-Kanäle bei aktiven und bei überwinternden Weinbergschnecken dargestellt. Es ist zu sehen, dass der Natriumionen-Strom im Gehirn der überwinternden gegenüber den aktiven Weinbergschnecken um etwa zwei Drittel geringer ist.
Die Messergebnisse legen nahe, dass die Erregungsleitung bei Weinbergschnecken während der Phase der Kältestarre gegenüber der bei aktiven Weinbergschnecken verändert ist. Die Ausbildung von Aktionspotentialen ist u. a. von der Dichte der spannungsgesteuerten Natriumionen-Kanäle abhängig. Die Dichte der Na_v 1.8-Kanäle im Gehirn ist bei überwinternden Weinbergschnecken gering, sodass sie vermutlich während der Winterstarre nur wenige Aktionspotentiale ausbilden. Für die Dichte der Na_v 1.9-Kanäle zeigt sich kein relevanter Unterschied zwischen überwinternden und aktiven Weinbergschnecken. Der Natriumionen-Strom durch diese Kanäle ist jedoch bei Kälte deutlich geringer. Sowohl die geringe Dichte an Na_v 1.8-Kanälen als auch der geringe Natriumionen-Strom durch die Na_v 1.9-Kanäle bedingt, dass selbst bei ankommenden Reizen nur wenige Aktionspotentiale ausgebildet werden. Dies bedeutet, dass die Erregungsleitung bei überwinternden Weinbergschnecken deutlich gehemmt ist und die neuronale Aktivität im Gehirn während der Kältestarre verringert ist und die Schnecken daher in Ruhe verharren.

3. Geben Sie eine Definition für den Begriff Mutation an. Erläutern Sie auf Basis der Synthetischen Evolutionstheorie die Entwicklung der neurophysiologischen Angepasstheiten der Weinbergschnecke (Materialien A bis C). (14 Punkte)

Lösungshinweise: Für die Bearbeitung dieser letzten Teilaufgabe müssen Sie sowohl auf Ihr im Unterricht erworbenes Wissen zu Mutation und Synthetischer Evolutionstheorie zurückgreifen als auch die Informationen aus allen gegebenen Materialien berücksichtigen. Auf der Basis aller Informationen sollen Sie dann die Angepasstheiten der Weinbergschnecke, die Sie bereits in der ersten Teilaufgabe als selektionsvorteilhafte Lebensweise benannt haben, auf neurophysiologischer Ebene erläutern.

Lösungsvorschlag: Eine Mutation ist ein zufälliges Ereignis, das zu Veränderung in der Basenfolge der DNA eines Individuums führt. Es ist anzunehmen, dass in der Stammesgeschichte der Weinbergschnecke Mutationen Varianten der Na_v-Gene hervorgebracht haben. Wenn sich diese Varianten für die Überwinterung als vorteilhaft erwiesen haben, bedeutete dies für die entsprechenden Individuen Selektionsvorteile. Diese Individuen hatten vermutlich während der Phase der Überwinterung im Vergleich zu anderen Individuen eine geringere neuronale Aktivität im Gehirn. Folglich konnten diese Weinbergschnecken ungestört in der Kältestarre verbleiben ohne dass sie aufwachten. Auf diese Weise verbrauchten sie weniger Nährstoffe. Vermutlich hatten die Weinbergschnecken mit den vorteilhaften Allellen, die weniger Schäden während der Kältestarre bedeuteten, eine höhere reproduktive Fitness, sodass sich die vorteilhaften Allee nach und nach immer weiter in der Population verbreiteten.
Es ist möglich, dass durch die Mutationen Veränderungen bezüglich der Expression des Gens, das für den Na_v 1.8-Kanal codiert, entstanden sind. Ferner ist es möglich, dass in Bezug auf die codierenden Nukleotide bei den Na_v-Genen, wie z. B. dem Na_v 1.9-Gen, Veränderungen der Aminosäuresequenzen hervorgerufen wurden, die dann zum Beispiel zu verschiedenen termperaturempfindlichen Na_v 1.9-Kanälen innerhalb der Population führten. Für die Individuen, die Träger dieser günstigen Allele waren, bedeutete dies einen Selektionsvorteil bei der Überwinterung. Die herabgesetzte neuronale Aktivität im Gehirn während der Winterstarre bedeutet etwa eine Einsparung von Ressourcen wie zum Beispiel ATP. Eine hohe neuronale Aktivität führt hingegen zu einem hohen ATP-Verbrauch durch die Natrium-Kalium-Ionenpumpe.

Leistungskurs

Thema I: Das Weißnasen-Syndrom bei Fledermäusen

Allgemeine Lösungshinweise: Diese Aufgabe bezieht sich auf die Inhaltsfelder Ökologie (s. S. 51 ff.) und Evolution (s. S. 79 ff.). Von zentraler Bedeutung sind die inhaltlichen Schwerpunkte Umweltfaktoren und ökologische Potenz (s. S. 51 f.), sowie Dynamik von Populationen (s. S. 54 ff.). Der Schwerpunkt des Inhaltfeldes Evolution sind die Grundlagen evolutiver Veränderungen (s. S. 109 f.). Der Einsatz weiterer Materialien bzw. Medien ist bei dieser Aufgabe nicht vorgesehen.
Entscheidend für die Präsentation einer fachwissenschaftlich fundierten Lösung ist das präzise Sichten und Beschreiben der fachspezifischen Materialien und die Verschriftlichung aller zu daraus zu entnehmenden Kernaussagen.

1. Nennen Sie eine Definition des Begriffs der ökologischen Nische und werten Sie Material A im Hinblick auf die ökologische Nische des Nördlichen Mausohrs aus. Beurteilen Sie, inwieweit das Nördliche Mausohr und die Große Braune Fledermaus im gemeinsamen Verbreitungsgebiet koexistieren können (Material A). (18 Punkte)

Lösungshinweise: Zunächst ist nichts weiter gefordert als die reine Definition des Begriffs ökologische Nische. Dieses Fachwissen muss bei der Prüfungsvorbereitung unbedingt auswendig gelernt worden sein. Des Weiteren werten Sie das Material A durch Konkretisierung der ökologische Nische des Nördlichen Mausohrs aus, um dann die Koexistenz zweier Fledermausarten im gemeinsamen Verbreitungsgebiet herauszuarbeiten.
Diese Aufgabe verbirgt die Lösung bereits im Material, sodass Sie diese, untermauert mit Ihrem Fachwissen, darlegen können.

Lösungsvorschlag: Die Gesamtheit aller Umweltfaktoren, die ein Lebewesen für seine Existenz benötigt, wird als dessen ökologische Nische bezeichnet. Dabei werden sowohl biotische als auch abiotische Faktoren berücksichtigt.
Aus Material A geht hervor, dass die ökologische Nische des Nördlichen Mausohrs die nächtliche Jagd auf vor allem auf Schmetterlinge, Käfer, Fliegen und Hautflügler mit einer Ultraschallfrequenz von 59 kHz umfasst. Das Jagdgebiet erstreckt sich über Gewässern, an Waldrändern sowie vor allem in dichtem Bewuchs. Das Sommerquartier des Nördlichen Mausohrs besteht in den meisten Fällen aus lebenden Laubbäumen. Im Winter suchen die Tiere in Höhlenbereichen mit einer Durchschnittstemperatur von 7 °C Schutz. Das Nördliche Mausohr und die Große Braune Fledermaus kommen in Gebieten der USA und Kanadas vor, in denen die Winter häufig lang und kalt sind.
Leben Organismen gemeinsam in einem Biotop, ist ihre Konkurrenz um Nahrung, Licht, Feuchtigkeit usw. umso stärker, je ähnlicher ihre ökologischen Nischen, d. h. ihre gemeinsamen Ansprüche an die Umwelt, sind. Bei identischen Ansprüchen setzt sich immer eine Art gegenüber einer anderen durch, dauerhaft können zwei verschiedene Arten mit identischen ökologischen Nischen nicht koexistieren (Konkurrenzausschlussprinzip).
Die zwei Fledermausarten unterscheiden sich in einigen Aspekten ihrer ökologischen Nische, sodass eine Koexistenz möglich ist.
Die Große Braune Fledermaus lebt im Sommer meist auf toten Nadelbäumen und überwintert in Höhlen mit einer Durchschnittstemperatur von 2 °C, daher besteht keine Konkurrenz mit der anderen Art um Sommer- bzw. Winterquartiere. In der Dämmerung und in der Nacht jagt die Große Braune Fledermaus vor allem Käfer und sekundär Fliegen, Hautflügler und Schmetterlinge. Die Beutetiere des Nördlichen Mausohrs und der Großen Braunen Fledermaus überschneiden sich also nur geringfügig. Das Jagdgebiet der Großen Braunen Fledermaus erstreckt sich über dem offenen Land, über Gewässern und in dichtem Bewuchs sowie an Waldrändern. Ihre Ultraschallfrequenz ist tiefer als die des Nördlichen Mausohrs und liegt bei 28 kHz. Auch hier gibt es zwischen den beiden Arten zwar Überschneidungen, jedoch mit verschiedenen Schwerpunkten.

2. Erläutern Sie die Beziehung zwischen Fledermäusen und dem Pilz Pseudogymnoascus destructans (Material B). Vergleichen Sie die in Abbildung 1 A und B dargestellten Daten und analysieren Sie die Daten im Hinblick auf die Todesursache pilzbefallener Fledermäuse in Nordamerika (Materialien A und B). (20 Punkte)

Lösungshinweise: Diese Aufgabe fordert das aufmerksame Lesen des Materials B. Die Wechselbeziehung zwischen zwei verschiedenen Organismen muss erkannt und herausgearbeitet werden.
Im zweiten Teil müssen Daten zunächst verglichen werden, d. h. Gemeinsamkeiten und Unterschiede der Abbildungen 1 A und B in Material B zu Forschungsergebnissen des Weißnasen-Syndroms ermittelt werden und anschließend auf die Fragestellung der Aufgabe hin analysiert werden.

Lösungsvorschlag: Das Weißnasen-Syndrom (WNS) bei Fledermäusen wird durch einen in Höhlen vorkommenden schimmelartigen Pilz (*Pseudogymnoascus destructans*) verursacht. Dieser schädigt Fledermäuse in ihren Überwinterungsquartieren, was oft zum Tod der Fledermäuse führt. Die befallenen Fledermäuse leiden unter Läsionen, kleinen Hautverletzungen an unbehaarten Stellen, an denen der Pilz Nährstoffe enzymatisch herauslöst. Darauf reagiert das Immunsystem der Fledermäuse, was einen zusätzlichen Energieaufwand für die Fledermaus bedeutet.
Der Pilz lebt auf Kosten des Wirts Fledermaus. Es besteht eine parasitäre Wechselbeziehung.
Beim Vergleich der Messreihen zur Hauttemperatur befallener und nicht befallener Fledermäuse, am Beispiel der Kleinen Braunen Fledermaus, ist zu erkennen, dass die Fledermäuse während ihrer Überwinterung Hauttemperaturanstiege auf Temperaturen über 20 °C zeigen. Die Fledermaus ohne WNS zeigt nur etwa sieben Temperaturanstiege von November bis März, die mit dem Erwachen zur Fellpflege in Verbindung gebracht werden können. Die Hauttemperatur erhöht sich dann um ca. 8 °C bis ca. 17 °C, also auf 20 °C bis 24 °C. Ansonsten liegt die Körpertemperatur stabil zwischen ca. 11 °C und 8 °C. Eine Fledermaus, die von dem Pilz befallen ist, zeigt im Vergleich eine niedrigere Hauttemperatur, ca. 7 °C bis 3 °C. Die Aufwachphasen, die über den hohen Anstieg der Hauttemperatur erkennbar ist, sind sehr häufig und die Temperatur ist dabei sehr hoch, ca. 28 °C bis 30 °C. Die Temperaturdifferenz liegt um 7 °C höher als bei der nicht betroffenen Fledermaus. Durch den Vergleich der Daten aus den Abbildungen 1 A und B lässt sich der Schluss ziehen, dass das häufigere Erwachen der pilzbefallenen Fledermäuse und die Reaktionen des Immunsystems auf die Läsionen, zu einem erhöhten Energieumsatz führen. Aufgrund der Hautverletzungen ist eine häufigere Fellpflege notwendig, sodass der Aufwachvorgang begünstigt wird. Da die Fledermäuse den Winter ohne Nahrungsaufnahme überdauern, reichen die Fettreserven für diese zusätzlichen Stoffwechselaktivitäten nicht aus. Die Fledermaus verliert Gewicht und ist schließlich zu schwach, um die lebensnotwendigen Körperfunktionen aufrecht zu erhalten und stirbt.
Die abgesenkte Hauttemperatur der parasitär befallenen Fledermäuse spart zwar Energie ein, jedoch nicht genug, um den erhöhten Energieaufwand auszugleichen.

3. Werten Sie Abbildung 2 im Hinblick auf die Temperaturtoleranz von P. destructans aus (Material C). Stellen Sie eine Hypothese zur Erklärung des unterschiedlichen Ausmaßes des Weißnasen-Syndroms beim Nördlichen Mausohr und bei der Großen Braunen Fledermaus auf (Materialien A bis C). (12 Punkte)

Lösungshinweise: Diese Aufgabe fordert Sie auf, die Aspekte des Auslösers des WSN zu betrachten. Sie müssen den Umgang mit Toleranzkurven beherrschen sowie eine Hypothese bilden, um die verschiedenen Ausprägungen der Krankheit zu erklären.

Lösungsvorschlag: Im Laborversuch wurde die Temperaturtoleranz von *P. destructans* untersucht. Dies geschah anhand der vom Pilz bewachsenen Fläche, die nach fünfwöchiger Haltung bei verschiedenen Temperaturen bedeckt war. Zu erkennen ist eine typische Glockenform der Toleranzkurve, die ebenfalls typisch für wechselwarme Tiere sowie Pflanzen ist. Das optimale Wachstum zeigt der Pilz bei Temperaturen zwischen 13 °C bis 15 °C bei einer bewachsenen Fläche von 1,3 cm^2. Man spricht vom Präferendum. Unterhalb von 0 °C und oberhalb von 20 °C ist kein Wachstum des Pilzes mehr möglich, dort liegen also Minimum und Maximum. Der Bereich unter 5 °C und ca. 17 °C stellt das jeweilige Pessimum dar und würde den Bereich der ökologischen Potenz des Pilzes begrenzen.

Ein weiteres aufgabenbezogenes Kriterium wäre die Erkenntnis, dass die Daten unter Laborbedingungen, also ohne Konkurrenz erhoben wurden und die Werte also die physiologische Potenz im Hinblick auf den Faktor Temperatur repräsentieren.

Auf Grundlage der Materialien A bis C soll eine Hypothese zur Erklärung des unterschiedlichen Ausmaßes des WNS beim Nördlichen Mausohr und bei der Großen Braunen Fledermaus aufgestellt werden. Das Nördliche Mausohr zeigt im Vergleich zur Großen Braunen Fledermaus eine geringere Masse (5 – 8 g zu 11 – 23 g). So ist zu vermuten, dass die kleinere Fledermausart auch weniger Fettreserven für die Überwinterung bereithalten kann.
Durch das schlechtere Oberflächen-Volumen-Verhältnis des Nördlichen Mausohrs, bedeuten die Aufwachvorgänge einen erhöhten Energieaufwand, was zu Lasten der Immunreaktionen gegen die Läsionen führt, und dadurch die Auswirkung der Krankheit größer sein kann als bei der Großen Braunen Fledermaus.
Durch die an der Kleinen Braunen Fledermaus gewonnenen Ergebnisse lässt sich vermuten, dass auch bei dem Nördlichen Mausohr aufgrund des erhöhten Energieumsatzes durch die vielen Aufwachphasen, die Mortalität höher ist und die Fledermaus stärker von WNS betroffen ist als ihre größeren Verwandten.

4. Fassen Sie die in Abbildung 3 dargestellten Daten zusammen und erläutern Sie die Beziehung zwischen europäischen Fledermäusen und P. destructans aus evolutionsbiologischer Sicht (Materialien A bis D). Nehmen Sie auf dieser Grundlage Stellung zur der Frage, ob das Weißnasen-Syndrom zum Aussterben des Nördlichen Mausohrs führen wird (Materialen A bis D). (16 Punkte)

Lösungshinweise: Zuerst müssen Sie die Abbildung 3 verstehen und die Anzahl der Läsionen mit der Häufigkeit des Erwachens der befallenen Fledermäuse in Verbindung bringen. Diese Aufgabe bezieht sich auf das Inhaltsfeld Evolution. Alle Materialien sind dazu erneut aufmerksam zu studieren, um die evolutionsbiologische Entwicklung des

Parasits und der Fledermaus darzustellen. Die volle Punktzahl kann nur erreicht werden, wird die koevolutive Entwicklung von Pilz und Fledermaus erkannt. Auf dieser Grundlage können Sie eine Prognose erstellen, ob das parasitär verursachte WNS zum Aussterben der Fledermäuse führt.

Lösungsvorschlag: Die Ergebnisse der Untersuchung zur Anzahl der Läsionen durch *P. destructans* und der Häufigkeit des Erwachens während der Überwinterungsperiode beim Großen Mausohr zeigen, je mehr Läsionen die Fledermäuse haben, desto seltener wachen diese Individuen auf.
Das Große Mausohr, auf welchem die Untersuchung basiert, ist eine in Mittel- und Südeuropa beheimatete Fledermausart. Schon seit Jahrtausenden lebt *P. destructans* in Höhlen in Europa, in denen auch Fledermäuse überwintern, welche dann infiziert werden. Jedoch überstehen die Individuen die Winter lebend, es wird kein Massensterben ausgelöst, wie es in Nordamerika geschieht. Das Große Mausohr erwacht bei hohem Pilzbefall seltener als ihre gesunden Artgenossen, wodurch sie Energie einsparen kann. Durch diese Toleranz gegenüber dem Parasit, hat die Fledermaus einen Selektionsvorteil gegenüber empfindlicheren Individuen und kann auch pilzbefallene Höhlen als Winterquartier nutzen.
Pilze, die ihren Wirt nur geringfügig schädigen, ohne diesen zu töten, können die Fledermäuse längerfristig als Nährstoffquelle nutzen und werden durch die Fledermäuse verbreitet. Diese Pilze haben daher einen Selektionsvorteil gegenüber denen, die ihren Wirt so stark schädigen, dass er stirbt.
Durch diese wechselseitigen Angepasstheiten von Parasit und Wirt, ist das Zusammenleben von europäischen Fledermäusen und *P. destructans* ein Beispiel für Koevolution.
Betrachtet man nun die Informationen, die die Materialien zum Nördlichen Mausohr und WNS enthalten, ist anzunehmen, dass nicht alle Fledermäuse, die in den USA oder Kanada vorkommen, an WNS sterben. Es besteht immer eine genetische Variabilität innerhalb der Populationen, sodass anzunehmen ist, dass die Individuen sowohl in der Häufigkeit ihres Erwachens als auch im Ausmaß der Infektion mit WNS variieren. Daher ist es wahrscheinlich, dass es Individuen gibt, die nicht häufiger Erwachen und die Infektion überstehen. Diese weniger empfindlichen Individuen haben eine höhere Fitness und können ihre Allele vermehrt in die nächste Generation einbringen. Dadurch wird die Anzahl der überlebenden Fledermäuse stetig höher, sodass nicht mit einem Aussterben des Nördlichen Mausohrs durch WNS zu rechnen ist.

Thema II: Die Südliche Seide und die Zeit zum Blühen

Allgemeine Lösungshinweise: Diese Aufgabe bezieht sich auf die Inhaltsfelder Evolution (s. S. 103 ff.) und Genetik (s. S. 79 ff.). Der Schwerpunkt des Inhaltfeldes Evolution sind die Grundlagen evolutiver Veränderungen (s. S. 109 f.). Die Schwerpunkte des Inhaltsfeldes Genetik sind die Proteinbiosynthese (s. S. 81 f.) und die Genregulation (s. S. 85).

1. Stellen Sie die Angepasstheiten der Südlichen Seide an die parasitäre Lebensweise dar (Material A). Geben Sie eine Definition des Begriffes reproduktive Fitness an. Fassen Sie die in Abbildung 1 gezeigten Daten zusammen und erläutern Sie die Bedeutung des Zeitpunkts der Blütenbildung für die reproduktive Fitness der Südlichen Seide (Material A). (20 Punkte)

Lösungshinweise: Zunächst ist es wichtig die Anpassungen an die parasitäre Lebensweise dem Material A zu entnehmen. Achten Sie dabei auf alle angegebenen Anpassungen, um die volle Punktzahl für diesen Teilbereich zu erreichen. Die geforderte Definition des Fachbegriffes, reproduktive Fitness, kennzeichnet in der Aufgabenstellung den Anforderungsbereich I während die Zusammenfassung und Erläuterung der Abbildung I dem Anforderungsbereich II zuzuordnen ist.

Lösungsvorschlag: Die Südliche Seide (*Cuscuta australis*) ernährt sich vollständig von der Wirtspflanze. Durch spezielle Saugorgane ist die Südliche Seide (*Cuscuta australis*) in der Lage bis in an die Leitungsbahnen der Wirtspflanze vorzudringen um die dort transportierten Nährstoffe für sich zu nutzen. Somit sind diese Saugorgane eine Anpassung an die parasitäre Lebensweise. Die Rückbildung des für die parasitäre Lebensweise nicht notwendigen Chlorophylls und die Rückbildung der Wurzeln innerhalb der ersten Tage stellen eine weitere Anpassung an das Leben als parasitäre Pflanze dar. Die Stängel von *Cuscuta australis* sind in der Lage, sich durch kreisende Sprossbewegungen um die Wirtspflanzen zu winden und sie so festzuhalten. Dies ermöglicht es der parasitären Pflanze, engen Kontakt mit dem Wirt zu halten und eine effiziente Nährstoffaufnahme sicherzustellen. Mit über 100 000 Samen pro Pflanze hat die Südliche Seide eine hohe Vermehrungsrate, die die parasitäre Lebensweise begünstigt. So steigt mit dieser hohen Anzahl an Samen die Wahrscheinlichkeit das vorhandene Wirtspflanzen von einer parasitären Südlichen Seide befallen werden.
Die reproduktive Fitness eines Individuums wird anhand seiner Fähigkeit gemessen, Nachkommen zu produzieren und sicherzustellen, dass diese Nachkommen selbst fruchtbar sind und ihre Gene erfolgreich weitergeben können.
Die Abbildung 1 zeigt in einem Säulendiagramm den durchschnittlichen Blühbeginn der Wirtspflanzen Tomate, Sojabohne und Gurke im Vergleich zum Blühbeginn der sie parasitierenden Südlichen Seide. Es wird deutlich, dass trotz unterschiedlichen Blühbeginns der Wirtspflanzen, der Blühbeginn der Südlichen Seide jeweils nur um einige Tage verzögert einsetzt. Durch diese Synchronisation der Blütezeit der Südlichen Seide mit der Blütezeit Ihrer Wirtspflanzen wird die reproduktive Fitness der Südlichen Seide gesteigert, denn würde die Südliche Seide deutlich später als Ihre Wirtspflanze blühen, würde die Vegetationszeit gegebenenfalls nicht ausreichen, um reife Samen zu bilden. Eine Synchronisation der Blütezeit ermöglicht auch, dass die bestäubenden Insekten der Wirtspflanzen ebenfalls die Südliche Seide bestäuben. Auch hier wird die reproduktive Fitness begünstigt.

2. Stellen Sie die wesentlichen Schritte der mRNA-Prozessierung bei Eukaryoten dar. Beschreiben Sie mithilfe von Abbildung 2 das Verfahren der Reversen-Transkriptase-PCR und erläutern Sie die Funktionen der eingesetzten Primer (Material B). (15 Punkte)

Lösungshinweis: Diese Aufgabe ist dreigeteilt. Nennen Sie zunächst die wesentlichen Schritte der mRNA-Prozessierung bei Eukaryoten und beschreiben Sie anschließend das Verfahren der Reserven-Transkriptase-PCR. Hier können Sie durch die detaillierte Schilderung der PCR ein weiteres aufgabenbezogenes Kriterium erfüllen um weitere Punkte zu bekommen. Abschließend erläutern sie die Funktion der eingesetzten Primer. Hier hilft Ihnen die genaue Betrachtung der Abbildung mit den angegebenen Legenden.

Lösungsvorschlag: Die mRNA-Prozessierung bei Eukaryoten ist ein wichtiger Schritt in der Genexpression, bei dem die ursprüngliche prä-mRNA in eine reife, funktionale mRNA umgewandelt wird. Dieser Prozess findet im Zellkern statt und umfasst mehrere Schritte, die sicherstellen, dass die Introns aus der prä-mRNA herausgeschnitten und die codierenden Exon-Sequenzen verknüpft werden.
Während der Transkription dient die DNA als Vorlage für die Synthese von prä-mRNA durch die RNA-Polymerase II. Es wird also während der Transkription eine komplementäre RNA-Kette erstellt. Kurz nach Beginn der Transkription wird eine modifizierte Guanosin-Cap-Struktur (5'-Cap) an das 5'-Ende der prä-mRNA hinzugefügt. Diese Cap-Struktur schützt die mRNA vor dem Abbau, erleichtert den Export aus dem Zellkern und dient als Erkennungsstelle für die Translation.
Während der 3'-Polyadenylierung wird am 3'-Ende der prä-mRNA ein Polyadenylierungsschwanz (Poly-A-Schwanz) aus Adenin-Nukleotiden hinzugefügt. Dieser Schwanz ist wichtig für die Stabilität und den Export der mRNA aus dem Zellkern. Es folgt das sogenannte RNA-Spleißen: Die prä-mRNA enthält nichtkodierende Abschnitte, sogenannte Introns, die entfernt werden müssen, um eine reife mRNA zu erhalten. Die Exons, die die kodierenden Abschnitte sind, werden miteinander verbunden, um eine reife mRNA zu bilden.
In einigen Fällen werden chemische Modifikationen an den Basen der mRNA vorgenommen, die ihre Stabilität und Funktion beeinflussen können. Zum Beispiel können Methylgruppen an bestimmte Basen hinzugefügt werden. Dies wird als RNA-Modifikation bezeichnet.
Abschließend wird die reife mRNA aus dem Zellkern in das Zytoplasma exportiert, wo die Translation stattfindet. Dieser Export erfordert spezifische Transportproteine.
Während der Translation im Zytoplasma werden dann die in der mRNA gespeicherten Informationen in die Aminosäuresequenz des Proteins übersetzt. Die mRNA-Prozessierung ist ein hochregulierter und präziser Vorgang, der sicherstellt, dass nur funktionale und korrekt modifizierte mRNA-Moleküle für die Proteinbiosynthese verwendet werden.

Das Verfahren der Reversen-Transkriptase-PCR (RT-PCR) wird verwendet, um die Expression eines Gens in einer Zelle zu untersuchen. Dabei wird die Reverse Transkriptase genutzt, ein Enzym, welches die mRNA in die komplementäre DNA (cDNA) umschreibt.

Zunächst bindet dabei der Oligo-dT-Primer (ein Polythymin-Nucloetid) an den Poly-A-Schwanz der mRNA. Durch das Enzym Reverse Transkriptase wird anschließend ein komplementärer DNA-Einzelstrang (cDNA) synthetisiert. Der mRNA-Strang wird darauf vom Enzym RNAse abgebaut. Somit erhält man eine einsträngige cDNA. Durch Zugabe eines Primers wird der cDNA-Einzelstrang durch die Taq-Polymerase im PCR-Ansatz komplementär zur cDNA verlängert. Die synthetisierte cDNA wird dann mithilfe der PCR-Technik vervielfältigt. Dies geschieht in einem Thermocycler, der die Temperatur in mehreren Schritten erhöht und senkt. Jeder Zyklus der PCR vervielfältigt die cDNA, wodurch die Menge der cDNA exponentiell zunimmt. In jedem Zyklus werden die DNA-Stränge getrennt (Denaturierung), Primer (kurze DNA-Stücke) binden sich an die Zielregionen, und Taq-DNA-DNA-Polymerase vervollständigt die komplementären Stränge (Elongation).
Die eingesetzten Oligo-dT-Primer binden an allen mRNAs, die einen Poly-A-Schwanz haben. Sie sind somit spezifisch für mRNAs, die für die späteren Proteine codieren. Mithilfe der Oligo-dT-Primer werden alle mRNAs der Zellen erfasst, die für Proteine codieren, da diese Primer an den Poly-A-Schwänzen der RNAs binden. Mithilfe von spezifischen Primern kann dann gezielt nach der Expression ausgewählter Gene gesucht werden.

3. Werten Sie die in Abbildung 3 gezeigten Ergebnisse in Bezug auf die Expression des arteigenen FT-Gens der Südlichen Seide aus (Material C). Erläutern Sie die einzelnen experimentellen Schritte (Material D). Werten Sie die Ergebnisse des Experiments in Bezug auf die Fragestellung aus (Abbildung 4, Materialien A bis D). (18 Punkte)

Lösungshinweis: Diese Aufgabe fordert Sie auf, zunächst die Ergebnisse der gezeigten Gelelektrophorese in Bezug auf die Expression des FT-Gens der Südlichen Seide auszuwerten. Hierbei ist es nicht notwendig, die Elektrophorese zu beschreiben, da hierfür im Erwartungshorizont keine Punkte vergeben werden. Anschließend sollten Sie das anhand eines Schemas gezeigten Experiments erläutern, um abschließend zu klären ob FT-Proteine oder artfremde FT-mRNA für den Blühbeginn der Südlichen Seide verantwortlich sind.

Lösungsvorschlag:
Das in Material C Abb. 3 gezeigte Ergebnis der Gelelektrophorese zeigt beim EF-Gen immer eine Bande. Damit wird deutlich, dass die Methode der RT-PCR korrekt abläuft, denn das EF-Gen der Südlichen Seide wird über den gesamten Zeitraum exprimiert. Für die arteigene FT-mRNA der Südlichen Seide wird jedoch kein RT-PCR-Produkt nachgewiesen. Somit wird das arteigene FT-Gen der Südlichen Seide über den gesamten Zeitraum nicht exprimiert, obwohl die Südliche Seide am 35. Tag blüht.
Das Schema zum Experiment zur Klärung der Fragestellung, ob artfremde FT-Proteine oder artfremde FT-mRNA für den Blühbeginn verantwortlich sind, umfasst sieben Schritte. In Schritt 1 wird der Promotor des FT-Gens der Ackerschmalwand (Arabidopsis thaliana) genetisch so verändert, dass er durch einen spezifischen Botenstoff aktiviert

werden kann. In Schritt 2 wird durch das Ausschalten des arteigenen FT-Gens bei den Tabakpflanzen dafür gesorgt, dass es keinerlei Genprodukte des FT-Gens der Tabakpflanze gibt. In Schritt 3 wird in die Tabakpflanze das FT-Gen mit verändertem Promotor der Ackerschmalwand eingebracht. In Schritt 4 wird diese transgene Tabakpflanze mit der Südlichen Seide parasitiert, um den Blühbeginn der Wirtspflanze und des Parasiten zu analysieren. Um parallele Untersuchungen zu einer Kontrollgruppe zu ermöglichen, wird in Schritt 5 mit der Aufteilung der parasitierten Tabakpflanzen in zwei gleichgroßen Gruppen (A und B) weitergearbeitet. Gruppe A wird ohne Botenstoff behandelt und Gruppe B wird mit Botenstoff behandelt. Die übrige Kultivierung der beiden Gruppen ist identisch, um weitere Nebenwirkungen auf den Blühbeginn auszuschließen. Die mit Botenstoffen behandelten Tabakpflanzen blühen nach ca. 75 Tagen und deren Sprosszellen werden in Schritt 7 mithilfe einer RT-PCR-Analyse untersucht. Im Ergebnis lassen sich keine FT-mRNAs der Ackerschmalwand nachweisen. Dies bedeutet, dass ohne Botenstoff die Transkription des FT-Gens nicht induziert wird und daher auch keine Blütenbildung bei transgenen Tabakpflanzen und der Südlichen Seide erfolgt. Mit Botenstoff jedoch wird die Blütenbildung nach 75 Tagen möglich, da die Transkription des FT-Gens induziert werden konnte. Das Ergebnis der RT-PCR zeigt keinen Nachweis der FT-mRNA der Ackerschmalwand in den Sprosszellen der Südlichen Seide. Somit muss das artfremde FT-Protein den Blühbeginn der transgenen Tabakpflanze und der Südlichen Seide induzieren.

4. Erläutern Sie die Bedeutung der artfremden FT-Genprodukte für die Südliche Seide (Materialien A, C und D). Entwickeln Sie eine evolutionsbiologisch begründete Hypothese zur Entstehung der Angepasstheit des Blühbeginns der Südlichen Seide an die jeweiligen Wirtspflanzen (Materialien A, C, und D). (18 Punkte)

Lösungshinweise: Zuerst müssen Sie die Bedeutung der artfremden FT-Genprodukte für die Südliche Seide erläutern. Dazu ist es wichtig das Ergebnis des Versuchs zu nutzen. Die Südliche Seide würde ohne artfremde FT-Proteine nicht blühen. Da diese Aufgabe sich auf das Inhaltsfeld Evolution bezieht, sollten Sie alle Materialien dazu erneut aufmerksam studieren, um eine evolutionsbiologische Hypothese zur Entstehung der Angepasstheit der Südlichen Seide an den Blühbeginn der Wirtspflanze aufzustellen.

Lösungsvorschlag: Obwohl die Südliche Seide das FT-Gen zur Bildung des FT-Proteins besitzt, wird keine arteigene FT-mRNA und somit auch kein arteigenes FT-Protein produziert. Dies bedeutet, dass die Südliche Seide ohne artfremdes FT-Protein nicht blühen kann und folglich keine Samen für die Reproduktion ausgebildet werden können. Es ist möglich, dass eine zufällige Mutation dazu geführt hat, dass das arteigene FT-Gen nicht mehr transkribiert wurde. Durch die parasitäre Lebensweise konnten jedoch über die Saugorgane neben den Nährstoffen der Wirtspflanze auch artfremde FT-Proteine aufgenommen werden. Diese artfremden FT-Proteine müssen strukturell ähnlich zu den FT-Proteinen der Südlichen Seide gewesen sein und konnten den Blühbeginn der Südlichen Seide in gleicher Weise wie den Blühbeginn der Wirtspflanze induzieren.

Für die Südliche Seide war dies ein Selektionsvorteil, da zum Einen keine Ressourcen für die Herstellung des arteigenen FT-Proteins verbraucht werden mussten und zum Anderen die Blühzeiten zur Wirtspflanze synchronisiert wurden. Beides kann zu einer Erhöhung der Samenproduktion geführt haben und somit zu einer erhöhten reproduktiven Fitness der Südlichen Seide.

Thema III: Das angeborene Usher-Syndrom (USH1)

Allgemeine Lösungshinweise: Diese Aufgabe bezieht sich auf die Inhaltsfelder Neurobiologie (s. S. 16 ff.) und Genetik (s. S. 79 ff.). Von zentraler Bedeutung sind die inhaltlichen Schwerpunkte Aufbau und Funktion von Neuronen und neuronale Informationsverarbeitung und Grundlagen der Wahrnehmung. Schwerpunkte des Inhaltfeldes Genetik sind die Analyse von Familienstammbäumen (s. S. 96 ff.) sowie die Proteinbiosynthese (s. S. 81 ff.). Der Einsatz weiterer Materialien bzw. Medien entfällt bei dieser Aufgabe.
Entscheidend für die Verschriftlichung der fachwissenschaftlich fundierten Lösung ist v. a. das Begründen der Vorgehensweise bei Analysen des Materials sowie eine stringente Darstellung der molekularen Vorgänge im Bereich der Neurobiologie und Genetik. Definitionen markanter Fachbegriffe dieser Inhaltsbereiche müssen auswendig gelernt sein.

1. Ermitteln Sie den Erbgang des angeborenen Usher-Syndroms (USH1), indem Sie andere Erbgänge begründet ausschließen (Material A). Geben Sie für die Personen 8, 9, 12 und 17 die Genotypen an (Material A). Ermitteln Sie, mit welcher Wahrscheinlichkeit ein Kind der Person 12 mit einer heterozygoten Partnerin vom USH1 betroffen sein wird (Material A). (12 Punkte)

Lösungshinweise: Zunächst ist eine Stammbaumanalyse gefordert, die Sie über ein begründetes Ausschlussverfahren der Ihnen bekannten Erbgangsformen durchführen. Ferner müssen die Genotypen einiger Personen angegeben werden. Denken Sie dabei an eine Legende, um Ihre Allelbezeichnungen zu erklären.
Die Ermittlung der Wahrscheinlichkeiten der Vererbung des Usher-Syndroms kann auf verschiedene Weise durchgeführt werden. Ein Kombinationsquadrat ist eine ebenso gleichwertige Lösung wie eine Erklärung mittels Text.

Lösungsvorschlag: Material A zeigt einen Stammbaum einer Familie mit angeborenem Usher-Syndrom Typ 1 (USH1). Dieser Typ des Syndroms zeigt die schwersten Verläufe und die betroffenen Patienten sind von Geburt an taub.
Schon beim ersten Blick auf den Stammbaum, der 4 Generationen umfasst, ist auffällig, dass erst in der 4. Generation das Syndrom auftritt und Männer sowie Frauen gleich häufig betroffen sind. So lässt sich vermuten, dass es sich um einen autosomal rezessiven Erbgang handelt.

Dominante Erbgänge sind auszuschließen, da die Eltern der betroffenen Personen gesund sind, also nur Konduktoren sein können (Personen 8, 9).
Ein X-chromosomal-rezessiver Erbgang kann ebenfalls ausgeschlossen werden, da in diesem Falle die Väter erkrankter Töchter ebenfalls betroffen sein müssten (z. B. Väter 9, 10 gesund). Die Töchter könnten nur dann das zweite mutierte X-Chromosom des Vaters erben, um die Krankheit auszuprägen.
Läge ein Y-chromosomaler Erbgang vor, wären nur Männer betroffen, dies ist aber nicht der Fall (Personen 13, 17 sind weiblich).
Somit ist bestätigt, dass die eingangs gestellte Vermutung korrekt sein muss. Es liegt ein autosomal rezessiver Erbgang vor.
Die Genotypen der Personen 8, 9,12 und 17 sind wie folgt:
Die Personen 8 und 9 sind heterozygot, also Konduktoren und tragen die Allele A und a.
Die Person 12 ist homozygot mit den Allelen aa, genauso die Person 17.
A steht dabei für das dominante gesunde Allel, a steht für das mutierte bzw. das Syndrom auslösende Allel.
Ein homozygoter Merkmalsträger (aa) gibt das veränderte Allel zu 100 % an die nächste Generation weiter. Ist die Partnerin Konduktorin (Aa), also heterozygot betroffen, liegt die Wahrscheinlichkeit der Weitergabe des veränderten Allels bei 50 %. Da die Krankheit rezessiv vererbt wird, werden die Kinder alle Konduktoren (Aa) sein oder die Krankheit ausbilden (aa). Also liegt die Wahrscheinlichkeit bei 50 %.

Der Vollständigkeit halber soll hier auch die Möglichkeit der Lösung mittels des Rekombinationsquadrates aufgezeigt werden. Nur eine Lösung ist für das Erreichen der vollen Punktzahl nötig.

Mithilfe eines Kreuzungsquadrates lässt sich die Wahrscheinlichkeit der Weitergabe des USH1 einer homozygot erkrankten Person mit einer heterozygoten Partnerin ermitteln.

	a	a
A	Aa	Aa
a	aa	aa

Hier ist zu sehen, dass die Wahrscheinlichkeit eines an USH1 erkrankten Kindes zu bekommen, bei 50 % liegt. (Aa : aa = 1:1)

2. Erläutern Sie die Signaltransduktion an der Haarzelle (Material B). Stellen Sie eine Methode zur Untersuchung von Ionenströmen durch Ionenkanäle dar. Fassen Sie die in Abbildung 3 dargestellten Ergebnisse zusammen und skizzieren Sie je ein Rezeptorpotential der Haarzelle bei geringer und starker Auslenkung der Stereozilien (Materialien B und C). (21 Punkte)

Lösungshinweis: Diese Aufgabe umfasst die Anforderungsbereiche 1 und 2. Die Reproduktion Ihres Fachwissens ist gefordert. Sie übertragen die Abbildung der Signaltransduktion in einen Text, indem Sie die Abbildung genau betrachten und auch Details wahrnehmen. Der dazugehörige Text gibt Ihnen viele Informationen, die Sie in Ihrer Lösung verwenden müssen. Dann geht es um die Patch-Clamp Methode, die Sie nur erklären müssen. Zum Schluss zeigen Sie, dass Sie die Sachverhalte der neuronalen Informationsverarbeitung verstanden haben, indem Sie Rezeptorpotenziale bei starkem bzw. schwachem Reiz zeichnen. Vergessen Sie dabei nicht die Achsenbeschriftung der Diagramme.

Lösungsvorschlag: Abbildung 2 (Material B) zeigt Haarzellen, die Rezeptoren des Hörprozesses, im Ruhezustand sowie bei Aktivierung. An der Spitze der Sterozilien, die in die Endolymphe des Innenohrs hineinragen, befinden sich mechanisch gesteuerte Kaliumionen-Kanäle. Diese sind im Ruhezustand geschlossen.
Treffen nun akustische Reize aus der Luft auf das Ohr, gelangen diese über verschiedene Zwischenschritte in die Lymphflüssigkeit des Innenohrs und bringen die Flüssigkeit zum Schwingen. Dadurch werden die Sterozilien bewegt bzw. ausgelenkt. Dadurch werden die Verbindungselemente zwischen den Sterozilien und den Ionenkanälen, die sog. Tip-Links, gestreckt, was eine Öffnung der Kaliumionen-Kanäle zur Folge hat. K^+ strömt entlang eines Konzentrationsgradienten in die Haarzelle ein. Die Haarzelle depolarisiert und der akustische Reiz wird so in einen elektrischen Reiz übersetzt. Das wird als Signaltransduktion bezeichnet.
Hinweis: An dieser Stelle soll noch nicht die Erregungsweiterleitung an die nachgeschaltete Nervenzelle erläutert werden. Falls das doch geschieht, da die Abbildung 2 diesen Sachverhalt ebenfalls zeigt, darf die Lehrerkraft bei der Bewertung Ihre Ausführungen auch bei Teilaufgabe 3 miteinbeziehen.

Um Ionenströme zu messen, gibt es in der Neurobiologie die Patch-Clamp-Technik. Dabei wird eine extrem feine Saugkapillare auf die Neuronenmembran gesetzt und die Membran in die Kapillare gesaugt, damit der Rand dicht abgeschlossen ist. Bestenfalls liegt innerhalb der Kapillare nur genau ein einzelner Ionenkanal. Nun können mittels zweier Elektroden (innerhalb der Zelle und innerhalb der Pipette) die Ionenströme in dem von der Pipettenöffnung umschlossenen Membranbereich gemessen werden.

In Abbildung 3 ist der Ionenfluss an den Kaliumionen-Kanälen der Sterozilien bei unterschiedlich starker, künstlicher Auslenkung gemessen und in Diagrammen dargestellt worden.
Bei geringer Auslenkung der Sterozilien unter 0,2 nm ist der Ionenfluss entsprechend gering und nur kurzzeitig, d.h. nicht über die gesamte Dauer der Auslenkung anhaltend. Bei starker Auslenkung kommt es zu einem höheren Ionenfluss, der langanhaltend ist, jedoch nach der Hälfte der Zeit, die der Reiz einwirkt, bereits abnimmt.

Skizze der Rezeptorpotenziale bei geringer (A) und starker Auslenkung (B):

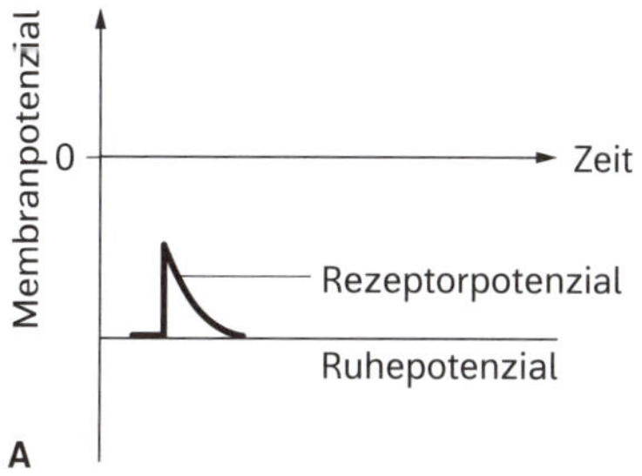

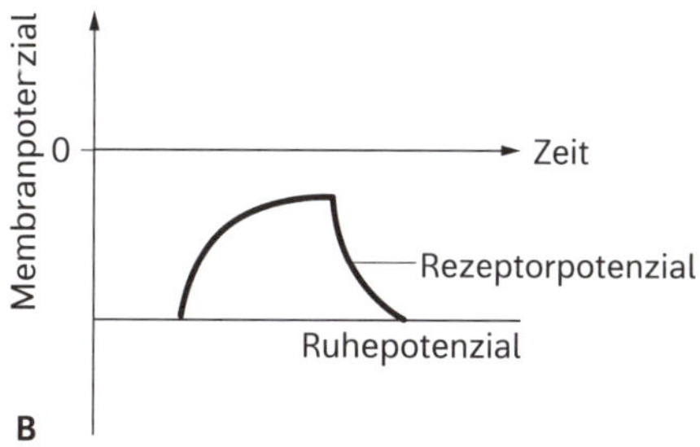

3. Erklären Sie die Erregungsweiterleitung an die nachgeschaltete Nervenzelle (Material B). Stellen Sie den zeitlichen Verlauf eines Aktionspotentials in einem Fließschema dar. Begründen Sie die Abhängigkeit der Aktionspotentialfrequenz von der Reizstärke (Materialien B und C). (18 Punkte)

Lösungshinweis: Diese Aufgabe führt zuerst zurück zu Material B, welches bereits in Aufgabe 1 bearbeitet wurde. Die bereits von Ihnen formulierte Signaltransduktion soll an dieser Stelle fortgeführt werden, indem die Erregungsweiterleitung erklärt wird. Danach stellen Sie markante Stichpunkte zum Ablauf eines Aktionspotenzials zusammen, die Sie in ein Fließschema bringen (durch Pfeile verbinden). Zum Schluss verknüpfen Sie Ihr Wissen über die Aktionspotenzialfrequenz mit Material C, wodurch die Frequenzmodulation deutlich werden muss.

Lösungsvorschlag: Die Erregungsweiterleitung an die nachgeschaltete Nervenzelle erfolgt nach der Depolarisation der Haarzelle. Durch die Spannungsänderung der Zelle werden die spannungsabhängigen Calciumionen-Kanäle geöffnet. Ca^{2+}-Ionen strömen aufgrund des Konzentrationsunterschieds in das Zytoplasma der Haarzelle ein. Das veranlasst die mit Transmittern gefüllten Vesikel, zur aktiven Zone der präsynaptischen Membran zu wandern und dort mit der Membran zu verschmelzen. Durch Exozytose werden die Neurotransmitter in den synaptischen Spalt entlassen. Sie gelangen durch Diffusion an die postsynaptischen Rezeptoren der nachgeschalteten Nervenzelle. Das führt zum Öffnen von Ionenkanälen der Postsynapse und somit zu einer veränderten Ionenkonzentration in der postsynaptischen Zelle. Es entsteht ein erregendes postsynaptisches Potenzial (EPSP), welches am Axonhügel bei ausreichender Stärke zu Aktionspotenzialen wird, die über den Hörnerv zum Gehirn geleitet werden. Der akustische Reiz wird wahrgenommen.

Reizeinwirkung → Veränderung des Ruhepotenzials → Erregung des Neurons → Überschreitung der Depolarisation des Schwellenwertes am Axonhügel → Entstehung eines Aktionspotenzials → Öffnung von spannungsgesteuerten Natriumionen-Kanälen → Ladungsumkehr = Depolarisation → Inaktivierung der Na^+-Kanäle nach 1–2 ms → langsamer öffnende Kaliumionen-Kanälen öffnen → Ausstrom von K^+ aus der Zelle =

Repolarisation → Rückkehr der Ladung zum Ruhepotenzial → Hyperpolarisation aufgrund der langsam schließenden K^+-Kanäle → Wert der Ladung fällt kurz unter den des Ruhepotenzials → Wiederherstellung des Ruhepotenzials über die ATP-abhängige Natrium-Kalium-Pumpe

Im Gegensatz zu Rezeptorpotenzialen, die amplitudenmoduliert sind, sind Aktionspotenziale frequenzmoduliert. Das bedeutet, dass Aktionspotenziale immer gleich aussehen und ein einzelnes nichts über die Erregungsstärke aussagt. Erst durch die Frequenz, wird die Intensität widergespiegelt. Je stärker der akustische Reiz, desto stärker werden die Sterozilien ausgelenkt und um so mehr Kaliumionen können durch die geöffneten Kanäle in die Haarzelle einströmen. Die Amplitude und die Dauer des Rezeptorpotenzials sind abhängig von der Reizintensität.
Das wiederum hat zur Folge, dass auch mehr Calciumionen in die Zelle einströmen, da die Ionenkanäle vermehrt öffnen, was eine erhöhte Transmitterfreisetzung in den synaptischen Spalt nach sich zieht. Durch die vielen Transmittermoleküle können viele Kationen in die postsynaptische Zelle einströmen, wodurch das postsynaptische Potenzial eine hohe Amplitude über längere Dauer erreicht. Der Schwellenwert zur Auslösung von Aktionspotenzialen am Axonhügel wird daher auch länger erreicht, sodass Aktionspotenziale in höherer Frequenz entstehen.
Die Amplitude des Rezeptorpotenzials bestimmt in der nachfolgenden Nervenzelle die Frequenz der Aktionspotenziale.

4. Ermitteln Sie für die in Tabelle 1 gezeigten Sequenzausschnitte die Aminosäuresequenz sowie den Mutationstyp und erläutern Sie die Auswirkungen auf das Protein (Materialien D und E). Entwickeln Sie eine Hypothese zur Erklärung der Ursache der Gehörlosigkeit bei Patienten mit USH1 (Materialien A bis D). (15 Punkte)

Lösungshinweis: Diese Aufgabe fordert Fachwissen aus dem Inhaltsfeld Genetik. Sie müssen mit dem Umgang mit der Code-Sonne vertraut sein und die Abläufe der Proteinbiosynthese kennen, um die Aufgabe lösen können. Da der Mutationstyp ermittelt werden soll, ist es wichtig, sich die Basentripeletts des Normal-Allels und des mutierten Allels genau anzuschauen. Es muss die Aminosäuresequenz beider Genabschnitte ermittelt werden. Dafür ist es wichtig, als erstes darauf zu achten, dass es sich um den codogenen DNA-Sequenzausschnitt handelt. Das bedeutet, dass Sie die mRNA bilden und dabei anstelle von Thymin Uracil einsetzen. Zuletzt muss eine Hypothese zur Erklärung der Ursache der Gehörlosigkeit entwickelt werden. Dazu lesen Sie alle Materialien erneut aufmerksam durch, damit die Zusammenhänge klar formuliert werden können.

Lösungsvorschlag:

	Normal-Allel	Mutiertes Allel
mRNA (5'-3')	AAG CUG GUG GGU AAG CUG AAG	AAG CUG GGU GGG UAA GCU GAA
Aminosäure-sequenz	Lys - Leu - Val - Gly - Lys - Leu - Lys	Lys - Leu - Gly - Gly - Stopp

Zwischen Triplett Nr. 131 und 132 ist eine Cytosinbase eingeschoben, d. h. es liegt eine Insertion vor. Diesen Mutationstyp nennt man Punktmutation, da das Gen nur an dieser einen Stelle verändert ist. Weil das Leseraster für die Ribosomen verschoben ist, spricht man auch von einer Raster(schub)mutation.
Durch das veränderte Leseraster bildet die mRNA am Triplett 134 ein Stopp-Codon. Die Proteinbiosynthese wird vorzeitig abgebrochen, obwohl das Protein noch nicht vollständig synthetisiert wurde. Das Sans-Protein besteht dann nur aus 134 Aminosäuren anstatt aus 461. Die Aminosäurekette ist zu kurz, wodurch die dreidimensionale Konformation des Proteins stark beeinträchtigt wird. Folge ist ein funktionsschwaches bzw. funktionsloses Sans-Protein, welches die Haarzellen betrifft.
In diesem Falle kann von einer Funktionslosigkeit des Sans-Proteins ausgegangen werden, da die Betroffenen von Geburt an taub sind. Die betroffenen Proteinstrukturen in den Haarzellen könnten z. B. die Verankerungen der Tip-Links sein, die die mechanisch gesteuerten Ionen-Kanäle beeinflussen. Durch die Mutation könnten diese trotz Auslenkung der Sterozilien nicht geöffnet werden, wodurch akustische Reize nicht weitergeleitet werden würden.
Ebenso wäre es möglich, dass die Verknüpfung der Sterozilien untereinander defekt ist, was die gleiche Folge mit sich brächte. So kann die Gehörlosigkeit der Patienten erklärt werden.

Bildquellenverzeichnis

|Atelier tigercolor Tom Menzel, Scharbeutz/Klingberg: 85.1, 187.1, 187.2, 187.3, 187.4, 187.5, 188.1, 188.2, 188.3, 188.4. |Feldermann, D., Münster: 148.1, 149.1. |Herzig, Wolfgang, Essen: 102.1, 135.1. |iStockphoto.com, Calgary: DeanDrobot 2.1; Khabirov, Damir Titel, 1.1; Maina, Grace Titel, 1.2|Karnath, Brigitte, Wiesbaden: 19.1, 23.1, 28.1, 29.1, 33.1, 34.1, 35.1, 37.1, 37.3, 39.1, 40.1, 42.1, 42.2, 42.3, 43.1, 43.2, 43.3, 44.1, 46.1, 47.1, 49.1, 50.1, 56.1, 67.1, 72.1, 92.1, 94.1, 99.1, 101.1, 111.1, 113.1, 120.1, 122.1, 134.1, 162.1, 162.2, 163.1, 163.2, 163.3, 163.4, 164.1, 174.1, 174.2, 175.1, 175.2, 176.1, 178.1, 194.1, 194.2, 195.1, 196.1, 221.1. |Lüddecke, Liselotte, Hannover: 22.1. |Mall, Karin, Berlin: 16.1, 17.1, 21.1, 32.1, 36.1, 36.2, 37.2, 38.1, 45.1, 45.2, 48.1, 51.1, 52.1, 53.1, 53.2, 55.1, 55.2, 56.2, 57.1, 64.1, 64.2, 65.1, 66.1, 79.1, 81.1, 81.2, 82.1, 82.2, 83.1, 83.2, 84.1, 86.1, 87.1, 88.1, 89.1, 90.1, 95.1, 95.2, 96.1, 97.1, 97.2, 98.1, 105.1, 108.1, 108.2, 110.1, 110.2, 112.1, 114.1, 114.2, 115.1, 117.1, 118.1, 118.2, 119.1, 125.1, 125.2, 126.1, 126.2, 129.1, 130.1, 131.1, 141.1, 142.1, 147.1, 150.2, 154.1, 155.1, 155.2, 156.1, 156.2, 160.1, 168.1, 168.2, 168.3, 169.1, 181.1, 182.1, 186.1, 188.5. |Max-Planck-Institut für Stoffwechselforschung, Köln: 136.1, 136.2. |Picture-Alliance GmbH, Frankfurt a.M.: NHPA/photoshot 116.1. |Science Photo Library, München: Friedland, Dr. Robert 135.2. |Shutterstock.com, New York: belizar 181.3. |stock.adobe.com, Dublin: conserver 147.2; Edelmann, Andreas 181.2; hhelene 147.3; Schmutzler-Schaub 150.1.

Stichwortverzeichnis